혼자서 따라하기 쉬운 모든 업무 **17**

한권으로
끝장내자
급여수당
인사노무
경영지원
실무설명서

손원준 지음

끝내주는 인사노무 실무가이드 근로계약서의 모든 것!

- ✅ 모든 근로시간의 계산사례
- ✅ 모든 연차휴가 계산과 연차휴가 계산 속산표
- ✅ 모든 시간외근로수당 계산사례
- ✅ 찐 초보의 급여 계산 방법
- ✅ 모든 주휴수당 계산사례
- ✅ 퇴직연금(DB, DC)의 납입금액 계산방법

K.G.B
지식만들기
이론과 실무가 만나 새로운 지식을 창조하는 곳

책을 내면서

중소기업의 경리는 회계, 세무, 인사노무, 총무 등 회사의 모든 업무를 담당한다.

그리고 자체 기장을 하느냐 외부 기장을 하느냐에 따라 업무를 대하는 태도도 다르다.

중소기업은 기장료 자체마저도 아깝게 생각하므로 외부 기장을 맡긴 경우 기장을 맡은 세무사 사무실에 세무 업무도 아닌 급여계산 및 4대 보험 업무를 의뢰하는 경우가 많으며, 세무사 사무실 직원은 이로 인해 많은 스트레스를 받는 것이 현실이다.

그런데 참 신기한 게 급여 계산을 맡긴 회사 담당자도, 기장해주는 세무사 사무실 직원의 대다수는 자주 발생하는 업무임에도 이에 대해 열심히 공부하지 않는다는 사실이다.

특히 급여계산과 연차휴가 계산은 진짜 지겹게 질문하는 단골손님이다.

이에 본서는 이론적인 인사 노무가 아닌 실무에서 자주 발생하는 급여계산, 연차 계산, 퇴직금 및 퇴직연금 계산, 시간외수당 및 상여금 계산 등 거의 1년에 1번 이상은 발생하는 모든 궁금한 사항을 한 권에 담아서 만들었다.

• 근로계약서를 써야 하는데, 어떻게 작성하는지 모르겠어요?
• 근로계약서에만 넣어두면 모든 법적 문제는 해결되나요?
• 급여 계산이 저희 업무인가요? 거래처 사장님 매일 급여계산 해달라고 전화와요 미치겠어요.

- 새로 들어온 직원이 2일 일하고 안 나와요. 급여는 얼마를 줘야 하나요?
- 근로자의 날 수당을 줘야 하는데, 얼마를 줘야 하나요. 제가 계산한 금액이 맞는지 봐주세요.
- 골치 아픈 직원 확 자르고 싶은데 방법이 없나요?

제1장 근로계약 후 일 시작하기

직원을 채용하면 반드시 작성해야 하는 모든 근로계약서의 올바른 작성 방법과 사례를 수록했다.

제2장 근로시간과 휴게·휴가·휴직

모든 급여 산정의 근본이 되는 근로시간의 계산 방법과 근로시간에 따른 합법적인 급여 계산 방법을 알려준다.

제3장 연차휴가와 연차수당

지겹도록 물어보는 연차휴가와 연차수당의 계산 방법을 초보도 직관적으로 알 수 있게 연차휴가 속산표가 수록되어 있다.

제4장 이것만 알면 나도 혼자 급여 계산

실무를 하면 반드시 발생하는 급여, 수당에 관한 모든 사례를 수록한 장이다. 따라서 이것만 알면 모든 급여 계산을 할 수 있다.

제5장 퇴사자 업무처리

퇴사 시 발생하는 법적 다툼과 업무 마무리 방법, 퇴직금과 퇴직연금의 납입액 계산 방법을 가르쳐준다.

본서는 이론은 과감히 생략하고 수년간 인사노무와 관련해서 수많은 실무자가 반복적으로 물어보는 실무 중심내용으로 구성되어 있으니 참고하기를 바란다.

손원준

CONTENTS

제1장 근로계약 후 일 시작하기

CONTENTS

제2장 근로시간과 휴게·휴가·휴직

제3장 연차휴가와 연차수당

CONTENTS

제5장 **퇴사자 업무처리**

CONTENTS

사례 실무에서 자주 발생하는 사례

책의 순서 《27

근로계약 후 일 시작하기

직원을 채용하면 반드시 작성해야 하는 모든 근로계약서의 올바른 작성 방법과 사례를 수록했다.

- 근로자와 사용자의 구분
- 상시근로자수 판단
- 근로계약서와 연봉계약서 작성 방법

노동법에서 말하는 근로자

시간에 따라 근로자는 초단시간근로자와 단시간 근로자로 구분한다.

초단시간근로자는 소정근로시간이 4주 동안을 평균하여 1주 동안 15시간 미만인 근로자를 말한다.

단시간 근로자는 같은 일을 하는 다른 근로자보다 상대적으로 근로시간이 짧은 근로자로서, 다른 직원은 1일 8시간 근무를 하는데, 8시간보다 짧게 근로하는 경우 단시간 근로자가 된다.

아르바이트는 일반적으로 초단시간근로자와 단시간 근로자를 의미한다.

근로계약에 따라 일용근로자와 상용근로자로 구분한다.

일용근로자는 1일 단위의 계약기간으로 고용되고, 1일의 종료로써 근로계약도 종료하는 계약 형식의 근로자를 말한다.

상용근로자는 근로계약 기간이 정해진 기간제 계약직 근로자와 기간이 정해지지 않은 무기 계약직 근로자로 구분한다.

01 / 4대 보험 적용 시 근로자의 구분

아래의 분류는 근로기준법에서도 근로자를 구분하는 기준으로 사용한다.

분 류		근로시간
시 간	초단시간근로자	주 15시간 미만 근로자. 이는 주휴수당, 4대 보험 적용이 제외되는 근로자의 범위이다.
	단시간 근로자	주 15시간~40시간 미만 근로자이다. 정확하게는 회사 내에서 같은 일을 하는 근로자보다 적은 근로시간을 근무하는 근로자를 말한다. 알바생은 단시간 근로자에 속한다.
근 로 계 약	일용근로자	근로계약서를 매일매일 작성하는 경우 일용근로자에 해당한다. 고용기간이 1일로서 그날의 근로종료에 따라 사용종속관계가 일단 종료되고 필요에 따라 하루하루를 기간으로 하여 사용하는 근로자를 말한다.
	상용근로자	일반적으로 소정근로시간이 일 8시간, 주 40시간 이상을 근무하는 근로자를 말한다.

02 / 근로기준법에서 말하는 근로자

근로자란 직업의 종류와 관계없이 임금을 목적으로 사업이나 사업장에 근로를 제공하는 자를 말한다.

❶ 직업의 종류와 상관없이 공무원, 교원, 의사, 농업근로자, 부업 근로자, 생산직, 사무직, 관리직, 영업직, 위탁 실습생, 수련의 등도 모두 근로자이다.

❷ 사업 또는 사업장에서 근로를 제공한다는 것은 사업 또는 사업장에 고용되어 근로를 제공한다는 것을 말한다. 특히 사업이란 하나의 활동 주체가 되어 유기적 관련 아래 업(사회적 활동)으로서 계속적으로(계속할 의도로) 행하는 모든 작업을 말한다. 또 사업장이란 본사, 공장, 지점 등 그러한 작업이 행해지는 단위 장소 또는 장소적으로 구획된 사업체 일부분

을 말한다.

가. 사업의 목적, 허가 유무, 업종 등은 묻지 않는다. 따라서 영리목적의 기업 외에도 비영리 또는 공익의 사업이라도 무방하고 법령상의 허가를 받지 않았거나 금지된 경우도 사업에 포함된다.

나. 또한, 업으로서 계속하려는 의도가 있는 이상 사업이 1회적 또는 일시적이더라도 사업에 해당한다.

❸ 임금을 목적으로 근로를 제공하는 모든 사람은 근로자이다. 이러한 임금 목적성은 근로자성을 판단하는 주요 기준이므로 유념해야 한다.

❹ 근로란 정신노동과 육체노동을 모두 포함하는 개념이며, 근로자성이 있다는 것은 사용종속관계를 전제로 하는 것이다.

📝 단시간 근로자의 판단

실무에서는 초단시간근로자와 단시간 근로자를 구분해서 사용하고 있지만, 법률상으로는 초단시간근로자는 단시간 근로자에 포함된다.

▷ 4주간을 평균해서 1주간 소정근로시간이 동종업무에 종사하는 통상근로자와 비교해서 짧다면 단시간 근로자에 해당한다(근기 68207-284, 2003.03.12). 여기서 짧다는 의미는 1주간의 소정근로시간이 15시간 미만인 경우를 말한다(근기 68207-567, 1997. 04. 24).

▷ 소정근로시간을 1주 15시간 이상으로 정하고 1년간 근로계약 기간을 설정하되, 방학 기간은 근로하지 않기로 한 경우 1주간의 소정근로시간이 15시간 미만인 근로자에 해당하지 않는다(근기 68207-2562, 2002.07.22).

▷ 단시간 근로자의 경우 연장근로를 제외한 소정근로시간으로 주휴수당 및 연차 유급휴가 수당을 계산해야 한다(근로기준과 - 6465, 2004.11.30).

03 / 세법에서 말하는 근로자

반면 세법에서는 근로자를 3개월을 기준으로 3개월 미만은 일용근로자, 3개월 이상은 상용근로자로 구분한다. 따라서 노동법에서 말하는 근로자의 구분과 다르므로 상황에 따라 노동법 또는 세법을 적용해야 한다.

04 / 근로자성의 입증자료

근로자를 판단하는 가장 중요한 기준은 대표이사의 지휘·감독이라는 조건이다. 지휘·감독 아래에서 임금을 목적으로 노무를 제공하면 명칭에 상관없이 근로자이다.

임원도 대표이사의 지휘·감독 아래에서 근로를 제공한다면 근로자가 될 수 있다. 따라서 근로자성의 판단은 근로계약서를 썼느냐, 4대 보험에 가입하였느냐와 같은 형식적인 기준만으로 판단하는 것은 아니다. 가장 중요한 것은 사업주로부터 업무지시를 받아 일하고 있느냐 하는 것이다. 이는 업무 내용이 사용자에 의하여 정해지는지, 근로시간과 근무 장소가 사용자로부터 지정되고 구속받는지, 취업규칙이나 인사 규정(특히 징계) 등의 적용을 받는지, 계속 일을 하는지, 다른 사업장에는 근로 제공을 할 수 없는 전속성이 있는지, 비품이나 원자재의 소유관계나 비용부담을 사업주가 부담하는지, 보수가 기본급이나 고정급으로 정해져 있는지 등 구체적이고 실질적인 사정을 기준으로 근로자인지를 판단한다. 4대 보험 가입이나 근로소득세 원천징수 여부도 하나의 판단 요소가 된다.

근로계약서, 급여대장, 회사 내 규정, 업무분장표 등을 통해 실제로 종속적인 관계에서 근로를 제공하고 있는지를 판단한다.

① 근로관계 : 근로계약서, 인사기록 카드 등

② 급여내역 : 급여대장, 근로소득 원천징수영수증, 급여 계좌이체 내역

③ 근로실태 : 출근부, 휴가원, 출장부 등 복무·인사 규정 적용자료, 출퇴근 교통카드 이력 등 복무 상황에 대한 자료, 업무분장표, 업무일지, 업무보고 내역 등 담당업무 관련 자료 등

④ 기타 : 타 사회보험 가입내역(보험료 납부내역), 조직도, 근로자명부 등

구 분	체크리스트	근로자성
채용의 기준과 주체	• 채용 주체가 사용자(또는 사용자를 위해서 행위 하는 자)인지	▲
	• 채용 자격·채용기준·채용 결격의 기준이 정해져 있는지	▲
	• 근로계약서를 작성하였는지	▲
업무 내용의 사용자 결정	• 업무의 성격이 조직(공정)으로부터 독립적인지?	▼
	• 업무가 일부 독립적인 성격이 있더라도 전체 수행 과정상 유기적으로 결합하여 분리가 어려운지	▲
	• 업무 내용 결정과 처리에 있어서 재량이 인정되는지	▼
	• 업무의 의뢰, 업무종사에 대한 승낙·거부·변경의 자유가 있는지	▼
사용자의 상당한 지휘·감독	• 업무처리와 관련한 교육이 이루어지는지	▲
	• 업무처리 상황에 대한 보고(보고서, 업무일지 등)가 이루어지는지	▲
	• 업무에 대한 평가와 실적에 관한 관리(실적 부진 시 불이익 조치)가 이루어지는지	▲
	• 전산망 접속 아이디를 부여하거나 직원증을 제공하는지	▲

구 분	체크리스트	근로자성
근로시간, 장소의 구속성	• 근로 장소가 정해져 있는지	▲
	• 출퇴근 시간이 정해져 있고, 결근·지각 시 제재를 받는지	▲
	• 추가 근로를 하는 경우 사업자의 지시를 받는지	▲
	• 조퇴·외출 시 허락을 받는지	▲
	• 휴일·휴가의 승인을 받아야 하는지	▲
취업규칙· 인사규정의 적용	• 다른 근로자와 동일한 취업규칙·인사규정(특히, 승급, 징계 등 평가에 따른 상벌)의 적용을 받거나, 별도의 취업규칙·인사규정의 적용이 있는지	▲
	• 근로(용역)계약서상 취업규칙·인사 규정에 해당하는 근로조건과 복무규율의 내용(특히 감급, 계약 해지, 해고 사유 등)이 정해져 있는지	▲
	• 복장·용모 등에 관한 규제를 받는지	▲
근로관계의 계속성	• 기간이 장기로 정하여 있거나, 기간별 또는 프로젝트별로 정하여 있더라도 반복 갱신이 이루어지는지	▲
	• 재계약을 위한 평가 기준이 정하여 있는지	▲
근로관계의 전속성	• 소속 회사 외의 다른 회사업무 겸업에 대한 승인이나 제재를 받는지	▲
	• 제3자로 하여금 업무를 대체하도록 할 수 있는지	▼
독자적 사업자성	• 스스로 업무에 필요한 비품·원자재를 소유하거나 비용을 부담하는지	▼
	• 제3자를 고용하거나 제3자에 대한 임금 지급 책임을 부담하는지	▼
	• 대체인력을 사용할 수 있는지	▼
	• 회사로부터 이익을 배당받거나 손실을 부담하는지	▼

구 분	체크리스트	근로자성
보수의 근로 대가성	• 기본급 · 고정급 등 일정액의 보수를 지급받거나, 고정급의 비율이 높은지	▲
	• 실적에 따라 수수료 형태의 임금을 지급받는지	▼
	• 수수료 형태의 임금을 회사에 납입하고 일정액 또 는 비율을 분배하는지	▲
	• 초과수당, 휴일수당, 연차 미사용 수당 등 법정수 당을 지급받는지?	▲
	• 호봉제, 퇴직금 등의 적용이 있는지	▲
기타 사정	• 근로소득세 원천징수를 받는지	▲
	• 별도의 사업자등록을 하고, 사업소득세를 납부하 는지	▼
	• 4대 보험에 가입되어 있는지	▲

[대법원 판례(대법원 2006. 12. 7. 선고 2004다29736 판결 외 다수)가 판단 지표]

2 근로자와 임원의 노동법 차이점

01 / 등기임원과 근로자의 차이

구 분	임원	근로자
고용	주주총회에서 선임 결의	채용 절차를 거쳐 근로계약서 작성
퇴직/해고	주주총회에서 해임 결의	회사 사규 및 법으로 정해진 퇴직/해고 절차
재직 기간	상법상 최대 3년, 만료 시 주주총회에서 연임, 퇴임 결의	회사 사규에 따른 근로기간
보수	정관으로 정하거나 주주총회에서 결정, 무보수 가능, 최저임금 적용 안 됨	회사 사규에 따른 임금 책정, 최저임금 적용
4대 보험	국민연금, 건강보험만 가입	4대 보험 모두 가입
연차휴가	별도 규정이 없으면 적용 안 됨	연차휴가 규정이 적용됨

02 / 비등기임원

회사 내·외부에서 이사, 감사라는 직함(명함)으로 직무를 수행하나 등기가 되어 있지 않은 임원을 말한다.

실무상 회사에서 비등기 이사에게 부사장, 전무이사, 상무이사, 총무이사 등 다양한 명칭을 부여하고 있고, 직함은 임원이지만 근로자에 해당한다. 상법에서 정하고 있는 임원 선임 절차를 거치지도 않고 내부 승진 구조에 따라 임원 직함만 받은 사람은 법률상 임원이 아니라 '근로자'이다. 따라서 임원의 권한과 책임이 없다.

그러나 비등기 임원이 대외적으로 임원으로서 수행한 직무가 등기임원의 업무 영역인 경우, 내부 사정을 알 수 없는 제3자를 보호하기 위하여 등기 여부와 무관하게 이사와 동일한 책임을 지게 된다. 비등기 임원이 '대표이사로부터 지시받은 대로 업무를 처리했을 뿐'이라고 주장해도 책임을 피할 수 없다.

비등기 임원은 법적으로 임원의 지위를 인정받지 못하므로 상법에서 정한 이사의 권한을 행사할 수 없다. 즉, 비등기 임원은 책임은 등기임원과 동일하나 권한은 대폭 축소되는 경향이 있다.

🖉 임원은 무조건 근로자가 아닌가요?

> 임원은 근로자일 수도 있고, 근로자가 아닐 수도 있다. 참 지랄 갔다.
>
> 임원이라도 임원이라는 타이틀이 형식에 불과하고 실제 출퇴근 시간과 업무 내용, 업무 장소가 정해져 있고, 사용자의 지휘·감독하에 근로 제공을 하는 경우라면 이는 근로기준법상 근로자로 볼 수 있다.
>
> 이 경우 근로기준법상 연차휴가 미사용 수당이나 퇴직금도 받을 수 있다.
>
> 그러나 사용자를 대신하여 근로자에 대해 지휘·감독하며, 인사권 등 독자적 업무 집행권이 있다면 근로기준법상 근로자라 보긴 어렵다. 이 경우 사업장의 정관이나 취업규칙에 임원에 대해 별도의 연차휴가와 퇴직금 지급 규정이 있는 경우라면 그에 따라 연차휴가와 퇴직금을 지급하게 된다.

3 노동법에서 말하는 사용자

사용자란 사업주 또는 사업경영담당자, 그 밖에 근로자에 관한 사항에 대해서 사업주를 위해서 행위 하는 자를 말한다.

일반적으로 노동법상 사용자라고 하면 회사의 사업주를 연상하기 때문에 스님, 목사님, 신부님, 수녀님 등 성직자는 노동법상 사용자에 해당하지 않는다고 생각하기 쉽다.

노동법상 사용자개념을 이해하기 위해서는 '근로' 의 개념을 먼저 이해해야 한다. 근로는 정신노동과 육체노동을 말하고, 사용자란 사업주 또는 사업경영담당자 그 밖에 근로자에 관한 사항에 대해서 사업주를 위해서 행위 하는 자를 말한다.

❶ 사업주란 근로자를 사용하여 사업을 행하는 자를 말한다.

❷ 경영담당자란 사업경영 일반에 대해서 책임을 지는 사람으로서 사업주로부터 사업경영의 전부 또는 일부에 대해서 포괄적인 위임을 받고 대외적으로 사업을 대표하거나 대리하는 사람을 말한다.

❸ 근로자에 관한 사항에 대해서 사업주를 위해서 행위 하는 자(흔히 관리자라 부른다)란 인사, 임금 등 근로조건의 기획, 결정에 대한 실질적인 권한 또는 근로 제공에 대한 실질적인 지휘 · 감독 권한을 가진 사람을

말한다.

따라서 근로를 제공받아 사회적 일자리 사업장 등 비영리법인을 운영하는 스님, 목사님, 신부님, 수녀님 등 성직자도 노동법상 사용자에 해당한다.

4 애매한 문제가 발생할 때 근로기준법의 판단기준

01 / 근로기준법이 가지는 의미

첫째, 근로기준법은 근로자를 보호하기 위해 근로자를 적용 대상으로 근로조건을 규정한 법이다.

따라서 사용자는 적용 대상이 아니다.

여기서 근로조건이란 임금, 근로시간, 취업 장소와 종사업무, 법 제96조에서 규정한 단체협약의 준수 규정 등을 의미한다.

단, 채용은 근로기준법에서 말하는 근로조건에서 제외된다. 채용에 관해서는 채용 절차의 공정화에 관한 법률에 별도로 정하고 있다.

둘째, 근로기준법은 근로조건의 최소를 규정한 법이다.

따라서 모든 회사 규정은 근로기준법보다 조건이 나쁘면 안 된다. 또한 근로기준법을 이유로 회사 규정을 근로기준법에 맞추어 근로조건을 저하시켜서도 안 된다.

결과적으로 회사 규정과 근로기준법 중 근로자에게 유리한 규정을 적용해야 한다. 즉 취업규칙이나 사규의 내용이 근로기준법과 다른 경우 둘 중 근로자에게 유리한 것을 적용한다.

이는 법률 규정이 없거나 예규마저 없는 경우 노사문제를 판단하는 가장 중요한 원리이다.

예를 들어 가장 대표적인 것이 연차휴가를 계산할 때 법적 원칙인 입사일 기준이 아닌 회계연도 기준을 허용하는 기준이 된다. 즉 회계연도 기준을 적용할 때 이는 법적 근거가 없으므로 근로자에게 불리하지 않은 방식으로 회계연도 기준을 적용하면 허용해 주고 있다.

02 / 근로기준법에서 가장 중요한 원리

첫째, 사용자는 근로자에 대해서 남녀의 성을 이유로 차별적 대우를 하지 못하고, 국적·신앙 또는 사회적 신분을 이유로 근로조건에 대한 차별적 처우를 하지 못한다.

여기서 근로조건에 대한 차별은 임금, 교육, 배치, 복리후생, 정년 등에서, 성, 국적, 신앙, 사회적 신분만을 이유로 다른 합리적인 이유 없이 차별대우하는 것을 말한다. 특히 성을 이유로 해서는 남녀 고용평등과 일가정 양립지원에 관한 법에서, 근로조건 외에 별도로 모집과 채용에 있어서 남녀의 차별을 금지하고 있으며, 여성의 결혼, 임신, 출산을 이유로 퇴직시키거나, 이를 이유로 하는 근로계약을 체결하는 것을 금지하고 있다.

둘째, 사용자는 폭행, 협박, 감금, 그 밖에 정신상 또는 신체상의 자유를 부당하게 구속하는 수단으로써 근로자의 자유의사에 어긋나는 근로를 강요하지 못한다.

예를 들어, 위험한 작업을 수행하는 공장에서 그날 신체 상태가 좋지 못한 근로자가 휴무를 신청했는데, 이를 묵살하고 위험한 작업을 수행하도록 강제하는 것이 있을 수 있다.

또한 위약금의 예정, 전차금 상계, 강제저축, 사직서 수리 지연 등도 그로 인해 근로자의 자유의사에 반하는 근로를 강요하는 수준에 이른다면 부당한 구속 수단에 해당할 수 있다.

위약금의 예정

위약금의 예정이란 근로계약을 체결할 때 근로자가 근로계약을 이행치 않을 때 사용자가 손해 발생 여부 및 실제 손해액과 관계없이 일정한 손해배상액이나 위약금액을 청구할 수 있도록 미리 정하여 두는 것으로, 월 3회 이상 결근하면 한 달치 월급을 지급하지 않는다는 규정을 두는 경우 위약금의 예정에 해당한다.

반면 지각·조퇴·무단결근 등이 있는 경우에 그 시간에 대한 임금을 삭감하도록 정하는 것은 근로기준법에 위배에 해당하지 않는다.

전차금 상계

전차금 상계란 사용자는 노동자에게 돈을 빌려주고 일정 기간 일을 하는 대신, 빌려준 돈에서 소정의 금액을 월급에서 차감하여 지급할 수 없다는 것이다. 이는 강제 노동의 계기가 될 수 있고, 임금의 전액 지급 원칙에도 반하기 때문에 금지된다.

하지만 전차금의 대여 자체가 금지되는 것은 아니다.

앞서 말한 것과 같이 사용자가 노동자에게 빌려준 돈의 일정 부분을 월급에서 차감하여 지급할 수는 없다는 뜻이다. 다만, 임금가불, 학자 대여금 등은 근로자의 자발적인 의사에 의한 상계가 가능하다.

🧑 강제저축

강제저축이란 사용자가 근로계약에 부수하여 강제저축 또는 저축금의 관리를 규정하는 계약을 체결하지 못하는 것을 말한다. 즉 사업주가 근로자의 의사와 관계없이 월급에서 일정액을 차감해 저축 후 퇴사시 지급하는 행위 등을 예로들 수 있다.

셋째, 사용자는 사고의 발생이나 그 밖의 어떠한 이유로도 근로자를 폭행하지 못한다.

어떤 이유가 있더라도 민·형사상 책임을 물을 수는 있지만, 보복 또는 징계 차원에서 근로자를 폭행해서는 안 된다. 여기서 말하는 폭행에는 직접적인 물리적 유형력뿐만 아니라 여러 차례의 폭언 반복, 몸수색 등도 해당한다.

넷째, 누구든지 법률에 따르지 않고는 영리로 다른 사람의 취업에 개입하거나 중간 인으로서 이익을 취득하지 못한다.

다섯째, 사용자는 근로자가 근로시간 중에 선거권, 그 밖의 공민권(公民權) 행사 또는 공(公)의 직무를 집행하는데, 필요한 시간을 청구하면 거부하지 못한다. 다만, 그 권리 행사나 공(公)의 직무를 수행하는데, 지장이 없으면 청구한 시간을 변경할 수 있다.

충분한 시간을 주어야 하지만, 충분한 시간이라고 1일 전부를 부여할 의무는 없다.

그리고 공직선거법, 민방위기본법, 예비군법 등 다른 법률이나 취업규칙에 특별히 유급으로 하도록 정한 경우가 아니면, 공민권 행사 시간에 대해 급여를 지급하지 않는다고 위법은 아니다.

결국 공직선거법, 예비군법, 민방위기본법 및 취업규칙에서 유급으로 정한 경우가 아니면 무급으로 해도 된다.

근로자는 본인이 투표에 필요한 시간을 선택적으로 결정할 수 있고, 회사는 변경권을 행사하여 근로자에게 오전 근로시간을 공민권 행사 시간으로 보장하고, 오후에 출근해서 근로할 것을 요청할 수 있다. 다만, 취업규칙 등에 선거일을 유급휴일로 보장하고 있다면, 반드시 근로자의 동의를 얻어 휴일근로를 요청해야 하며, 실제 근로가 이루어질 때는 휴일근로수당도 가산해서 지급해야 한다(= 유리한 조건 우선 적용). 만약 그러한 규정이 없다면 별도의 휴일근로수당은 발생하지 않지만, 공민권은 보장해야 한다.

03 / 근로자와 사용자의 의무

근로기준법을 포함한 노동관계 법령은 사용자가 근로자들이 열람할 수 있도록 사업장에 게시하거나 근로자들에게 주지시켜야 할 사항들에 관해 규정하고 있다.

다음은 대표적인 몇 가지 사항에 해당한다.

첫째, 취업규칙

5인 이상 사업장의 사용자는 취업규칙을 근로자들이 자유롭게 볼 수 있는 장소에 비치하여 게시하여야 하며, 이를 위반한 경우 500만원 이하 과태료의 제재를 받는다.

둘째, 최저임금

최저임금의 적용을 받는 사용자는 최저임금을 그 사업의 근로자가 쉽게 볼 수 있는 장소에 게시하거나 그 외의 적당한 방법으로 근로자에게 널리 알려야 한다.

셋째, 성희롱 예방 교육 자료

사용자는 성희롱 예방 교육의 내용을 근로자가 자유롭게 열람할 수 있는 장소에 항상 게시하거나 갖추어 두어 근로자에게 널리 알려야 한다.

넷째, 장애인 인식개선 자료

사용자는 연 1회 장애인 인식개선교육을 실시해야 한다. 다만, 상시 50인 미만 근로자를 고용하는 사업장의 경우 고용노동부 장관이 보급한 교육자료 등을 배포·게시하는 방법으로 장애인 인식개선교육을 실시할 수 있다.

📝 근로기준법 판단이 모호한 경우(근로기준법과 회사 규정 충돌)

> 상위법 우선의 원칙과 유리한 조건 우선의 원칙은 잘 기억한다.
> 특히 유리한 조건 우선의 원칙은 판단기준에 많이 활용되므로 꼭 기억하시기 바란다.
> 상위법 우선의 원칙은 헌법, 관계 법률, 단체협약, 취업규칙, 근로계약 순으로 상위법을 우선 적용하는 방식을 말한다.
> 유리한 조건 우선의 원칙은 회사의 단체협약, 취업규칙, 근로계약과 근로기준법이 서로 충돌할 때 근로자에게 유리한 원칙을 적용하는 방식을 말한다. 즉 사용자가 아닌, 근로자 입장에서의 유리한 조건 우선의 원칙이다.
> 이에 대한 예외로 우리 법원은 단체협약과 취업규칙이 충돌하는 때는 무조건 유리한 조건 우선의 원칙을 적용하는 것이 아니라 개별적 구체적 사정을 고려해 유리한 조건 우선 원칙 적용 여부를 판단한다.

5 상시근로자 수에 따른 노동법 적용

01 / 상시근로자 수에 따른 업무 내용

상시근로자 수	적용되는 법률 내용
1인~4인(4인 이하 또는 5인 미만)	· 최저임금 · 근로계약서 작성 · 해고예고 · 휴게, 주휴일, 근로자의 날 · 연소근로자와 임산부의 사용 및 근로시간 제한 · 출산휴가급여, 육아휴직 등, 배우자 출산휴가, 육아돌봄서비스 · 2010년 12월 1일부터 퇴직금 적용. 단, 2012년 12월 31일 까지는 50%만 지급 · 직장 내 성희롱 예방 교육(게시, 배포 방법으로 가능) · 직장 내 장애인 인식개선 교육(게시, 배포 방법으로 가능) · 개인정보보호 교육 · 4대 보험 적용
5인~9인(5인 이상 또는 10인 미만)	· 휴업수당 · 해고 등의 제한(경영상 이유에 의한 해고의 제한, 해고 사유 등의 서면 통지, 부당해고 등의 구제신청)

상시근로자 수	적용되는 법률 내용
	· 연차유급휴가. 따라서 5인 미만 연차유급휴가(연차수당도 지급 안 함)를 부여하지 않아도 됨
	· 생리휴가(무급)
	· 연장근로수당, 야간근로수당, 휴일근로수당 지급. 따라서 5인 미만 사업장은 연장근로수당, 야간근로수당, 휴일근로수당을 지급하지 않아도 됨
	· 기간제근로자 사용기간의 제한
	· 주 52시간 근로시간의 제한(2021년 7월 1일부터)
	· 관공서 공휴일 민간 적용(2022년 1월 1일부터)
10인 이상	· 취업규칙 제정 : 취업규칙을 신고할 때는 작성된 취업규칙 전체, 변경된 취업규칙 전체, 신구 조문 대비표, 근로자 의견청취서, 단체협약(있는 경우) 등을 제출한다.
	· 직장 내 성희롱 예방 교육
30인 이상	· 노사협의회 설치 및 고충처리제도 운영
	· 채용 절차의 공정화에 관한 법률 준수
	· 주 52시간 근로시간의 제한(2021년 1월 1일부터)
50인 이상	· 장애인 의무 고용
	· 주 52시간 근로시간의 제한(2020년 1월 1일부터)
	· 직장 내 장애인 인식개선 교육
100인 이상	· 장애인 미고용에 따른 부담금 납부 : 부담금 산정식 = {(상시근로자수 × 의무 고용률) − 장애인 근로자 수} × 부담 기초액 × 해당 월수
300인 이상	· 주 52시간 근로시간의 제한(2018년 7월 1일부터, 2019년 7월 1일(특례 제외 업종))
300인 이상	· 고용 형태 공시제
500인 이상	· 직장 어린이집 설치

구 분	5인 미만 사업장 적용 규정	5인 미만 사업장 적용 제외
근로계약	· 근로계약서 작성 및 교부 의무(제17조) · 근로계약 불이행에 대한 위약금, 손해배상액 예정 금지(제20조)	· 법령 및 취업규칙 주의, 게시(제14조) · 취업규칙 작성·신고(제93조, 10인 이상 적용)
해고 관련	· 산재로 인한 휴업기간과 출산휴가기간 및 이후 30일 동안의 절대적 해고 금지(제23조 제2항) · 해고예고(수당) (제26조)	· 정당한 이유 없는 해고(징계) 제한 규정(제23조 제1항) · 경영상 해고 제한 규정(제24조) · 해고 사유와 시기 서면 통보(제27조) · 노동위원회 부당해고 구제신청(제28조)
임금	· 임금 지급의 직접·통화·전액·정기불 원칙(제43조) · 최저임금(최저임금법 제3조)	· 휴업수당(제46조) · 근로시간 및 연장근로 제한(제50조, 제53조) · 연장·야간·휴일 근로 가산수당(제56조)
휴게·휴일·휴가	· 휴게시간(제54조) · 휴일(주휴수당)(제55조)	· 연차휴가(제60조) · 생리휴가(제73조)
기타	· 4대 보험 적용 · 퇴직금 적용	· 기간제법상 무기 계약 전환 · 기간제법상 차별적 처우 금지 및 시정신청

02 / 상시근로자 수의 계산

상시근로자수는 법 적용 사유 발생일 전 1개월 동안 사용한 근로자의 연인원을 같은 기간 중의 가동일수로 나누어 산정한다. 여기서 '사유발생일'은 근로기준법 적용 사유가 발생한 날을, '연인원'은 기간 내에 사용한 근로자 수의 합을, '가동일수'는 그 사업장 내에서 사람이나 기계가 실제로 일을 한날이 며칠인가를 의미한다.

상시근로자수를 계산할 때 가동일수는 사업장의 휴무일 및 휴일을 제외한 순수하게 일한 날로만 계산한다. 따라서 보통 일을 안 하는 토요일과 일요일은 제외되며, 중간에 빨간 날이 있어 쉬는 경우도 제외된다.

> 상시근로자 수 = 1개월 동안 사용한 근로자의 연인원 ÷ 1개월 동안의 가동일수

2월 12일의 휴업수당을 받기 위해서는 2월 12일 이전 1개월을 기준으로 산정한다.

예를 들어 휴업수당 지급의무 판단을 위해 상시근로자수를 산정할 때는 해당 사업 또는 사업장에서 법 적용 사유(휴업수당 지급 발생일 등) 발생일 전 1개월 동안 사용한 근로자의 연인원을 같은 기간 중의 가동일수로 나누어서 계산하면 된다.

1. 근로자의 연인원을 가동일수로 나눈 인원이 5인 이상인 경우
상시근로자수가 5인 이상이 되려면 다음의 두 가지 조건을 모두 충족해야 한다.

첫째, 근로자의 연인원을 가동일수로 나눈 인원이 5인 이상이어야 한다.

둘째, 첫째 조건으로 계산한 상시근로자수가 5명 이상으로 계산되더라도 1개월간 5명 이상을 사용한 가동일수가 전체 가동일수의 2분의 1 이상이어야 한다.

결론은 근로자의 연인원을 가동일수로 나눈 결과가 5인 이상이면서 1개월간 5명 이상을 사용한 가동일수가 전체 가동일수의 2분의 1 이상이어야 5인 이상인 사업장으로 본다. 따라서 근로자의 연인원을 가동일수로 나눈 결과가 5인 이상이지만 1개월간 5명 이상을 사용한 가동일수가 전체 가동일수의 2분의 1 미만인 경우는 5인 미만 사업장으로 본다.

2. 근로자의 연인원을 가동일수로 나눈 인원이 5인 미만인 경우

상시근로자 수가 5명 미만으로 계산되었어도 전체 가동 일수 중 5인 이상인 날이 2분의 1 이상이면 5인 이상 사업장으로 본다.

구 분		판단
상시근로자 수	가동일 수	
상시근로자수 5인 이상	전체 가동일수 중 5인 이상인 날이 2분의 1 이상	5인 이상
	전체 가동일수 중 5인 이상인 날이 2분의 1 미만	5인 미만
상시근로자수 5인 미만	전체 가동일수 중 5인 이상인 날이 2분의 1 이상	5인 이상
	전체 가동일수 중 5인 이상인 날이 2분의 1 미만	5인 미만

예를 들어 어떤 기업에서 한 달 동안 다음과 같이 근로자를 사용했다고 가정해 보자.

일	월	화	수	목	금	토
		1	2	3	4	5
		휴무	4명	4명	4명	휴무
6	7	8	9	10	11	12
휴무	5명	5명	5명	5명	5명	휴무
13	14	15	16	17	18	19
휴무	6명	6명	6명	6명	6명	휴무
20	21	22	23	24	25	26
휴무	7명	7명	1명	7명	5명	휴무
27	28	29	30	31		
휴무	5명	5명	7명	1명	사유 발생일	

이 회사는 사유 발생일 직전 1개월 중 사업장을 가동한 날이 총 22일이고, 매일 사용한 근로자 수를 합하면 112명이 된다. 따라서 이 사업장의 상시근로자 수는 112 ÷ 22 = 5.09명이고, 5명 이상이기 때문에 근로기준법을 준수해야 하는 사업장이 된다. 단, 상시근로자 수가 5명 이상으로 산정되더라도 1개월간 5명 미만을 사용한 가동일 수가 전체 가동일 수의 1/2 이상이거나 5명 이상 가동일수가 1/2 미만이면 근로기준법 적용 대상 사업장에서 제외된다.

앞에서 가동일 수가 22일이고 연인원도 112명이어서 상시근로자 수가 5.09명이지만, 만일 5명 미만을 사용한 날이 12일로 5인 이상 사용한 날이 전체 가동 일수의 1/2 미만(10일)이 된다고 가정하면 근로기준법 적용 대상에서 제외한다.

🗒 상시근로자에 포함되는 근로자

1. 대표이사(사장)의 가족 및 친인척

대표자는 근로자에 해당하지 않는다.

대표자의 동거 친족의 경우 사업주와 동업 관계 또는 생계를 같이하는 관계에 있다고 볼 수 있으므로 원칙적으로 근로자로 볼 수 없다.

그러나 동거 친족이 사업장의 일반적인 근로자와 동일하게 사업주의 지휘·감독을 받으며 근로를 제공하고 그 대가로 임금을 지급받는 것이 사실관계를 통해 명확하게 확인된 경우라면 근로자로 볼 수 있다.

함께 일하는 가족(배우자, 자녀)과 친인척은 일반 직원이 없는 경우 제외되나, 일반 직원이 있어 일반 직원과 같이 출퇴근 시간, 업무장소, 업무내용이 정해져 있고 기본급, 고정급을 받으며, 사업장의 취업규칙을 적용받는 경우는 근로자 수에 포함된다.

예를 들어 허위 가족 2명, 직원 3명인 회사의 경우 대표이사가 5인 미만 사업장으로 주장하는 경우

실질적으로는 3명으로 5인 미만 사업장에 해당하나 형식적으로는 5인 이상 사업장에 해당한다. 따라서 대표이사가 5인 이상 사업장에 적용하는 시간외 근로수당이나 연차휴가 등을 적용하지 않는 경우, 가족이 허위 직원임을 스스로 인정하는 모순이 발생한다.

2. 비정규직, 정규직, 직원, 알바의 포함 여부

상용, 일용 등 고용 형태를 불문하고 사실상 고용된 모든 근로자를 말하는 것이므로 회사에 등록되어 있지 않은 근로자라고 하더라도 사업주와 근로관계를 맺고 있는 근로자는 모두 상시근로자에 포함된다. 즉 실제 근로자를 대상으로 계산한다. 비정규직, 정규직, 기간제, 알바, 불법체류 외국인과 신용불량자도 상시근로자에 포함한다. 단 파견근로자는 제외한다.

3. 특정요일에만 근로하는 근로자와 교대제 근무자의 상시근로자수

상시근로자 수 산정 시, 통상의 근로자와는 달리 특정 요일에 출근하는 근로자는 해당 요일에만 연인원에 산입한다.

통상의 근로자인 교대제 근로는 계속(상시) 근무하나, 근무표에 따라 특정일에 휴무일이 발생하는 것으로 사회통념상 상시 근무하는 것으로 보는 것이 합리적이므로 상시근로자 수 산정 시 매 가동일의 연인원에 모두 포함한다.

4. 동일한 사장님 밑에 여러 회사가 있는 경우 상시근로자수

경영상 일체를 이루면서 유기적으로 운영되는 기업조직은 하나의 사업장으로 보고 있다(대법 91다21381 판결 등 참조). 즉, 여러 개의 사업장이 장소로 분리되어 있고, 인사노무관리에 있어 일정 부분 각 사업장에 재량권이 위임되어 있더라도 본사에 의해 인사노무, 재무회계, 전략기획 등이 결정된다면 모든 사업장을 하나의 사업장으로 본다. 반면 동일한 장소에 있더라도 현저하게 근로의 형태가 다른 부문이 있고 그러한 부문이 주된 부문과 비교하여 노무관리, 회계 등이 명확하게 구분되는 동시에 주된 부문과 분리하여 취급하는 것이, 더욱 적절한 법 적용을 가능케한다면 그러한 부문을 독립된 사업으로 본다(근로기준팀-8048, 2007.11.29.). 결론은 사업장(매장)을 각각의 사업으로 보기 위해서는 인사, 재무, 회계 등 사무기능이 모두 독자적으로 이루어져야 한다.

6 근로자를 채용할 때 구비서류

직원 채용과 관련하여 일정한 서류를 구비해야 하며, 인사노무와 관련된 법적 서류는 3년간 보존해야 한다.

사용자는 다음의 사항을 포함하여 직원 명부를 작성 · 보관해야 한다.

직원 성명, 생년월일, 주소, 이력, 업무 종류, 고용연월일, 해고 퇴직일, 그밖에 필요한 사항 등 직원 채용 시에 구비 해야 할 서류는 다음과 같다.

- 이력서
- 경력/자격/면허증 사본
- 자기소개서
- 주민등록등본 : 최근 6개월 이내 발급
- 건강진단서(고용차별 수단으로 활용되어서는 안 되며, 예외적으로 업무 적합성, 직업병 등의 확인을 위해 취업규칙에 준하여 건감검진 진단서를 제출하기도 함)
- 근로계약서(법적 구비서류)
- 친권자(후견인) 동의서 : 만 18세 미만자(법적 구비서류)
- 감시 단속 업무 근로동의서 : 해당자

구인자는 구직자의 채용 여부가 확정된 이후 일정 기간 채용 서류를 보관하도록 하고, 구직자(확정된 채용 대상자는 제외)가 채용 서류의 반환을 청구하는 경우는 본인임을 확인한 후 반환해야 한다(채용절차공정화에 관한 법률 제11조 제1항, 제3항). 다만, 채용 서류가 홈페이지 또는 전자우편으로 제출된 경우나 구직자가 구인자의 요구 없이 자발적으로 제출한 경우는 제외한다.

📝 채용 과정 시 요구 금지 사항

▷ 구직자 본인의 용모, 키, 체중 등 신체적 조건
▷ 구직자 본인의 출신 지역, 혼인 여부, 재산
▷ 구직자 본인의 직계 존비속 또는 형제자매의 학력, 직업 재산
▷ 위반 시 과태료 : 1회 300만 원, 2회 400만 원, 3회 이상 500만 원
▷ 구직자가 채용을 위해 부당 청탁, 압력, 강요 등을 하거나 금전, 물품, 향응, 재산상 이익 수수, 제공을 금지한다. 위반 시 과태료 : 1회 1,500만 원, 2회 이상 3,000만 원

📝 인사노무 관련 서류는 얼마나 보관해야 하나?

인사 노무 관리상 관련된 다음과 같은 서류는 3년간 보존해야 한다.
▷ 직원 명부　　　　　　　　▷ 고용/퇴직에 관한 서류
▷ 임금대장　　　　　　　　▷ 근로계약서
▷ 승급/감급에 관한 서류　　▷ 휴가에 관한 서류
▷ 승인 및 인가에 관한 서류　▷ 주요 서면합의 서류
▷ 연소자 증명에 관한 서류 등
취업 시 신원 보증에 관한 사항은 근로기준법 상에 아무런 규정이 없으므로 당사자 간의 약정 내용에 따라야 하며, 채용 신원 보증계약을 체결하는 것은 근로기준법상의 위약 예정의 금지 규정에 해당하지 않는다.

📝 보안 서약서를 받는다

❶ 최근 전·현직 종업원에 의한 기술 유출이 큰 문제를 야기하고 있으며, 기술 유출 방지를 위해 근로계약 체결 시 종업원에게 보안 서약서를 받을 필요가 있다.

현행 부정경쟁 방지 및 영업비밀 보호에 관한 법률에 종업원의 비밀 유지 의무(제2조 제3호 라목)를 인정하고 있으며, 상법에 이사의 비밀유지의무(제382호의 4)를 인정하고 있다.

영업비밀로 분류된 정보에 대해서 함부로 외부에 발설하거나 전달해서는 안된다는 사실을 종업원에게 사전에 통보한다.

❷ 보안 서약서에는 재직 중에 알게 된 회사의 기밀을 누설하는 경우 손해배상은 물론 민·형사상 책임을 지겠다는 내용을 명기해야 한다.

재직 중에 작성·개발한 특허나 논문 등 지적 재산권의 소유권이 회사에 있음을 명기하고, 영업비밀의 무단 사용으로 인한 법적 분쟁 여지를 사전에 차단하기 위함이다.

❸ 입사 시 근로계약서에 보안 서약 내용을 포함해도 무방하나, 회사와 근로자 간의 책임 한계를 명확히 하기 위해 별도의 서약서를 받는 것이 더 바람직하다.

7 근로계약서는 출근하기 전 작성

01 / 근로계약서는 문서로 작성한다.

근로계약서란 근로자의 근로조건(임금, 근로시간 등)이 담긴 문서이다. 일을 시작하기 전 사용자와 근로자는 근로계약서를 반드시 작성해야 하며, 사용자와 근로자 모두 근로계약서 1부를 가지고 있어야 한다.

1~2일 출근 후 근로계약서 미작성으로 신고당할 수 있으므로 근로계약서 작성을 완료한 후 근로를 제공받는 것이 안전하다.

근로계약서 작성은 반드시 사용자에게 불리한 것은 아니며, 혹시 모를 임금체불 등 분쟁 발생 시 가장 유용하게 사용할 수 있는 증거자료이므로, 꼭 작성한 후 잘 보관하는 것이 중요하다.

📝 근로계약서를 작성만 하고, 근로자에게는 안 보여주는 사장님

근로계약서를 작성한 후 사장 본인만 가지고 안 보여주면서 불리할 때 직원을 협박하는 사장님도 가끔 있다. 그러나 근로계약서를 작성하지 않거나 발급하지 않으면 500만 원 이하의 벌금을 물어야 하므로 주의해야 한다. 또한, 근로계약서는 작성후 사진을 찍어두는 것이 좋다.

📝 **근로계약기간에 따른 고용 형태 구분**

> 근로계약은 기간의 정함이 없는 것과 일정한 사업 완료에 필요한 기간을 제외하고 그 기간은 1년을 초과하지 못하는 것이 원칙이다.
>
> ❶ 기간의 정함이 없는 근로계약(정규직)
>
> ❷ 사업 완료에 필요한 기간을 정하는 경우(계약직)
>
> ❸ 기간의 정함이 있는 근로계약(계약직)

02 / 근로계약서에 꼭 들어가야 할 내용

🧑 상용근로자 표준 근로계약

근로계약서에는 아래 내용은 반드시 들어가야 한다.

근로계약서 기재사항

☑ 근무장소 및 업무내용
☑ 임금 구성항목 (급여, 상여금, 수당 등)
☑ 임금 계산방법
☑ 임금 지급방법
☑ 소정근로시간
☑ 휴일
☑ 연차 유급휴가
☑ 업무의 시작과 종료시간, 휴게시간

위반시 벌금 최대 500만원

상시근로자 5인 이상 적용

1. 임금 : 구성항목 · 계산방법 · 지급방법

2. 소정근로시간 : 몇 시부터 몇 시까지 근무하는지, 주 며칠 근무하는지

3. 주휴일

4. 연차휴가

5. 업무 내용과 장소

6. 근로일별 근로시간(단시간근로자에 한함)

근무장소와 업무내용을 특정하는 경우 : 다른 근무장소나
업무를 수행하게 할 때는 근로자의 동의가 필요하다.

표준 근로계약서

_____(이하 "사업주"라 함)과(와) _____(이하 "근로자"라 함)은 다음
과 같이 근로계약을 체결한다.

1. 근로개시일 :   년   월   일부터 | 입사일은 적고 종료일은 공란으로 한다.

2. 근 무 장 소 :

3. 업무의 내용 :

4. 소정근로시간 : __시__분부터 __시__분까지 (휴게시간 : 시 분~ 시 분)

5. 근무일/휴일 : 매주 __일(또는 매일단위)근무, 주휴일 매주 __요일

6. 임 금
   - 월(일, 시간)급 : _____원
   - 상여금 : 있음 ( ) _____원, 없음 ( )
   - 기타급여(제수당 등) : 있음 ( ), 없음 ( )
     · _____원,   _____원
     · _____원,   _____원
   - 임금지급일 : 매월(매주 또는 매일) ____일(휴일의 경우는 전일 지급)
   - 지급방법 : 근로자에게 직접지급( ), 근로자 명의 예금통장에 입금( )

7. 연차유급휴가
   - 연차유급휴가는 근로기준법에서 정하는 바에 따라 부여함

상시근로자
5인 이상 적용

8. 사회보험 적용여부(해당란에 체크)
   □ 고용보험 □ 산재보험 □ 국민연금 □ 건강보험

9. 근로계약서 교부
   - 사업주는 근로계약을 체결함과 동시에 본 계약서를 사본하여 근로자의 교부
     요구와 관계없이 근로자에게 교부함(근로기준법 제17조 이행)

10. 근로계약 등의 성실한 이행의무
    - 사업주와 근로자는 각자가 근로계약을 지키고 성실하게 이행하여야 함

사업주와 근로자의 서명날인은 필수다.

표준근로계약서(작성 방법)

_____(이하 "사업주"라 함)과(와) _____ (이하 "근로자"라
함)은 다음과 같이 근로계약을 체결한다.

1. 근로계약기간 :   년   월   일부터   년   월   일까지

   ※ 근로계약기간을 정하지 않는 경우는 "근로개시일"만 기재

☞ **노사가 협의하여 결정하는 일을 하기로 한 기간**

2. 근무장소 :

☞ **일을 수행하기 위한 장소를 명기**

3. 업무의 내용 :

☞ **어떤 일을 할지에 대한 내용을 기재**

4. 소정근로시간 :   시   분부터   시   분까지 (휴게시간 :

   시   분 ~   시   분)

☞ **노사가 법정근로시간 내(하루 8시간, 주 40시간)에서 하루에 몇 시간을 일할**
   지 정한 시간을 기재

   휴게시간은 4시간에 30분, 8시간인 경우 1시간 이상을 주도록 소정근로시간
   내에서 기재함

5. 근무일/휴일 : 매주   일(또는 매일단위)근무, 주휴일 매주   요일

☞ **일주일 중 어떤 날에 근무할지를 명기하며, 주중 근무하기로 한 날을 만근하**
   였을 경우 부여하는 유급휴일(주휴일)을 어느 요일로 할지 결정하여 명기

6. 임 금

   – 월(일, 시간)급 : _____ 원

☞ **임금을 시간급으로 정할지, 주급으로 정할지, 월급으로 정할지 결정하여 그**
   금액 명기

   – 상여금 : 있음 (   ) _____ 원, 없음 (   )

☞ **상여금이 있으면 그 내용 및 금액에 대해 기재**

   – 기타급여(제수당 등) : 있음 (   ), 없음 (   )

   _____원,   _____원

_____원, _____원

☞ **가족수당, 자격증 수당 등 지급하기로 한 수당이 있으면 해당 내용에 대해 기재**

 – 임금지급일 : 매월(매주 또는 매일)_____일(휴일의 경우는 전일 지급)

☞ **임금을 매월 언제 지급할 것인지에 대해 기재**

 – 지급방법 : 근로자에게 직접지급(　　), 근로자 명의 예금통장에 입금(　　)

☞ **임금을 계좌로 지급할 것인지 등에 대해 노사간 협의 후 기재**

7. 연차유급휴가

 – 연차유급휴가는 근로기준법에서 정하는 바에 따라 부여함

☞ **① 1년간 총소정근로일의 80% 이상 출근자에게 15일부여, 1년 초과 매 2년마다 1일씩 가산, 한도 25일**

 ② 1년 미만 또는 1년간 80% 미만 출근자에게 1개월 개근시 1일 부여

8. 사회보험 적용 여부(해당란에 체크)

☐ 고용보험　　☐ 산재보험　　☐ 국민연금　　☐ 건강보험

☞ **사회보험 적용에 대한 해당 내용을 기재**

9. 근로계약서 교부

– 사업주는 근로계약을 체결함과 동시에 본 계약서를 사본하여 근로자의 교부요구와 관계없이 근로자에게 교부함(근로기준법 제17조 이행).

☞ **근로기준법 제17조에 따라 근로계약 체결 시 근로자에게 교부해야 함을 알려주는 내용**

10. 근로계약서 교부

– 사업주와 근로자는 각자가 근로계약, 취업규칙, 단체협약을 지키고 성

실하게 이행하여야 함

11. 근로계약, 취업규칙 등의 성실한 이행 의무
  – 이 계약에 정함이 없는 사항은 근로기준법에 의함

                 년   월   일

(사업주) 사업체명 :   (전화 :   )
주   소 :
대 표 자 :   (서명)
(근로자) 주 소 :
연 락 처 :
성   명 :   (서명)

🧑 기간제 근로자 또는 단시간근로자의 근로계약

사용자는 기간제근로자 또는 단시간 근로자와 근로계약을 체결하는 때는
다음 각호의 모든 사항을 서면으로 명시하여 근로자에게 교부해야 한다.

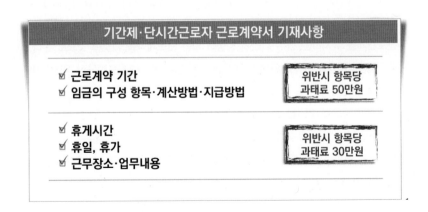

기간제 근로자 표준 근로 계약서

_____(이하 "사업주"라 함)과(와) _____(이하 "근로자"라 함)은 다음
과 같이 근로계약을 체결한다.

1. 근로계약기간 :   년   월   일부터 | 년   월   일까지 |
2. 근 무 장 소 :

단시간 근로자 표준 근로 계약서

_____(이하 "사업주"라 함)과(와) _____(이하 "근로자"라 함)은 다음과
같이 근로계약을 체결한다.

1. 근로개시일 :   년   월   일부터
   ※ 근로계약기간을 정하는 경우에는 "   년   월   일부터   년   월   일까지" 등으로 기재
2. 근 무 장 소 :
3. 업무의 내용 :
4. 근로일 및 근로일별 근로시간

근로시간	( )요일	( )요일	( )요일	( )요일	( )요일	( )요일
	시간	시간	시간	시간	시간	시간
시업	시 분	시 분	시 분	시 분	시 분	시 분
종업	시 분	시 분	시 분	시 분	시 분	시 분
휴게 시간	시 분 ~ 시 분	시 분 ~ 시 분	시 분 ~ 시 분	시 분 ~ 시 분	시 분 ~ 시 분	시 분 ~ 시 분

○ 주휴일 : 매주 __요일

📝 기간제근로자의 인사관리 방법을 가르쳐주세요.

기간제근로자란 기간의 정함이 있는 근로계약을 체결하여 고용된 직원으로서 임시
직, 계약직, 촉탁직, 단기근로자 등으로 표현되기도 한다.

사용자는 2년을 초과하지 않는 범위 안에서 기간제근로자를 고용할 수 있다.
합리적인 사유 없이 2년을 초과하는 근로계약을 체결하였거나 계속하여 2년 이상
근로관계를 유지하는 경우 기간의 정함이 없는 근로계약을 체결한 것으로 본다.
기간제근로자임을 이유로 단체 내의 동종 유사 업무에 종사하는 정규직 직원에 비
교하여 차별적 처우를 할 수 없다.

〈예외적으로 2년을 초과하여 기간제 직원을 채용할 수 있는 경우〉

1. 업의 완료 또는 특정한 업무의 완성에 필요한 기간을 정한 경우
2. 휴직, 파견 등으로 결원이 발생하여 당해 직원이 복귀할 때까지 그 업무를 대신
할 필요가 있는 경우

3. 직원이 학업, 직업훈련 등을 이수함에 따라 그 이수에 필요한 기간을 정한 경우

4. 고령자 고용촉진법 제2조 1호의 고령자(만 55세 이상) 근로계약을 체결한 경우

5. 전문적 지식ㆍ기술의 활용이 필요한 경우와 정부의 복지정책ㆍ실업 대책 등에 따라 일자리를 제공하는 경우 등

단시간근로자 표준근로계약서(작성 방법)

(이하 "사업주"라 함)과(와)　　(이하 "근로자"라 함)은 다음과 같이 근로계약을 체결한다.

1. 근로개시일 :　년　월　일부터

☞ **근로계약 기간을 정하는 경우는 "　년 월 일부터 년　월 일까지" 등으로 기재**

2. 근무장소 :

3. 업무의 내용 :

4. 근로일 및 근로일별 근로 시간

	(　)요일	(　)요일	(　)요일	(　)요일	(　)요일	(　)요일
근로시간	시간	시간	시간	시간	시간	시간
시 업	시 분	시 분	시 분	시 분	시 분	시 분
종 업	시 분	시 분	시 분	시 분	시 분	시 분
휴게시간	시 분 ~ 시 분	시 분 ~ 시 분	시 분 ~ 시 분	시 분 ~ 시 분	시 분 ~ 시 분	시 분 ~ 시 분

○ 주휴일 : 매주　요일

5. 임 금

　- 시간(일, 월)급 :　　　　　　　원(해당 사항에 ○표)

　- 상여금 : 있음 (　　)　　　　　원, 없음 (　　)

- 기타급여(제수당 등) : 있음 :   원(내역별 기재), 없음 (   ),

- 초과근로에 대한 가산임금률 :   %

☞ **단시간근로자와 사용자 사이에 근로하기로 정한 시간을 초과하여 근로하면**
법정근로시간 내라도 통상임금의 100분의 50% 이상의 가산임금 지급

- 임금지급일 : 매월(매주 또는 매일)   일(휴일의 경우는 전일 지급)

- 지급방법 : 근로자에게 직접지급(   ), 근로자 명의 예금통장에 입금(   )

6. 연차유급휴가 : 통상근로자의 근로시간에 비례하여 연차유급휴가 부여

7. 사회보험 적용여부(해당란에 체크)

☐ 고용보험 ☐ 산재보험 ☐ 국민연금 ☐ 건강보험

8. 근로계약서 교부

- "사업주"는 근로계약을 체결함과 동시에 본 계약서 사본을 "근로자"의 교부요구와 관계없이 "근로자"에게 교부함

9. 근로계약, 취업규칙 등의 성실한 이행 의무

- 사업주와 근로자는 각자가 근로계약, 취업규칙, 단체협약을 지키고 성실하게 이행하여야 함

10. 기 타

- 이 계약에 정함이 없는 사항은 근로기준법령에 의함

년   월   일

(사업주) 사업체명 :   (전화 :   )

주   소 :

대 표 자 :   (서명)

(근로자) 주   소 :

연 락 처 :

성   명 :   (서명)

🧑 연소자(미성년자)의 근로계약

우리나라는 청소년이 의무교육을 받을 수 있도록 15세 미만 청소년과 중학교에 재학 중인 18세 미만(17세까지) 청소년에 대해서는 원칙적으로 고용을 금지하고 있다.

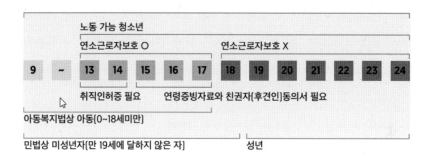

만 18세 미만 청소년이라면 아래 서류를 작성해 사용자에게 제출해야 한다. 사용자는 받은 서류를 사업장에 비치해두어야 한다. 이 서류를 비치하지 않은 경우엔 다음과 같이 처벌을 받는다.

❶ 친권자 동의서나 가족관계증명서를 구비하지 않은 경우

☞ **500만원 이하의 과태료**

❷ 취직인허증을 구비하지 않은 경우

☞ **2년 이하의 징역 또는 2천만 원의 벌금 부과**

구 분	구비서류
만 13세 이상 만 15세 미만 (중학교에 재학 중인 18세 미만자 포함)	취직인허증
만 18세 미만	친권자 동의서, 가족관계증명서

1. 취업인허증

만 13세 이상 만 15세 미만 청소년이 일하기 위해서는 취직인허증을 발급받아야 한다(취업인허증 발급신청서 제출). 취직인허증에는 수행할 업무, 임금, 근로시간, 계약기간 등 일하게 될 조건 전반이 들어간다. 변경 사항이 있는 경우엔 취직인허증을 새로 발급받아야 한다.

취직인허증을 받으려면 학교장(학교 다닐 경우), 친권자 또는 후견인의 서명을 받아 사용자가 될 자와 연명으로 지방 관서에 신청한다. 신청받은 지방 관서의 장은 취직인허증 발급 기준에 어긋나지 않은 경우는 취직인허증을 발급한다.

취직인허증 발급 기준(근로감독관집무규정 제69조)

1. 유해, 위험 직종 아닌 경미한 작업
2. 생명, 건강, 복지에 위험, 유해하지 않은 업무
3. 근로시간이 수업에 지장을 주지 않을 것
4. 친권자 동의와 학교장 의견 명기

2. 친권자 동의서와 가족관계증명서

친권자 동의서는 만 18세 미만의 청소년이 일하게 될 경우 친권자나 후견인이 작성하는 문서로 해당 청소년이 일하는 것을 동의한다는 것을 증명한다.

친권자 동의서는 친권자(후견인)가 해당 청소년이 적절한 환경에서 일하는지 점검하고, 사용자는 청소년의 연령을 확인해 청소년 노동을 보호할 근거를 마련하고자 하는데, 그 목적이 있다.

정해진 친권자 동의서 양식은 없다. 친권자(후견인)와 일하게 될 청소년의 인적사항, 청소년이 근무할 사업장의 정보를 정리해서 작성하면 된다.

가족관계증명서는 신분증을 지참해 구청이나 지역 주민센터에 방문하거나, 대법원 전자가족 관계 등록시스템(efamily.scourt.go.kr)에서 받을 수 있다. 인터넷 발급을 받는 경우 공인인증서가 필요하다.

취직인허증을 발급받은 경우엔 친권자 동의서와 가족관계증명을 한 것으로 본다.

연소근로자(18세 미만인 자) 표준근로계약서(작성 방법)

　　　　　　(이하 "사업주"라 함)과(와) 　　　　(이하 "근로자"라 함)은 다음과 같이 근로계약을 체결한다.

1. 근로개시일 : 　　년 　월 　일부터

☞ **근로계약기간을 정하는 경우에는 " 년 월 일부터 년 월 일까지" 등으로 기재**

2. 근 무 장 소 :

3. 업무의 내용 :

4. 소정근로시간 : 　시 　분부터 　시 　분까지

　　　　　　　　(휴게시간 : 시 분 ~ 시 분)

5. 근무일/휴일 : 매주 　일(또는 매일단위)근무, 주휴일 매주 　요일

6. 임 　금

　- 월(일, 시간)급 : ＿＿＿＿＿＿＿＿＿원

　- 상여금 : 있음 (　) ＿＿＿＿＿＿＿원, 없음 (　)

　- 기타급여(제수당 등) : 있음 (　), 없음 (　)

　　· ＿＿＿＿＿＿＿원, ＿＿＿＿＿＿＿＿＿원

　　· ＿＿＿＿＿＿＿원, ＿＿＿＿＿＿＿＿＿원

　- 임금지급일 : 매월(매주 또는 매일) 　일(휴일의 경우는 전일 지급)

- 지급방법 : 근로자에게 직접지급( ), 근로자 명의 예금통장에 입금( )

7. 연차유급휴가

 - 연차유급휴가는 근로기준법에서 정하는 바에 따라 부여함

8. 가족관계증명서 및 동의서

 - 가족관계 기록 사항에 관한 증명서 제출 여부 :

 - 친권자 또는 후견인의 동의서 구비 여부 :

9. 사회보험 적용 여부(해당란에 체크)

 □ 고용보험 □ 산재보험 □ 국민연금 □ 건강보험

10. 근로계약서 교부

 - 사업주는 근로계약을 체결함과 동시에 본 계약서 사본을 근로자의 교부요구와 관계없이 근로자에게 교부함(근로기준법 제17조, 제67조 이행)

11. 근로계약, 취업규칙 등의 성실한 이행 의무

 - 사업주와 근로자는 각자가 근로계약, 취업규칙, 단체협약을 지키고 성실하게 이행하여야 함

12. 기타

 - 13세 이상 15세 미만인 자에 대해서는 고용노동부 장관으로부터 취직인허증을 교부받아야 하며, 이 계약에 정함이 없는 사항은 근로기준법에 의함

년   월   일

(사업주) 사업체명 :   (전화 :   )

주   소 :

대 표 자 :   (서명)

(근로자) 주   소 :

연 락 처 :

성   명 :   (서명)

친권자(후견인) 동의서

○ 친권자(후견인) 인적사항

  성   명 :

  생년월일 :

  주   소 :

  연 락 처 :

  연소근로자와의 관계 :

○ 연소근로자 인적사항

  성   명 :   (만   세)

  생년월일 :

  주   소 :

  연 락 처 :

○ 사업장 개요

  회 사 명 :

  회사주소 :

  대 표 자 :

  회사전화 :

  본인은 위 연소근로자   가 위 사업장에서 근로를 하는 것에 대하여 동의합니다.

년   월   일

친권자(후견인)   (인)

첨 부 : 가족관계증명서 1부

03 / 약속한 근로조건과 다른 경우

근로자는 사용자와 근로계약서를 작성해야 하고, 근로계약서에는 임금, 근로시간, 업무 내용 등 근로조건에 대한 사항을 명시해야 한다.

근로계약서에 명시된 근로조건과 실제 근로조건이 다를 경우

- 근로계약을 즉시 해지하고 더는 출근하지 않아도 된다.
- 노동위원회에 사용자에 대한 손해배상을 청구할 수 있다.
- 다른 곳에 취업할 목적으로 이사 가는 경우 사용자에게 귀향 여비 지급을 요구할 수도 있다(근로기준법 제19조).

다만, 근로계약서에 명시된 근로조건과 다른 근로조건을 적용받으며, 오랜 기간 일한 경우는 변경된 근로조건에 동의한 것으로 보기도 한다. 따라서 명시된 근로조건과 실제 적용받는 근로조건이 다른 경우에는 가급적 빨리 문제를 제기하는 것이 좋다.

04 / 근로계약서보다 법이 우선이다.

근로계약서에 쓰여 있는 내용이더라도 해당 내용이 법률에 위반되는 경우는 효력이 인정되지 않는다. 즉, 다음의 경우에는 근로계약서의 내용이 인정되지 않는다.

- 근로계약서에 일을 그만둘 때도 대체 근무자가 구해질 때까지 일해야 한다.
- 근로계약서에 3개월 이상 근무해야 하며, 그 이전에 퇴사할 경우 50만 원의 손해배상을 해야 한다.

근로기준법 제20조(위약 예정의 금지) : 사용자는 근로계약 불이행에 대한

위약금 또는 손해배상액을 예정하는 계약을 체결하지 못한다. 위반 시 500만 원 이하의 벌금을 물어야 한다.

- 근로계약서에 시급을 10,000원으로 하되, 주휴수당을 지급하지 않는다.
- 근로계약서에 퇴직금이나 연장 · 야간 · 휴일근로수당은 없는 것으로 한다.

05 / 근로계약 서류는 얼마를 보관해야 하나?

사용자는 근로자명부와 대통령령으로 정하는 근로계약에 관한 중요한 서류를 3년간 보존해야 한다.

- 근로자명부
- 근로계약서
- 임금의 결정 · 지급방법과 임금계산의 기초에 관한 서류 · 임금대장
- 고용 · 해고 · 퇴직에 관한 서류
- 승급 · 감급에 관한 서류
- 휴가에 관한 서류

- 서면합의 서류
  - 3개월 단위 탄력적 근로시간제(법 제51조 제2항)
  - 선택적 근로시간제(법 제58조 제2항, 제3항)
  - 근로시간 및 휴게시간의 특례(법 제59조) 등

- 연소자 증명서(법 제66조) 등

06 / 근로계약서의 교부와 관리방법

- 법률에 근거한 근로계약서 서면작성(2부)
- 간인 이후 근로자에게 1부 교부
- 교부대장에 교부일시 등 작성 후 서명날인을 받음
- 교부대장의 보관

간인과 교부 대장 작성이 법률상 의무는 아니다.

📝 이메일로 근로계약서를 작성·교부 했을 때 서면작성·교부로 인정될 수 있는지? 여부

> 이메일로 해고 통보한 사례에서 서울행정법원은 "법 조항상 '서면'이란 종이로 된 문서를 의미하고, 전자문서는 회사가 전자결재 체계를 완비해 전자문서로 모든 업무의 기안·결재·시행 과정을 관리하는 등 특별한 사정이 있는 경우 이외에는 법 조항상 '서면'에 해당하지 않는다고 해석하는 것이 문언 및 입법취지에 부합한다."고 판결한 판례에 비춰 볼 때, 원칙적으로 서면 작성·교부의 의미는 문서 작성을 의미한다고 보는 것이 합리적이다. 다만, 예외적으로 근로관계 당사자 간의 서명 또는 날인을 확인할 수 있는 전자결재 체계를 완비해 모든 업무를 이러한 전자결재 체계를 통해 이뤄지는 사업장의 경우에 한해 이메일 통보 등을 인정할 수 있다(서울행법 2010구합11269 2010.6.18).

8 근로계약서와 연봉계약서의 차이

01 / 연봉계약서와 근로계약서의 차이점

연봉계약서, 근로계약서 등 명칭이 중요한 것이 아니라 근로계약서에 들어가야 할 내용이 다 들어가 있으면 그것이 근로계약서이다.

연봉계약서는 근로계약서의 필수 기재 사항 중 임금 부분만 쏙 빼서 작성한 것이므로, 근로계약서를 작성하지 않아도 되는 것은 아니다.

따라서 연봉계약서와 별도로 근로계약서는 반드시 작성해야 한다. 다만, 연봉계약서에 임금 부분뿐만 아니라, 근로계약서에 필수적으로 들어가야할 내용이 모두 들어가 있다면 연봉계약서를 근로계약서로 볼 수 있다.

즉 근로계약서를 작성하면서 "임금 부분을, 임금은 연봉계약서에 의한다." 와 같은 문구를 삽입해, 연봉계약서에 위임한 경우, 근로계약서와 연봉계약서를 따로 작성해도 세트로 움직이는 것이다.

반면 근로계약서, 연봉제 근로계약서와 같이 명칭에 상관없이 계약서상에 임금 등 근로계약서의 필수적 기재 사항이 모두 기재되어 있는 경우는 별도의 연봉계약서 없이 근로계약서 또는 연봉제 근로계약서 자체가홀로 근로계약서가 된다. 따라서 별도의 연봉계약서는 필요 없다.

근로계약 기간과 연봉계약 기간의 차이는 근로계약 기간은 고용관계의 시작 시점부터 고용관계의 종료 시점을 의미하는, 반면 연봉계약 기간은 근로계약기간 중 해당 임금이 적용되는 기간을 정한 것을 의미한다.

실무상 두 기간을 따로 정하는 경우와 같은 기간으로 정하는 경우를 볼 수 있는데, 명칭과 기간의 구분 없이 같은 기간으로 정하는 경우는 분쟁 발생 시 근로계약 기간을 언제로 볼지에 대한 해석상의 문제로 인해 부당해고나 실업급여 등에 있어 불필요한 오해가 발생할 수 있다. 따라서 명칭과 기간을 구분해 정해두는 것이 좋다.

즉 근로계약 기간과 연봉계약 기간을 구분해서 명시해야 해당 근로자와의 계약이 정규직 계약인지, 계약직 계약인지 명확히 구분할 수 있다.

계약직 근로자의 경우 가장 신경 써야 할 부분이 근로계약 기간이다.

근로계약 종료일의 기재가 불명확한 경우 계약기간 만료로 근로관계를 종료할 수 없고, 정규직으로 전환되어 부당해고와 관련된 문제를 일으킬 수 있다. 따라서 기간제법상 사용기한의 제한 2년 범위에서 계약 종료일을 반드시 기재해 법적 논란을 줄여야 할 것이다.

첫째, 연봉계약서를 작성한다고 근로계약서를 작성하지 않아도 되는 것은 아니다. 따라서 근로계약서 1부와 연봉계약서 1부, 총 2부의 계약서를 작성해야 한다.

둘째, 연봉계약서는 근로계약 중 임금과 관련된 사항을 별도로 다룬 계약서이다.

근로계약서 ≠ 연봉계약서

연봉계약서를 작성한 경우 매년 급여 인상이 있어도, 근로계약서를 매년 갱신하지 않고, 연봉계약서만 갱신하면 된다.

임금만 변경된 경우는 연봉계약서의 형태로 재교부하는 것이 가능하며, 근로계약서상 임금 부분을 변경하여 재교부한 경우 연봉계약서를 별도로 교부하지 않아도 된다.

셋째, 연봉계약서는 근로계약서의 임금에 국한된 내용을 별도로 작성하는 것으로, 근로계약서에 해당 내용이 모두 들어가 있다면, 별도로 연봉계약서를 반드시 작성해야 하는 것은 아니다.

넷째, 실무자 중에서 대표가 같다는 이유로 개인과 법인 또는 개인과 개인, 법인과 법인, 2개의 회사에서 근무하는 경우가 있다. 이 경우 2곳에서 실제로 근로를 제공한다면, 2개의 근로계약서를 작성해야 한다.

02 / 근로계약서는 언제 작성해야 하나요?

사용자는 근로 개시 전 근로계약을 체결할 때, 근로계약서를 작성하고, 이를 근로자에게 교부 해주어야 한다. 즉, 근로계약서는 근로 개시 이전이나, 근로 개시와 동시에 작성해야 한다.

이를 위반했을 때는, 500만 원 이하의 벌금을 물어야 한다.

1일 근무 후, 다음 날 바로 근로계약서 미작성으로 신고하는 예도 봤으므로, 사장님은 천천히 작성하면 되겠지? 라고, 안일하게 생각하지 말고, 금전적 시간적 손해를 사전에 방지하고자 근로 개시 전 근로계약서를 작성하고 노무를 제공받기 바란다.

첫째, 근로계약서는 서면으로 작성해야 한다.

둘째, 원칙은 종이로 된 문서로 작성 및 발급하는 것이 원칙이지만, 전자문서로 작성 및 발급해도 효력에는 영향이 없다.

03 / 근로계약서에 들어가야 할 내용 작성 방법

근로계약서에 반드시 들어가야 할 사항은 다음과 같다.

단시간 근로자인 아르바이트의 근로계약서에는 정규직 근로계약서의 내용 외에 근로일 및 근로일별 근로시간이 반드시 명시되어야 한다.

근로계약 기간은 근로계약 기간을 정하지 않는 경우는 근로 개시 일만 기재하고, 계약직으로 계약기간을 정한 경우에는 개시일과 종료일을 기재한다.

계약직 근로자는 연속된 근로기간이 2년을 초과하면 기간제 및 단시간근로자 보호 등에 관한 법률에 따라 정규직 직원으로 전환해야 하므로, 계약기간을 연장할 때는 이 점을 고려할 필요가 있다.

그리고 취업규칙은 회사 운영 원칙이 되는 기준이므로, 근로조건에 있어 중요한 부분이 있다면 계약서에 해당 내용을 포함하여 당사자 간에 확인할 필요가 있다.

근무 장소 및 업무 내용

일을 수행하기 위한 장소와 어떤 일을 할 것인가에 대한 내용을 기재한다.

실무상 회사가 입사할 때 정한 업무와 직원이 실제 수행하는 업무가 확연히 다른 경우에는 문제가 발생할 수 있으므로, 지나치게 좁은 범위로 근무지나 직무 내용을 확정하는 것은 업무 유연성 차원에서 바람직하지 않다.

🧑 임금 구성항목(급여, 상여금, 수당 등)

임금을 시간급으로 정할지, 주급으로 정할지, 월급으로 정할지 결정하여 그 금액을 기재한다.

상여금이 있으면 그 내용 및 금액에 대해 기재한다.

가족수당, 자격증 수당 등 지급하기로 한, 수당이 있으면, 해당 내용에 대해 기재한다.

🧑 임금 계산 방법

임금의 계산 방법은 임금의 구성 항목별로 금액이 어떻게 산출된 건지 산출식이나 산출 방법을 작성하되, 근로자가 바로 알 수 있도록 구체적인 수치를 포함하여 적어주면 된다.

시급제 및 일급제와 같이 급여가 매달 변동되는 경우는 계산 방법을 명시해야 한다.

그리고 월급제라도 근로일수 및 연장, 야간, 휴일근로시간 등으로 인해 월급이 달라지는 경우는 계산 방법을 명시해야 한다.

하지만 고정급으로 금액이 달라지지 않는 경우는 계산 방법을 별도로 작성하지 않아도 된다.

즉, 모든 임금 항목에 대해 기재할 필요는 없고, 출근 일수, 시간 등에 따라 금액이 달라지는 항목에 대해서만, 계산 방법을 작성해 주면 된다.

정액으로 지급되는 임금 항목은 계산 방법을 작성하지 않아도 되고, 연장, 야간, 휴일근로를 하여, 추가된 근로시간에 대한 임금 외 가산수당이 발생하는 경우, 실제 연장, 야간, 휴일근로시간 수를 포함하여 계산 방법을 작성해 주면 된다.

🧑 임금의 지급 방법

급여지급일을 매월 며칠로 하고, 임금을 계좌로 지급할 것인지 등에 대해 노사 간 협의 후 기재한다.

🧑 소정근로시간

소정근로시간은 노사가 근로계약으로 근무하기로 합의한 시간을 의미한다.

소정근로시간은 법정근로시간을 넘지 못한다.

따라서 1일 8시간, 주 40시간을 초과하면 안 된다.

소정근로시간을 초과한 근로시간은 연장근로 또는 휴일근로를 의미한다.

연장근로 또는 휴일근로는 주 12시간을 초과하지 못한다.

노사가 하루 8시간, 주 40시간의 법정근로시간 내에서 하루에 몇 시간을 일할지 정한 시간을 기재한다.

① 기본시간(주휴시간 포함 시간)

기본시간 : 8시간 × (5일 + 주휴 1일) = 1주 48시간 × 4.345주 = 208.56 = 209시간

기본급 : 209시간 × 10,030원 = 2,096,270원

② 기본시간(주휴 제외 기본 근무시간)

기본시간 : 8시간 × 5일 = 1주 40시간 × 4.345주 = 173.8 = 174시간

주휴수당 : 8시간 × 4.345주 = 34.76시간= 35시간

근로계약서 내 소정근로시간은 위 내용의 어떤 방식으로 표현하든 무관하며, ②로 할 경우, 기본급과 주휴수당 금액과 시간을 구분하여 명시하는 것이 분쟁의 소지를 최소화하는 방법일 것으로 판단된다.

👤 업무의 시작과 종료시간 및 휴게시간

업무의 시작시간과 종료시간을 기재하고, 휴게시간은 4시간에 30분, 8시간인 경우 1시간 이상을 주도록 소정근로시간 내에서 기재한다.

출근 시간과 퇴근 시간을 모두 기재해야 하며, 직원에게는 4시간마다 30분 이상의 휴게시간을 부여해야 하므로, 휴게시간도 기재하는 것이 바람직하다. 하루 8시간을 일하는 직원이라면 언제부터 언제까지 1시간의 점심시간을 준다고 기재하면 된다.

👤 휴일 및 연차 유급휴가

일주일 중 어떤 날에 근무할지를 기재하며, 주 중 근무하기로 한 날을, 개근하였을 경우 부여하는 유급휴일(주휴일)을 어느 요일로 할지 결정하여 기재한다.

일요일이 아닌 주중의 일정한 날이 주휴일인 회사 등의 경우에는 근로계약서에 근무일은 월요일부터 금요일까지 또는 근무일은 매주 수요일, 토요일 등 근무일을 명확히 기재하는 것이 법적인 다툼 방지에 도움이 된다.

연차휴가는 1년간 총소정근로일의 80% 이상 출근자에게 15일부여, 1년 초과 매 2년마다 1일씩 가산해서 부여하고, 한도는 25일이다.

1년 미만 또는 1년간 80% 미만 출근자에게는 1개월 개근 시 1일을 부여한다. 다만, 연차휴가는 5명 이상의 근로자를 사용하고 있는 회사에 적용되는 기준이므로 직원이 5명 미만인 기업은 연차휴가를 부여하지 않을 수 있다.

04 / 근로계약서에 들어가면 안 되는 내용

법에서 정한 근로계약서보다 노사 간 작성한 각서의 효력이 더 우선한다고 생각하시는 일부 사장님이 계신 데, 이는 잘못 알고 있는 것이다.

근로계약서에 들어가면 안 되는 내용은 다음과 같다.

- 후임자가 정해지지 않는 경우, 퇴사하지 못한다. 라는 등의 근로자의 자유의사에 어긋나는 근로를 강요하지 못한다(근로기준법 제7조 : 강제 근로의 금지). 다만 근로자가 생각하기에 강제 근로에 해당한다고 해서 임의로 퇴사하는 경우 손해배상청구나 퇴직금 계산 시 불이익이 발생할 수 있다.

- 근로계약서에 명시된 근로조건이 사실과 다를 경우에 근로자는 근로조건 위반을 이유로 손해배상을 청구할 수 있으며, 즉시 근로계약을 해제할 수 있다(근로기준법 제19조 : 근로조건의 위반).

- 일하다가 실수하는 경우, 무조건 50만 원씩 회사에 배상해야 한다. 퇴사 30일 전 알리지 않고 무단으로 퇴사하는 경우, 그달의 월급은 지급하지 않는다. 지각, 조퇴 시 벌금 10만 원을 내야 한다. 라는 등의 근로계약 불이행에 대한 위약금 또는 손해배상액을 예정하지 못한다(근로기준법 제20조 : 위약 예정의 금지).

- 월급 일부를 퇴직금으로 회사에서 보관한다. 정부지원금을 받은 사업장에서 월급 통장을 나누어 일부를 회사에서 관리한다. 라는 등의 강제저축 또는 저축금의 관리를 규정하는 계약을 체결하지 못한다(근로기준법 제22조 : 강제 저금의 금지).

05 / 근로계약서를 매년 재작성해야 하나?

첫째, 종전의 소정근로시간, 임금수준, 주휴일, 연차 휴일 등 앞서 설명한 근로계약서에 들어가야 할 내용이 변경되지 않은 때에는 근로계약서를 다시 작성해서 근로자에게 교부해 줄 의무는 없다. 만일 근로계약서를 다시 작성한 경우는 반드시 재교부해 주어야 한다.

둘째, 근로계약서 재작성 시 변경되는 근로조건에 대해서만 변경시키면 된다. 근로계약 기간의 변경이 없다면 재작성할 때도 기존 계약기간을 그대로 명시하면 된다. 즉 계약서를 다시 쓴다고 해서 계약기간이 새로이 시작되는 것은 아니다.

셋째, 변경된 근로조건에 근로자의 동의를 얻어 근로계약서를 작성한 경우 기존의 근로계약의 내용은 효력이 없으며, 변경된 근로계약에 따라 효력이 발생한다. 즉 새로운 근로계약이 우선해서 적용된다. 다만, 근로조건에 관한 서류는 3년간 보관해야 하므로, 변경 전의 근로계약서 또한 3년간 보관해야 한다.

넷째, 대표자가 변경되었다 하더라도 근로자들의 근로계약상 지위의 변동이 없다면 근로계약서를 재작성할 필요는 없다. 다만, 이후 임금, 근로시간, 복리후생 등을 달리 적용하여 근로계약상 내용과 다르다면, 그때에는 근로계약서를 재작성할 필요가 있으며, 이때에는 취업규칙 또한 변경되어야 할 것이다.

다섯째, 임금에 대해 별도로 연봉계약서를 작성하는 경우 근로계약서에 임금 조건을 기재하지 않고, 연봉계약서에 따른다는 문구를 기재하였을 경우 연봉계약서만 재작성하면 된다.

하지만 다른 근로조건의 변경 없이 임금이 변경되었다고 매번 근로계약서를 반드시 재작성해야 하는 것은 아니다.

여섯째, 계약직 근로자의 경우 계약기간이 종료된 후에 반드시 근로계약서를 재작성 후 교부해야 한다.

06 / 임금인상 시 근로계약서 작성

사용자는 근로계약을 체결할 때뿐만 아니라 임금의 구성항목, 계산방법, 지급방법, 소정근로시간, 주휴일, 연차유급휴가에 관한 사항이 변경될 때도 근로계약을 갱신하고 근로계약서를 근로자에게 교부해야 한다.

따라서 계약기간 중에 임금이 인상된 경우는 임금의 구성항목이 변경된 것으로 보아 다시 근로계약서를 작성하여 근로자에게 이를 교부해주어야 한다.

임금 관련 근로조건이 변경될 경우 해당 근로조건을 다시 서면으로 명시하여 근로자에게 교부한다.

따라서 임금인상 시마다 근로계약서 또는 연봉계약서를 작성하는 것이다.

번거롭지만 연봉계약서를 작성하는 방법도 고려해 볼 수 있다.

예를 들어 1월 1일에 급여가 450만 원에서 500으로 인상되었다면, 가장 하단에 2024년 1월 1일로 작성하고 근로계약기간은 실제 근로계약 기간으로, 임금은 500만 원으로 작성하면 된다.

07 / 계약직에서 정규직으로 전환시 근로계약서 작성

기존의 계약직 근로계약을 정규직으로 소급해서 변동하는 것이 아니라면 정규직 전환 시점을 기준으로 근로계약을 다시 하는 것이 원칙이다.

계약직으로 근무하던 중에 이어서 정규직으로 전환되어 일을 지속하게 될 때 별도로 신고할 사항은 없다.

계약직으로 근무하다가 1개월 이상 일을 중지한 후 정규직으로 전환되어 일하게 되는 경우, 4대 보험 상실 신고 후, 다시 취득 신고를 진행해야 한다.

08 / 수습이 끝나면 근로계약서를 재작성해야 하나요?

수습에서 정규직으로 전환되는 과정에서 근로조건에 변동이 있는 경우가 아니라면 특별히 근로계약서를 재작성할 필요는 없다.

09 / 근로계약서의 보존기간

근로계약서의 보존기간은 3년이다. 다만 근로계약서 미교부에 대한 입증 책임은 사용자에게 있고 해당 공소시효는 5년이므로 3년이 지나도 근로자의 동의를 받아 적정기간은 보관하는 것이 좋을 듯하다.

10 / 근로계약서 양식을 구할 수 없나요?

근로계약서 양식은 고용노동부 홈페이지, 상단의, 정책자료, 정책 자료실, 게시판 검색에서 표준근로계약서로 검색하면 다운로드 받을 수 있다.

11 / 연봉계약서 작성 요령

첫째, 근로계약서가 소정근로시간, 임금수준, 주휴일, 연차휴일 등 근로자의 근로 제공에 관한 전반적인 사항을 기재하는 계약서라면 연봉계약서는 그중에서도 임금에 관한 사항을 주요 내용으로 작성하는 계약서이다.

앞서 설명한 바와 같이 연봉계약서는 근로계약서의 필수기재 사항 중 임금 부분만 쏙 빼서 작성한 것이므로, 근로계약서를 작성하지 않아도 되는 것은 아니다.

따라서 연봉계약서와 별도로 근로계약서는 반드시 작성해야 한다.

둘째, 연봉계약서는 통상 1년 단위로 작성하며, 근로계약서는 채용 시 또는 근로계약 기간만료 시 작성하는 계약서이다. 연봉계약서의 계약기간은 해당 연봉을 지급하기로 정한 기간을 의미하며, 근로계약서의 계약기간은 근로자가 기업에서 근로하기로 정한 기간을 의미한다.

즉, 근로계약서가 연봉계약서 보다 명시 내용의 범위가 포괄적인 문서라고 할 수 있다.

셋째, 연봉계약 기간이 끝나도 근로관계는 종료되지 않는다. 즉, 연봉계약 기간과 근로계약 기간이 그 의미가 다르다.

근로계약 기간은 고용관계의 시작 시점부터 고용관계의 종료 시점을 의미하는, 반면 연봉적용 기간은 근로계약 기간 중 해당 임금이 적용되는 기간을 정한 것을 의미한다.

연봉계약은 근로계약 기간과 관계없이 임금액의 산정을 연 단위로 하기로 하고, 그 금액을 매년 변경하는 것으로서 임금 설정의 기준에 불과하므로 별다른 사정이 없는 한, 연봉계약서상 계약기간 만료를 이유로 근로관계를 종료할 수 없다.

넷째, 연봉계약서에는 연봉계약 기간, 연봉의 구성(연봉액, 포함되는 수당 등), 연봉의 지급 시기 및 지급 방법 등을 반드시 기재해야 한다.

다섯째, 연봉제를 시행하는 회사의 경우 최초 입사일에 근로계약서를 작성하고, 이후 연봉이 갱신되면 근로계약서 자체를 갱신할 필요 없이 연봉계약서만 갱신하는 방식으로 운영하면 된다.

여섯째, 연봉 계약기간은 통상 1년 단위이기 때문에 매년 연봉계약 갱신 시점에 변경된 금액을 기재하여 연봉계약서를 다시 작성한 후 서면 교부를 한다. 다만 근로계약서에 연봉액에 관한 내용이 기재되어 있다면, 변경된 연봉액으로 근로계약서를 다시 작성해야 한다.

일곱째, 연봉계약서에 근로계약서에 들어갈 내용이 모두 들어가 있으면 명칭에 상관없이 연봉계약서가 연봉 근로계약서가 돼, 근로계약서를 별도로 작성할 필요가 없다.

🧑 연봉삭감이 가능한가?

연봉삭감은 근로자로서는 불이익한 변경에 해당하므로, 근로자의 개별동의를 받으면 가능하다. 만일 개별동의가 없이 회사가 일방적으로 임금삭감을 하는 때는 임금체불에 해당할 수 있다.

🧑 연봉협상 과정에서 합의가 안 되는 때

연봉협상 과정에서 연봉협상이 결렬되는 경우 기존의 연봉이 유지되는 것이며, 이로 인해 근로자가 자진 퇴사를 하는 경우는 실업급여를 못 받을 수 있다. 반면 연봉협상 결렬로 인해 회사가 해당 근로자를 해고하는 경우는 부당해고에 해당할 수 있다.

따라서 노사 간 원만한 협상이 꼭 필요하다고 할 것이다.

🙂 퇴직금을 포함한 연봉계약

매월 지급하는 급여 3백만 원에 퇴직금이 포함되어 있으므로 퇴직 시 퇴직금은 없다는 내용의 연봉계약을 하거나, 매년 13분의 1의 금액을 퇴직금으로 지급하는 경우는 위법이다. 이는 법에서 특별한 사정이 없을 때는 퇴직금의 중간 정산을 금지하고 있기 때문이다.

이 경우 퇴직금의 지급 효력이 없으므로, 잘못하면 퇴직금을 다시 지급해야 하는 문제가 생길 수 있다.

구 분	퇴직금	민법상 부당이득반환청구
급여 300만 원에 퇴직금이 포함된 것으로 근로계약을 한 경우	퇴직금으로 인정받지 못하며, 근로자가 노동청에 진정 시 퇴직금을 다시 지급해야 한다.	추가 지급한 퇴직금에 대해서 부당이득반환을 받을 수 없다. : 퇴직금을 지급하지 않기 위한 사업주의 꼼수로 보기 때문이다.
급여 275만 원, 퇴직금 25만 원으로 매월 300만 원을 지급하기로 근로계약을 한 경우	퇴직금으로 인정받지 못하며, 근로자가 노동청에 진정 시 퇴직금을 지급해야 한다.	추가 지급한 퇴직금 25만 원에 대해서 부당이득반환을 청구할 수 있다.

반면, 연봉 중 일정액을 적립한 후 퇴직할 때 지급하겠다는 형식의 연봉계약은 가능하다. 이 경우 퇴직금은 연봉의 13분의 1이 해당하는 금액이다.

결론은 연봉계약서상 연봉에 퇴직금을 포함해 중간 정산을 하는 경우라면 퇴직금은 퇴직 시 지급하거나 DC형 퇴직연금으로 전환해 지급하는 것으로 수정해야 깔끔한 처리가 된다.

구 분	내 용
기존	연봉은 ( )원으로 하되, 연봉의 12/13를 월급으로 매월 1일에 기산해 말일에 마감한 월 ( )원을 익월 10일에 지급하고, 퇴직금으로 연봉금액의 1/13에 해당하는 ( )원을 1년이 경과한 달의 다음 달에 퇴직금 중간정산 신청에 의거 지급한다.
변경	연봉은 ( )원으로 하되, 연봉의 12/13를 월급으로 매월 1일에 기산해 말일에 마감한 월 ( )원을 익월 10일에 지급하고, 퇴직금으로 연봉액의 1/13에 해당하는 ( )원은 퇴직 시에 지급하거나 퇴직연금으로 전환해 지급한다.

연봉 근로계약서 작성 사례

사용자 (甲)	성 명		사업의 종류	
	사업체명			
	소 재 지			
근로자 (乙)	성 명		주민등록번호	
	주 소			

제1조(고용계약) 근로자 (乙)은 사용자(甲)의 ○○ 업무에 관하여 노무를 제공할 것을 약속하고 사용자(甲)는 이에 보수를 지급할 것을 약속한다.

근로계약의 당사자는 근로자와 사용자이다. 근로자의 개념에 관해서는 각각 해당 법률에 정의 규정이 있으며(근로기준법 제14조 : 노동조합및노동관계조정법 제2조 제1항) 근로기준법상의 근로자는 직업의 종류를 불문하고 사업 또는 사업장에 임금을 목적으로 상대방의 지시하에 노무(근로)를 제공하는 자를 말한다. 사용자는 근로관계의 당사자로서 임금지급의무를 지며, 근로자에 대하여 지시권을 가지는 자를 말한다. 개인, 조합, 공익법인, 회사, 재단 등이 모두 사용자가 될 수 있다.

제2조(근로자의 성실의무) 근로자는 사용자의 명령·지시에 따라 성실히 ○○업무에 종사한다.

근로계약의 성립으로 근로자는 사용자에게 근로를 제공해야 할 의무가 성립한다(민법 제655조). 이러한 근로제공의무는 근로계약의 체결 시부터 발생하는 근로자의 기본적 의무로서 근로자 자신의 노동력 제공을 목적으로 한다. 근로자가 제공할 근로의 종류는 당사자 사이의 약정에 따라 결정되며 그러한 약정이 없는 경우에는 근로계약의 취지에 따라 결정된다. 사용자는 근로계약에서 약정된 것과 다른 근로제공을 근로자에게 요구할 수 없다(민법 제658조 제1항). 대개의 경우 근로계약 체결 시에는 근로의 종류에 대해 대강만을 정하고(근로기준법 제24조 참고), 구체적인 것은 사용자의 지시(근로계약으로 발생되는 사용자의 지시권은 계약의 내용을 구체적으로 실현하는 의사표시이다)에 따르도록 하는 것이 일반적이다. 그러나 이때에도 사용자의 지시권 행사는 근로계약의 취지, 취업규칙, 법률의 규정 또는 신의칙상 인정되는 범위 내에서만 가능하다.

제3조(임금)

총계약 연봉 금액 :   원(이하 단위 생략)

1) 기본급(연간) :

2) 제수당(연간) :

(제 수당에는 기본급 외 연간 452시간분의 연장, 휴일, 야간근로수당<기준 연봉의 15% 금액>이 포함되어 있다)

① 통상임금의 문제

근로자 개인의 기업 생산성의 기여도나 업무능력 등을 사용자가 평가하여 연 간 임금 총액을 결정하는 연봉제의 경우, 임금의 어느 선까지를 시간급 개념의 통상임금으로 할 것인지 당사자 간 다툼이 예상될 수 있다.

또한, 1년간 임금총액을 결정함으로 인해 통상임금에 해당하지 않은 수당들이 기본급에 산입되어 결과적으로 통상임금이 증가되어 각종 수당계산뿐만 아니 라 통상임금을 기초로 하여 산정되는 각종 사회보험료의 증가 문제가 나타나 게 될 가능성도 있다. 우선 연봉제 근로자도 근로기준법상 근로자인 이상, 통 상임금 산정 방법의 원칙을 벗어날 수는 없다. 통상임금은 정기적, 일률적으로 소정근로시간 또는 총 근로에 대하여 지급하기로 정해진 시간급 금액, 일급금 액, 주급금액, 월급금액 또는 도급금액을 말하는 것이다.

즉 실제 근무일수나 수령액에 구애됨이 없이 1임금지급기에 정기적으로, 일률 적으로 지급하기로 정하여진 고정금액의 임금을 의미하는바, 실제 근무 또는 근무실적에 따라 지급여부 및 지급액이 변동되는 임금은 통상임금의 산정에서 제외된다.

이에 따라 연봉구성의 각 항목별 금품의 성질, 지급 양태 등을 살펴 통상임금 의 기초임금을 결정하는 것이 원칙일 것이다. 다만, 현실적으로 통합하여 운영 되는 연봉의 구성항목 성격에 해석상 분쟁을 없애기 위해서 당사자 간에 통상 임금의 범위를 명확하게 정할 필요가 있다.

② 연차수당의 문제

연차유급휴가근로수당을 흔히 연차수당, 월차수당이라고 말하지만, 이것의 원 래 의미는 연차유급휴가일에 휴가를 사용하지 않고 근로한 것에 대한 임금을 뜻한다. 연차유급휴가의 요건인 출근율은 장래의 근로자의 근로형태와 관련되어 있는 불확정한 것이어서 연봉계약연도에 해당 근로자가 개근할 것인지, 며칠이나 결근할 것인지 미리 예견할 수 있는 성질의 것이 아니다. 이렇게 연차유급휴가의 발생요건이 불확정적이기 때문에 원칙적으로는 연차휴가일수나 수당을 미리 예상하여 정할 수도 없고, 이를 미리 지급하는 것도 어렵다. 현실적으로 많은 근로자들이 연차수당을 임금보전 수단으로 사용하고 있기는 하지만, 연차유급휴가의 원칙은 근로자에게 먼저 휴가를 사용할 기회를 주고, 휴가 미사용분에 대하여 수당을 지급하는 것이 순서이므로 휴가 청구권이 소멸되지 않은 상태에서 연차휴가수당을 미리 지급하여 휴가사용권을 박탈하는 것은 근로기준법상의 연차휴가제도의 근본 취지에 전면 배치되는 것으로 근로자가 이에 동의했다 하더라도 무효가 되는 것이다. 연차유급휴가의 취지 자체를 상실하기 때문이다.

따라서 연봉계약을 갱신할 때는 연봉액과 별도로 연차휴가나 수당은 개별적으로 산정하여 지급하도록 정하는 것이 바람직하다. 관련 노동부 행정해석을 제공하면 다음과 같다. 노동부 행정해석 (00.6.16, 근기 68207-1844) "연차유급휴가를 사용하지 아니하고 근로한 대가로 지급되는 연차유급휴가근로수당은 그 성격상 미리 임금에 포함하여 근로계약을 체결하는 경우 근로기준법에 위배 됨"

제4조(제수당 및 통상임금)

1) 연차수당 및 퇴직금 중간정산은 1년 이상 근무한 자에 한하여 지급한다.

2) 제수당에는 법정수당(연장, 휴일, 야간근무수당 등)과 기타 회사 임의 수당으로써 모든 항목을 포함한 것으로 간주하여 지급한다.

3) 통상임금은 제3의 1) 연간 기본 금액을 12등분하여 12분의 1에 해당하는 금액으로 한다. 단, 매달 지급되는 기본 월 연봉을 통상임금의 산정기초로 되는 임금으로 하고 기본 월 연봉, 각종 상여금 및 법정수당을 합산한 금액을 평균임금 산정기초가 되는 임금으로 한다.

① 퇴직금 중간정산 문제

근로기준법 제34조 제3항은 근로자의 요구에 따른 퇴직금의 중간정산을 인정하고 있다. 이는 근로자와의 합의를 전제로, 이듬해에 적용될 연봉액에 지난한 해를 근무한 데, 따른 퇴직금액을 중간정산하여 포함하여 지급하는 방법이될 것이다.

이에 대해 행정해석은 연봉액에 퇴직금을 포함하여 매월 분할하여 지급하거나 계약 기간이 1년이 경과된 시점에서 정산 지급할 것을 내용으로 하는 근로계약을 체결하는 경우도 퇴직금이 근로기준법 제34조 제3항에 규정한 적법한 중간정산으로 될 수 있으려면 첫째 연봉액에 포함된 퇴직금의 액수가 명확히 정해져 있어야 하고, 둘째 퇴직금을 중간정산 받고자 하는 근로자의 별도 요구(서면)가 있어야 하며, 셋째 근로계약에 의해 매월 또는 계약기간 1년이 경과한 시점에서 근로자가 미리 지급받은 퇴직금의 총액이 계약기간 1년이 경과한 시점에서 산정한 평균임금을 기초로 한 퇴직금의 액수에 미달하지 않아야 한다.

② 수당 문제

근로기준법에서 정하는 각종 법정수당은 근로자의 업무성과나 업무능력를 중심으로 부여하는 것이 아니라 그때그때 해당 근로자의 근로시간에 따라 산정되는 것이기 때문에 근로자의 업무능력이나 업무성과를 평가하여 1년 단위로 임금총액을 결정하는 연봉제하에서 이러한 법정수당을 어떻게 처리할 것인가가 문제된다. 연봉제 근로자의 경우에도 엄연히 근로기준법의 보호를 받는 근로자이기 때문에 근로기준법 제55조에 따라 사용자가 연장, 야간, 휴일 근로를 시키는 경우 사용자는 해당 근로자에게 통상임금의 100분의 50 이상을 가산한 시간외 근로수당을 지급하여야 한다. 다만, 소위 포괄임금정산제라고 하여 사전에 일정한 연장근로나, 야간근로 또는 휴일근로시간을 정해놓고 해당 수당을 역산하여 배분하는 제도가 인정되고 있다. 다시 말해서 기본급에다 후에 발생하게 될 각종 수당을 미리 고정적으로 결정하여 임금에 포함시키고 사후에 구체적으로 발생하게 되는 제반 수당을 따로 지불하지 않는 임금산정방식이 유효하게 해석되고 있는 것이다.

그러나 이러한 포괄임금정산제는 사용자가 일방적으로 도입해서는 인정될 수 없으며 반드시 개별근로자의 동의가 있어야 한다. 또한, 어떠한 경우라도 해당 근로자에게 불이익이 있어서는 안 되기 때문에 각종 수당의 지급률이나 지급 일수 등이 법정 계산 방식에 의해 산정된 것 이상일 때 한해서 효력을 가진다.

제5조(지급방법 및 시기)

총계약 연봉 금액을 12등분하여 매월 취업규칙상 정하여진 날에 지급한다.

연봉제를 실시하는 경우에 근로시간에 대해서는 장차 시행될 근로시간의 양을 예정할 뿐이지 구체적인 양을 미리 확정할 수 있는 것은 아니라는 견해도 있으나 초과근로시간의 범위를 산정하여 놓지 않을 경우 근로자에게 과중한 업무의 부담이 가해질 수 있으므로 시간외근로의 업무 범위를 한정하고, 그 경우 통상 업무시간을 초과한 연장·휴일·야간근로의 경우 수당을 추가로 지급하는 것이 바람직하다.

연봉제는 임금 결정 기간을 1년으로 정하는 것일 뿐, 그 도입과 운용에 있어서 현행 근로기준법을 위반해서는 유효하게 성립할 수 없다.

따라서 임금의 지급방법에 대해서도 근로기준법 제42조에 규정하고 있는 임금지급 원칙을 준수해야 한다. 근로기준법 제42조에 따르면 임금은 사용자가 근로자에게, ① 통화로(통화불의 원칙), ② 직접 해당 근로자에게(직접불의 원칙), ③ 그 전액을 지급해야 하고(전액불의 원칙), ④ 매월 1회 이상 일정한 지급일을 정하여 지급해야 (월1회 일정 기일분의 원칙) 한다고 규정하고 있다.

상기와 같은 근로기준법상의 임금 지급원칙에 따라, 연봉제라 하더라도 연봉액을 12등분 이상으로 분할해서 최소 매월 1회마다 급여지급일을 정하여 매월 정기일(= 급여일), 해당 근로자에게 직접, 그 전액을 지급해야 한다. 이는 근로자의 생활 안정을 위한 것으로 사례의 경우처럼 연봉 전액을 1년에 1회 지급한다거나 분기별로 나누어서 지불한다면, 이는 명백히 근로기준법 제42조 위반한 것으로 그 부분은 무효가 되고, 근로기준법의 임금지급 원칙이 그 부분을 대신하게 된다.

제6조 기밀유지

급여명세서는 절대 기밀을 유지하며, 이를 위반 시는 이로 인한 모든 불이익을 감수한다.

제7조 근로시간

1) 평일 근무시간은 ~부터 ~까지로 하고, 토요일은 ~부터 ~까지로 한다
2) 전 1)항의 근로시간을 초과하는 52시간 범위 내 연장근로 및 휴일근로에 대한 수당은 제3의 2) "제수당" 에 포함된 것으로 본다.

> 연봉제를 실시하는 경우 근로시간에 대해서는 장차 시행될 근로시간의 양을 예정할 뿐이지 구체적인 양을 미리 확정할 수 있는 것은 아니라는 견해도 있으나 초과근로시간의 범위를 산정하여 놓지 않을 경우 근로자에게 과중한 업무부담이 가해질 수 있으므로 시간외근로의 업무 범위를 한정하고, 그 경우 통상 업무시간을 초과한 연장 · 휴일 · 야간근로의 경우 수당을 추가로 지급하는 것이 바람직하다.

제8조 휴계시간 및 유급휴일

1) 휴계시간의 경우 1일 60분으로 한다.
2) 유급휴일과 관련된 사항은 별도의 제 규정에서 정한 바에 의한다.

> 휴식은 근로자의 피로를 회복시킴으로써 노동의 재생산을 꾀하고 생산성을 유지하기 위하여 주어지는 것이다. 사용자는 근로시간 4시간에 대하여 30분 이상, 8시간에 대하여 1시간 이상의 휴계시간을 근로자에게 주어야 한다(근로기준법 제53조 제1항 제2항, 벌칙 제113조). 근로기준법 제57조 제1항은 「사용자는 1월에 대해 1일의 유급휴가를 주어야 한다.」 (근로기준법 벌칙 제113조)

고 규정하고, 근로기준법 제59조 제1항은 「사용자는 1년간 80% 이상 개근한 근로자에 대해서는 15일의 유급휴가를 주어야 한다」라고 규정하고 있다. 이에 대하여 언제 어떠한 방식으로 제공할 것인가에 대해서는 취업규칙이나 단체협약을 따르는 것으로 한다. 계약서상의 별도의 제 규정이란 그를 의미하는 것이다.

제9조 근태 사항

다음 각호의 사유가 있는 경우에는 취업규칙상 관련 규정을 적용하여 연봉을 지급한다.

1. 휴직
2. 결근
3. 감급, 정직

연봉제를 실시하는 때도 근로계약이나 취업규칙에 이에 대한 임금 공제의 기준과 범위 등을 규정할 수 있으리라는 것이 일반적이다. 다시 말해서 연봉계약서, 취업규칙 및 단체협약 등 연봉제에 대한 근거 규정에 감급에 관한 사유와 감액 정도를 명확히 규정하였다면 이에 따르게 되는 것이다. 다만, 감급액의 정도는 근로기준법 제98조에서 정하고 있는 선에서만 유효하다 할 것이다. 따라서 사용자와의 협의를 통해 미리 취업규칙 등에 근태관리에 대한 사항을 명기하고, 임금 삭감 등에 관한 제재의 규정을 정할 필요가 있다.

제10조 계약기간

1) 20 년 월 일 – 20 년 월 일 (개월 간)
2) "갑"과 "을"은 계약만료 1개월 전에 재계약을 하는 것으로 한다.

단, 1개월 전에 상대방에게 통지가 없을 때는 본 근로계약은 1년간 자동연장 된 것으로 간주한다. 이때 차기 연봉계약은 인사위원회가 평정한 인사고과에 의하여 계약을 갱신하는 것으로 한다.

제11조 본 계약서에 명시되지 않은 사항은 취업규칙 및 근로기준법의 관련 조항을 준용하도록 한다.

위와 같이 연봉 근로계약을 체결함.

20 년 월 일

사용자(갑) :

근로자(을) :

📝 연봉계약서와 근로계약서는 어떻게 다른가요?

> ▷ 근로계약서가 근로시간, 조건, 장소, 업무 내용, 임금 등 근로자의 근로 제공에 관한 전반적인 사항을 기재하는 계약서라면, 연봉계약서는 그중에서도 임금, 1년 단위의 연봉에 관한 사항을 주요 내용으로 작성하는 계약서이다.
>
> ▷ 연봉계약서는 통상 1년 단위로 작성하며, 근로계약서는 채용 시 또는 근로계약 기간 만료 시 작성하는 계약서이다.
>
> ▷ 연봉계약서의 계약기간은 해당 연봉을 지급하기로 정한 기간을 의미하며, 근로계약서의 계약기간은 근로자가 기업에서 근로하기로 정한 기간을 의미한다. 즉, 근로계약서가 연봉계약서보다 명시 내용의 범위가 포괄적인 문서라고 할 수 있다.

📝 연봉계약서는 반드시 작성해야 하나요?

> 연봉제를 실시하는 회사라면, 연봉계약서를 작성하는 것이 보통의 경우이다. 하지만 연봉제를 실시하지 않는다면, 연봉계약서를 작성하지 않아도 된다.

연봉계약서는 근로계약서와 별도로 작성되기 때문에 연봉계약서 작성은 필수가 아니지만, 근로계약서 작성은 근로기준법에 의거해 필수이다.

📝 연봉계약서는 매년 작성해야 하나?

원칙적으로 근로계약서는 최초 입사 시에 작성하는 것이 원칙이다. 임금 등 근로조건의 내용이 바뀌지 않는 한 근로계약서를 매년 새로 작성할 필요는 없다. 다만, 일반적으로 해가 바뀌면 임금이 인상되는 경우가 대부분이기 때문에 임금조건이 변경되는 경우 연봉계약서(임금계약서)를 변경된 내용을 기준으로 작성해야 한다.

📝 연봉계약기간이 끝나면 근로관계는 종료되나요?

연봉계약 기간이 끝나도 근로관계는 종료되지 않는다. 즉, 연봉계약기간과 근로계약 기간이 달라도 무관하다.

연봉계약은 근로계약 기간과 관계없이 임금액의 산정을 연 단위로 하기로 하고 그 금액을 매년 변경하는 것으로서 임금 설정의 기준에 불과하므로 별다른 사정이 없는 한 연봉계약서상 계약기간 만료를 이유로 근로관계를 종료할 수 없다.

📝 포괄임금제를 실시할 때, 연봉에 퇴직금을 포함할 수 있나요?

연봉에 퇴직금이 포함된다고 하더라도, 이것은 포괄임금제를 의미할 수 없다.

퇴직금은 근로계약 종료 시 지급 의무가 발생하는 지급금을 의미하고, 포괄임금제는 근로시간에 따라 발생하는 수당을 포함시키는 개념이다.

1년 동안 지급하기로 약속한 연봉액에 퇴직금을 포함시켜 지급하는 것은 근로자퇴직급여보장법에 따라 무효이다.

퇴직급여법에서 퇴직금 중간정산이 가능한 사유를 엄격히 규정하고 있기 때문에 단순히 연봉에 퇴직금을 포함하여 지급하는 것은 위법 행위이다.

📝 연봉계약서를 작성할 때, 표준연봉계약서를 사용해야 하나요?

표준연봉계약서는 사업주와 근로자 간 연봉계약에 관한 사항을 작성한 표준계약서이다.

표준연봉계약서를 참고하면 연봉계약서 작성 시 중요한 항목을 놓치지 않고 작성할 수 있지만, 반드시 표준연봉계약서 양식을 사용해야 하는 것은 아니다.

📝 계약서를 작성할 때, 어떤 내용을 기재해야 하나요?

연봉계약서에는 연봉계약기간, 연봉의 구성(연봉액, 포함되는 수당 등), 연봉의 지급시기 및 지급방법 등을 반드시 기재해야 한다.

📝 연봉계약을 갱신할 때, 근로계약서도 다시 작성해야 하나요?

연봉제를 실시하는 회사의 경우 최초 입사일에 근로계약서를 작성하고, 이후 연봉이 갱신되면 근로계약서 자체를 갱신할 필요 없이 연봉계약서만 갱신하는 방식으로 운영하면 된다.

연봉계약 기간은 통상 1년 단위이기 때문에 매년 연봉계약 갱신 시점에 변경된 금액을 기재하여 연봉계약서를 다시 작성하는 것이다.

다만, 근로계약서에 연봉액에 관한 내용이 기재되어 있다면, 변경된 연봉액으로 근로계약서를 다시 작성해야 한다.

근로계약서에서 식대 보조금 계약

식대는 회사에서 무조건 주는 법적으로 정해진 급여항목일까?

아니다. 식대는 단체협약이나 취업규칙, 또는 근로계약서 등에 의해 당사자 간 식대를 지급하기로 약정한 경우는 지급의무가 발생한다. 또한, 식대 지급과 관련하여 의무가 발생했음에도 위반한 경우 과태료가 발생할 수 있으니 주의해야 한다.

1. 근로계약서상 식대 지급에 관한 내용이 없다면?

근로계약서에 그 내용이 없다면 그건 식대 미지급을 의미한다.

어떤 비용의 지급 여부를 근로계약서에 쓰지 않았다는 것은 계약상 지급하지 않겠다고 보는 것이 옳다.

2. 식대 20만 원은 왜 급여와 별도로 지급하나?

절세의 방법이 될 수 있다. 그 이유는 식대는 복리후생 차원에서 임금 외에 지급하는 것으로 20만 원까지 비과세로 처리하여 식대에 대해서는 4대 보험료 및 소득세를 떼지 않기 때문이다.

3. 식대 지급에 대해 분쟁을 해결하는 방법?

식대 지급과 관련하여 근로계약서 작성 전 합의를 통해 지급하기로 한 경우에는 근로계약서에 그 내용을 명시하는 것이 가장 좋다.

4. 식대 지급 상한액은?

지급액 역시 비과세 한도에 맞추어 20만 원까지만 비과세 혜택이 있으므로 20만 원을 식대로 정하나 지급방식과 지급액은 상호 간에 협의로 정할 수 있다. 즉, 20만 원 초과분에 대해서는 비과세 혜택을 보지 못하더라도 30만 원을 식대 보조금으로 지급할 수도 있다.

5. 식대는 통상임금에 포함?

매달 규칙적인 금액이 월급에 포함되어 지급된다면 통상임금에 포함되지만, 출근 여부와 식사 여부에 따라 계속 변동 지급이 되는 경우는 통상임금에 포함이 안 된다.

10 수습근로자의 근로계약서

수습 사용 중인 근로자란 수습 사용한 날부터 3개월 이내인 자를 말한다.

수습근로자라도 근로기준법이 동일하게 적용되는 것이 원칙이다.

첫째, 수습에 관한 사항은 근로계약서에 명시해야 한다.

근로계약서를 작성할 때 수습기간을 설정하는 경우가 있다.

수습기간은 근로자의 업무능력 향상 등을 이유로 정규직 채용 확정 후 일정기간 교육을 받는 기간이다. 수습기간을 약정하기 위해서는 다음과 같은 조건을 충족해야 한다.

❶ 수습기간 적용에 대한 명시적 합의가 존재할 것

❷ 근로계약 기간이 1년 이상일 것

❸ 단순 노무 종사자가 아닐 것

단순노무업무에 해당하는 경우	단순노무업무에 해당하지 않는 경우
주차 관리원, 주차 안내원, 미화원, 경비원, 수동 포장원, 배달원, 택배원, 주방보조원, 매장정리원, 전단지배포원	편의점 근로자, 음식점에서 주문 및 서빙 업무 등을 수행하는 경우(계산원 및 서빙원), 배달의 지역 범위가 광역을 넘는 경우 등

둘째, 수습근로자의 수습기간은 3개월 이내로 한다.

셋째, 수습기간도 퇴직금과 연차휴가 등의 산정을 위한 근속연수에 포함한다.

넷째, 수습기간 중의 임금은 최저임금의 90% 이상이 되어야 한다. 단, 근로계약기간이 1년 미만인 수습사용 근로자와 1주에서 2주의 직무훈련만으로 업무수행이 가능한 단순 노무 종사자는 최저임금액을 감액하지 않고 100%를 지급해야 한다.

다섯째, 수습근로자도 정당한 사유 없이 해고하는 경우 불법 해고에 해당한다.

01 / 수습기간 중 근로계약서 작성 의무

수습기간이라고 해도 사용자와 근로자 간 근로계약이 체결된 것인바, 임금, 소정근로시간, 휴일, 연차유급휴가, 근로계약 기간, 근무장소 등에 대한 사항을 근로자의 요구가 없더라도 근로자에게 서면으로 교부해야 한다. 만약 수습기간 종료 후 근로계약 기간이나 임금 등이 바뀐 경우라면 그때도 마찬가지로 변경된 근로계약의 내용이 기재된 근로계약서를 서면으로 교부해야 한다.

만약 연봉만 변경된 경우라면 연봉계약서만 작성하는 것도 가능하다. 근로계약서 미작성도 법 위반이므로 사업장 관할 고용노동청에 진정을 제기할 수 있다.

02 / 수습기간의 급여 지급

수습기간은 자유롭게 정할 수 있지만, 최저임금의 감액은 3개월 이내에서만 가능하다. 따라서 수습기간을 6개월로 해도 최저임금의 감액은 3개월 이내에서만 가능하다.

예를 들어 수습기간을 6개월로 정하고 근로계약서상 급여에서 6개월을 감액한 후 지급하는 때는 감액한 급여가 6개월간 최저임금의 90% 이상이면 최저임금법 위반이 아니다.

반면 감액한 급여가 6개월간 최저임금의 90%인 경우 3개월은 문제가 없지만 3개월분은 최저임금법 위반에 해당한다.

수습기간 3개월 동안 급여를 90%로 감액하기 위해서는 다음의 2가지 요건을 모두 갖추어야 한다.

첫째, 근로계약기간이 1년 이상이고,

둘째, 단순노무업무가 아닌 업무를 수행하는 경우

따라서 근로계약 기간이 1년 미만이거나 단순노무업무인 경우는 최저임금을 감액할 수 없다.

수습기간 급여지급과 관련해서 유의할 사항은 최대 3개월간 최저임금의 90% 미만을 지급하지 못하는 것이지, 급여의 90%가 아니다. 즉, 제한선이 최저임금의 90%이지 급여의 90%가 아니라는 말이다.

따라서 회사의 급여규정에 따라 책정된 급여를 기준으로 감액해서 지급하는 경우, 해당 급여가 최저임금의 90%를 넘으면 법적 문제는 없다.

03 / 수습기간의 보수총액 신고

수습기간 중인 근로자에 대해서 보수총액을 얼마를 신고할지 고민하는 실무자가 많다.

이 경우 다음의 2가지 방법 중 하나의 방법으로 신고하면 된다.

첫째, 수습기간의 급여로 보수총액을 신고한 후 정상 급여를 받을 때 보수총액 변경 신고를 하는 방법

둘째, 1년간 급여는 이미 정해져 있으므로, 총연봉을 12로 나눈 급여를 보수총액으로 신고하는 방법. 단, 1년 미만의 경우 해당 근무 기간의 보수총액을 기간으로 나누어 신고한다.

건강보험과 고용보험, 산재보험의 경우, 정산 과정을 거치므로 잘못 신고한 것에 대해, 너무 민감하게 반응할 필요는 없다.

국민연금은 어차피 낸 금액을 나중에 연금으로 돌려받는 구조이므로 특별한 문제가 발생하지는 않는다.

04 / 수습기간의 퇴직금과 연차휴가 발생

첫째, 수습기간도 퇴직금 계산을 할 때, 계속근속연수에 포함이 되므로 불이익은 없다.

둘째, 상시근로자 5인 이상 사업장에서 4주 동안을 평균하여 1주간 소정근로시간이 15시간 이상인 근로자라면 연차유급휴가가 발생한다. 즉, 1년 미만 기간에 월 개근 시 1일의 연차휴가(최대 11일)와 1년간 80% 이상 출근율에 따라 15일에 대하여 연차유급휴가가 발생한다. 특별한 불이익이 없다.

05 / 수습근로자 본채용 거절

수습근로자의 본채용을 거부하려면 정당성이 인정되어야 한다. 수습근로자도 업무 적격성에 따라서 본계약 체결을 거부할 수 있다고 명시되어 있지만, 근로계약을 체결한 근로자이기에 본채용 거부는 해고에 해당한다. 단지 사용자에게 유보된 해약권을 행사하는 것이기에 일반 근로자보다는 넓게 인정되는 것뿐이다.

만약 근로자의 부적응이나 업무수행 능력이 현저하게 떨어지는 경우는 당초 정해진 수습기간이 만료되기 전이라도 수습기간을 단축하여 본채용을 조기에 거부할 순 있다. 다만, 어떠한 경우라도 수습사원에 대한 평가가 구체적인 자료에 의해 이루어진 것이 아니면 부당해고의 위험성은 있다.

해당 수습기간이 종료된 이후 다음 날부터는 본채용이 된 것으로 보기 때문에 정당한 사유 없는 본채용 거절은 부당해고로 보일 위험이 높다 (대법원 2003.7.22 선고 2003다5955 판결 ; 대법원 2006.2.24 선고 2002다62432 판결 등 참조).

따라서 업무능력 부족으로 해고를 생각하고 있다면 3개월 전에 해고하는 것이 안전하다.

06 / 수습기간 중이나, 종료로 인한 해고

수습기간 종료 자체가 해고 사유가 될 수는 없다. 단지 수습기간이 끝났다는 이유로 해고할 수는 없다.

상시근로자수 5인 이상 사업장의 경우 수습근로자를 해고할 때도 해고 사유와 해고 시기를 적은 해고통지서를 수습근로자에게 교부해야 한다. 결론은 수습근로자를 해고하고자 할 때도 업무부적격에 대한 객관적 평가 근거와 사회통념상 타당한 사유가 필요하다.

- 수습기간 ≠ 근로계약기간
- 수습기간 종료 후 근로관계 종료 = 해고
- 노동위원회 부당해고 구제신청 가능(단, 상시근로자수 5인 이상)

적용 대상	적용 수준
수습 근로기간 3개월 이내	해고예고수당 미적용
근로계약 기간이 1년 이상 수습 근로기간 3개월 이내	최저임금의 90% 적용 가능 단, 단순노무업무의 경우 감액 적용 제외

[수습에 대한 근로조건 작성 예시]

1. 신규로 채용된 자는 입사한 날부터 3개월간을 수습기간으로 둔다.

2. 아래의 경우 본 계약을 해지할 수 있다.

1. "을"이 "갑"에게 제출한 서류의 기재사항 또는 면접 시에 진술한 사항이 사실과 다르다는 것이 판명된 경우

2. 수습기간 중 근무태도, 업무수행 능력 등을 종합하여 근무에 부적합하다고 인정되는 경우

3. 수습기간 종료 후 근무평가 결과 총점이 70점에 미달하는 경우

4. 수습기간 중의 급여는 정규사원 급여의 90%를 지급한다.

📝 수습직원과 정규직원은 무엇이 다른가? (수습기간을 두고 싶은 경우)

수습기간은 정식 채용 이후에 직원의 직무능력 또는 적응 능력을 키우기 위한 기간이고, 시용기간은 본채용 또는 확정적 근로계약을 체결하기 전에 직원의 직무적성과 업무능력을 판단하기 위한 기간이다.

수습기간을 정하기 위해서는 근로계약 작성 시 '○개월 간 수습기간을 정한다'라는 명시적 규정을 두어야만 법적으로 유효하다.

수습기간을 적용받는 직원은 정규직원과 임금이나 대우 측면에서 차이를 둘 수 있다. 수습기간 동안 급여의 일부를 감경하거나 복리후생 등을 차등 적용하기도 하는데, 이 경우 반드시 근로계약서 또는 내규(취업규칙 등)에 명시해야 한다.

· 수습기간은 통상 3개월 미만으로 설정하며, 최저임금의 10% 감액 적용을 받는다. 단, 1년 미만의 기간을 정하여 근로계약을 체결한 자는 감액적용 제외. 즉, 1년 미만의 기간을 정한 기간제 근로자의 경우 수습기간을 적용한다고 하더라도 수습기간 중의 임금은 최저임금의 100%를 지급하여야 함에 유의한다.

· 수습기간에는 해고예고를 적용받지 않는다.

· 수습기간 중이라도 합리적인 사유 없이 해고하지 못한다.

· 객관적으로 합리적인 이유가 존재한다면 수습기간 만료 후 본채용 거부가 인정된다.

· 수습기간 중에도 4대 보험은 가입해야 한다.

· 수습기간 종료 후 별도의 본채용 거절 통보가 없었을 경우 해당 직원은 정식 직원으로 지위가 변경되고, 수습기간은 근속기간에 포함된다.

11 단시간 근로자의 근로계약서

01 / 근로계약의 체결

사용자는 단시간 근로자를 고용할 경우 임금, 근로시간, 그 밖의 근로조건을 명확히 적은 근로계약서를 작성해서 근로자에게 내주어야 한다.

단시간 근로자의 근로계약서에는 계약기간, 근로일, 근로시간의 시작과 종료 시각, 시간급 임금, 그 밖에 고용노동부 장관이 정하는 사항이 명시되어야 한다.

02 / 취업규칙의 작성 및 변경

① 사용자는 단시간 근로자에게 적용되는 취업규칙을 통상근로자에게 적용되는 취업규칙과 별도로 작성할 수 있다.

② ①에 따라 취업규칙을 작성하거나 변경하고자 할 경우는 적용 대상이 되는 단시간 근로자 과반수의 의견을 들어야 한다. 다만, 취업규칙을 단시간 근로자에게 불이익하게 변경하는 경우는 그 동의를 받아야 한다.

③ 단시간 근로자에게 적용될 별도의 취업규칙이 작성되지 아니한 경우

에는 통상근로자에게 적용되는 취업규칙이 적용된다. 다만, 취업규칙에서 단시간 근로자에 대한 적용을 배제하는 규정을 두거나 다르게 적용한다는 규정을 둔 경우에는 그에 따른다.

④ ① 및 ③에 따라 단시간 근로자에게 적용되는 취업규칙을 작성 또는 변경하는 경우는 단시간 근로자의 근로조건에 어긋나는 내용이 포함되어서는 안 된다.

단시간 근로자 근로계약서

주식회사 ○○○○ (이하 "갑"이라 한다)과 근로자 (이하 "을" 이라 한다)는 아래 근로조건을 성실히 이행할 것을 약정하고 다음과 같이 근로계약을 체결한다.

〈을의 인적 사항〉

성 명	성 별	연 령	학력	생년월일	현 주 소	
전화번호 (핸드폰)	연 락 처			최초계약일 (재계약일)	근무부서	근무형태
				. . (. .)		

제1조(근로계약기간)

근로계약 기간은 20 년 월 일부터 20 년 월 일까지로 한다.

제2조(근무장소 및 업무내용)

① 근무 장소(부서) :

② 업무 내용 :

③ 갑은 필요하다고 인정할 경우는 을의 의견을 들어 근무장소 또는 업무를 변경할 수 있다.

제3조(근로시간)

근로시간은(:)시부터 (:)시까지(휴게시간 : 12:00~13:00)

제4조(근무일 및 휴일)

① 근무일은 매주 ( )요일~( )요일까지 1일 ○시간 주 ○일을 근무한다.

② 주휴일은 매주 ( )요일로 하며, 토요일은 (유급 / 무급)휴일로 한다.

③ 근로자의 날,「관공서 공휴일에 관한 규정」에 의한 공휴일(일요일 제외)은 유급휴일로 한다.

제5조(휴가)

① 근로자가 매월 소정근로일수를 개근한 경우 연차유급휴가를 사용할 수 있다.

② 연간 소정근로일의 80% 이상 근무한 근로자의 연차휴가일수 산출은 다음과 같다.

연차유급휴가 산출식 = 통상근로자의 연차일수 × (단시간근로자 소정근로시간 ÷ 통상근로자의 소정근로시간) × 8시간

예시) 주 5일, 1일 7시간 근로자

15일 × (35시간 ÷ 40시간) × 8시간 = 105시간 / 7시간 = 15일

단시간근로자 월 소정근로시간 : (주 근로시간 + 주휴시간) ÷ 7일 × 365일 ÷ 12월

예시) 주 35시간 근로자 : (35시간 + 7시간) ÷ 7일 × 365일 ÷ 12월 = 182.5 ≒ 183시간

제6조(보수)

① (임금) "갑"은 "을"에게 기본급은 시간당 (10,030원〈2025년 최저임금〉)과, 주휴수당은 (   )원을 지급한다.

예시) 주5일, 1일 시간, 기본급 시간당 최저임금 10,030원을 지급받는 근로자의 경우

− 기본급 : 10,030원 × 35시간 × 4.345주 = 1,525,320원

− 1달 주휴수당 : 기본 시간급 × 주휴시간(주 근로시간 ÷ 통상근로자 근무일)
= 10,030원 × (35시간 ÷ 5일) × 4.345주 = 305,062원

② (초과근무수당) "갑"은 "을"이 공휴일에 근무하거나 제3조 및 제4조의 규정된 시간을 초과하여 근무한 경우 총근로시간이 1주 또는 1일의 법정한도를 초과하는 경우는 반드시 통상임금의 100분의 50을 가산하여 지급한다.

− 소정근로시간(1일 7시간, 주 35시간) 내의 초과근로는 50%의 할증 가산임금을

지급하지 않음

③ (지급시기 및 방법) "갑"은 "을"에게 매월 1일에 근로자가 지정한 예금계좌로 보수를 지급한다. 단, 지급일이 휴일인 경우 그 전일에 지급한다.

④ (정산) 보수지급 후 "을"의 퇴직 등 보수변동 사유가 발생할 경우에 "갑"은 "을"이 기지급받은 급여 중 근무하지 않은 날에 해당하는 급여를 "을"에게 지급하여야 할 퇴직금 등 금품에서 정산하고 지급하며 정산금액이 없는 경우에는 "을"이 이를 반납하여야 한다.

⑤ (감액지급) "을"이 "갑"의 승인을 받지 않고 무단으로 결근하였을 때 또는 질병, 부상으로 인한 휴가일수가 법정휴가일수를 초과한 경우 휴가일수를 제외한 결근일수에 해당하는 급여를 제하고 지급하기로 한다. 단, 업무수행으로 인한 경우는 예외로 한다.

⑥ (적용일) 본 근로계약서상의 보수 적용일은 년 월 일부터 차기 등급 변동일 및 차기 임금 책정 기준 시행에 따른 임금 변동 전까지 적용한다.

제7조(비밀유지의무)

① "을"은 업무상 알게 된 비밀을 외부에 누설하여서는 안 된다.

② "을"이 제1항의 규정을 위반하였을 때는 관계 법령의 규정에 의한 민·형사상의 책임을 진다.

제8조(청렴의무)

① "을"은 「회사 규정」을 준용하여 청렴하게 직무를 수행하여야 한다.

제9조(손해배상)

"을"은 고의 또는 과실로 회사에 손해를 끼쳤을 때는 이를 변상하여야 한다.

제10조(계약의 해지)

① "을"이 다음 각호의 1에 해당될 때는 "갑"은 이 계약을 해지할 수 있다

1. 신체 또는 정신상의 이상으로 업무를 수행할 수 없을 때

2. "갑"의 정당한 지시에 따르지 않거나 업무를 태만히 하였을 때

3. 예산 등의 사유로 "갑"이 이 계약을 이행할 수 없을 때

4. 기타 "을"이 이 계약을 이행할 수 없다고 인정될 때

② 이 계약을 해지하려 할 때는 "갑"은 해지 예정일 30일 전까지 해고예고를 하여야 하며, "을"은 10일 전까지 채용권자에게 서면으로 통지하여야 한다.

③ 근로자에게 해고예고를 하지 않았을 경우 법에 의거 30일분의 평균임금을 지급한다.

제11조(해석)

기타 이 계약서에 정하지 않은 사항은 『취업규칙』 및 『근로기준법』에 의한다.

제12조(계약서)

"갑"과 "을"은 상호 대등한 입장에서 이 계약을 체결하고 신의에 따라 계약상의 의무를 성실히 이행할 것을 확약하며, 이 계약의 증거로서 계약서를 작성하여 당사자가 기명하고 서명 또는 날인 후 1부는 "갑"이 보관하고, 1부는 반드시 "을"에게 교부해야 한다.

20   년   월   일

갑	대표이사 _____ (인)	을	_____ (인)
회 사 명		주민번호	
소 재 지		주 소	
연 락 처	00-0000-0000	연 락 처	010-0000-0000

※ 근로계약 구비서류

ㅇ 이력서 1통, 주민등록 등·초본 1부, 가족관계증명서 1부, 기본증명서 1부, 자격증 및 경력증명서(해당자) 각 1부, 최종 학력 증명서, 채용신체검사서(해당자), 신원진술서(약식) 3부, 사진(반명함판) 3장

ㅇ 장애인, 국가유공자, 의료수급 대상자의 경우 관련 자격증 사본 1부.

03 / 임금의 계산

단시간 근로자의 소정근로시간은 근로계약서에 의하되, 1주 40시간 이내로 약정한다. 연장근로는 소정근로시간 외에 1주 12시간 이내로 약정할 수 있다.

🧑 단시간 근로자의 임금 산정 단위

단시간 근로자의 임금 산정 단위는 시간급을 원칙으로 하며, 시간급 임금을 일급 통상임금으로 산정할 경우는 1일 소정근로시간 수에 시간급 임금을 곱하여 산정한다.

단시간 근로자의 1일 소정근로시간 수는 4주 동안의 소정근로시간을 그 기간 통상근로자의 총 소정근로일수로 나눈 시간 수로 한다.

🧑 단시간 근로자의 시간외근로

사용자는 단시간 근로자를 소정근로일이 아닌 날에, 근로시키거나 소정근로시간을 초과해서 근로시키고자 할 경우는 근로계약서나 취업규칙 등에 그 내용 및 정도를 명시해야 하며, 사용자는 근로자와 합의한 경우에만 초과근로를 시킬 수 있다. 즉 통상근로자는 1일 8시간 초과근무 또는 주 40시간 초과근무 시 연장근로수당이 발생하는 반면, 단시간 근로자는 소정근로시간을 초과하는 경우 연장근로수당이 발생한다.

예를 들어 시급 10,000원으로 월요일부터 수요일까지 1일 8시간, 목요일 1일 10시간 근무한 경우 : 총 34시간 근무(연장 2시간 포함)

- 기본급 = 소정근로일수에 대한 임금 + 주휴수당(4일간의 총 소정근로시간 ÷ 총 소정근로시간) = (10,000원 × 8시간 × 4일) + (10,000원 × (8시간 × 32시간 ÷ 40시간)) = 320,000원 + 64,000원 = 384,000원

- 연장수당 = 10,000원 × 2시간 × 1.5 = 30,000원

- 야간근로수당은 연장근로수당과 별도로 지급해야 한다.

04 / 휴일·휴가의 적용

사용자는 단시간 근로자에게 1주 소정근로일수 개근 시 1일의 유급 주휴일을 줘야 한다.

사용자는 단시간 근로자에게 1달 개근 시 1일의 휴가 및 1년 80% 이상 출근 시 15일의 연차유급휴가를 주어야 한다. 이 경우 연차유급휴가는 다음의 방식으로 계산한 시간 단위로 하며, 1시간 미만은 1시간으로 본다.

$$통상근로자의\ 연차휴가일수 \times \frac{단시간\ 근로자의\ 소정근로시간}{통상근로자의\ 소정근로시간} \times 8시간$$

예를 들어 시급 10,000원으로 월요일부터 수요일까지 1일 8시간, 목요일 1일 10시간 근무한 경우 : 총 34시간 근무(연장 2시간 포함)

- 연차유급휴가 일수 = 15일 × (1주 소정근로시간 32시간 ÷ 통상근로자의 소정근로시간 40시간) = 96시간

1주 소정근로시간 32시간 ÷ 5일 = 1일 6.4시간

96시간 ÷ 1일 6.4시간 = 15일(8시간 기준 12일)

통상시간으로는 96시간, 1일 6.4시간 근로 기준 15일이 발생한다.

- 연차유급휴가 수당 = 10,000원 × 96시간 = 96만 원

4주 평균 1주 소정근로시간이 15시간 미만인 단시간 근로자는 주휴일, 연차유급휴가, 법정 퇴직금을 지급하지 않는다.

12 아르바이트의 근로계약서

아르바이트는 근로기준법에서 정한 공식적인 용어가 아니며, 일반적으로 근로기준법상 단시간 근로자를 아르바이트라고 한다.

아르바이트 근로자란 일반적으로 계약기간을 정하여 일하는 임시직 근로자를 말한다.

01 / 아르바이트의 근로계약서는 언제 작성해야 하는지

첫째, 근로계약서는 출근하기 전이나, 출근하는 날, 반드시 서면으로 작성한 후 발급해 주어야 한다.

둘째, 근로계약 기간을 얼마로 정하고 근로시간은 얼마로 할지는, 노사 당사자 사이에 정할 문제이다. 다만, 근로자 입장에서 근로계약서를 발급받지 못한 때에는 나중에 근로시간, 임금과 관련하여 분쟁이 발생할 때, 입증 문제에 있어 불이익이 발생할 수 있다.

셋째, 근로계약서를 안 쓰고 2일에서 3일만 출근한 후, 안 나오는 근로자에게 급여를 지급하지 않은 경우, 임금체불 문제가 발생할 수 있다. 따라서 반드시 하루분 월급이라도 지급하는 것이 안전하다.

이 경우 실무에서는 정규직으로 채용했어도 일용근로자로 신고하고, 업무를 마무리하는 경우가 많다.

02 / 아르바이트의 4대 보험 적용

첫째, 1주일 15시간 이상의 단시간 근로자는 국민연금, 건강보험, 고용보험, 산재보험 의무가입 대상이다.

둘째, 1주 15시간 미만 근로자는 산재보험만 가입대상이다.

셋째, 1주일 15시간 이상 근로자는 다음 달 15일까지 근로내용확인신고서를 제출한다. 이 경우 세법상 일용근로자 지급명세서 제출을 생략할 수 있다. 반면 1주일 15시간 미만 근로자는 근로내용확인신고서는 산재보험만 신고하고, 세법상 일용근로자 지급명세서를 별도로 제출해야 한다.

03 / 아르바이트의 주휴수당 지급

주휴수당의 지급 요건

1주일 15시간 이상 근무하는 아르바이트의 경우 1주일 결근 없이 출근했을 때는 주휴수당을 지급해야 한다.

주휴수당은 근로자 수에 상관없이 지급해야 하므로, 5인 미만 사업장의 근로자도 지급해야 한다.

주휴수당의 계산 방법

주휴수당의 계산은 주 5일 사업장인 경우 월요일에서 금요일 또는 주 6

일 사업장인 경우 월요일에서 토요일까지의 소정근로시간의 합을 5로 나누면 된다. 즉, 5일 근무제든, 6일 근무제든, 상관없이 주 소정근로시간을 5로 나누면 된다.

이때 주 소정근로시간의 한도는 1일 8시간 또는 주 40시간을 넘으면 안 된다.

예를 들어 주 20시간 근로를 하는 경우 20시간 나누기 5는 4시간이 주휴시간이고, 주휴시간에 시급을 곱하면 주휴수당이 된다.

근무하기로 한 5일 중 하루가 빨간날이 끼어 20시간 중 16시간만 근무한 경우라도 주휴수당은 실제 근로시간이 아닌 소정근로시간을 기준으로 하므로 소정근로시간 20시간 ÷ 5일 = 4시간분의 주휴수당을 지급해야 한다. 즉 주휴수당 금액은 4일 근로한 시간에 따른 금액이 지급되는 것이 아닌 평상시 5일 개근하였을 때 지급받는 주휴수당 금액을 지급한다.

휴일은 법정휴일이거나 약정휴일이거나 관계없이 근로제공의무가 없는 날이며, 그날 쉬더라도 결근으로 볼 수 없으므로 나머지 소정근로일 4일을 개근한 경우는 주휴수당을 지급해야 한다.

주중에 휴일이 1일 있거나 연차휴가를 사용하는 경우 해당 주 전체가 연차휴가 등으로 인해 쉬는 경우가 아니라면 주휴수당은 지급해야 한다. 전체가 휴일이거나 연차휴가를 사용하는 경우는 소정근로일 자체가 없는 경우에 해당해서 주휴수당을 지급하지 않는다.

💁 월급에 주휴수당이 포함된 것으로 본다.

아르바이트라도 월급 형태로 급여를 받는 경우 별도 규정이 없으면 월급에 주휴수당이 포함된 것으로 본다.

참고로 2025년 최저시급은 10,030원이고, 주휴수당을 포함한 최저시급은 12,036원이다(10,030원 × 120%).

04 / 아르바이트의 연장, 야간, 휴일근로수당

시간외 근로시간 = ❶ + ❷ + ❸
❶ 월 단위 연장근로시간 = MAX[가. 1주간 1일 8시간을 초과한 시간의 합
나. 1주 40시간 초과한 시간] × 1.5배(5인 미만 사업장은 1배) × 4.345주
[주] 4.345주 = 365일 ÷ 12개월 ÷ 7일
❷ 월 단위 휴일근로시간 = 가 또는 나
가. 8시간 이내인 경우 = 휴일근로시간 × 1.5배(5인 미만 사업장은 1배) ×
4.345주
나. 8시간 초과인 경우 = 가 + (휴일근로시간 − 8시간) × 2배(5인 미만 사업
장은 1배) × 4.345주
❸ 월 단위 야간근로시간 = 22시~다음 날 6시까지 근무시간 × 0.5배 ×
4.345주(연장근로 및 휴일근로시간과 중복 적용 가능)

첫째, 5인 이상 사업장은 근무하기로 한 시간인 소정근로시간보다 초과
근무 한 경우 연장, 야간 또는 휴일근로수당을 지급해야 한다.
따라서 일 8시간 초과 또는 주 40시간을 초과하는 경우 연장근로수당을
지급해야 한다.
이는 일 8시간 초과하는 날의 근로시간의 합과 주 40시간을 초과하는
시간 중 근로자에게 유리한 근로시간이 연장근로시간이 된다.
예를 들어 월요일 10시간, 화요일 6시간, 수요일에서 금요일까지 매일 8
시간을 근무한 경우

총 근무시간은 주 40시간으로 같지만, 월요일 2시간의 연장근로가 발생했으므로, 2시간분의 연장근로수당을 지급해야 한다.

둘째, 아르바이트 등 단시간 근로자는 1일 8시간 또는 주 40시간을 초과하지 않아도, 근로하기로 계약한 시간인 소정근로시간을 초과하는 경우 연장근로수당을 줘야 합니다.

예를 들어 4시간 일하기로 했는데 사업장 사정으로 총 6시간을 일한 경우 2시간의 연장근로 가산수당 50%를 가산한 150%를 임금으로 지급해야 한다.

> (4시간은 100%, 2시간은 150% 또는 6시간 100%, 2시간 50%)

셋째, 근로계약서상에 빨간날 근무하기로 되어있는 경우 해당일은 휴일이 아니라 평일로 휴일근로수당을 지급하지 않아도 된다.

예를 들어 일요일을 근무일로 하고 월요일을 쉬는 날로 정한 경우, 일요일은 평일이 되고, 월요일은 휴일이 되어 일요일 근무했다고 휴일근로수당을 지급하는 것이 아니다. 다만 월요일 근무를 하는 경우는 휴일근로수당을 지급해야 한다.

넷째, 월 화 수만 근무하기로 했는데, 금요일 바빠서 추가로 일한 경우 금요일은 근로하기로 정한 날이 아니므로 휴일이 되어, 휴일근로수당을 지급해야 한다. 단, 5인 미만 사업장은 50%의 가산수당을 포함해 150%를 지급해야 하는 것이 아니라 100% 시급만 지급한다.

05 / 아르바이트생의 연차휴가

첫째, 5인 이상 사업장은 1주일 15시간 이상 근무한 경우 근로시간에 비례해서 연차휴가도 줘야 한다. 즉 아르바이트의 연차휴가는 시간 단위로 계산한다.

둘째, 아르바이트 근로자의 연차휴가 일수를 산정하는 방법은 단시간근로자의 소정근로시간을 통상근로자의 소정근로시간으로 나눈 시간에 연자휴가일수를 곱하고, 다시 8시간을 곱하면 된다.

> 연차휴가일수 × (단시간 근로자의 소정근로시간 ÷ 통상근로자의 소정근로시간) × 8시간으로 계산된다.

예를 들어 월~금 하루 6시간 근무하는 단시간 근로자가 366일을 근무한 때 연차휴가는 6시간을 8시간으로 나누고, 여기에 15일과 8시간을 곱하면 90시간으로 계산된다.

단시간 근로자의 연차휴가는 시간단위로 계산하시는 것이 편리하다.

1일 6시간 근무하는 근로자는 1일 연차휴가 때 8시간이 아닌 6시간을 쉬는 것이다. 따라서 90시간을 6시간으로 나누면 15일 즉 1일 6시간씩 15일을 쉬는 것으로 쉬는 날짜 수는 통상근로자와 같다. 다만 연차수당은 연차휴가를 하나도 사용 안 했다는 가정하에 90시간분을 지급하면 된다.

06 / 아르바이트생의 퇴직금

퇴직금은 모든 사업장이 지급대상이다. 즉 상시근로자 수에 상관없이 발생한다. 따라서 계속 근로기간이 1년 이상이고, 4주 평균해 1주 근로시간이 15시간 이상이라면 퇴직금을 지급해야 한다.

07 / 아르바이트생이 다친 때 산재 처리

첫째, 일하다 다쳤을 때는 아르바이트생도 산재 처리가 가능하다.

둘째, 건설 현장에서 이른바 막노동하는 건설 일용직 노동자도 일하다 다치면 산재가 가능하다.

셋째, 마트 계산대에서 하루 2시간에서 3시간 일하는 노동자들도 산재 신청이 가능하다.

넷째, 현장 실습생도 일하다 다치면 산재 신청을 할 수 있다.

산재가 발생했을 때는, 요양급여 신청서를 작성한 후, 근로복지공단에 제출하면 된다.

📝 아르바이트 노무 사용설명서

> ☑ **아르바이트와 4대 보험 가입하지 않기로 약정한 경우 효력**
>
> 근로계약 시 4대 보험에 가입하지 않기로 하는 약정은 효력이 없으며, 근로계약상 소정근로시간에 따라 4대 보험 가입 여부가 결정됩니다.
>
> 월 60시간 미만 아르바이트의 4대 보험료 공제
>
> 월 60시간 미만 근로한 아르바이트는 건강보험료 및 국민연금은 징수되지 않습니다. 단기 알바의 경우 4대 보험에 가입하지 않고 3.3%만 떼는 사업소득

으로 계약하는 경우도 있으니 참고하시기 바랍니다.

반면 월 소정근로시간이 60시간을 초과하는 경우는 4대 보험에 의무가입해야 합니다.

4대 보험의 가입 조건을 살펴보면 다음과 같습니다.

1. 국민연금 : 1개월 동안 고용되는 일용근로자로 근무일수가 8일 이상인 경우와 1개월 동안 월 근로시간이 60시간 이상인 경우

2. 건강보험 : 1개월 동안 고용되는 일용근로자로 근무일수가 8일 이상인 경우와 1개월 동안 월 근로시간이 60시간 이상인 경우

3. 고용보험 : 월 근로시간이 60시간 이상인 경우

4. 산재보험 : 예외 사항 없음

☑ 주휴수당을 지급하지 않기로 근로계약을 한 경우

주휴수당은 1주 평균 소정근로시간이 15시간 이상인 근로자가 해당 주에 개근한 경우 발생합니다.

주휴일에 관한 규정은 강행규정이므로 당사자 간에 유급주휴일을 적용하지 않기로 합의가 있더라도 이는 무효가 됩니다. 만일 주휴수당을 지급하지 않는다면 임금체불에 해당합니다.

이 규정은 근로자 유리한 조건의 우선 적용에 이론적 근거를 두고 있습니다.

☑ 아르바이트생의 연장근로수당

1주 40시간을 초과하지 않는 아르바이트의 경우 소정근로시간을 초과한 근로를 할 경우는 연장근로수당을 지급해야 합니다. 예를 들어 1일 4시간 알바의 경우 6시간을 근무하면 4시간을 초과하는 2시간에 대해서는 연장근로수당을 지급해야 합니다.

시간급 통상임금이 10,000원일 때는 10,000원의 1.5배를 기준으로 지급해야 합니다. 연장근로를 30분 했을 경우는 0.5시간 곱하기 1.5 곱하기 10,000원은 7,500원을 추가로 지급해야 합니다.

사용자의 요구와 관계없이 근로자가 연장근로수당을 더 받기 위해 자기의 의사에 의해 연장근로를 하거나, 사용자가 명시적으로 근로자에게 연장근로를

요구한 것이 아니라면 연장근로 가산수당을 지급할 의무는 없습니다(근로기준과-4380, 2005.8.22).

☑ 토요일, 일요일 근무한 아르바이트생의 휴일근로수당

토요일이 휴무일로 정해져 있는데 근무 시에는 연장근로수당을, 일요일이 쉬는 날로 정해진 경우는 휴일근로수당을 지급해야 합니다.

반면 토요일, 일요일이 쉬는 날이 아니라 근로제공의무가 있는 날(소정근로일)이라면 연장근로수당 및 휴일근로수당을 청구할 수 없습니다.

설이나 추석 연휴는 공휴일로서 유급휴일이므로 그날 근무한 때는 휴일근로수당을 지급해야 합니다.

☑ 아르바이트가 야간 조라 늦게 끝나는 시간대에 들어가게 되면 교통비 지급해주나요?

기본적으로 식대, 교통비, 상여는 근로기준법상 지급의무가 없는 복리후생적 성격의 금품입니다.

따라서 교통비 등을 지급받기 위해서는 사업장에서 단체협약을 통해서 취업규칙 등에 포함이 되어 있거나 회사의 근로계약서에 '야간근무조를 할 때는 해당 날에 교통비를 지급해 줘야 한다'라고 명시가 되어 있어야 받을 수 있을 것입니다.

결론적으로 야간 근무를 할 때 교통비를 받기 위해서는 우선 회사 측과 협의를 먼저 하시고 회사에서 해당 교통비를 주기로 합의를 할 경우에만 합법적으로 받는 것이 가능할 것입니다.

☑ 아르바이트의 야간 근무시간에 대한 야간근무수당

사용자는 오후 10시부터 다음 날 오전 6시 사이의 근로에 대해 근기법 제56조 제3항에 따라 통상임금의 50% 이상을 가산한 야간근로수당을 지급해야 합니다.

예를 들어 오후 10시부터 휴게시간 없이 다음 날 오전 2시까지 근무한 경우는 실근로시간 4시간에 야간근로시간 4시간의 50%인 2시간을 합한 총 6시간에 대한 임금을 지급해야 합니다.

단, 야간근로수당도 상시근로자 수가 5인 이상인 사업장에만 적용되고 5인 미만 사업에는 적용되지 않습니다.

☑ 아르바이트 연차휴가도 정규직과 동일한가요?

네. 아르바이트라고 정규직과 다르지 않습니다.

근로기준법 제60조의 연차유급휴가는 상시근로자 5인 이상 사업장에 적용합니다. 그리고, 1주일간의 소정근로시간이 15시간 이상인 근로자라면 적용받습니다.

위의 요건을 만족하는 아르바이트는 연차휴가가 발생합니다.

월 단위 연차휴가는 1개월 개근할 때마다 1일씩 발생해 총 11일이 발생합니다. 연 단위 연차휴가는 1년에 80% 이상 개근한 경우 15일 발생을 시작으로 2년을 초과하면 1개씩 가산하여 발생합니다. 15개, 15개, 16개, 16개 총한도는 25일입니다.

물론 연차를 미사용할 경우는 정규직과 동일하게 연차수당으로 지급받을 수 있습니다.

☑ 아르바이트생도 퇴직금을 받을 수 있나요?

다음의 요건을 모두 충족하는 경우는 아르바이트생도 퇴직금을 받을 수 있습니다.

첫째, 근로기준법상 근로자인 경우

둘째, 4주간 평균하여 1주간 소정근로시간이 15시간 이상인 경우

셋째, 계속근로기간이 1년 이상일 것

☑ 1주 소정근로시간이 15시간 이상과 미만을 반복하는 아르바이트생

1주 소정근로시간이 15시간 이상과 미만을 반복하는 근로자의 경우에는 퇴직일을 기준으로 이전 4주 단위씩 역산하여 1주 소정근로시간이 15시간 이상이면 4주를 산입하고, 15시간 미만이면 산입하지 않는 방식으로 산입한 주의 합계가 52개 주를 초과한다면 해당 근로자의 계속근로기간이 1년 이상이므로 퇴직금을 받을 수 있습니다.

☑ 아르바이트생 해고는 어떤 식으로 해야 하나요?

아르바이트생 해고도 정규직 직원과 다르지 않습니다.

1. 상시근로자수 5인 미만 사업장인 경우

상시근로자 5인 미만인 사업장이라면 특별한 해고 사유가 없어도 해고할 수 있습니다. 즉 해고의 제한 및 서면통지에 대한 규정이 적용되지 않습니다. 다만 이와 별개로 상시근로자 수가 5인 미만이더라도 해고예고제도는 적용됩니다. 근로자를 해고하는 경우 해고예고의 적용이 배제되는 경우(재직기간 3개월 미만 등)가 아닌 한 30일 전에 해고예고를 하여야 합니다.

해고예고 기간을 준수하지 않은 경우 통상임금 30일분의 해고예고 수당을 지급하여야 하며, 해고예고가 해고일로부터 30일 이내에 이루어졌다면 그 미달된 일수와 관계없이 해고예고 수당의 전액을 지급하여야 합니다.

상시 사용하는 근로자 수가 5인 미만인 경우는 근로기준법 제27조가 적용되지 않으므로, 해고의 시기와 사유를 서면으로 통지하지 않더라도 부당해고 구제신청을 할 수 없습니다.

2. 상시근로자수 5인 이상 사업장인 경우

상시근로자수가 5인 이상인 사업장이라면 해고의 정당한 이유, 해고 일자와 해고 사유를 기재한 해고 서면 통지를 해야 합니다. 5인 이상 사업장도 입사 3개월이 지나지 않은 근로자에게는 해고예고 의무가 면제됩니다. 사내 취업규칙이 있는 경우라면 취업규칙상의 해고 절차도 준수하여야 합니다.

근로자가 관할 지방노동위원회에 부당해고구제신청을 해서 부당해고로 인정되면 해고기간동안의 임금상당액을 지급해야 하고, 원하면 원직 복직도 시켜야 합니다.

상시 5인 미만 사업장은 부당해고 구제신청은 하지 못합니다.

☑ 파트타임 아르바이트 학생의 근무시간은 수시로 바뀌는데, 이런 경우도 매번 근로계약서를 새로 써야 하나요?

파트타임 직원이 매주 월요일부터 금요일까지 하루에 5시간 일주 25시간 근무하기로 정하고, 근로계약을 체결한 경우, 만약 사업주가 근로조건 변경에 대한 합의 없이 20시간만 근무시키는 경우 사업주는 일을 시키지 않은 나머지 5시간에 대해서도 임금을 지급할 의무가 있습니다.

반대로 25시간 근무하기로 정했지만, 토요일 바빠서 5시간 일을 더해서 30시간 근무를 했다면, 25시간을 초과하는 5시간은 연장근로에 해당하므로, 시급의 1.5배로 계산해서 연장근로수당을 지급해야 합니다.

파트타임 근로자의 근로시간에 입사 당시와 달리 변경하려면 반드시 근로계약서를 새로 쓰거나 근로시간 변경에 대한 합의서를 작성해야 합니다.

☑ 지각, 무단결근으로 벌금을 내도록 규정하는 근로계약서 작성

지각, 무단결근으로 벌금을 내도록 규정하는 것은 지각 무단결근으로 손해가 얼마나 발생했는지 따지지 않고, 일정액을 내도록 하는 것이어서 무효입니다. 다만 지각 또는 무단결근으로 실제 근무하지 못한 시간에 대한 임금을 공제하는 것은 가능합니다. 갑자기 그만두는 경우 손해배상을 하도록 규정하는 것은 각 사안 별로 다를 것입니다.

갑작스레 그만두는 경우 앞서 말씀드린 벌금과 같이 일정액을 배상해야 한다는 규정은 근로자의 의사에 반하여, 근로를 강제할 우려가 있어 무료입니다. 하지만 실제 손해가 발생한 금액에 대한 손해배상을 규정하는 것은 무료가 아닙니다.

13 감시·단속적 근로자의 근로계약서

감시적 근로에 종사하는 자란 감시업무를 주된 업무로 해서 정신적·육체적 피로가 적은 업무에 종사하는 자를 말하며(예 : 경비원, 수위, 청원경찰 등), 단속적 근로에 종사하는 자는 업무수행이 간헐적·단속적으로 이루어져 휴게시간 또는 대기시간이 많은 업무에 종사하는 자를 말한다(예 : 보일러공, 전기실 직원 등).

01 / 근로기준법 적용 특례의 대상

사업이나 업무의 특수성 때문에 일반 근로자에게 적용되는 근로시간, 휴일, 휴계에 관한 규제를 그대로 적용하는 것이 어려운 근로자들에 대해서는 근로시간, 휴일, 휴계에 관한 적용이 배제되는데, 그 대표적인 예가 감시·단속적 근로자이다(근로기준법 제61조).

❶ 토지의 경작·개간, 식물의 재식·재배·채취 사업 기타의 농림사업

❷ 동물의 사육, 수산동식물의 채포·양식 사업, 기타의 축산, 양잠, 수산사업

❸ 감시 또는 단속적으로 근로에 종사하는 자로서 사용자가 고용노동부 장관의 승인을 얻은 자

❹ 관리 · 감독업무 또는 기밀을 취급하는 업무

02 / 감시·단속적 근로자와 법 적용

🙍 적용이 배제되는 내용

법정근로시간(1일 8시간, 1주 40시간)에 대한 제한이 없으며, 휴게시간과 주 1회 유급 주휴일을 별도로 줄 필요가 없다. 또한, 법정근로시간과 관계 없이 근로자와 사용자 간에 정한 근로시간을 소정근로시간으로 간주하 며, 연장근로와 휴일근로에 대한 할증 임금을 지급할 필요가 없다. 다만, 감시 단속적 근로자의 경우, 야간근로 시간(오후 10시~오전 6시)의 경우 가산임금(50%)이 적용되므로 소정근로시간 계산 시 야간근로수당 환산 분(50%)을 지급해야 한다. 결론은 연장근로와 휴일근로 가산수당은 지급 대상이 아니지만, 야간근로 가산수당은 지급해야 한다.

🙍 적용되는 내용

야간근로수당은 지급해야 한다. 감시 · 단속적 근로자라고 하더라도 야간 근로(오후 10시~오후 6시까지의 근로)에 대해서는 통상임금의 50%를 가산한 야간근로수당을 지급해야 한다. 또한, 연소자와 여성 근로자에 대한 야간 및 휴일근로에 대한 제한은 그대로 유지된다.

근로자의 날, 연차휴가, 생리휴가, 출산휴가는 부여해야 한다.

근로자의 날은 근로기준법상 휴일이 아니라 "근로자의 날 제정에 관한 법률"에 의한 유급휴일이므로 근로자의 날은 유급휴일로 지정해야 한다.

법정 휴가(연차휴가, 생리휴가, 출산휴가)는 일반 근로자와 같게 부여된다.

👤 최저임금제의 적용

감시·단속적 근로자로 승인된 근로자에게는 일반근로자의 최저임금과 동일한 임금을 지급해야 한다.

👤 감시·단속적 근로자에 대한 고용노동부의 승인

고용노동부 승인의 중요성

경비원 등 업무의 성격상 분명히 감시·단속적 근로자라고 하더라도, 별도로 고용노동부의 승인을 받지 못했다면 일반 근로자와 마찬가지로 법정근로시간, 연장근로 및 휴일근로수당 지급 등 근로기준법이 모두 적용되므로 유의해야 한다.

고용노동부의 승인기준

[감시적 근로자 승인기준]

근로시간에 관한 근로기준법의 규제를 적용하지 않을 수 있는 감시적 근로자로 승인받으려면 다음과 같은 요건을 모두 갖추어야 한다.

❶ 수위, 경비원, 물품 감시원, 계수기 감시원 등과 같이 심신의 피로가 적은 일에 종사할 것(다만, 잠시도 감시를 소홀히 할 수 없는 고도의 정신적 긴장이 요구되는 경우는 제외)

❷ 감시적인 업무가 본래의 업무나 불규칙적으로 단시간 동안 타 업무를 수행하는 경우(다만, 감시적 업무라도 타 업무를 반복해서 수행하거나 겸직하는 경우는 제외)

❸ 1개월 또는 1주를 평균해서 1일 근로시간이 12시간 이내인 경우이거나, 다음 각목의 1에 해당하는 격일제(24시간 맞교대) 근무일 것

가. 수면시간 또는 근로자가 자유로이 이용할 수 있는 휴게시간이 8시간 이상 확보되어 있을 것

나. 가목의 요건이 확보되지 아니한 공동주택 경비원에 있어서는 당사자 간의 합의가 있고, 다음날 24시간의 휴무가 보장되어 있을 것

[단속적 근로자 승인기준]

근로시간에 관한 근로기준법 규제를 적용하지 않을 수 있는 단속적 근로자로 승인받으려면 다음과 같은 요건을 모두 갖추어야 한다.

❶ 평소의 업무는 한가하지만, 기계 고장 수리 등 돌발적인 사고 발생에 대비해서 대기하는 시간이 많은 업무일 것

❷ 실근로시간이 대기시간의 반 정도 이하인 업무로서 8시간 이내일 것
(다만, 격일제 근무인 경우는 당사자 간의 합의가 있고, 다음날 24시간 휴무가 보장되어야 함)

❸ 대기시간에 근로자가 자유로이 이용할 수 있는 수면 또는 휴게 시설이 확보되어 있을 것

적용 제외 승인신청 절차

감시·단속적 근로자에 대해서 적용 제외 승인을 받으려면 승인신청서 이외에

❶ 승인 대상 근로자들의 근로계약서 및 자술서

❷ 직종별 최근 근무일지(약 10일분 정도)

❸ 전월 분 임금(급여)대장

❹ 단체협약 또는 취업규칙 등과 같은 서류들을 구비해서 지방 노동사무소 근로감독과에 제출해야 한다.

감시 · 단속적 근로자로 승인된 사례

감시적 근로자	단속적 근로자
계수기 감시원, 수위, 아파트 등 건물의 경비원, 경비원을 관리 · 감독하는 것이 주 업무인 경비계장, 고속도로 정기순찰 · 제한 차량호송 등의 업무를 수행하는 보안직 사원, 미군기지 내 초소 경비원 등	건물시설관리를 위해 휴일 및 야간에 대기하는 자, 생산업체의 고압 보일러실에 근무하는 자, 보일러공 · 공기정화기 가동 근무자, 주한미군 부대의 소방원, 아파트 관리소 내의 전기실 · 관리실 직원, 승용차 운전기사 등

감시 · 단속적 근로자 근로계약서

주식회사 ○○○(이하 "갑"이라 한다.)과 근로자(이하 "을"이라 한다.)는 아래 근로조건을 성실히 이행할 것을 약정하고 다음과 같이 근로계약을 체결한다.

〈을의 인적 사항〉

성 명	성 별	연 령	학력	생년월일	현 주 소	
전화번호 (핸드폰)	연락처			최초 계약일 (재계약일)	근무부서	근무 형태
				· · (· ·)		

제1조(근로계약기간)
근로계약기간은 20 년 월 일부터 20 년 월 일까지로 한다.

제2조(근무장소 및 업무내용)
① 근무장소(부서) :
② 업무내용 :
③ 갑은 필요하다고 인정할 경우는 을의 의견을 들어 근무장소 또는 업무를 변경할 수 있다.

제3조(근로시간 및 휴게)

① 근로시간은 (:)시부터 다음날 (:)시까지로 한다.

② 휴게시간은 식사시간 (: ～ :), (: ～ :) 및 야간(22:00～06:00) 휴게시간(: ～ :)로 한다.

③ 휴게시간 "갑"은 "을"에게 지휘·감독권을 행사하지 않으며, "을"은 사업장을 이탈하지 않는 범위에서 "갑"의 지휘·감독을 벗어나 자유로이 휴식을 취할 수 있다. 만약, "갑"이 휴게시간에 지휘·감독권을 행사할 경우 휴게시간은 근로시간에 포함하여 임금을 재산출해야 한다.

④ "갑"은 임금을 동결 및 하향조정 하기 위하여 야간 휴게시간을 늘릴 수 없다.

⑤ "갑"은 사정에 의해 특별히 필요한 때에는 "을"의 동의를 얻어 근무시간을 변경할 수 있다.

④ "을"은 붙임의 '서약서'를 준수하여 성실히 업무를 수행하여야 한다.

제4조(근무일 및 휴일)

① 근무일은 연중 계속해서 ( )교대로 격일제 근무를 한다.

② 주휴일은 근로기준법에 의거 적용되지 않는다.

③ 근로자의 날은 유급휴일로 한다.

제5조(휴가)

① 근로자가 매월 소정근로일수를 개근한 경우 연차유급휴가를 사용할 수 있다.

② 연간 소정근로일의 80% 이상 근무한 근로자의 연차휴가 일수는 익년도 15일을 부여하며, 입사 최초 연도에는 1달 개근 시 월 1일(총 11일)의 연차휴가를 부여한다.

③ 격일제 근로자의 경우 휴가를 사용하여 근무일 1일과 비번일인 다음 날에 휴무를 한 경우는 2일의 휴가를 사용한 것으로 본다. 단, 비번일인 다음날에 근무일의 근로시간의 절반에 해당하는 근로(반일 근무)를 하는 경우는 1일의 휴가를 사용한 것으로 본다.

제6조(보수)

① (임금) "갑"은 "을"에게 월 보수로   원을 지급하며, 세부산출 내역은 다음과 같다.

1. 기본급(월간) : 통상임금(시급) × 월 소정근로시간 =   원

– 월 소정근로시간 : (근로시간 – 휴게시간) × 365일 ÷ 12월 ÷ 2교대 =   시간

2. 야간근로 가산수당(월간)

통상임금(시급) × 0.5(가산율) × 월 야간근로시간 =   원

- 월 야간근로시간 : (야간근로시간 - 야간 휴게시간) × 365일 ÷ 12월 ÷ 2교대

= 시간

예시) 통상임금(시급 10,030원), 18시~익일 09시까지, 휴게시간(식사시간 2시간, 야간휴게시간 2시간), 2교대 격일제 근무자의 월보수액?

- 월 소정근로시간 : (15 - 4)시간 × 365일 ÷ 12월 ÷ 2교대 = 167.3 ≒ 168시간
- 월 야간근로시간 : (8 - 2)시간 × 365일 ÷ 12월 ÷ 2교대 = 91.3 ≒ 92시간
- 기본급(월간) : 10,030원 × 168시간 = 1,685,040원
- 야간근로수당(월간) : 10,030원 × 0.5 × 92시간 = 461,380원

∴ 월보수액은 1,685,040원 + 461,380원 = 2,146,420원

3. 연차휴가 근로수당을 임금에 포함하여 산정할 수 있으나, 수당 지급을 이유로 휴가사용을 억제할 수 없다.

② (연장근로수당) "갑"은 "을"이 근로자의 날(5월 1일)에 근무하거나 야간근로(22:00~익일 06:00)를 한 경우 경우에는 반드시 다음 산식에 의하여 가산임금을 지급하여야 한다.

1. 야간근로 가산수당 : 통상임금(시급)의 100분의 50 할증 지급

○ 산출식 : 통상임금(시급) × 0.5(가산율) × 야간근로시간

2. 휴일근무수당 : 통상임금(시급) × (총근로시간 - 총 휴게시간) ÷ 2교대

③ (지급시기 및 방법) "갑"은 "을"에게 매월 1일에 근로자가 지정한 예금계좌로 보수를 지급한다. 단, 지급일이 휴일인 경우 그 전일에 지급한다.

④ (정산) 보수지급 후 "을"의 퇴직 등 보수변동 사유가 발생할 경우 "갑"은 "을"이 기지급받은 급여 중 근무하지 않은 날에 해당하는 급여를 "을"에게 지급하여야 할 퇴직금 등 금품에서 정산하고 지급하며 정산 금액이 없는 경우에는 "을"이 이를 반납하여야 한다.

⑤ (감액지급) "을"이 "갑"의 승인을 받지 않고 무단으로 결근하였을 때 또는 질병, 부상으로 인한 휴가일수가 법정 휴가일수를 초과한 경우 휴가일수를 제외한 결근 일수에 해당하는 급여를 제하고 지급하기로 한다. 단, 업무수행으로 인한 경우는 예외로 한다.

⑥ (적용일) 본 근로계약서상의 보수 적용 일은 년 월 일부터 차기 등급 변동일 및 차기 임금 책정 기준 시행에 따른 임금 변동 전까지 적용한다.

제7조(비밀유지의무)

① "을"은 업무상 알게 된 비밀을 외부에 누설하여서는 안 된다.

② "을"이 제1항의 규정을 위반하였을 때는 관계 법령의 규정에 의한 민·형사상의 책임을 진다.

제8조(청렴의무)

① "을"은 「회사 규정」을 준용하여 청렴하게 직무를 수행하여야 한다.

제9조(손해배상)

"을"은 고의 또는 과실로 회사에 손해를 끼쳤을 때는 이를 변상하여야 한다.

제10조(계약의 해지)

① "을"이 다음 각호의 1에 해당될 때는 "갑"은 이 계약을 해지할 수 있다

1. 신체 또는 정신상의 이상으로 업무를 수행할 수 없을 때

2. "갑"의 정당한 지시에 따르지 않거나 업무를 태만히 하였을 때

3. 예산 등의 사유로 "갑"이 이 계약을 이행할 수 없을 때

4. 기타 "을"이 이 계약을 이행할 수 없다고 인정될 때

② 이 계약을 해지하려 할 때는 "갑"은 해지 예정일 30일 전까지 해고예고를 하여야 하며, "을"은 10일 전까지 채용권자에게 서면으로 통지하여야 한다.

③ 근로자에게 해고예고를 하지 않았을 경우 법에 의거 30일분의 평균임금을 지급한다.

제11조(해석)

기타 이 계약서에 정하지 않은 사항은 『취업규칙』 및 『근로기준법』에 의한다.

제12조(계약서)

"갑"과 "을"은 상호 대등한 입장에서 이 계약을 체결하고 신의에 따라 계약상의 의무를 성실히 이행할 것을 확약하며, 이 계약의 증거로서 계약서를 작성하여 당사자가 기명하고 서명 또는 날인 후 1부는 "갑"이 보관하고, 1부는 반드시 "을"에게 교부 해야 한다.

20 년 월 일

갑	대표이사 _____ (인)	을	_____ (인)
회 사 명		주민번호	
소 재 지		주 소	
연 락 처	00-0000-0000	연 락 처	`010-0000-0000

14 포괄임금 근로계약서

포괄임금제는 법에서 정한 것이 아니다. 임금 지급방식일 뿐이다.

• 초과근무수당(연장수당, 야간수당, 휴일수당)을 실제 일한 시간만큼 별도로 계산하는 것이 아니라 정액으로 일정한 금액으로 지급하는 방식이다.

• 근무 형태나 업무 성질에 따라 초과근무 시간을 계산하기 어려운 업무에 대해서만 예외적으로 인정한다.

01 / 포괄 임금으로 인정되기 위한 요건

다음의 3가지 요건을 만족해야 포괄 임금이 유효하다.

❶ 근로시간의 산정이 곤란한 경우처럼 근무 형태의 특성이 인정되고,

❷ 포괄 임금 지급에 관한 약정이나 합의해야 하며,

❸ 근로기준법, 최저임금법 등을 위반하지 않는 등 노동자에게 불리하지 않을 경우

포괄임금제가
무효가 되는
경우

노동시간 산정이 어렵지 않은 경우, 노사 간 포괄임금제 적용에 대한 명시적 합의가 있더라도 무효로 한다.
: 일반 사무직 노동자는 관리자의 지배 범위 내에서 근로를 제공하고, 출퇴근·휴게 시간이 명확히 정해져 있으므로 노동시간 산정이 어려운 경우로 볼 수 없다.

노사 간 단체협약이나 취업규칙에 포괄임금제를 적용한다고 규정돼 있다 하더라도, 이에 우선하는 근로계약서를 통해 노동자의 사전 합의를 반드시 구해야 한다.

02 / 포괄 임금에 포함될 수 없는 임금

포괄 임금에 다음의 임금은 포함되면 안 된다.

❶ 정액에 포함된 초과 근무시간 그 이상의 초과근무수당

❷ 노동절 근무수당, 연차수당, 퇴직금

03 / 포괄임금 계약서의 실무적 작성 방법

근로시간 수에 따른 적법한 포괄임금제를 하더라도 연장근로에 대해서만 포괄임금을 설정해 놓았다면 22시~06시까지의 야간근로 및 휴일근로에 대해서는 포괄임금이 설정되어 있다고 볼 수 없다.

따라서 별도의 야간근로수당 및 휴일근로수당을 지급해야 한다.

실제 근로시간 수에 따른 포괄임금을 설계할 때도 연장근로 ○○ 시간 분과 야간근로 ○○ 휴일근로 ○○ 시간 분이 포함되도록 구분하여 설정한다. 즉 가급적 연장근로 외에 야간근로와 휴일근로를 구분하여 사용하는 것이 바람직하다.

포괄임금 근로계약서

사용자 ○○식당(이하 "갑"이라 한다)와 근로자 ○○○(이하 "을"이라 한다)는 다음과 같이 포괄임금 근로계약을 체결한다.

제1조【 근무장소 및 담당업무 】
      1. 근무장소 :
      2. 담당업무 :

제2조【 주요 근로조건 】

1. 근무시간 : ○시 ○분 ~ ○시 ○분

2. 휴게시간 : ○시 ○분 ~ ○시 ○분

3. 휴   일 : 휴일은 매월 ○회(휴무일자는 협의 하에 별도로 정한다.)

4. 휴   가 : 휴가는 근로기준법에서 정한 제규정에 의한다.

제3조【 수급기간 및 근로계약기간 】

1. 근로계약기간 : 20 년 월 일 ~ 20 년 월 일

2. 계약체결일로부터 최초 ○개월 간은 근무 적합성 등을 판단하기 위한 수급기간으로 한다.

3. 수습기간 만료 시 "갑"과 "을"은 자유롭게 계약 해지를 통보할 수 있다.

4. 수습기간 종료 후 당사자 간의 명시적인 이견이 없는 경우에는 별도의 계약체결이 없더라도 최초 계약체결일로부터 ○년 간의 근로계약을 체결한 것으로 간주한다.

제 4 조【급 여】

1. 월급 ○○○원 (일급 ○○○원, 시급 ○○○원)

2. 본 급여에서 직무 특성상 제3항에서 정한 근로조건에 의거 필연적으로 발생하는 연장근무, 야간근무, 휴일근무 등 초과근로에 대한 법정 제 수당이 모두 포함되어 책정된 임금임을 확인하며, 포괄임금에 대한 임금 및 근로시간의 구성항목은 다음과 같다.

구분	기본급	연장수당	야간수당	휴일수당	기타수당	합계
월급여(천원)						
근무시간	시간	시간	시간	시간	시간	시간

3. 급여는 매월 1일부터 말일까지 계산하여 매월 ○일에 현금 또는 지정 계좌로 지급한다.

4. 본 계약 이후 급여는 "을"의 업무능력 및 근무의 성실성 등을 고려하여 조정한다.

제 5 조【휴일 및 야간근로의 동의】

사업장의 영업 특성상 휴일 및 야간근무가 이루어질 수 있음을 인지하고 이에 동의하며 본 계약으로 동의서에 갈음한다.

제 6 조【퇴직 절차】

"을"은 개인 사유로 퇴직할 경우 적어도 ○일 전에 통보하고 후임자에 대한 인수인계 및 물품반납 등 퇴직 절차를 완료하여야 하고, 이를 게을리하여 "갑"에게 손해를 입힌 경우는 그 손해를 배상하여야 한다.

제 7 조【근로계약 해지사유 및 절차】

1. "을"에게 다음의 사유가 있을 경우는 근로관계를 해지할 수 있다.

1) 잦은 결근, 지각, 조퇴 등 근태 불량으로 월 ○회 이상 지적을 받은 경우

2) 고객으로부터 친절, 음식 맛, 청결 등의 문제로 월 ○회 이상 항의를 받은 경우

3) 업무 외적인 질병 또는 부상 등 일신상의 사유로 월간 ○일 이상 직무수행이 불가능한 경우

4) 기타 사회통념 상 고용관계 유지가 불가능한 귀책 사유를 유발한 경우

단, 연락 두절 상태로 ○일 이상 무단결근한 경우는 당연퇴직으로 간주한다.

2. "갑"은 "을"을 해고할 경우 해고 사유와 해고 시기를 서면으로 통지하여야 한다.

제 8 조【기 타】

본 계약서에 명시하지 않은 사항은 노동관계 법령 및 노동 관행에 의한다.

이 계약을 증명하기 위하여 계약서를 2부 작성하고, 기명날인 후 "갑"과 "을"이 각각 1부씩 보관한다.

계약 일자 : 20 년 월 일

(갑) 주　　소 :

상　　호 :

대 표 자 :　○ ○ ○ (인)

연 락 처 :

(을) 주　　소 :

주민등록번호 :

성　　명 :　○ ○ ○ (인)

연 락 처 :

15

취업규칙의 작성

첫째, 취업규칙이란 근로계약 관계에 적용되는 근로조건이나 복무규율 등에 대해서 사용자가 일방적으로 작성해서 소속 근로자에게 공통으로 적용하는 회사 규칙이다.

둘째, 취업규칙은 일반적으로 사규, 규정이라고 부른다. 즉 인사규정, 복리후생규정, 복무규정과 같이 실무에서 규정이라고 부르는 것이 취업규칙이라고 보면 된다.

셋째, 상시 10인 이상의 근로자를 사용하는 사용자는 법 소정의 필요적 기재 사항을 기재한 취업규칙을 작성해서 고용노동부 장관에게 신고해야 한다. 이를 위반하는 경우 500만 원 이하의 과태료를 부담한다.

하지만 실무에서는 상시근로자 수 10인 이상인 사업장에서도 안 만드는 경우가 많으며, 만들어도 직원들에게 보여주지 않는 경우도 많다.

참고로 10인 미만 사업장은 취업규칙이 없을 가능성이 크다.

넷째, 취업규칙을 작성·변경할 권한은 기본적으로 사용자에게 있다.

사용자는 각 사업장에 취업규칙을 게시 또는 비치한 후 근로자가 열람할 수 있도록 해야 한다.

다섯째, 취업규칙에는 법에서 정한 규정을 그대로 옮겨 놓은 것도 있고,

회사 자체적으로 규정한 것도 있다.

회사 자체적으로 규정한 내용을 근로자는 파악해 두어야 한다.

여섯째, 앞서 설명한 바와 같이 취업규칙 규정과 근로기준법 규정이 서로 다른 경우는 근로자에게 유리한 원칙을 적용한다. 즉 무조건 취업규칙이 우선하지 않는다.

01 / 취업규칙의 기재 사항

취업규칙은 작성할 때 근로자 대표의 의견 청취 또는 동의를 요구하고 있지만, 사업주가 일방적으로 작성하는 경우가 많다.

또한 근로자가 열람할 수 있도록 하고 있으나 실무에서는 근로자의 열람이 쉽지는 않다.

취업규칙에는 사용자가 반드시 기재해야 할 필요적 기재 사항과 그 밖에 사용자가 임의로 기재할 수 있는 임의적 기재 사항이 있다. 사용자는 법령이나 단체협약에 위배되지 않는 한 어떠한 사항도 취업규칙에 기재할 수 있으나, 다음 사항은 반드시 기재해야 한다.

구 분	내 용
절대적 기재 사항	• 업무의 시작과 종료 시각, 휴게시간, 휴일, 휴가 및 교대근로에 관한 사항 • 임금의 결정 · 계산 · 지급 방법, 임금의 산정기간 · 지급시기 및 승급(昇給)에 관한 사항 • 퇴직에 관한 사항 • 퇴직금, 상여 및 최저임금에 관한 사항

구 분	내 용
	• 출산휴가 · 육아휴직 등 근로자의 모성 보호 및 일 · 가정양립 지원에 관한 사항 • 안전과 보건에 관한 사항 • 근로자의 성별 · 연령 또는 신체적 조건 등의 특성에 따른 사업장 환경의 개선에 관한 사항 • 업무 상과 업무 외의 재해 부조에 관한 사항 • 직장 내 괴롭힘의 예방 및 발생 시 조치 등에 관한 사항(근로기준법 제93조 제11호) • 표창과 제재에 관한 사항
상대적 기재 사항	• 가족수당의 계산 · 지급 방법에 관한 사항 • 근로자의 식비, 작업 용품 등의 부담에 관한 사항 • 근로자를 위한 교육시설에 관한 사항
임의적 기재 사항	• 그 밖에 해당 사업 또는 사업장의 근로자 전체에 적용될 사항 (강행법규나 단체협약 또는 반사회 질서에 해당하지 않는 한 어떠한 사항도 기재할 수 있다) • 근로기준법, 남녀고용평등법, 고령자법, 고용정책기본법 등에 따른 차별금지 규정을 반영하여 선언하는 것이 좋다. • 단체나 법인의 질서유지 차원에서 정하는 복무 준수사항으로 상호 존중 등 단체의 사정에 따라 달리 정할 수 있다.

02 / 취업규칙의 구성

취업규칙은 법에 따른 필요적 기재 사항과 규정 체계 등을 고려해서 다음과 같은 장으로 구성되는 것이 일반적이다.

구 분	내 용
제1장 총칙	취업규칙의 목적, 용어의 정의, 적용 범위 등 취업규칙 체계상 필요한 사항을 규정한다.
제2장 채용 및 근로계약	채용 원칙, 전형 방법, 채용 제한 사유, 채용 시 제출서류, 근로계약 체결 방법, 수습 및 시용기간 등 고용과 관련된 제반 사항을 규정한다.
제3장 복무	복무 의무, 출근 · 결근, 지각 · 조퇴 · 외출, 근로시간 중 공민권 행사 시간 · 태아 검진시간 · 육아시간 부여, 출장, 비상시 출근, 신상변동신고의무 등 근로제공과 관련된 복무규율을 규정한다.
제4장 인사	인사위원회의 구성 · 기능 및 운영 방법, 배치 · 전직 · 승진 · 대기발령 등 인사이동의 원칙, 휴직 사유 및 기간, 휴직기간의 처우, 복직, 육아휴직 및 육아기 근로시간 단축 등 회사 인사권과 관련된 사항을 규정한다.
제5장 근로조건	근무형태, 근로시간 및 휴게시간, 각종 근로시간 유연화 제도, 연장 · 야간 · 휴일근로 제한 및 보상, 휴일, 연차휴가 · 출산휴가 · 배우자 출산휴가 · 생리휴가 · 병가 · 경조휴가 등 근로자에게 공통적으로 적용될 근로시간 및 휴일 · 휴가 등의 근로조건에 관한 사항을 규정한다.
제6장 임금	임금 결정의 원칙, 구성항목, 계산 및 지급방법, 비상시 지급 및 휴업수당 등 근로조건 중 가장 중요한 임금에 관한 사항을 규정한다.
제7장 퇴직 · 해고 등	퇴직 사유 및 시기, 사직의 절차, 정년 및 재고용, 해고 사유 및 시기 제한, 해고예고 및 서면통지 등 퇴직에 관련된 사항을 규정한다.
제8장 퇴직급여	퇴직급여 제도의 설정, 퇴직금 및 퇴직연금제도의 운영 등 퇴직 시 지급되는 퇴직급여에 관한 사항을 규정한다.

구 분	내 용
제9장 표창 및 징계	표창 대상, 징계사유, 징계 종류, 징계 절차 등 근로자의 사기진작을 위한 표창 및 사업장 질서유지를 위한 징계에 관한 사항을 규정한다.
제10장 교육 및 성희롱 예방	직무교육, 사외 위탁교육, 성희롱 예방교육 및 성희롱 발생시 조치사항 등 직무능력 향상과 안전한 근무환경 조성을 위해 실시하는 각종 교육훈련에 관한 사항을 규정한다.
제11장 안전보건	사업주의 안전보건 상의 의무, 산업안전보건법령의 요지 게시 및 안전보건표지 부착, 관리감독자의 의무, 안전보건교육, 건강진단, 질병자의 취업제한 등 사업장 내에서 발생할 수 있는 위험 및 건강장해를 예방하기 위한 안전보건에 관한 사항을 규정한다.
제12장 재해보상	산업재해에 대한 보상, 업무 외 재해에 대한 사업주 책임 등 재해보상에 관한 사항을 규정한다.
제13장 복리후생	복리후생시설 운영, 체육 문예활동 지원, 경조금 지급, 식사제공, 재해부조 등 근로자의 사기를 북돋우려고 행해지는 각종 복리후생제도에 관한 사항을 규정한다.
부칙	취업규칙의 비치, 변경 절차, 시행일 등에 관한 사항을 규정한다.

근로자가 취업규칙을 열람하더라도 그 양이 방대함으로 인해 다 보기 힘들고, 법의 내용을 그대로 옮겨 놓은 경우가 많다.

따라서 법에서 규정하고 있지 않은 다음의 내용을 중점적으로 보는 것이 좋다.

반대로 회사입장에서는 다음 사항을 신경 써서 취업규칙을 만들어야 한다.

🧑 상여금과 성과급에 관한 규정

상여금과 성과급에 대해서는 근로기준법에서 정하고 있는 임금이 아니므로 취업규칙의 규정을 따라야 한다.

가장 중요한 것이 상여금과 성과급의 지급기준이다.

예를 들어

첫째, 현재 근무하고 있는 근로자에 한해서 지급하는지?

둘째, 휴직 중인 근로자에 대해서도 지급하는지?

셋째, 퇴직하는 근로자에 대해서도 비례해서 정산해 주는지?

넷째, 몇 개월을 주기로 기본급을 기준으로 주는지, 임금 총액을 기준으로 주는지 등 지급기준이 중요하다.

🧑 휴가와 휴직에 관한 규정

휴가와 휴직은 법에서 정한 법정휴가와 휴직도 있지만, 취업규칙에서 정한 약정휴가와 휴직도 있다.

여기서 약정이라는 말은 노사 간에 약속한 것이라는 의미로 해석하면 된다.

예를 들어 연차휴가, 육아휴직 등은 법에서 정한 휴가와 휴직이지만 공가나 병가, 경조사 휴가, 질병에 의한 휴직 등은 취업규칙에서 별도로 정할 수 있다.

🧑 복리후생과 관련한 규정

복리후생과 관련한 규정의 대표적인 것이 식대와 유류비, 학자금, 체력단련비 규정이 있다.

특히 복리후생 규정은 근로자의 권리와 직결되는 것이므로 근로자는 반드시 확인해야 한다.

03 / 취업규칙의 작성·신고

상시 10인 이상의 근로자를 사용하는 사용자는 법 소정의 필요적 기재사항을 기재한 취업규칙을 작성해서 고용노동부 장관에게 신고해야 하며, 이를 위반하는 경우 500만 원 이하의 과태료가 부과된다.

취업규칙 작성의 장소적 기준은 사업장 단위로 보아야 하지만, 사업의 종류에 따라 몇 개의 사업장이 동질성을 가지고 있는 경우에는 두 개 이상의 사업장에서 사용하는 근로자가 10인 이상인 경우에도 작성 의무를 갖는다.

하나의 사업장이라고 하더라도 근로기준법 제5조(균등처우) 및 기간제 및 단시간근로자 보호 등에 관한 법률 제8조(차별적 처우의 금지)에 저촉되지 않는다면, 직종, 고용 형태별 등에 따라 별도의 취업규칙을 작성할 수도 있고, 하나의 사업에 수 개의 사업장이 있는 경우, 모든 사업장에 적용할 통일된 취업규칙을 작성할 수도 있다.

취업규칙이 근로자에게 불이익하게 변경되는 경우, 근로조건의 저하를 초래하므로, 근로자 대표의 의견 청취 또는 동의를 받아 고용노동부 장관에게 신고해야 한다.

취업규칙의 작성, 변경에 관한 권한은 원칙적으로 사용자에게 있으므로 단체협약 또는 노사협의회에서 다른 정함이 없는 한 사용자 단독으로 작성하고 변경할 수 있다. 다만, 취업규칙이 근로자의 근로조건에 직접 영향을 미치는 규범이기 때문에 근로기준법에서는 그 작성 또는 변경에 있어 근로자 대표의 의견 청취 또는 동의를 요구(위반 시 500만 원 이하의 벌금)하고 있다.

따라서 사용자가 취업규칙을 작성, 신고하고자 한다면 우선 사용자가 취업규칙을 작성해서 노동조합 또는 근로자에게 제시하고, 근로자 과반수로 조직된 노동조합이 있는 경우에는 그 노동조합, 근로자 과반수로 조직된 노동조합이 없는 경우에는 근로자 과반수의 의견을 들은 후 그 의견을 적은 서면을 첨부해서 고용노동부 장관에게 신고해야 한다.

물론 의견 청취 또는 동의 등의 절차를 거쳐야 하나, 이러한 절차를 거치지 않았다고 해서 취업규칙의 효력이 없다고 할 수는 없다.

04 / 취업규칙의 효력

효력 발생 시기와 범위

취업규칙은 원칙적으로 사업 또는 사업장 단위의 모든 근로자에게 적용되며, 취업규칙 시행 당시에 근무하고 있는 근로자에게만 적용되는 것이지, 이미 퇴직한 근로자에게까지 소급 적용되지 않는다.

일부 근로자에 대해 특별대우를 하고자 할 때는 취업규칙에서 특별규정을 두거나, 그들에게 적용되는 다른 취업규칙을 작성해야 한다.

취업규칙을 작성, 변경할 권한은 기본적으로 사용자에게 있으나 사용자는 각 사업장에 취업규칙을 게시 또는 비치해서 근로자에게 주지시킬 의무가 있으므로, 취업규칙은 이러한 주지 상태가 되면 그 효력이 발생한다. 이 경우 취업규칙에 효력 발생 시기에 대한 명문 규정이 별도로 있으면 그에 따르면 된다.

불이익 변경의 경우 변경 후의 취업근로자와 달리 그 변경으로 기득이익이 침해되는 기존 근로자에 대해서는 종전 취업규칙이 적용되며, 불이익 변경이라 해도 사회통념상 합리성이 있다고 인정되는 경우는 기존 근로자에 대해서도 변경된 취업규칙이 적용된다.

🧑 취업규칙과 법령·단체협약 및 근로계약과의 관계

취업규칙은 법령 또는 당해 사업 또는 사업장에 대해서 적용되는 단체협약에 반할 수 없으며, 취업규칙이 법령 또는 단체협약에 저촉되는 경우 고용노동부 장관은 이의 변경을 명할 수 있다.

취업규칙에 정한 기준에 미달하는 근로조건을 정한 근로계약은 그 부분에 관해서는 무효로 하며, 이 경우 무효로 된 부분은 취업규칙에 정한 기준에 의한다.

근로조건의 기준을 정하는 사항은 법령, 단체협약, 취업규칙, 근로계약이 있으며, 일반적인 우선순위는 법령, 단체협약, 취업규칙, 근로계약 순으로 되어 있으나, 이러한 우선순위와 관계없이 근로자에게 유리한 조건이 우선해서 적용된다.

🧑 고용노동부에 신고하지 않은 취업규칙의 효력

취업규칙의 작성 및 변경에 관하여 행정관청에의 신고 의무, 노동조합 또는 근로자 대표자의 의견 청취 의무, 취업규칙의 게시 또는 비치에 의한 주지 의무를 정하고 있지만, 이러한 규정들은 단속법규에 불과할 뿐, 효력규정이라고는 볼 수 없으므로, 사용자가 이러한 규정들을 준수하지 않았다고 하더라도, 그로 인하여, 바로 취업규칙의 작성 또는 변경이 무효로 되는 것은 아니다.

취업규칙은 언제까지 신고해야 하나?

근로기준법 제93조 취업규칙의 작성, 신고를 보면 상시 10인 이상의 근로자를 사용하는 사용자는 취업규칙을 작성하여 고용노동부 장관에게 신고해야 한다고 규정되어 있는데, 언제까지 신고해야 한다는 별도의 내용이 없다.

하지만 취업규칙은 그 작성 의무가 발생하는 상시근로자 수 10인 이상 사업장이 된 후 지체없이 신고하는 것이 원칙이다.

16

취업규칙의 변경

01 / 취업규칙의 변경 절차

취업규칙의 작성·변경에 관한 권한이 원칙적으로 사용자에 있으므로, 취업규칙의 변경은 사용자에 의해 일방적으로 이루어질 수 있다. 다만, 그 변경은 근로자의 근로조건 변동, 특히 불이익 변경은 근로조건의 저하를 초래하므로, 근로자 대표의 의견 청취 또는 동의를 받아 고용 노동부 장관에게 신고해야 한다.

따라서 사용자가 취업규칙을 변경하고자 하는 경우 취업규칙 변경안을 노동조합 또는 근로자에게 제시해서 불이익하지 않은 변경에는 근로자 대표의 의견을 듣고, 불이익한 변경에는 근로자 대표의 동의를 받아 그 의견 또는 동의 여부를 적은 서면을 첨부해서 고용노동부 장관에게 신고해야 한다.

02 / 불이익 변경과 근로자 동의

통상 근무를 해온 특정 직종 근로자를 교대제 근무자로 변경할 경우, 인

사고과에 따라 임금이 삭감될 수도 있는 형태의 연봉제를 도입할 경우 등은 불이익 변경에 해당하며, 일부 근로자에게 유리하고 일부 근로자에게 불이익한 경우에도 전체적으로 보아 불이익 변경으로 본다. 이러한 불이익 여부의 판단 시점은 취업규칙의 변경이 이루어진 시점이다. 불이익변경 시의 근로자 대표의 동의는 당해 사업장에 근로자의 과반수로 조직된 노동조합이 있는 경우에는 그 노동조합, 근로자의 과반수로 조직된 노동조합이 없는 경우에는 근로자들의 집단적 의사결정 방법(회의 기타 이에 따르는 방법 등)에 따른 근로자의 과반수의 동의를 얻어야 한다. 회람형식의 동의서에 개별적으로 동의의 내용을 기재하거나 노사협의회에서 근로자위원의 동의가 있다고 해서 근로자 과반수의 동의가 있었다고 할 수는 없다.

일부 직종 또는 고용 형태에게만 적용되는 취업규칙 변경이 불이익할 경우 그 적용을 받는 근로자 과반수의 동의를 얻는 외에 그 외의 근로자 과반수나 노동조합의 의견도 청취해야 한다.

03 / 취업규칙과 관련해서 유의할 사항

▷ 취업규칙은 원칙적으로 근로자에게 적용되며, 근로자가 아닌 자는 별도의 약정이나 정함에 의한다. 따라서 근로 형태나 근속기간 등이 다른 비정규직 직원은 별도의 정함으로 정규직 직원과 다른 근로조건을 정할 수 있다. 다만, 합리적인 사유가 없는 차별적 근로조건은 인정될 수 없다.

▷ 취업규칙에 정한 근로조건 등의 내용은 단체협약의 동일한 내용에 위배될 수 없다(근기 68207-685).

▷ 정규직과 비정규직에 적용되는 각각의 취업규칙이 있더라도 그 전체를 합한 것을 하나의 취업규칙으로 볼 수 있다(근기 68207-1276, 2003.10.27).

▷ 별도의 정함이 없는 비정규직의 근로조건은 일반 취업규칙의 기준에 따라 처우해야 한다.

▷ 취업규칙의 변경이 법령 또는 단체협약에 위배 될 경우 고용노동부 장관은 그 변경을 명할 수 있다(근기 01254-1484, 1989.02.01).

17 근로계약서와 취업규칙, 근로기준법, 사규, 단체협약의 우선순위

사업주와 근로자가 근로관계를 유지하는 기간 내내 양 당사자를 규율하는 많은 규범이 있다. 가장 대표적인 규범은 사업주와 근로자가 직접 작성한 근로계약이다.

또한, 근로기준법을 비롯한 노동관계 법령 그리고 사규(취업규칙), 노동조합과 체결한 단체협약 역시 양 당사자 모두에게 적용된다.

각각의 규범은 동일한 시점에 동일한 당사자가 합의한 계약도 아니고, 각각 다른 이름으로 존재한다. 또한, 최초 근로계약을 제외한 여타 규범들은 시간이 지남에 따라 제·개정되기 때문에 규범 상호 간 충돌하는 경우도 많다.

근로계약 또는 취업규칙이 근로기준법과 충돌할 수 있고, 단체협약의 규정과 취업규칙의 내용이 상반되는 경우도 있을 수 있다. 이같이 규범 상호 간 충돌했을 때, 어느 규범을 기준으로 분쟁을 처리해야 할지가 문제가 된다.

01 / 상위법 우선 원칙

두 개 이상의 규범이 충돌한 경우, 일반적인 법 해석 및 적용은 상위법 우선 원칙에 따른다.

헌법 > 관계 법률(근로기준법 등) > 단체협약 > 취업규칙 > 근로계약 순으로 상위법을 우선 적용하는 방식이다.

02 / 유리한 조건 우선 원칙

그러나 근로관계에서는 일반적인 법 적용 원칙과 달리, 상위법 우선의 원칙과 함께 '유리한 조건 우선' 원칙도 적용된다.

유리한 조건 우선 원칙이란 노동법의 여러 법원(法源) 가운데 근로자에게 가장 유리한 조건을 정한 법원을 먼저 적용하는 것을 말한다. 노동관계를 규율하는 규범에는 헌법, 근로기준법이나 노동조합 및 노동관계조정법 등의 법률 및 시행령, 단체협약, 취업규칙, 근로계약, 노동 관행 등이 있는데, 이중 근로자에게 가장 유리한 조건을 정한 규범을 우선해 적용한다는 의미다.

노동시장에서 '사용자에 비해 상대적인 약자인 근로자를 보호하겠다.'는 노동법의 취지에 따라 규범 상호 간 충돌이 발생할 때는 근로자에게 유리한 규범을 적용하겠다는 것이다.

유리한 조건 우선 원칙을 직접 명시한 법률 규정도 있다. 근로기준법 제15조 제1항은 '이 법(근로기준법)에서 정하는 기준에 미치지 못하는 근로조건을 정한 근로계약은 그 부분에 한하여 무효로 한다.'고 명시하고 있다. 근로기준법에 미달하는 근로조건을 정한 근로계약은 위법하다는 것이다(강행적 효력).

이같이 근로기준법을 위반한 근로계약 효력 전부를 무효로 하는 경우 민법에 따르면 근로계약을 체결하기 이전의 상태, 즉 근로자는 실직 상태에 놓이게 된다. 근로계약 전부 무효는 근로자 보호라는 근로기준법 취지에 반하기 때문에, 동조 제2항은 '제1항에 따라 무효로 된 부분은 이법(근로기준법)에서 정한 기준에 따른다.'고 명시하고 있다(대체적 효력).

근로기준법에 미달하는 근로조건 부분만 무효가 되고, 나머지 근로기준법을 상회하는 근로조건은 유효하다고 선언함으로써 유리한 조건 우선 원칙을 분명히 했다.

03 / 회사 사규와 근로계약서 내용이 충돌하는 경우

근로기준법 제97조에 따르면 근로계약 시 약정한 사항이 취업규칙의 규정보다 미달할 때는 그 미달하는 해당 조항은 무효가 되며, 취업규칙의 규정을 적용한다.

근로계약 시 사용자와 근로자 간 협상을 통해 계약 내용을 자유롭게 정할 수 있다.

그러나 근로계약의 내용이 해당 사업장 취업규칙에 미달한다면(예컨대 취업규칙에 휴일수당 가산율을 200%로 정하고 있으나 근로계약 시 150% 적용을 약정한 경우), 해당 조항은 무효가 되며, 취업규칙에 정한 내용을 적용해야 한다. 반대로 취업규칙상 규정보다 유리한 조건으로 근로계약을 체결할 때는 근로계약의 내용을 적용해야 한다(취업규칙에 휴일수당 가산율을 150%로 정하고 있으나 근로계약 시 200% 적용을 약정한 경우).

제2장

근로시간과 휴게시간
휴일 · 휴가

모든 급여 산정의 근본이 되는 근로시간의 계산 방법과 근로시간에 따른 합법적인 급여 계산 방법을 알려준다.

- 법정근로시간과 소정근로시간, 통상임금 산정 기준시간 계산
- 휴게, 휴일, 휴가의 적용 방법
- 경조사 휴가 일수의 계산 방법

법정근로시간과 소정근로시간 통상임금 산정 기준시간

근로시간이란 근로자가 사용자의 지휘, 감독하에 근로계약상의 근로를 제공하는 시간으로서 작업의 개시로부터 종료까지의 시간에서 휴게시간을 제외한 실제 근로시간을 말한다.

예를 들어 오전 9시에 출근해 6시에 퇴근하면 총 9시간이 되는데, 근로기준법에서는 4시간마다 30분의 휴게시간을 주도록 하고 있다. 따라서 총 9시간 중 8시간은 근무시간이고, 1시간은 휴게시간에 해당한다. 실무상으로 1시간이 점심시간인 이유가 여기에 있다.

특별한 사정이 없다면, 근로시간의 기산점과 종료점은 단체협약, 취업규칙 등에 정해진 출근 시간과 퇴근 시간이 된다.

업무의 시작과 종료 시각은 취업규칙의 필수적 기재 사항이다.

01 / 근무시간 계산에서의 1일과 1주의 의미

1일은 통상 0시부터 24시까지를 의미하며, 철야 근무를 하는 경우 다음날 출근 시간 전까지는 전일 근로의 연속으로 본다.

예를 들어 9월 21일에서 22일까지 철야 근무를 한 경우 22일 9시까지는 21일 근무의 연속으로 본다.

1주는 원칙적으로 일요일부터 토요일까지를 의미하지만, 취업규칙 등에서 별도의 규정을 하면, 특정요일로부터 시작하는 7일간에 40시간을 초과하지 않으면 된다.

예를 들어 업종 특성상 화요일부터 월요일까지를 1주일로 정하고, 월요일을 주휴일로 정할 수도 있다.

물론 수요일부터 화요일까지 정하고 화요일을 주휴일로 정할 수도 있다.

주 40시간에서 40시간은 반드시 5일 근무를 의미하는 것은 아니다.

5일 안에 주 40시간을 근무해도 되고, 6일에 40시간을 근무해도 위법이 아니다.

예를 들어 1일 8시간씩 근무해 5일간 40시간을 채워도 되고, 월요일에서 금요일까지 7시간, 토요일 5시간 해서 6일간 주 40시간을 채워도 된다. 하지만 주휴일은 반드시 1일을 줘야 한다.

임금 계산에서 자주 등장하는 4.345주의 의미는 평균주수로 365일을 12개월로 나누고, 이를 다시 주 7일로 나눈 결과다. 즉 365일 나누기, 12 나누기, 7을 한 결과 나온 값이다.

02 / 법정근로시간

법정근로시간은 휴게시간을 제외하고 1일 8시간, 1주 40시간이 원칙이다. 다만, 연소자의 법정근로시간은 1일 7시간, 1주일에 35시간을 초과하지 못한다. 물론 이 시간은 휴게시간을 제외한 시간을 의미한다.

법정근로시간인 주 40시간을 초과해 12시간의 연장근로가 가능하다. 12시간의 제한은 연장근로와 휴일근로를 합한 시간을 의미한다.

구 분		기준근로시간		연장근로시간	
		1주	1일	요건	제한
18세 미만 연소근로자		35시간	7시간	당사자 합의	1일 1시간 1주 5시간
1 8 세 이 상	남성 근로자	40시간	8시간	당사자 합의	1주 12시간
	여성 근로자	40시간	8시간	당사자 합의	1주 12시간
	산후 1년 미만 여성 근로자	40시간	8시간	당사자 합의	1일 2시간 1주 6시간 1년 150시간
	임신 중인 여성 근로자	40시간	8시간	불가	불가
	유해 위험 작업근로자	34시간	6시간	불가	불가

40시간
1주 최대 근로 가능 시간 52시간
= 주40시간 + 연장근로 12시간

🧑 휴게시간 · 휴일근로의 근로시간 포함 여부

휴게시간은 근로시간이 아니므로 법정근로시간에 포함되지 않는다(근로기준법 제50조). 또한, 휴일은 근로의무가 없는 날이므로 휴일에 근로하더라도 이는 연장근로시간이 아니라 휴일근로로서 휴일근로수당만 지급하면 된다. 다만, 휴일근로 중 1일 8시간을 넘는 부분은 연장근로시간이 된다(근기 68207-3125, 2002.10.28.).

🧑 40시간제와 주5일 근무제, 주6일 근무제

주6일 근무제 가능

주 40시간제가 확대되면서 주5일 근무제가 보편화되었다. 그런데 법정근로시간이 40시간으로 단축된 것일 뿐 주 5일 근무를 강제하는 것은 아니므로 사업장 실정에 따라 주 6일 근무제, 주5일 근무제를 선택할 수 있다. 5일은 7시간씩 근무하고 나머지 1일은 5시간을 근무하는 형태도 가능하며, 때에 따라 1일 6시간 30분씩 39시간을 근무하는 형태도 가능하다.

주5일 근무제에서 무급휴무일의 처우

1일 8시간씩 5일을 근무하는 형태로 주5일 근무제를 선택할 수도 있다. 이 경우 나머지 2일 가운데 1일은 '유급 주휴일'이지만 1일은 단순한 '무급휴무일'이다. 무급휴무일에 8시간의 근로를 하는 경우 이미 5일간 주 40시간을 했다면 8시간은 연장근로가 되어 50%의 가산임금을 지급해야 한다(근로기준과-2325, 2004.5.10). 만약 주중에 휴일이 끼어있어 무급휴무일에 8시간 근로한 것을 포함하더라도 실 근무시간이 40시간을 넘지 않으면 이는 법내 연장근로로서 가산임금의 지급 대상이 아니다(근기 68207-2990, 2000.9.28).

주5일 근무제에서 주휴일이 아닌 휴일의 처우

주 40시간 근로하면서 1일은 유급주휴일, 나머지 1일은 무급휴무일이나 2일 모두 유급휴일로 약정하는 것도 가능하다. 휴일로 약정하는 경우 이 날 8시간 근무하는 것은 연장근로가 아니고 휴일근로이므로 연장근로시간에는 포함되지 않으며, 휴일근로에 대한 가산임금만 지급하면 된다.

🙂 연소자와 유해 · 위험작업근로자의 법정근로시간

첫째, 연소자(15세 이상 18세 이하)의 근로시간은 1일 7시간, 1주일에 35시간을 초과하지 못한다. 다만, 당사자 간 합의로 1일 1시간, 1주일에 5시간을 한도로 연장할 수 있다(근로기준법 제69조).

둘째, 유해 · 위험작업으로서 잠함 · 잠수작업 등 고기압 하에서 행하는 작업에 종사하는 근로자에 대해서는 1일 6시간, 1주 34시간을 초과해서 근로하게 할 수 없다(산안보법 제46조).

03 / 소정근로시간 계산 방법과 사례

소정근로시간이란 법정근로시간의 범위 안에서 근로자와 사용자 간에 정한 시간을 말한다.

소정근로시간은 노사가 근로계약으로 근무하기로 합의한 약정시간으로, 이는 근로계약서나 연봉계약서 등에 명시해야 한다.

소정근로시간은 법정근로시간을 넘지 못한다. 따라서 일반근로자는 1일 8시간, 1주 40시간의 범위에서 정해진 시간이며, 연소자의 경우에는 1일 5시간, 1주 35시간의 범위에서 정해진 시간이다.

소정근로시간에는 유급 처리되는 시간 즉 주휴일이 포함되지 않는다.

1일 근로시간이 불규칙한 경우 1주 또는 월 소정근로시간수를 계산해서 이를 평균한 시간 수를 소정근로시간으로 한다.

소정근로시간을 초과한 근로시간은 연장근로 또는 휴일근로를 의미한다.

연장근로 또는 휴일근로는 주 12시간을 초과하지 못한다.

원래의 소정근로시간을 변경하지 않은 채 일시적으로 단축한 경우는 원래의 소정근로시간이 적용된다.

그러나 일정 시점으로부터 1일 근로시간을 단축하기로 노사 간 상호합의 하에 변경했다면 단축된 시간이 소정근로시간이 된다.

탄력적 근로시간제는 특정 주 소정근로시간이 40시간을 초과할 수 있는 제도다.

예를 들어 특정주 4일 근무 10시간으로 근무 체계가 변경된 경우 10시간이 소정근로시간이 된다.

월	화	수	목	금	소정근로시간	실제근로시간	연장근로시간
9	9	9	9	9	40시간	45시간	5시간

1주 소정근로시간은 월요일부터 기산하며, 1월 소정근로시간은 매월 초일부터 기산한다. 예를 들어 화요일 입사한 직원의 첫 주휴일은 1주 개근이 아니므로 무급으로 부여한다.

04 / 통상임금 산정 기준시간 계산 방법과 사례

통상시급 계산의 기준이 되는 시간은 연장, 야간, 휴일 가산임금 계산 및 연차수당의 기준시간이 되며, 유급의 기준시간이 된다. 즉 월급을 계산할 때 월급책정에 들어간 시간이다.

결근 등으로 월급에서 급여를 차감할 때도 통상시급 계산의 기준이 되는 시간 분만 차감한다.

토요일이 무급의 경우 애초 급여 계산 시, 토요일 근무분을 월급에 포함해 지급하기로 계약을 안 했으므로, 급여 차감을 할 때도 처음부터 포함 안 된 토요일 급여를 차감하면 안 된다.

시간외근로 수당을 제외한 월급 = 월~금 소정근로시간에 대한 임금 + 주휴수당 따라서 토요일 급여는 미포함 됨. 따라서 만일 차감을 한다면 토요일 급여를 주지도 않았으면서 뺏어가는 결과가 된다.

중도 입사자와 중도 퇴사자의 월급을 일할계산할 때, 계산의 편의를 위해 달력에 따라 계산하는데, 이 경우 최저임금에 미달하는 일이 발생할 수 있다.

그런데 유급 근로시간으로 계산하면 최저임금 문제가 발생하지 않는 장점이 있다.

통상임금 산정 기준시간 계산 원리

(1주 소정근로시간 + 토요일 유급휴일 근무시간 + 주휴시간) × 4.345주

① 평일 5일 동안 1일 8시간씩 근무

→ 1주 소정근로시간 = 1주 40시간(8시간 × 5일)

② 1주 15시간 이상 근로 시 1일 주 유급휴일 제공. 1일 8시간 근로자이기 때문에 유급휴일 또한 8시간임(주휴일 = 주 40시간 ÷ 5 = 8시간)

→ 유급휴일 = 1주 8시간

③ 소정근로시간 + 유급휴일

→ 1주 48시간

④ 1년은 365일이며, 주로 환산하면 52.14285714주임

→ 365일 ÷ 7일 = 52.14285714주

⑤ 주를 1개월 단위로 환산하면 4.34523809주임

→ 52.14285714주 ÷ 12개월 = 4.34523809주

⑥ 1개월의 유급 근로시간 = ③ × ⑤

→ 48시간 × 4.34523809주 = 208.57142832 = 209시간

구 분	통상임금 산정 기준시간(=유급 근로시간)의 계산
주 5일 근무에 1일 무급휴일	가장 일반적 경우이다(토요일 무급). • 1주 = [(8시간 × 5일) + 8시간(주휴일)] = 48시간 • 1월 = [(48시간 ÷ 7일) × (365일 ÷ 12월)] = 209시간
주 5일 근무에 1일 4시간 유급휴일(토요일 4시간 근무)	• 1주 = [(8시간 × 5일) + (8시간(주휴일) + 4시간(토요일 4시간 근무))] = 52시간 • 1월 = [(52시간 ÷ 7일) × (365일 ÷ 12월)] = 226시간
토요일 8시간 격주 근무를 할 때	• 일반적 근로시간 209시간 = (1일 8시간 × 주 5일 + 주휴 8시간) × 4.345주 • 연장근로 가산 26시간 = 토요일 8시간 × 4.345주(1달 평균 주 수) ÷ 2(격주) = 17.38 × 1.5배(연장근로 가산) • 월 총근로시간수 = 약 235시간

사례 월, 화, 수 10시간 근무, 수요일 쉬고 금, 토 5시간씩 근무할 때

1. 소정근로시간은 월~수 8시간 × 3일 = 24시간 + 금, 토 10시간 = 총 34시간(소정근로시간 1일 8시간 한도 초과는 연장근로시간)
2. 연장근로시간 월~수 각 2시간씩 6시간((10시간 − 8시간) × 3일)

05 / 실제 근로시간

실제 근로시간은 소정근로시간에 시간외 근로시간을 합한 시간을 말한다. 따라서 실제 근로시간과 소정근로시간이 일치하면 시간외근로수당이 발생하지 않는다. 반면 실제 근로시간이 소정근로시간을 초과하는 경우 시간외근로수당이 발생한다.

주 52시간 위반 여부 판단에는 실제 근로시간이 사용된다. 또한 일 8시

간 또는 주 40시간 초과근무 여부도 실제 근로시간을 기준으로 판단한다. 따라서 월요일 연차휴가를 사용하고, 화요일부터 금요일까지 총 32시간을 근무한 후, 토요일 8시간을 근무했다면 실제 근로시간은 주 40시간에 해당해서 토요일 연장근로수당이 발생하지 않는다.

06 / 연장근로시간(시간외근로시간)

🙂 연장근로시간의 의의

연장근로시간이란 법정(소정)근로시간을 넘는 시간을 말한다.

1일 8시간을 초과하거나 1주 40시간을 초과하는 시간이 연장근로시간이다. 근로자와 합의가 있는 경우 1주일에 12시간을 한도로 연장근로가 가능하며, 이러한 연장근로시간에 대해서는 50%의 가산임금을 추가로 지급해야 한다.

취업규칙, 단체협약 등에서 근로 제공 의무가 없는 휴일로 정해진 날에 근무한 시간은 법정근로시간의 초과 여부(연장근로시간)를 따질 때는 합산하지 않지만, 휴일에 근로한 시간이 8시간을 초과했을 때는 초과한 근로시간을 연장근로시간에 합산한다.

구 분	연장근로시간의 판단
일반근로자	실제 근로시간이 1일 8시간을 초과하거나 1주 40시간을 초과한 경우 초과하는 시간을 연장근로시간으로 본다.
단시간 근로자	실제 근로시간이 소정근로시간을 초과한 경우 초과하는 시간을 연장근로시간으로 본다.

🧑 연장근로시간의 제한

연장근로는 근로자의 성격에 따라 법적인 제한을 규정하고 있다. 임신 중인 여성 근로자와 연소근로자는 야간근로와 휴일근로가 전면적으로 금지된다. 다만 임신 중의 여성이 명시적으로 청구하는 경우로서 고용노동부 장관의 인가를 받으면 가능하고, 연소근로자의 동의와 고용 노동부 장관의 인가가 있으면 야간근로와 휴일근로를 시키는 것이 허용된다(근로기준법 제70조 제2항). 산후 1년 미만 여성은 단체협약이 있는 경우라도 1일 2시간, 1주 6시간, 1년 150시간을 초과할 수 없다(근로기준법 제71조). 18세 미만 연소근로자는 1일 1시간, 1주 5시간을 초과할 수 없다(근로기준법 제69조). 고기압 하에서 하는 잠수·잠함 작업은 연장근로가 전면 금지된다(산업안전보장법 제46조).

📝 법정근로시간과 소정근로시간, 유급(통상임금 산정기준)근로시간

[법정근로시간]

근로기준법에서 규정한 1일 8시간, 1주 40시간을 말한다(주 40시간제의 경우).

- 1일 법정근로시간 : 8시간
- 1주 법정근로시간 : 40시간
- 1월 법정근로시간 : 1주 법정근로시간 × 4.345주(월간 평균주수) = 174시간

[소정근로시간]

법정근로시간의 범위 내에서 근로자와 사용자 사이에 정한 근로시간을 말하며, 통상 1일 8시간, 1주 40시간을 말한다.

- 1일 법정근로시간 : 8시간
- 1주 법정근로시간 : 40시간
- 1월 법정근로시간 : 1주 법정근로시간 × 4.345주(월간 평균주수) = 174시간

[유급(통상임금 산정기준) 근로시간]

통상임금 산정을 위한 근로시간으로 소정근로시간에 유급으로 지급하기로 한 시간 (주휴일 등)을 합한 시간이다[(1주 기준근로시간 + 토요일 유급 시간) × 4.345 주].

- 1일 기준근로시간 : 8시간
- 1주 기준근로시간 : (1일 8시간 × 5일) + (주휴일 8시간) = 48시간(토요일을 무급으로 했을 경우)
- 1월 유급 근로시간 : 1주 유급 근로시간 × 4.345주(월간 평균 주 수) = 209시 간(토요일 8시간을 유급으로 처리하는 경우는 243시간)

07 / 탄력적 근로시간제

탄력적 근로시간제는 유연근로시간제의 일종으로 사업주를 위한 제도다. 탄력적 근로시간제는 특정일 또는 특정주의 근로시간이 법정근로시간을 초과한 경우, 다른 특정일이나 특정주의 근로시간을 줄여서 두 기간의 근로시간을 평균한 시간이 법정근로시간에 맞게 하는 제도다.

특정일 또는 특정주의 근로시간이 법정근로시간을 초과하면 연장근로수 당이 발생하는데, 탄력적 근로시간제에서는 앞서 설명한 바와 같이 평균 해서 법정근로시간을 맞추면, 연장근로수당이 발생하지 않는다. 따라서 이는 사업주의 편의를 봐주는 제도다.

법에서는 2주 단위 탄력적 근로시간제, 3개월 단위 탄력적 근로시간제, 3개월 초과 6개월 이내 탄력적 근로시간제, 세 가지로 구분해 규정하고 있다. 여기서 숫자의 의미는 최대 해당 기간을 평균해서 법정근로시간을 맞추면 된다는 의미다.

예를 들어 3개월 단위 탄력적 근로시간제는 2개월, 1개월, 4주 단위로 해서, 법정근로시간의 평균을 설정할 수 있다는 의미다.

예를 들어, 2주 단위 탄력적 근로시간제에서 첫째 주에 45시간(9시간 × 5일), 둘째 주에 35시간(7시간 × 5일) 근무를 했을 때, 주당 평균 근로시간이 40시간이므로, 첫째 주에 법정근로시간을 초과한 5시간에 대한 가산수당은 지급하지 않아도 된다.

위의 규정은 15세 이상 18세 미만의 근로자와 임신 중인 여성 근로자는 적용하지 않으며, 탄력적 근로시간제 규정에 의해서 당해 근로자를 근로시킬 경우는 기존의 임금수준이 저하되지 않도록 임금 보전 방안을 세워야 한다.

🧑 2주 단위 탄력적 근로시간제

2주 단위 탄력적 근로시간제를 도입하기 위해서는 취업규칙에 해당 규정이 있어야 한다. 다만, 상시근로자수 10인 미만의 사업장은 취업규칙이 없으므로 이에 준하는 규정에 의해 도입할 수 있도록 하고 있다.

따라서 취업규칙에 해당 규정이 없는데, 개별동의를 거쳐 도입하거나 도입과정에서 불이익 변경이 있는데, 이에 대해 개별동의 절차 없이 의견청취만으로 도입하는 경우는 문제가 될 수 있다.

대상 근로자를 특정하거나 전체 근로자를 대상으로, 제한 없이 도입이 가능하나, 대상 범위를 명확히 하여 논란이 없도록 하는 것이 바람직하다.

2주 단위 탄력적 근로시간제는 특정주의 근로시간을 제한하고 있다. 즉, 연장과 휴일근로시간을 제외한 특정한 주의 근로시간은 48시간을 초과할 수 없다. 따라서, 특정주의 최장 근로시간은 48시간 더하기 12시간 해서 총 60시간까지 가능하다.

특정한 날의 근로시간에 대한 제한은 없으나, 철야근무 등 지나친 장시간 근무는 근로자의 건강을 해칠 우려가 크므로 자제하는 것이 바람직하다.

- 양 당사자의 합의로 가능하며, 통상 근로계약서, 연봉계약서, 취업규칙에 명시한다.
- 연장근로시간에도 적용되며, 특정주의 최대 근로시간은 48 + 12(60시간)이 가능하다.
- 특정주에 연장근로가 많았다 하더라도 2주 단위 평균해서 12시간 이내의 경우 약정 연장근로시간 내 포함된 것으로 본다.

3개월 단위 탄력적 근로시간제

사용자와 근로자 대표의 합의가 필요하고, 서면합의 서류는 서면 합의한 날로부터 3년간 보존해야 한다.

근로자 대표는 과반수 이상으로 조직된 노동조합이 있는 경우, 노동조합이 되고, 노동조합이 없을 때는 전체 근로자 과반수의 투표에 의해서 선출된 근로자 대표가 필요하다.

반드시 근로자 대표와 합의가 필요한데, 개별근로자와 근로계약서나 서면을 통한 개별동의를 통해 도입하는 경우는 법 위반 문제가 발생할 수 있다. 또한, 서면동의를 받아야 함에도 구두합의를 하는 경우는 법 위반 문제가 발생할 수 있다.

서면합의 1. 대상 근로자

반드시 전체 근로자를 대상으로 하는 것은 아니며, 일정 사업 부문, 업종, 직종별로도 적용이 가능하다.

서면합의 2. 단위 기간

1일 근로시간과 1주 근로시간의 평균을 내는 단위기간을 3개월 이내로 정해야 한다.

예를 들어 1개월, 2개월, 3개월 등을 단위 기간으로 해서, 법정근로시간의 평균을 설정할 수 있다는 의미다.

서면합의 3. 근로일과 근로일별 근로시간

특정일과 특정주의 근로시간을 제한하고 있다.

연장, 휴일근로시간을 제외한, 특정일의 근로시간은 12시간을, 특정한 주의 근로시간은, 52시간을 초과할 수 없다.

따라서 특정일의 최장 근로시간은 12시간 더하기 12시간 해서 총 24시간까지 이론상으로 가능하며, 특정주의 최장 근로시간은 52시간 더하기 12시간 해서 총 64시간까지 가능하다.

근로자가 자신의 근로를 예상할 수 있도록 근로일 및 근로일별 근로시간을 명확히 정해야 한다.

따라서 노사간 다툼 방지를 위해 구체적인 근무표를 공표, 게시하는 것이 바람직하다.

서면합의 4. 유효기간

서면합의의 유효기간을 명확히 정해야 하며, 노사가 합의하는 한 유효기간의 3개월, 6개월, 1년 등, 길이에 대해서는 특별한 제한이 없다.

- 근로자 대표와의 서면합의가 있어야 한다.
- 연장근로시간에도 적용되며, 특정주의 최대 근로시간은 52 + 12(64시간)이 가능하다.
- 특정 분기 등에 업무량이 집중되는 경우 소정근로시간과 연장근로시간을 추가로 연장할 수 있다.

📷 3개월 초과 6개월 이내 단위 탄력적 근로시간제

앞서 설명한, 3개월 단위 탄력적 근로시간제와 동일하게 사용자와 근로자 대표의 합의가 필요하고, 서면합의 서류는 서면 합의한 날로부터 3년간 보존해야 한다.

3개월 단위 탄력적 근로시간제에서는 근로일별 근로시간을 사전 확정해야 하지만, 3개월 초과 6개월 이내 탄력적 근로시간제에서는 주별 근로시간을 사전확정 해야 하며, 다만 불가피한 경우 근로자 대표와 협의하에 주별 근로시간을 중도에 변경할 수 있다.

여기서 각 주의 일별 근로시간은 2주 전 사업주가 일방적으로 통보하면 된다.

참고로 앞서 설명한 협의의 의미는 충분한 의견수렴만으로 족하다는 의미이며, 합의는 노사가 의견일치를 봐야 한다는 의미다.

3개월 단위 탄력적 근로시간제와 차이점은 근로자 보호조치가 추가된다. 휴식과 관련해서는 3개월 단위 탄력적 근로시간제에서는 규정하고 있지 않지만, 3개월 초과 6개월 이내 탄력적 근로시간제에서는 특정한 날 소정근로시간을 초과해 근로한 경우는 다음 날까지 연속해 11시간 이상의 휴식시간을 보장해 줘야 한다.

예를 들어 월요일 소정근로시간을 초과해 근로한 경우는 화요일 근로를 위해서는 월요일 근무 종료 시부터 연속해 11시간 이상의 휴식시간을 보장해 줘야 한다.

그리고 3개월 단위 탄력적 근로시간제와 가장 큰 차이점은 근로자에게 불이익하지 않게 임금 보전 방안을 강구 한 후, 신고해야 한다는 점이다.

● 근로자 대표와의 서면합의가 있어야 한다.

- 특정주의 최대 근로시간은 52 + 12(64시간)이 가능하다. 52시간은 1 배, 12시간은 1.5배 연장근로수당을 지급한다.
- 특정한 날 소정 근로를 초과해 근로한 경우는 다음 날까지 연속해 11 시간 이상의 휴식 시간을 보장해 줘야 한다. 다만, 천재지변 등 대통 령령으로 정하는 불가피한 사유가 있는 경우에는 근로자 대표와 서면 합의를 통해 휴식 시간을 단축할 수 있다.
- 임금 보전 방안을 마련해 고용노동부에 신고해야 한다. 단 근로자 대 표와 서면합의로 임금 보전 방안을 마련한 경우는 신고하지 않아도 된다. 가산수당 대신에 대체휴일을 부여하는 방식이기에 자칫 급여 수 준이 낮아질 수 있다.

🧑 임금의 정산

- 특정일이나 특정 주의 근로시간이 소정근로시간을 초과하더라도 평균 해서 소정근로시간 이내인 경우는 특정일 또는 특정 주의 초과한 근 로시간에 대해 별도로 가산수당을 지급하지 않는다.
- 포괄연봉제 등에 의해 약정 연장근로시간이 설정되어 있는 경우에는 평균해서 약정 연장근로시간 범위 내인 경우 별도로 연장근로시간에 대한 수당을 지급하지 않는다.
- 2주 단위의 탄력적 근로시간제를 도입하는 경우 소정근로시간이 40시 간인 주에는 40시간을, 48시간인 주에는 48시간을 초과한 근로에 대 해서 연장근로수당을 지급하면 된다(근기 68207-1542, 2003.11.26.).
  탄력적 근로시간제를 도입했다는 이유로 시간외근로수당을 지급하지 않아도 된다는 판단은 잘못이다(서울행법 2002구합1038, 2002.05.21).

구 분	2주 이내 탄력적 근로시간제	3개월 이내 탄력적 근로시간제
의의	2주 이내의 단위기간을 평균하여 1주간 근로시간이 40시간을 초과하지 아니하는 범위 내에서 특정주에 40시간, 특정일에 8시간을 초과하여 근로	3개월 이내의 단위기간을 평균하여 1주간의 근로시간이 40시간을 초과하지 아니하는 범위에서 특정주에 40시간, 특정일에 8시간을 초과하여 근로
실시요건	❶ 취업규칙(10인 이상 사업장) 또는 이에 준하는 것(10인 미만 사업장)에 규정하여야 함 ❷ 특정주 48시간을 초과하지 못함	❶ 근로자 대표와 서면합의 대상 근로자 범위, 단위기간, 근로일 및 근로일별 근로시간, 서면합의 유효기간 ❷ 3개월 이내(1개월, 3개월 등) ❸ 특정주 52시간, 특정일 12시간을 초과하지 못함
유효기간 설정	유효기간을 정할 의무는 없으나 취업규칙에 유효기간을 정하는 것이 바람직	노·사 서면합의로 정함
1주간 최장근로시간	연장근로 : 1주 12시간까지 가능 주 52시간 적용 이후 : 60시간 (48 + 12시간)	연장근로 : 1주 12시간까지 가능 주 52시간 적용 이후 : 64시간 (52 + 12시간)
연장근로가 되는 경우(가산임금 지급)	단위시간을 평균한 1주 근로시간을 40시간으로 정한 경우 아래의 어느 하나에 해당하면 연장근로 ❶ 단위시간을 평균한 1주간의 근로시간이 40시간 초과 ❷ 특정주의 근로시간이 40시간 초과	단위시간을 평균한 1주 근로시간을 40시간으로 정한 경우 아래의 어느 하나에 해당하면 연장근로 ❶ 단위시간을 평균한 1주간의 근로시간이 40시간 초과 ❷ 특정주의 근로시간이 52시간 초과, 특정일의 근로시간이 12시간 초과

구 분	2주 이내 탄력적 근로시간제	3개월 이내 탄력적 근로시간제
		❸ 서면합의로 정한 단위기간의 근로일 및 근로일별 근로시간 초과
적용 제외	❶ 연소자(15세 이상 18세 미만), 취업인허증을 보유한 15세 미만 ❷ 임신 중인 여성 근로자	
임금 보존 방안 강구	❶ 사용자는 탄력적 근로시간제를 도입할 경우 기존의 임금수준이 저하되지 않도록 임금 보전 방안을 생각해야 함 ❷ 고용노동부 장관은 필요한 경우 임금 보전 방안을 제출하게 하거나 이를 직접 확인할 수 있음	

3개월 이내 탄력적 근로시간제와 6개월 단위 탄력적 근로시간제가 다른 점은 다음과 같다.

❶ 근로자의 건강권을 위하여 탄력적 근로시간제를 실시하더라도 근로일 간 11시간 연속 휴식시간을 부여해야 한다. 단, 천재지변 등 대통령령으로 정하는 사유가 있는 경우 근로자 대표와의 서면합의에 따르면 된다(법 제52조의2 제3항).

❷ 단위기간의 근로시간은 서면합의로 주별 근로시간을 사전에 확정해야 한다(법 제52조의2 제3호). 대신 근로일별 근로시간은 각 주의 개시 2주 전까지 근로자에게 통보해야 한다. 단, 합의 시 예측하지 못한 천재지변, 기계 고장, 업무량 급증 등의 불가피한 사유 발생 시 근로자 대표와 협의를 거쳐 주별 근로시간을 변경할 수 있으며, 이를 근로자에게 근로일이 개시되기 전에 통보해야 한다(동조 제3항, 제4항).

❸ 사용자는 임금 보전 방안을 마련하여 노동부에 신고해야 하며, 신고하지 않는 경우는 과태료가 부과된다. 단, 근로자 대표와의 서면합의로 임금 보전 방안을 마련한 경우는 신고의무가 면제된다(법 제52조의2 제5항).

08 / 선택적 근로시간제

선택적 근로시간제는 일정 기간으로 정해진 총근로시간 범위 내에서 근로자가 자율적으로 결정할 수 있는 제도다. 즉 근로일(1일)별 근로시간의 배분과 업무의 시작 및 종료시간을 근로자의 재량에 맡기는 제도다.

일정 기간이란 1개월 이내를 말한다. 단 신상품 또는 신기술의 연구, 개발 업무는 3개월 이내에서 가능하다.

앞서 설명한 일정한 정산기간을 평균해서 주 40시간을 초과하지 않는 범위에서 1주 40시간, 1일 8시간을 초과해서 근로하게 할 수 있다.

선택적 근로시간제에는 정산 기간 중 업무의 시작 및 종료시간이 자유롭게 근로자의 결정에 맡겨져 있고, 사용자가 관여하지 않는 완전 선택적 근로시간제와 일정한 시간대를 정하여, 그 시간에는 근로자가 사용자로부터 시간적 구속과 구체적인 업무지시를 받고, 나머지 시간은 근로자가 자유롭게 결정하는 부분 선택적 근로시간제가 있다.

선택적 근로시간제를 도입하려면 취업규칙에 규정해 두어야 하며, 근로자 대표와 서면합의를 한 후 3년간 보존해야 한다.

취업규칙 작성 신고 의무가 없는 상시근로자 10인 미만 사업장이 제도를 도입하기 위해서는 취업규칙이 있는 경우에는 그 취업규칙, 취업규칙이 없는 경우에는 취업규칙에 준하는 것으로 규정해야 한다.

즉, 업무의의 시작과 종료를 근로자에게 맡긴다는 내용과 맡기기로 한 근로자를 기재하면 된다.

❶ 대상 근로자의 범위(15세 이상 18세 미만의 근로자를 제외한다)

❷ 정산기간(1월(3월) 이내의 일정한 기간으로 정해야 한다)

❸ 정산기간에 있어서의 총근로시간

❹ 반드시 근로해야 할 시간대를 정하는 경우는 그 시작 및 종료시각

❺ 근로자가 그의 결정에 의해서 근로할 수 있는 시간대를 정하는 경우는 그 시작 및 종료 시각

❻ 표준근로시간(유급휴가 등의 계산 기준으로 사용자와 근로자 대표가 합의해서 정한 1일의 근로시간)

선택적 근로시간제	자유출퇴근제	시차출퇴근제
▶근로일별 근로시간의 배분과 업무의 시작 및 종료 시각을 근로자의 재량에 맡기는 제도 ▶1일 8시간, 1주 40시간의 근로시간이 적용되지 않아 이 시간을 초과하더라도 연장근로 가산수당 미발생	▶출근 시간이 일단 설정되면 그날의 근로시간에 따라 퇴근 시간이 자동으로 결정되므로 출근 시간만 근로자의 재량에 맡기는 제도 ▶1일 8시간, 1주 40시간의 근로시간이 적용되어 이 시간을 초과하는 경우 연장근로 가산수당 발생	▶회사에서 정한 시간에 근무해야 하는 제도 ▶기존 09:00부터 18:00까지 근무했던 사업장이 1일 8시간을 유지하되, 출·퇴근 시간을 조정하는 경우 ▶1일 8시간, 1주 40시간의 근무시간이 적용되어 이 시간을 초과하는 경우 연장근로 가산수당 발생

- 근로자 대표와의 합의는 반드시 서면으로 해야 하며, 서면 합의서에는 의무적으로 기재 사항을 반드시 기재해야 한다.
- 정산기간은 1월 이내의 기간으로 정해야 하며, 정산기간 동안의 총근로시간은 정산기간을 평균해서 1주간의 근로시간이 40시간을 초과하지 않도록 정해야 한다.
- 선택적 근로 시간대에 야간근로시간이 포함되어 있는 경우는 야간근로수당을 지급해야 하나, 야간근로시간이 포함되어 있지 않은 경우는 사용자가 사전에 요청하거나, 근로자가 사전에 이를 통지하고 사용자의 승인을 받은 경우는 야간근로수당을 지급해야 하지만 근로자가 사용자에 대한 통지나 사전 승인 없이 자발적으로 한 경우에는 야간근로수당의 지급의무가 없다.

• 선택적 근로시간제 도입 시 대상 근로자 전체에 일률적으로 적용되는 특정의 근로시간을 표준근로시간으로 정하는 것이 타당하다(근로개선정책과-703, 2011.04.08).

구 분	내 용
대상 근로자	업무의 시작 및 종료시간을 근로자의 결정에 맡기는 근로자의 범위 일반적으로 출퇴근을 엄격하게 제한받지 않는 외근직(외판 · 수금 등), 연구 · 조사직, 사무직 등이 대상 업무가 될 수 있으나 사업장의 필요에 따라 적절히 정할 수 있음
정산 기간 및 총 근로시간	근로시간을 정산할 정산 기간과 정산기간 동안 근로해야 할 총 근로시간을 정해야 함 (정산기간) 2주, 4주 등으로 설정할 수 있음(3월 : 4주, 10주, 13주, 1개월, 2개월, 3개월 등) (총근로시간) 근로일별 근로시간이나 각주별 근로시간을 미리 정할 수 없으며, 정산 기간 전체를 대상으로 한 총근로시간만 정해야 함 총근로시간을 정하게 되면 정산 기간의 총근로시간 범위 내에서 일 · 주 단위로는 법정근로시간을 초과하여 근로하더라도 연장근로가 되지 않음(1개월을 초과하는 정산기간을 정하는 경우는 50% 가산) 1개월을 초과하는 정산기간을 정한 경우 근로일 종료 후 다음 근로일 시작 전까지 근로자에게 연속하여 11시간 이상의 휴식시간을 줄 것. 다만, 천재지변 등 대통령령으로 정하는 불가피한 경우에는 근로자 대표와의 서면합의가 있으면 이에 따른다.

구 분	내 용
의무적 근로시간대 및 선택적 근로시간대	의무적 근로시간 대는 근로자가 반드시 근로해야 할 시간대이며, 선택적 근로시간 대는 근로자가 스스로 결정에 따라 근로 제공 여부를 결정할 수 있는 시간대를 말함
표준 근로시간	주휴일, 유급휴가 등의 계산 기준으로 사용하기 위해 사용자와 근로자 대표가 합의하여 정한 1일의 근로시간 표준 근로시간을 8시간으로 정했다면 유급휴가 사용 시 1일 표준 근로시간인 8시간을 사용한 것으로 취급

09 / 간주 근로시간제

근무형태 중 출장과 외근은 정확한 근로시간을 산정하기 어렵다. 사업장 밖에서 얼마나 걸렸는지 관리자가 직접 동행하지 않는 이상 알 수 없기 때문이다. 따라서 사업장 밖 간주근로시간 제도는 외부에서 이루어진 근로를 근로시간으로 부분 인정하는 제도이다. 이 제도하에서는 실제 근로한 시간과 관계없이 소정근로시간, 업무수행에 통상적으로 필요한 시간, 노사가 서면으로 합의한 시간 중 하나를 근로시간으로 간주하는 것이다.

❶ 사업장 밖에서 해야 하는 근로 형태일 때

본래 소속된 사업장이 아닌 외부에서 근로해야 할 때 혹은 근로시간에 관한 관리자의 구체적인 지휘 및 감독을 받지 않고 근로를 할 수 있는 근무 형태에 도입할 수 있다.

❷ 근로시간을 정확하게 산정하기 어려운 경우

근로자의 출퇴근 시각 확인이 사업장 내부가 아닌 외부에서 이루어져, 직원의 근로시간을 제대로 파악하기 어려운 경우나 근로자마다 자신의 상황에 따라 근로시간이 결정되는 경우 도입할 수 있다.

❸ 근로자 대표와 서면합의 혹은 취업규칙이 변경되는 경우

근로자 대표와 서면으로 합의된 근로시간에 대해 간주되는 부분에 도입할 수 있다.

이는 탄력적 및 선택적 근로시간제와 비슷해 보이나 탄력 및 선택적 근로시간제는 근로시간 자체를 조정하거나 다른 날로 배분하는 등 근로시간을 변경시킬 수 있지만, 간주 근로시간제는 지정된 근로시간 자체를 변경할 수 없다.

구 분	탄력적 및 선택적 근로시간제	간주근로시간제
근로시간 형태 및 변경 여부	변경 가능	변경 불가능
근로시간 산정	실제 근로시간으로 산정	근로시간 산정이 어려우므로 근로한 것으로 인정하는 시간으로 산정

10 / 재량 근로시간제

재량근로시간제는 근로자가 출장, 기타의 사유로 근로시간의 전부 또는 일부를 사업장 밖에서 근로해서 근로시간을 산정하기 어려울 때 다음 세 가지 중 하나를 근로시간으로 인정하는 제도다.

첫째, 소정근로시간을 근로시간으로 인정한다.

둘째, 업무수행에 통상 필요한 시간을 근로시간으로 인정한다.

당해 업무를 수행하기 위해서 통상적으로 소정근로시간을 초과한 근로가

필요한 경우에는 그 업무의 수행에 통상 필요한 시간을 근로한 것으로 인정한다.

셋째, 노사가 서면으로 합의한 시간을 근로시간으로 인정한다.

당해 업무에 관해서 근로자 대표와의 서면합의가 있는 때에는 그 합의에서 정하는 시간을 그 업무의 수행에 통상 필요한 시간으로 인정한다.

🙂 재량근로 대상 업무에 해당할 것

❶ 신상품, 신기술의 연구개발, 인문사회과학 또는 자연과학 분야 연구 업무

❷ 정보처리시스템의 설계, 분석 업무

❸ 신문, 방송 출판 사업에 있어서 기사 취재, 편성 편집 업무

❹ 의복, 실내장식, 공업제품, 디자인 고안 업무

❺ 방송프로, 영화 등 제작 사업에 있어서 PD · 감독업무

❻ 기타 고용노동부 장관이 정하는 업무로서 회계 · 법률사건, 납세 · 법무 · 노무 관리, 특허 · 감정평가 등의 사무에 있어 타인의 위임 · 위촉을 받아 상담, 조언, 감정 또는 대행하는 업무(고시 2011-44.2011.9.23)

🙂 대상 업무수행의 재량성이 인정될 것

대상 업무를 수행함에 있어 재량성이 담보되어야 한다.

재량근로 대상 업무에 해당하고 사용자와 근로자 대표 사이의 서면합의가 있더라도, 업무 성질에 내재하는 재량성이 없다면 재량근로로 볼 수 없다.

가. 업무에 재량성이 있으려면 수행 수단에 대하여 구체적인 지시를 받

지 않아야 한다. 다만, 사용자가 근로자에게 업무의 기본적인 지시를 하거나 일정 단계에서 진행 상황을 보고할 의무를 지우는 것은 가능하다.

나. 근로자가 시간 배분에 관하여 구체적인 지시를 받지 않아야 재량근로에 해당한다.

사용자가 시업 및 종업 시각을 준수하도록 지시하고, 지각, 조퇴하면 주의 주거나, 임금을 삭감하는 것은 재량근로에 해당하지 않는다.

또한, 자발적인 시간 배분을 방해할 정도로 업무 보고·지시·감독을 위한 회의 참석 의무를 정하는 경우도 재량근로의 본질에 어긋난다. 다만, 근로자의 동의를 얻는 경우 업무협조 등의 필요에 의해 예외적으로 회의 시각을 정하는 것은 가능하다.

업무수행과 직접 관련이 없는 직장 질서 또는 기업 내 시설 관리에 관한 사항은 지시·감독이 가능하다.

근로자 대표와 서면합의가 있을 것

재량 근로시간제를 도입하려면 사용자가 근로자 대표와 아래의 내용을 서면합의를 통해 명시해야 한다.

❶ 대상 업무

❷ 사용자가 업무수행 수단, 시간 배분 등에 관해 근로자에게 구체적인 지시를 하지 않는다는 내용

❸ 근로시간 산정은 그 서면합의에 정한 바에 따른다는 내용

근로자 대표와 서면합의 한 서류는 서면합의 한 날로부터 3년간 보존해야 한다.

🐱 연장·휴일근로 등

가산임금

재량 근로시간제를 적용하는 업무에 대해서는 근로자 대표와 서면합의로 정한 근로시간을 근로한 것으로 보는데, 그 시간은 1주에 근로하는 통상 근로시간의 평균치를 기준으로 정할 수도 있고, 기준시간 범위 내에서 정할 수도 있을 것이다.

그러므로 서면합의로 정한 근로시간이 기준시간 이내라면 실제로 근로해 보니, 특정한 주나 특정한 날에 1일 8시간 주 40시간을 초과해서 근로했다고 하더라도 초과근로 한 시간에 대해서 연장근로수당의 지급을 청구할 수는 없다. 다만, 서면합의로 정한 시간 자체가 기준시간을 초과한 시간으로 정해두었다면 초과시간에 대해서는 그 시간만큼 실제 근로에 종사했는지에도 불구하고 가산임금을 지급해야 한다.

휴일근로 등

재량근로제를 채택하더라도 휴일과 야간근로, 휴가 등의 규정은 그대로 적용되므로 주휴, 연차유급휴가 등을 부여해야 한다. 비록 업무수행 방법과 근로시간의 배분에 관해 근로자의 재량에 일임했더라도 사용자는 출퇴근 등 기본적인 복무관리에 대한 점검은 할 수 있다. 만약, 서면합의로 출퇴근까지 근로자 자율 판단에 일임한 완전한 재량 근로시간제를 채택하였다면 출근율 계산 시 소정근로일 전체를 출근한 것으로 보아야 한다. 또한, 근로자가 주휴일에 근로하였더라도 그에 관해 사용자의 일방적인 지시나 근로자의 신청에 대해 사용자의 동의가 있었던 경우가 아니라면 휴일근로임금이나 가산수당을 지급할 필요는 없다.

그러나 업무수행 방법과 시간 배분을 감안할 때, 원활한 업무수행을 위해서는 휴일근로가 불가피하다고 판단해서 사전에 휴일근로를 예정한 재량 근로시간제를 적용하기로 서면합의를 했거나, 그러한 약정은 없었지만, 시행 도중에 불가피한 휴일근로가 있어서 사용자의 동의나 지시가 있었다면 그에 대한 가산수당을 지급하는 것이 원칙이다.

업무수행 방법과 근로시간의 배분과 산정이 서면합의로 정해진다고 하지만, 근로자는 어떤 근로조건에서든 실제로 근로한 시간에 상응하는 임금을 수령할 수 있어야 한다. 만약 근로 현장에서 취업규칙 등으로 임금제도를 설계할 때, 비록 근로자가 수행하는 업무가 취업규칙에서 정한 업무에 해당하고 서면합의로 재량 근로시간제를 적용했다고 하더라도, 실제 작업수행에 드는 근로시간보다 훨씬 적은 시간을 임금 등의 산정기준으로 정하고 그로 인해 근로자가 불이익을 받는다면 그 적용 자체가 무효라고 보아야 할 것이다.

연장근로 한도 · 기타

이 제도는 정보화, 기술혁신 등의 새로운 업무수행 방식으로 인해 근로자의 재량이 커지고 보수가 질과 성과에 의해 결정되는 등 종래의 통상적인 방법으로 근로시간을 산정하는 것이 부적합한 전문직 등의 업무에 대응하기 위한 것이다. 즉, 고도의 전문직 종사자에 대해서는 실제 근로시간과 관계없이 일정한 근로시간을 근로한 것으로 간주하고 근로의 질과 성과에 의해 보수가 결정되도록 한 것이다.

그러나 이 경우에도 근로기준법 제53조에 정한 연장근로의 일반적인 한도로서 주당 12시간 이내는 준수되어야 할 것이다. 따라서 근로시간 배분에 대해 근로자의 재량에 일임한다고 해도 서면합의로 정하는 근로시간은 논리상 주 52시간을 초과해서는 안 될 것이다.

〈재량근로 서면합의서 작성 예시〉

○○ 대표 ○○○와 근로자 대표 ○○○는 근로기준법 제58조 제3항에 기반하여 재량 근로시간제에 관하여 다음과 같이 합의한다.

제1조(적용 대상 업무 및 근로자) 본 합의는 각호에서 제시하는 업무에 종사하는 근로자에게 적용한다.

사용자가 대상 업무를 수행할 근로자를 신규로 채용하는 경우는 해당 근로자가 본인이 수행할 업무가 재량 근로시간제 대상 업무에 해당된다는 것을 알 수 있도록 채용공고 또는 근로계약서 등 적절한 수단을 통하여 고지한다.

1. 본 기관 연구소에서 신상품 또는 신기술의 연구개발 업무에 종사하는 근로자

2. 본 기관 부속 정보처리센터에서 정보처리시스템의 설계 또는 분석업무에 종사하는 근로자

제2조(업무의 수행 방법) ① 제1조에서 정한 근로자에 대해서는 원칙적으로 그 업무수행의 방법 및 시간 배분의 결정 등을 본인에 위임하고 기관은 구체적 지시를 하지 않는다. 다만, 연구과제의 선택 등 종사할 기본적인 업무 내용을 지시하거나 일정 단계에서 보고할 의무를 지울 수 있다.

② 제1항에도 불구하고, 업무수행의 방법 및 시간 배분과 관련이 없는 직장질서 또는 기관 내 시설 관리에 대한 지시 등은 할 수 있다.

제3조(근로시간의 산정) 제1조에서 정한 근로자는 취업규칙 제○조에서 정하는 근로시간과 관계없이 1일 ○시간(간주근로시간)을 근로한 것으로 본다.

제4조(연장근로수당) 제3조의 간주근로시간이 근로기준법 제50조에서 정한 근로시간을 초과하는 부분에 대해서는 가산수당을 지급한다.

제5조(휴일 및 야간근로) ① 제1조에서 정한 근로자가 기관에 출근하는 날

에는 입 퇴실 시에 ID카드에 의한 시간을 기록해야 한다.

② 제1조에서 정한 근로자의 휴일 또는 야간(22:00~06:00)근로가 미리 소속 부서장의 허가를 얻어 이루어지는 경우는 취업규칙 제○조의 정한 바에 따라 가산수당을 지급한다.

제6조(휴게, 휴일 및 휴가) 제1조에서 정한 근로자의 휴게, 휴일 및 휴가는 취업규칙에서 정하는 바에 의하되, 휴게시간은 재량근로제 적용 근로자의 재량에 의하여 시간 변경이 가능한 것으로 한다.

제7조(유효기간) 이 합의서의 유효기간은 ○○○○년 ○월 ○일부터 ○○○○년 ○월 ○일까지로 하되, 유효기간 만료 1개월 전까지 개정 관련 별도 의견이 없는 경우에는 그 후 1년간 자동 갱신되는 것으로 하며, 그 이후에도 또한 같다.

※ 업무 보고 주기, 정기회의, 필요 근무시간대 등을 서면합의로 정할 수 있음

년 월 일
○○ 대표 (인) 근로자 대표 (인)

11 / 재택근무제

재택근무란 정보통신기술을 활용하여 "자택"에 업무공간을 마련하고, 업무에 필요한 시설과 장비를 구축한 환경에서 근무하는 유연한 근무형태이다.

재택근무제는 대부분의 근무를 재택으로 하는 상시형 재택근무와 일주일 중 일부분만을 재택근무하는 수시형 재택근무로 구분할 수 있다.

재택근무제를 도입하기 위해서는 다음 요건을 고려해야 한다.

❶ 근무장소 변경과 근무시간 운영에 관한 내용으로 개별근로자와 합의가 반드시 필요

❷ 근무장소와 근무시간 운영기준이 달라질 경우 취업규칙 변경 절차를 진행

❸ 근로자 대표와의 합의로 업무에 필요한 시간을 정하고자 할 경우 근로자 대표와 서면합의 필요

사용자의 지시에 따라 특정 업무를 수행하는데, 필요한 시간이 연장·야간·휴일근로를 발생시킬 경우 원칙적으로 그에 대한 연장근로, 야간근로수당을 지급해야 한다. 다만, 일반적인 근로자가 연장·야간·휴일근로를 사전에 신청하여 사용자의 허가를 받도록 하는 유사한 절차를 마련하는 것이 바람직하다.

〈재택근무제 도입 근로계약서 예시〉

제○○조 [근무장소]

① 근무장소는 근로자의 자택으로 한다. 만약 자택 이외의 장소에서 근무하고자 할 때는 부서장에게 사전에 신고하여 허가를 얻어야 한다.

② 매월 마지막 주 월요일은 본 단체의 사무실에서 근무하여야 한다.

제○○조 [근무시간]

근무시간은 1일 8시간으로 하며, 22시부터 6시까지는 근무하지 않는다. 다만, 사용자의 승인을 얻어 근무할 수 있다.

〈재택근무제 도입 취업규칙 예시〉

1. 회사는 근로시간의 전부 또는 일부를 자택 등에서 근로를 희망하는 근로자에 대하여 재택근무제를 도입할 수 있다.

2. 재택근무제를 실시하는 근로자의 근로시간은 1일 8시간을 근로한 것으로 본다. 다만 수행업무에 따라 근로시간을 별도로 정할 수 있으며, 근로자 대표와 서면합의로 근로시간을 정한 경우에는 이에 따른다.

3. 재택근무자가 연장, 야간, 휴일근로를 하고자 하는 경우는 사전에 부서장의 승인을 받아야 하며, 이때에는 통상임금의 50%를 가산하여 지급한다.

4. 업무 회의, 업무지시, 업무수행평가, 교육, 행사 등의 사유로 인하여 회사의 출근 요청이 있는 경우에는 이에 따라야 하며, 정기출근일이 정해져 있는 경우 이를 준수하여야 한다.

2 근무시간과 휴게시간의 판단기준

이 시간이 근로시간에 해당하는 것인지? 휴게시간에 해당하는 것인지? 의문이 들 때가 많다. 근로시간에 해당한다면 임금이 지급돼야 하고, 근로시간이 아닌 휴게시간이라면 임금이 지급되지 않는다. 만일 해당 시간이 사용자의 지휘·감독을 받는 시간이라면 근로시간에 해당하며, 사용자의 지휘·감독을 벗어나 근로자가 자유롭게 이용할 수 있는 시간이라면 휴게시간에 해당한다.

01 / 손님이 없어서 대기하는 시간

근로자가 사용자의 지휘·감독 아래에 있는 대기시간 등은 근로시간으로 본다.

예를 들어 손님이 없어 손님을 기다리는 시간, 편의점 알바 등이 점심시간 중 손님 결제 요구 시 본인밖에 없어 결제를 해줘야 하는 시간 등은 근로시간에 포함된다.

02 / 직무교육 시간과 개인 교육 참여 시간

사용자가 의무적으로 실시하게 되어 있는 각종 교육을 시행하는 경우 그 시간은 근로시간에 포함한다.

그러나 노동자 개인적 차원의 법정의무 이행에 따른 교육 또는 이수가 권고되는 수준의 교육을 받는 시간은 근로시간으로 보기 어렵다.

- 사용자가 근로시간 중에 작업 안전, 작업능률 등 생산성 향상 즉 업무와 관련하여 실시하는 직무교육과 근로시간 종료 후 또는 휴일에 근로자에게 의무적으로 소집하여 실시하는 교육은 근로시간에 포함되어야 할 것임(근기 01254-14835, 1988-09-29)

- 직원들에게 교육 이수 의무가 없고, 사용자가 교육 불참을 이유로 근로자에게 어떠한 불이익도 주지 않는다면 이를 근로시간으로 볼 수는 없을 것임. 아울러, 사용자가 동 교육에 근로자의 참석을 독려하는 차원에서 교육 수당을 지급하였다고 하여 근로시간으로 인정되는 것은 아님(근로개선정책과-798, 2013-01-25).

03 / 직원출장 시간 근로시간 계산

근로시간의 전부 또는 일부를 사업장 밖에서 근로하여 근로시간을 산정하기 어려운 출장 등의 경우에는 소정근로시간(예 : 8시간) 또는 통상 필요한 시간(예 : 10시간)을 근로한 것으로 간주할 수 있다. 다만, 출장과 관련해서는 통상 필요한 시간을 근로자 대표와 서면합의를 통해 정하는 것이 바람직하다.

예를 들어 해외 출장의 경우 비행시간, 출입국 수속 시간, 이동시간 등 통상 필요한 시간에 대한 객관적 원칙을 근로자 대표와 서면합의하고 그에 따른 근로시간을 인정하는 것이 바람직하다.

04 / 거래처 골프 접대 시간은 근로시간

업무수행과 관련이 있는 제3자를 소정근로시간 외에 접대하는 경우, 이에 대한 사용자의 지시 또는 최소한 승인이 있는 때 한하여 근로시간으로 인정할 수 있다.

휴일 골프의 라운딩 대상자들, 라운딩 장소, 시간 등을 본인 회사가 아닌 상사인 상무 또는 원고 등이 임의로 선정한 점, 또한 이 사건 휴일 골프 관련하여 원고 또는 상무 등 그 누구도 별도로 회사에 출장 복무서와 같은 형식으로 보고하지 않은 점, 휴일 골프 참여 당시의 지위가 부서장으로서 자신의 직무를 원활히 수행하고 좋은 대내외의 평가 등을 위해서도 자발적으로 이에 참여할 동기가 있었던 것으로 보이는 점 등에 비추어 보면, 휴일 골프와 관련하여 그 업무 관련성 등을 인정하여 회사가 비용 등을 계산하였고, 휴일 골프 중 상당수는 상사인 상무의 명시적·묵시적 지시에 따라 참여한 사정만으로는 이 사건 휴일 골프가 사용자의 구체적인 지휘·감독하에 이루어진 것으로 볼 수 없고 결국 근로기준법상 근로시간에 해당한다고 단정할 수는 없다(서울중앙지법 2017가단5217727, 2018-04-04).

05 / 워크숍 세미나 시간은 근로시간

그 목적에 따라 판단하여 사용자의 지휘·감독하에서 효과적인 업무수행 등을 위한 집중 논의 목적의 워크숍 세미나 시간은 근로시간으로 볼 수 있으며, 소정근로시간 범위를 넘어서는 시간 동안의 토의 등은 연장근로로 인정할 수 있다(분임 토의 등은 소정근로시간 내에 실시하는 것이 바람직).

다만, 워크숍 프로그램 중 직원 간 친목 도모 시간이 포함된 경우, 이 시간까지 포함하여 근로시간으로 인정하기는 어렵다.

단순히 직원 간의 단합 차원에서 이루어지는 워크숍 등은 근로시간으로 보기 어렵다.

06 / 회식 시간은 근로시간

회식은 노동자의 기본적인 노무 제공과는 관련 없이 사업장 내 구성원의 사기 진작, 조직의 결속 및 친목 등을 강화하기 위한 차원임을 고려할 때, 근로시간으로 인정하기는 어렵다.

사용자가 참석을 강제하는 언행을 하였다고 하더라도 그러한 요소만으로는 회식을 근로계약상의 노무 제공의 하나로 보기는 어렵다.

07 / 조기출근과 연장근로

사업장의 상황에 따라 근로계약서상 소정근로시간 이전에 조기출근을 요구하는 경우 연장근로가 될 수 있다. 조기출근을 하지 않을 경우 임금을 감액하거나 복무 위반으로 제재를 가하는 권리·의무 관계라면 근로시간에 해당할 것이나, 그렇지 않다면 근로시간에 해당하지는 않는다(근기 01254-13305, 1988. 8. 29).

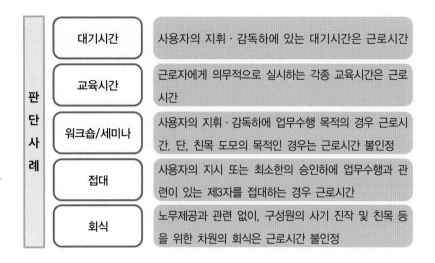

판단사례	대기시간	사용자의 지휘·감독하에 있는 대기시간은 근로시간
	교육시간	근로자에게 의무적으로 실시하는 각종 교육시간은 근로시간
	워크숍/세미나	사용자의 지휘·감독하에 업무수행 목적의 경우 근로시간, 단, 친목 도모의 목적인 경우는 근로시간 불인정
	접대	사용자의 지시 또는 최소한의 승인하에 업무수행과 관련이 있는 제3자를 접대하는 경우 근로시간
	회식	노무제공과 관련 없이, 구성원의 사기 진작 및 친목 등을 위한 차원의 회식은 근로시간 불인정

다음 중 근로시간에 해당하는 것은?

① 출근 시간보다 일찍 출근하여 업무를 준비하는 시간

　(30분 일찍 출근하라는 지시가 있는 경우)

② 출근하여 앉아서 손님을 기다리는 시간

③ 구내식당에서 식사하는 시간

④ 인수·인계 하는 시간

⑤ 청소하는 시간

⑥ 업무수행을 위하여 교육받는 시간

정답

③은 휴게시간에 해당하며, 이를 제외한 나머지 모든 시간은 사용자의 지시가 있거나 업무수행을 위해 꼭 필요한 시간이므로 근로시간에 해당한다.

근로시간으로 보는 경우	휴게시간으로 보는 경우
① 근로계약에 근로시간으로 규정되어 있고 실제 업무를 수행하는 경우	① 스스로 근무 장소를 휴게 장소로 선택
② 업무는 하지 않으나 근로시간으로 규정	② 대기시간과 근무시간 구분이 명백하고, 사전에 대기시간 지정, 온전히 자유 이용
③ 근로계약 등에 규정되어 있지 않더라도 업무수행(순찰 등)이 강제되는 시간	③ 일정 구역(경비초소 등)을 벗어나진 못해도 지휘·감독에서 벗어나 자유이용 가능
• 조기출근 하지 않을 시 감급, 제재	④ 비상 연락체계는 유지하더라도 자유이용
• 휴게시간 도중 돌발상황이 발생하는 경우	⑤ 자유롭게 이용하는 식사시간, 체조시간
• 업무와 관련된 교육, 회의시간	

3 | 휴게, 휴일, 휴가

01 / 휴게시간의 계산

휴게시간이란 사용자의 지휘·감독에서 벗어난 시간으로 근로자가 자유롭게 이용할 수 있는 시간이다. 휴게시간은 근로자의 피로회복과 재해발생 예방, 식사 시간 보장 등을 위해 부여되며, 휴게시간은 근로시간이 아니기 때문에 임금이 지급되지 않는 것이 원칙이다.

휴게시간은 근로시간이 4시간인 경우에는 30분, 8시간인 경우에는 1시간 이상 부여해야 한다. 또한 연장근로로 12시간을 근무하는 경우는 1시간 30분의 휴게시간을 주어야 한다. 휴게시간은 반드시 근로시간 도중에 줘야 한다. 따라서 근로시간 시작 전이나 근로시간이 끝난 이후에 휴게시간을 부여하는 것은 허용되지 않는다. 이를 위반할 때는 2년 이하 징역 또는 2천만원 이하의 벌금에 처한다.

반면, 법률상으로는 1일의 실제 근로시간이 4시간을 초과하지 않는 한 휴게시간을 부여할 의무는 없으며, 8시간을 초과할 때도 4시간 이상을 넘지 않는 한 1시간만 주어도 한다.

예를 들어 평일 2시간 근무하는 알바의 경우 쉬는 시간을 주지 않아도 된다. 또한 하루 9시간을 근무하는 경우는 1시간의 휴게시간만 주면 된다.

- 근로자가 근로시간 도중에 사용자의 지휘·명령에서 완전히 해방되고, 자유로운 이용이 보장된 시간(대법 2014다74254, 2017.12.5)
- 근로시간에 포함되지 않고 임금도 지급되지 않음
- 시업 시각과 종업시간 중간에 주어야 하므로 일하기 전후에는 줄 수 없음

📝 휴게시간을 10분 단위로 분할하는 것도 가능한가요?

> 근로기준법에는 휴게시간의 분할 부여에 대하여 별도로 규정하고 있지 않다. 따라서 업무특성에 따라 휴게시간을 분할하여 부여하는 것이 언제나 위법이라고 단정할 수는 없다.
>
> 즉, 휴게시간을 일시적으로 부여함이 휴게 제도의 취지에 부합되나, 작업의 성질 또는 사업장의 근로조건 등에 비추어 사회 통념상 필요하고, 타당성이 있다고 일반적으로 인정되는 범위 내에서 휴게 제도 본래의 취지에 어긋나지 않는 한 휴게시간을 분할 해서 주어도 무방하다.
>
> 다만, 모든 휴게시간을 10분 단위로 부여하는 것은 근로자의 피로회복, 식사 시간 보장, 재해 발생 예방이라는 휴게시간의 취지를 훼손한다고 볼 여지가 상당하므로 법 위반 문제가 발생할 수는 있다.

02 / 휴일(= 쉬는 날)

휴일은 법에서 정한 법정휴일과 근로자와 회사가 약속한 약정휴일, 관공서의 공휴일에 관한 규정에 의한 법정공휴일로 나눌 수 있다.

종전에는 법정공휴일(=빨간날)에 대해서 약정휴일로 정하지 않았으면, 사기업은 자동으로 쉴 수 있는 날이 아니었다. 따라서 쉬게 되면 연차휴가에서 차감했다.

그러나 2022년 1월 1일부터 5인 이상 사업장도 자동으로 쉬는 날이 되었지만, 5인 미만 사업장은 여전히 법적으로는 자동으로 쉬는 날이 아니다.

🧑 법정휴일

근로기준법 등 노동관계법은 최소한의 휴일을 규정하고 있는바 이를 법정휴일이라고 한다.

법정휴일에는 주휴일과 근로자의 날이 있다.

법정휴일은 유급이다.

사용자는 근로자에 대해서 1주일에 평균 1회 이상의 주휴일을 유급휴일로 주도록 하고 있다. 다만 주휴일은 반드시 일요일일 필요는 없으며, 원칙적으로 특정일은 매주 같은 요일로 하고, 주휴일의 간격은 7일 이내가 바람직하다.

🧑 약정휴일

법정휴일 이외에 사용자와 근로자의 합의로 휴일을 정할 수 있으며, 이를 약정휴일이라고 한다.

약정휴일을 유급으로 할 것인가, 무급으로 할 것인가의 문제는 사용자와 근로자의 합의로 정할 수 있다. 무급인 경우는 논란을 피하려면 취업규칙에 명시하는 것이 좋다.

약정휴일을 유급으로 정한 경우는 약정휴일 날 근무하면 휴일근로수당을 줘야 하며, 약정휴일을 줄이려고 하는 때는 불이익 변경에 해당하므로 근로자 과반수의 동의가 필요하다.

주휴일과 법정공휴일, 약정휴일과 법정공휴일 등 휴일이 중복되는 경우 단체협약이나 취업규칙, 근로계약에 특별한 규정이 없으면 1일의 휴가만 적용된다.

유급휴일과 무급휴일이 중복되는 경우는 근로자에게 유리한 원칙을 적용해야 하므로 유급휴일을 적용한다.

🧑 대체공휴일과 휴일대체

대체공휴일은 공휴일이 주말과 겹치는 경우, 평일 하루를 공휴일로 지정하여 쉴 수 있는 휴일로 급여는 유급이다.

대체공휴일은 유급휴일이므로 대체공휴일에 근로를 제공하는 경우는 근로 제공이 없더라도 지급받을 수 있었던 임금 100%와 휴일근로수당 150%를 지급해야 한다.

월급제 근로자라면 대체공휴일에 대한 임금 100%는 월급에 이미 포함돼 있으므로 휴일근로수당 150%를 추가로 지급하면 된다.

반면 일급제와 시급제 근로자라면 대체공휴일에 대한 임금 100%와 휴일근로수당 150%를 합한 250%의 임금을 추가로 지급한다.

휴일대체는 당사자 간의 합의에 의해서 미리 휴일로 정해진 날을 다른 근무일과 교체하여, 휴일은 근무일로 하고 근무일을 휴일로 바꾸는 것을 말한다. 즉 일요일에 일하고 월요일에 일요일을 대신해 쉬는 경우를 말한다.

예를 들어 일요일에도 일하고 휴일대체일인 월요일에도 일하게 된 경우는 일요일은 평일에 해당하므로 100%의 임금을 지급하고, 월요일은 휴일근로이므로 휴일근로수당에 해당하는 150%의 임금을 지급해야 한다. 휴일대체를 위해서는 단체협약이나 취업규칙에 휴일 대체에 대한 근거가 마련되어야 하며, 대체 사유 및 방법 등에 관한 내용이 명시되어야 한다. 만약 규정이 없다면, 근로자의 사전동의를 얻어 실시할 수 있다.

🧑 대휴와 보상휴가제

대휴 제도는 사전에 합의가 없는 상황에서 휴일에 근무하고, 다른 근로일을 휴일로 부여하는 것을 말한다. 즉 휴일에 근무한 대신 평일에 쉬는 것을 말한다.

임금 계산에 있어서는 휴일근로수당 150%를 지급받을 수 있는 휴일에 근무하고, 100% 임금을 받는 평일에 쉰 것이 되므로, 150%와 100%의 차이인 50%의 임금만 추가로 지급하면 된다.

보상휴가제는 사용자와 근로자 간의 서면합의에 따라 근로자의 연장, 야간, 휴일근로에 대해서 수당을 지급하는 대신 이를 휴가로 대신 주는 것을 말한다.

보상휴가제를 실시하기 위해서는 근로자 대표(근로자 과반수 대표자)와 서면합의가 필요하다. 즉, 반드시 근로자 대표와 서면합의로 실시해야 하며, 서면합의는 당사자의 서명날인이 된 문서의 형태로 작성되어야 한다.

(03 / 휴가)

휴가도 연차휴가와 생리휴가 등 법에서 정한 법정휴가와 경조사 휴가와 같이 회사와 근로자 간 약속한 약정휴가가 있다.

실무자들이 가장 어려워하는 휴가가 연차휴가인데, 이에 대해서는 다음 장에서 별도로 자세히 설명하도록 하겠다.

Q 관공서 공휴일과 주휴일이 중복된 날에 출근한 경우

유급휴일 하나로 처리하며, 근로한 시간에 대하여 통상임금의 100분의 50 이상을 가산한 임금을 추가로 지급하여야 한다.

Q 관공서 공휴일과 주휴일이 중복된 날에 출근하지 않은 경우

매월 고정적인 임금을 지급받는 월급제 근로자인 경우, 별도 정함이 없는 한 당해 월의 소정근로일수나 유급휴일 수 또는 유급휴일이 어느 날에 속하는지에 관계없이 소정의 월급 금액을 지급하면 될 것이다(근로기준정책과-2677, 2016.4.21. 참조).

Q 관공서 공휴일과 무급휴무 또는 무급휴일이 중복된 날에 출근한 경우

중복된 날은 유급휴일이 되며, 근로한 시간에 대하여 통상임금의 100분의 50 이상을 가산한 임금을 추가로 지급하여야 한다(근로기준과 - 1270, 2004.03.13. 참조).

Q 관공서 공휴일과 무급휴무 또는 무급휴일이 중복된 날에 출근하지 않은 경우

휴무일 등과 같이 애초부터 근로제공이 예정되어 있지 않은 날이 관공서 공휴일과 겹칠 경우에 추가 휴일수당을 지급해야 한다고 해석할 경우 근로자가 실질적으로 누리는 휴일 수는 동일함에도 추가적인 비용부담만 강제하게 되는 불합리한 결과가 발생한다. 따라서 휴무일 등 애초부터 근로제공이 예정되어 있지 않은 날이 관공서 휴일과 겹칠 경우 해당 일을 유급으로 처리하여야 하는 것은 아니다(임금근로시간과-743, 2020.3. 30. 참조).

Q 8.15. 광복절이 일요일인데, 주휴일이 일요일인 사업장에서는 주휴일과 공휴일 모두 유급처리를 해야 하나요?

주휴일과 공휴일 등 유급휴일이 중복될 경우 취업규칙 또는 단체협약 등에 별도의 정함이 없는 한 근로자에게 유리한 하나의 휴일만 유급으로 인정(근로기준과-4267, 2005.8.17. 임금근로시간과-637, 2021.3.19. 임금근로시간과-1129, 2021.5.25. 등)

참고로, 위 사례의 경우 8.16(월)이 대체공휴일이 되며, 이날도 유급으로 처리해야 함

다만, 8.16(월)이 당초 무급 휴(무)일이었다면 이날에 대하여 유급휴일로 한다는 노사간 특약이나 그간의 관행이 인정되지 않는 이상 사용자는 별도의 유급휴일수당을 지급할 의무는 없음(임금근로시간과-743, 2020.3.30.).

모든 근로시간의 계산사례

구 분	근로시간
법정근로시간	법에서 정한 근로시간 1일 8시간, 1주 40시간을 초과할 수 없다.
소정근로시간	법정근로시간인 1일 8시간, 1주 40시간의 범위내에서 노사가 합의한 근로시간
통상임금 산정의 기준이 되는 시간 (유급 근로시간)	실무에서 급여는 유급 근로시간을 기준으로 책정된다. 즉 월 소정근로시간 + 연장근로시간 + 휴일근로시간 + 야간근로시간의 합에 시급을 곱한 후 주휴수당을 합산해 계산한다. 따라서 소정근로시간, 연장근로시간, 휴일근로시간, 야간근로시간, 주휴시간이 모두 급여에 영향을 미치는 유급 근로시간이다. 급여가 통상임금으로만 구성되어 있고, 소정근로시간이 법정근로시간으로 정해졌다면 해당 시간은 통상임금 산정의 기준이 되는 시간(통상시급)이 되며, 소정근로시간 + 연장근로시간으로 책정이 됐다면 소정근로시간 + 연장근로시간이 통상임금 산정의 기준이 되는 시간이 된다.

구 분	근로시간
	그리고 일급은 유급 근로시간으로 계산한다. 평일에 결근 시는 결근한 날과 주휴일 2일의 일급을 차감한다.
연장근로시간	1. 법정근로시간을 근무하는 일반 계속근로자 법에서 정한 근로시간 즉, 1일 8시간 또는 1주 40시간을 초과해서 근무한 시간을 말한다. 1일 8시간을 초과하는 경우 연장근로시간 발생 [예] 월요일 10시간 근무 시 2시간 연장근로시간 1주 40시간을 초과한 경우 연장근로시간 발생 [예] 월요일~금요일 각 8시간 근무 후 토요일 4시간 근무 시 4시간 연장근로시간 2. 법정근로시간에 미달하게 근무하는 (초)단시간 근로자 소정근로시간을 초과해서 근무한 시간을 말한다. 이 경우 통상시급의 1.5배를 지급한다.
휴일근로시간	법정휴일 즉 빨간날 근무하는 경우를 말한다. 이 경우 8시간까지는 통상시급의 1.5배, 8시간을 넘는 시간부터는 통상시급의 2배를 지급한다.
야간근로시간	22시~다음 날 10시까지 근무하는 경우를 말한다. 이 경우 통상시급의 0.5배를 지급한다. 연장근로시간 및 휴일근로시간과 중복 적용이 가능하다.
휴게시간	4시간당 30분의 휴게시간을 부여해야 한다. 1시간~4시간 미만 : 30분, 5시간~8시간 미만 : 1시간

법정근로시간을 기준으로 유급 근로시간은 1일은 8시간

1주는 [(8시간 × 5일 + 8시간(주휴시간)) = 48시간

1월은 48시간 × 4.345주 = 209시간

4.345주는 1달 평균 주 수로 365일 ÷ 12달 ÷ 7일(1주)로 계산한다.

월급의 기준이 되는 유급 근로시간의 계산 = ❶ + ❷ + ❸ + ❹

❶ 법정근로시간 = 소정근로시간

(주 소정근로시간 + 토요일 유급 시간 + 주휴시간) × 4.345주

❷ 연장근로시간

연장근로시간 × 1.5배 × 4.345주

❸ 휴일근로시간

휴일근로시간 × 1.5배(8시간 초과 2배) × 4.345주

❹ 야간근로시간

야간근로시간 × 0.5배 × 4.345주(연장근로 및 휴일근로와 중복 적용 가능)

해설

- 월~금 8시간인 경우 40시간 + 주휴일 8시간

  (40시간 + 0시간 + 8시간) × 4.345주 = 209시간

- 월~금 8시간인 경우 40시간 + 토요일 유급 8시간 + 주휴일 8시간

  (40시간 + 8시간 + 8시간) × 4.345주 = 243시간

- 월~금 8시간인 경우 40시간 + 토요일 유급 4시간 + 주휴일 8시간

  (40시간 + 4시간 + 8시간) × 4.345주 = 226시간

- 월~금 8시간인 경우 40시간 + 토요일 무급 + 주휴일 8시간 + 연장근로시간 주 12시간(❶ + ❷)

  ❶ (40시간 + 0시간 + 8시간) × 4.345주 = 209시간

  ❷ 연장근로시간 주 12시간 × 1.5배 × 4.345주 = 78.21시간

- 월~금 8시간인 경우 40시간 + 토요일 무급 + 주휴일 8시간 + 연장근로시간 주 8시간 + 야간근로시간 주 4시간(❶ + ❷ + ❸)

  ❶ (40시간 + 0시간 + 8시간) × 4.345주 = 209시간

  ❷ 연장근로시간 주 8시간 × 1.5배 × 4.345주 = 52.14시간

  ❸ 야간근로시간 주 4시간 × 0.5배 × 4.345주 = 8.69시간

01 / 연장근로시간과 야간근로시간의 중복계산

1일 8시간을 초과하는 시간은 무조건 연장근로시간에 해당한다. 따라서 1.5배의 시간을 계산한다.

그리고 22시~다음 날 10시까지 근무시간이 포함되어 있는 경우 연장근로시간과 별도로 0.5배의 시간을 가산한다.

[예시1] 09시~22시 근무(휴게시간 2시간)

❶ 총 13시간 - 2시간(휴게시간) = 11시간

❷ 연장근로시간 11시간 - 8시간 = 3시간

❸ 따라서 8시간 + (3시간 × 1.5배) = 12.5시간

[예시2] 09시~24시 근무(22시 전 휴게시간 2시간)

❶ 총 15시간 - 2시간(휴게시간) = 13시간

❷ 연장근로시간 13시간 - 8시간 = 5시간

❸ 야간근로시간 2시간(22시~24시)

❹ 따라서 8시간 + (5시간 × 1.5배) + (2시간 × 0.5배) = 16.5시간

[예시3] 22시~09시 근무(22시~06 휴게시간 2시간)

전날부터 다음날 출근 시간까지 연속된 근로는 전일 근로의 연속으로 본다.

❶ 총 11시간 - 2시간(휴게시간) = 9시간

❷ 연장근로시간 9시간 - 8시간 = 1시간

❸ 야간근로시간 6시간(22시~06시 휴게시간 2시간)

❹ 따라서 8시간 + (1시간 × 1.5배) + (6시간 × 0.5배) = 12.5시간

[예시4] 22시~06시 근무(22시~06 휴게시간 2시간)

❶ 총 8시간 - 2시간(휴게시간) = 6시간

❷ 야간근로시간 6시간(22시~06시 휴게시간 2시간)

❸ 따라서 6시간 + (6시간 × 0.5배) = 9시간

(02 / 교대 근무 시 급여 시간 계산)

현실적으로 많이 쓰이는 것은 2주 3교대, 주야 2교대, 4조 3교대이다. 그중에서 3조 2교대다. 교대제는 대부분 각 조가 동일한 근로를 무한 반복하는 형태로 이루어지는 것이 특징이다. 다음은 가상의 3조 2교대 방식의 근무형태이다. 주간, 24시간 근무, 휴무가 3조로 구분이 되어 반복된다.

8시간을 근로하는 주간 조, 24시간을 근로하는 24시간 조, 그리고 휴무 조로 각 구성되어 있다(22:00 ~ 06:00 8시간 : 휴식 시간 4시간).

해설

1. 실근로시간 계산할 때 각 조의 구성원은 동일한 근로시간을 가진다.

(8시간 + 20시) ÷ 3(교대 주기) × 365 ÷ 12 = 283.9시간이 된다.

이 수식의 의미는 각 조는 3일 동안 주간 조(8시간), 24시간 조(20시간), 휴무 조로 로테이션이 되기에 결국 3일 동안 28시간을 근무한다는 의미이다. 1일 기준으로는 28 ÷ 3시간이 되며, 1년은 365일이고, 이것을 12로 나누면 매월 실근로시간이 계산된다.

예를 들어 오전 7시간 3일, 오후 7시간 3일, 야간 6시간 3일, 휴일 3일 등 총 60 시간의 근로가 12일 단위로 반복된다면

60시간 ÷ 12일(교대 주기) × 365 ÷ 12 = 152시간의 월평균 실근로시간이 나온다.

여기에 야간근무 6시간 × 3일 = 총 18시간의 야간근로는 실 근로에 포함되면서 50%를 가산해야 한다.

따라서 18시간 ÷ 12일(교대 주기) × 365 ÷ 12 = 45.62시간이 나오는데 이에 50%를 가산하면 22.8시간의 야간 가산 시간 수다.

2. 12시간 연장근로가 있는 경우

(12시간 ÷ 3) × (365 ÷ 12) × 0.5 = 60.8시간이 된다. 이것은 각 조가 3일 근무를 하더라도 실제 연장근로는 12시간이 되는데, 이미 실근로시간에서 연장근로시간 부

분을 반영했기에, 50%의 할증 부분만 고려한다.

3. 4시간의 야간근로가 있는 경우

(4시간 ÷ 3) × (365 ÷ 12) × 0.5 = 20시간이 된다.

4. 주휴수당의 경우

8시간 × 4.345주 = 35시간이 나온다.

5. 최저임금을 기준으로 283.9시간 + 60.8시간 + 20시간 + 35시간 = 약 400시간이
므로 400시간 × 10,030원 = 4,012,000원이 된다.

03 / 격일(주) 근무 시 급여 시간 계산

🧑 격일제 근무 시 근로시간

격일제 근로의 경우 일반적으로 한 주에 월, 수, 금, 일에 근로를 제공했
다면, 그다음 주에는 화, 목, 토에 근로를 제공하게 되므로 평균적으로 2
주에 7일을 근로하는 패턴이 반복된다.

1달 = 365일 ÷ 12달 = 30.4일 ÷ 2 = 15.2일

기본 근무시간 = 15.2일 × 8시간(추가 근무시간은 연장 또는 야간근로시간임)

〈근로자 1주 주휴시간〉

(근무시간(10시간 가정) × 4일 + 근무시간 × 3일) ÷ 2주 = 35시간

〈근로자 1일 주휴시간〉

(35시간 ÷ 40시간) × 8시간 = 7시간

노동부 행정해석에서는 1일 24시간 연속근무를 하는 격일제 근로자의

경우에 근로일의 근무를 전제로 다음 날에 비번 일에 휴무하는 것이라 하여, 근무일에 연차휴가를 통해 근로를 제공하지 않고, 비번일에도 휴무하는 경우 휴가 사용일을 2일로 처리해도 근로기준법 위반이라 볼 수 없다고 판단하고 있다.

근로자가 연차휴가와 그다음 비번일을 함께 휴무하였다면 2일의 연차휴가를 사용한 것이 되고, 사용자가 비번일에 절반의 근로를 시키지 않더라도 무방하다.

정리하자면 <근무-비번-연차-비번-근무>의 경우에는 연차휴가를 2개 사용한 것이 되고, <근무-비번-연차-근무-근무>의 형태라면 연차휴가를 1개 사용한 것으로 판단할 수 있다.

🙍 격주 근무시 근로시간

월~금 8시간, 주 40시간에 매주 격주로 4시간 근무를 하는 경우. 4시간은 연장근로시간에 해당한다.

❶ 월~금의 근무시간 = (1주 40시간 + 주휴일 8시간) × 4.345주 = 209시간

❷ 매주 격주로 4시간 근무시간 = 4시간 × 4.345주 × 1.5배 ÷ 2 = 13시간

❸ 매월 유급 처리되어야 할 시간(❶ + ❷) = 222시간

2025년 최저임금(10,030원)을 기준으로 하는 월 최저임금액 = 10,030원 × 222시간 = 2,226,660원

매주 평일 오전 8시부터 오후 6시까지 근무를 하고, 토요일 2, 4주를 제외하고 9시간씩 근무를 하였다. 월급으로 300만 원을 받는 경우 시급은?

해설

평일 9시간 × 5일 근무를 하여 주 45시간 근로를 하였다면 평일 5시간 연장 5시간 × 1.5배 = 7.5시간

월 소정근로시간은 주휴수당을 포함 209시간이 되며, 초과근로시간은 1주 7.5시간 × 4.345주 = 1달 약 32.59시간이 나온다.

토요일 근무는 모두 연장근로에 해당하며, 9시간씩 2, 4주를 제외한 나머지 토요일에 근로하였다면 9시간 × 4.345주(월 평균주수) - 18시간(2. 4주) = 약 21.06시간

따라서 21.06시간 × 1.5배 = 31.59시간의 연장근로가 매월 토요일 발생하게 된다.

총 연장근로시간 = 32.59시간 + 31.59시간 = 약 64.18시간

총근로시간 = 209시간 + 64.18시간 = 273.18시간

통상시급 = 300만 원 ÷ 273.18시간 = 10,982원

04 / 근무 요일 변경 시 급여 시간 계산

사용자는 근로계약을 체결할 때 근로자에게 다음 각호의 사항을 명시하여야 한다. 근로계약 체결 후 다음 각호의 사항을 변경하는 경우에도 또한 같다.

1. 임금

2. 소정근로시간

3. 제55조에 따른 휴일

4. 제60조에 따른 연차 유급휴가

5. 그 밖에 대통령령으로 정하는 근로조건

주휴일은 근로계약서상에 기재해야 하며, 반드시 일요일로 정할 필요는 없고, 주 1회 특정요일에 부여한다고 기재하면 된다. 이는 주휴일 등 근로조건에 대하여 근로계약서에 명시해야 하므로 변경된 경우 새로 근로계약을 체결하는 것이 타당하다.

5 정해진 근로시간을 다 채우지 못한 경우 업무처리

조퇴는 근로자가 부득이한 사유로 인하여 근무 도중에 퇴근하는 것을 말한다.

조퇴는 상사의 허가 또는 승인과 소정의 신고를 의무화한다.

01 / 지각·조퇴의 업무처리

🎬 결근으로 처리할 수 없다

지각 또는 조퇴 등의 사유로 인하여 근로일의 소정근로시간수의 전부를 근로하지 못하였다 하더라도 소정근로일을 단위로 하여 그날에 출근하여 근로를 제공하였다면 결근으로 처리할 수 없다(법무 811- 4808, 1981.02. 16).

🎬 연차유급휴가 제도에 영향 못 미침

지각, 조퇴 3회를 결근 1일로 취급하여 연차에 영향을 미치게 하는 취업규칙은 근로기준법에 위배 된다(법무 811-11418, 1979.05.15).

🧑 주휴일 제도에 영향 못 미침

조퇴를 이유로 주휴일과 연차유급휴가를 공제할 수 없다(근기 01254 - 1103, 1987.01.23.). 주휴수당도 8시간분을 그대로 지급한다.

🧑 징계제도

지각, 조퇴 등에 대한 일정한 제재는 불가피할 것이나, 지나치게 과도하거나 불합리 또는 형평을 벗어난 제재는 이를 개선해야 한다(노동부 예규 482호).

그러나 지각 또는 조퇴 등을 제재하고자 하는 단체협약이나 취업규칙으로서 근로기준법 제96조에 의한 감급이나 승급, 상여금 지급 등에 영향을 주는 제도는 채택할 수 있다(법무 811-4808, 1981.02.16).

🧑 해고제도

무단결근, 무단조퇴, 근무 성적 불량 등을 이유로 시용기간 중인 근로자에 대한 해고를 부당해고라 볼 수 없다(중노위 96부해57, 1996.05.28. 참조). 그러나 근로시간의 개선에 관한 자신들의 주장을 관철하려고 하는 과정에서 단 1회 30분 조기 퇴근한 근로자를 징계해고한 것은 징계권의 범위를 일탈한 것으로서 정당한 이유가 없는 경우에 해당한다(대법 90다 18999, 1991.12.13.).

🧑 인사제도

취업규칙 등에 월 3회 이상 지각, 조퇴할 경우 1일 결근으로 규정하여 인사고과에 달리 반영하는 것은 무방하다(근기 01254-156, 1988.01. 07).

💬 상여금제도

지각 또는 조퇴 등을 제재하고자 하는 취업규칙으로서 상여금 지급 등에 영향을 주는 제도는 채택할 수 있다(법무 811-4808, 1981.02.16. 참조).

그러나 상여금의 지급대상기간 중에 결근 또는 지각의 사유가 있으면 일정 기준에 따라 상여금을 감급할 수는 있지만, 감급액의 범위는 1회의 금액이 평균임금의 1일분의 2분의 1을, 총액이 1임금지급기의 임금 총액의 10분의 1을 초과할 수 없다(법무 811-1871, 1979.01.25 참조).

02 / 반차의 업무처리

근로기준법상 반차에 대한 직접적 사항 등은 없다.

연차에 준해서 처리하면 된다.

연차는 하루 법정 기본근로시간인 8시간분에 대해 유급휴일을 보장해주는 제도이다. 연차를 반으로 분할 한 반차는 하루 4시간분만큼 유급으로 처리하면 된다.

09시 출근에 12~13시 점심시간의 경우 오전 반차는 점심시간 제외하고 09~14까지 4시간분(점심 휴게시간 제외) 유급 처리하고, 오후 반차는 오후 2시에 출근하게 해서 14시~18시까지 4시간을 잡으면 될 것 같으나 오후 6시까지 4시간의 근로 후 퇴근할 경우 근로기준법 제54조(4시간 근무 시 30분의 휴게시간 보장) 위반이 된다.

4시간 근로 시 30분의 휴게시간을 근로시간 도중에 부여해야 하기 때문이다.

따라서 오후 1시 30분에 출근하게 하여 6시에 퇴근하되 30분의 휴게시간을 근로시간 도중에 부여하고 4시간에 대해서 근로시간으로 처리해야 한다.

다만, 이에 대해 사규, 취업규칙 등으로 그 방법과 절차 등을 자율적으로 정해 근로자와 합의하면 되는 사항인데, 많은 회사에서 점심시간 이후 1시간 근무의 효율성이 높지 않다는 점을 감안해서 오후 반차는 점심시간 전까지만 근무해도 인정해 주는 예도 많긴 하다.

❶ 오전 반차는 : 09~14시(1시간 점심시간)

❷ 오후 반차는 13시 30분~18시(30분 휴게시간 보장)

03 / 결근의 업무처리

근로계약을 체결한다는 것은 근로자는 사용자에게 근로를 제공하고 사용자는 근로자에게 임금을 지급하겠다는 약속을 한 것이다. 그런데 직원이 말도 없이 출근하지 않아 근로 제공 의무를 이행하지 않았다면 사용자도 그에 상응하여 임금 지급 의무를 부담하지 않는다.

🙂 무단결근 시 주휴수당

무단결근 시 생각해 봐야 할 것이 있는데 바로 주휴일이다.

주휴일이란 근로자가 1주간의 소정근로일을 개근한 경우 1주 평균하여 1회 이상 주어지는 유급휴일이다. 즉, 근로자가 소정근로일을 개근한 때 주어지는 것이므로 무단결근한 사원에게는 주휴일을 유급으로 지급할 의무가 없다. 따라서 휴일 자체는 부여하되 무급으로 부여하면 된다(근기 1451-8700, 1984.03.30.).

🧑 무단결근 시 퇴사 처리

무단결근한 직원을 바로 퇴사 처리할 수 있는 것은 아니다.

무단결근을 했다고 해서 바로 퇴사 처리를 하면 안 된다. 무단결근을 한 직원에 대하여 최소한 문자나 전화 연락을 하고 그에 대한 증빙자료를 보관하며, 3일 이상 무단결근하는 경우는 내용증명으로 출근 독려를 하는 등 정상적인 출근을 요청하는 노력을 해야 한다.

회사 취업규칙에는 연속하여 5일 이상 무단결근 시 당연퇴직 된다는 규정이 있어서 그 규정을 적용해서 퇴사 처리를 했다고 주장하더라도 근로자가 명확하게 사직의 의사를 표시하지 않은 이상 섣부른 퇴사 처리는 부당해고에 해당할 여지가 높다.

따라서 무단결근이 있는 경우 언제까지 출근하지 않으면 근로의사가 없는 것으로 본다는 내용의 내용증명을 보내는 것이 안전하다고 생각된다.

🧑 무단결근 시 퇴직금

계속근로기간이 1년 이상인 근로자가 무단결근을 하여 근로관계가 종료된 경우라도 평균임금 30일분의 퇴직금을 지급해야 한다. 다만 퇴직금 산정을 위한 평균임금 계산에 있어서 무단결근한 일수와 무단결근 기간 중의 임금을 반영해 평균임금을 산정하면 된다. 다만, 무단결근 일수와 무단결근 기간 중의 임금을 반영하여 평균임금을 산정함으로써 그 금액이 통상임금보다 낮다면 통상임금을 평균임금으로 보아 퇴직금을 계산해야 한다.

📝 지각 · 조퇴 · 외출 시 업무상 유의 사항

▷ 무단으로 지각 · 조퇴 · 외출 시에는 징계 절차를 진행한다.

▷ 사유 발생 시에는 가능한 빨리 사건 경위를 파악하고, 해당자로부터 서면으로 소명서나 확인서를 받는다.

▷ 지각 · 조퇴 · 외출 시 시급 통상임금을 기준으로 임금을 공제한다(근기 68207 -3181, 2000.10.31).

▷ 지각 · 조퇴 · 외출 3회를 1일 결근으로 처리하는 것은 위법이다. 즉, 지각 · 조퇴 · 외출을 수 시간 또는 수회를 했더라도 결근으로 처리할 수 없다(근기 01254-156, 1988.01.07). 단, 근로기준법에 의한 감급이나 승급, 상여금 지급 등에 영향을 주는 제도는 채택할 수 있다(법무 811-4808, 1981.02.16.). 또한, 취업규칙 등에 월 3회 이상 지각 · 조퇴를 할 경우 1일 결근으로 규정하여 인사고과에 달리 반영하는 것은 무방하다(근기 01254-156, 1988.01.07.).

▷ 지각 · 조퇴 · 외출 후 종업시간 이후 연장근로를 한 경우 비록 종업시간 이후 연장근로라 하더라도 1일 8시간을 초과하지 않는 경우는 연장근로 가산수당을 지급하지 않는다.

▷ 지각 · 조퇴 · 외출 등이 있더라도 일반적으로 개근(만근)으로 해석함이 타당하다(근기 1455- 8372, 1970.09.08).

▷ 조퇴를 이유로 주휴일 등을 공제할 수 없다(근기 01254-1103, 1987.01.23.).

▷ 무단조퇴 · 무단결근, 근무 성적 불량 등을 이유로 시용기간 중인 근로자에 대한 해고를 부당해고라 볼 수 없다(중노위 96부해57, 1996.05.28.).

경조사 휴가

경조사와 관련된 휴가는 법에서 보장하는 휴가가 아니라 단체협약·취업 규칙 등에 규정된 약정휴가이다. 즉, 노사가 협의를 통해 정한 휴가이다. 따라서 법적으로 며칠을 주라고 강제하지는 못한다.

📝 경조휴가 시 휴일 또는 공휴일을 포함해서 날짜 계산을 하나요?

경조휴가 시 휴일 또는 공휴일을 포함하느냐는 근로기준법 등 노동관계 법령에서 규정하는 바가 없고, 경조휴가는 약정휴가로서 회사에서 취업규칙 또는 단체협약 에서 규정하거나 관행적으로 실시해온 사실에 근거하여 휴일 또는 공휴일을 포함 할 것인가를 결정하여 운용하면 된다.

예를 들어, 회사의 취업규칙 내 경조휴가 조항에 "경조휴가는 휴가기간 동안의 휴일, 공휴일 및 휴무일"을 포함한다."라고 규정되어 있다면 휴일 및 공휴일을 포함하여 경조휴가를 부여하면 된다.

반면, 취업규칙 등에 경조휴가 부여방법에 휴일 또는 공휴일 포함여부에 관한 규정이 별도로 없을 경우 고용노동부 행정해석에 의한 경조휴가 부여방법을 살펴보면 경조휴가가 토요일부터 5일간 발생할 경우, 토요일을 무급휴일 또는 무급휴무일로 규정하고 있다면 일요일은 유급휴일이므로 휴가일수에서 제외하고 토, 월, 화, 수,

목으로 5일의 경조휴가를 부여함이 타당하며, 토요일이 유급휴일 또는 유급 휴무일인 경우는 토요일과 일요일이 유급휴일이므로 휴가일수에서 제외하고 월, 화, 수, 목, 금으로 경조휴가를 부여함이 타당하다.

토요일부터 5일간 경조사 휴가 부여 시	
구 분	5일 휴가 부여 시 휴가
토요일 무급, 일요일 유급일 경우	토, 월, 화, 수, 목으로 5일간 부여
토요일 유급, 일요일 유급의 경우	월, 화, 수, 목, 금으로 5일간 부여

유급휴일인 경우는 휴가일수에서 제외하고 무급휴일인 경우는 휴가일수에 포함해서 계산하는 것이 타당하다.

[관련 고용노동부 행정해석]

유급휴가기간 중 유급휴일은 휴가일수에서 제외하고 무급휴일을 포함하여 휴가일수를 계산한다(근기 01254-3483, 1988.03.08.).

[회 시]

유급휴가기간 중의 주휴일 또는 공휴일을 휴가일수에 포함할 것인가? 는 그 휴일이 유급휴일인 경우는 휴가일수에서 제외하고 무급휴일인 경우는 포함하여 휴가일수를 계산하는 것이 타당할 것이며, 휴가 기간 도중에 출근하였다 하더라도 근로기준법 제46조의 휴일근로로는 볼 수 없다.

📝 약정휴가 규정 시 주의할 점

1. 경조사 휴가

경조사 휴가기간 중 휴일 또는 휴무일이 포함되어 있는 경우는 이를 포함할지의 여부, 유·무급 여부 등에 대해서 사전에 명확히 할 필요가 있다.

▷ 본인의 결혼 : 5일

▷ 배우자의 출산 : 5일

▷ 본인 · 배우자의 부모 또는 배우자의 사망 : 5일

▷ 본인 · 배우자의 조부모 또는 외조부모의 사망 : 2일

▷ 자녀 또는 그 자녀의 배우자 사망 : 2일

2. 하계휴가

하계휴가는 기간을 특정하여 정하는 것이 바람직하며, 하계휴가의 기간, 신청방법, 휴일의 포함 여부, 휴가비 지급 등에 대해서 사전에 구체적으로 정하여 운영할 필요가 있다.

▷ 하계휴가기간 : 7월 1일~8월 31일

▷ 하계휴가일 : 7일

▷ 신청방법 : 1주일 전에 부서장에게 신청하여 승인을 득해야 한다.

3. 병가

업무 외 질병 또는 부상으로 인하여 휴가를 부여하는 병가에 대해서는 유 · 무급의 여부를 명확히 할 필요가 있으며, 일정 기간(예시, 3일 혹은 1주일 이상) 계속적으로 병가를 부여할 필요가 있는 경우에는 진단서를 첨부하도록 하는 것이 바람직하다. 단, 업무상 질병, 재해로 인한 휴가의 경우 관련 법에 정한 바에 따른다(산업재해보상보험법, 근로기준법).

4. 기타

안식 휴가의 경우 근속기간에 따라 부여하는 경우가 많으므로 안식 휴가의 요건, 유 · 무급여부 등을 정할 필요가 있다. 학업 휴가는 직무와의 연관성, 학업 기간, 유 · 무급여부 등에 대해서 구체적으로 사전에 정하는 것이 바람직하다.

📝 (경조사)휴가와 휴일이 중복된 경우 휴가일수

경조사 휴가규정에 따르면 결혼 시 5일의 유급휴가를 부여한다고 규정하고 있다. 그렇다면 토요일과 일요일은 유급휴가일수에 포함되는 것인지 또는 휴가기간 중에

취업규칙 상 유급휴일이 포함되어 있는 경우 유급휴일을 제외하고 휴가일수를 산정해야 하는지 등 휴가와 휴일이 중복된 경우 휴가일수 산정방법이 궁금하다.

휴가란 근로 제공 의무가 있음에도 사용자가 법령 및 취업규칙 등에 따라 근로제공 의무를 면제한 날을 말한다. 따라서 법정유급휴가란 원칙적으로 근무일임이 전제된다. 다만, 경조사 휴가는 근로기준법에 따라 일정한 요건을 갖출 경우 사용자가 부여할 의무가 있는 법정휴가가 아니고 취업규칙 등에 의해 휴가로 정해진 약정휴가이므로 토요일과 일요일 등을 휴가일수에 포함시킬 것인지? 여부는 취업규칙 등에 규정된 바에 따르면 된다.

취업규칙 등에 별도로 규정된 바가 없다면 경영 관행에 따른다. 통상적으로는 법정휴가든 약정 휴가든 휴가의 본래 취지가 근로일에 근로제공의무를 면제해주는 것이므로 휴가일수에는 근무일만을 포함하는 것이 원칙이나 경조사휴가는 근로기준법에 별도 규정이 없으므로 취업규칙 등에 구체적으로 정하면 된다. 취업규칙에 명시적으로 규정된 것이 없고 경영 관행도 없다면 휴가는 근무일을 기준으로 일수를 정하되 휴가기간 중에 휴일이 겹치는 경우는 휴가기간에 포함시켜도 무방하다. 다만, 이를 취업규칙 등에 명확히 규정하는 것이 바람직하다.

7 출산휴가와 생리휴가

01 / 출산휴가

사용자는 임신 중의 여성에게 출산 전과 후를 통하여 90일의 출산전후 휴가를 부여해야 한다. 이 경우 출산 후에 45일 이상이 되어야 한다. 이 중 최초 60일은 사업주가 유급으로 처리해야 하고, 사업주의 책임이 없는 나머지 30일에 대해서는 고용보험에서 근로자에게 출산휴가급여를 지원한다.

우선지원대상기업의 경우는 90일에 대해서 모두 고용보험에서 지원하며, 사용자는 이중 최초 60일에 대해서는 고용센터에서 지급하는 출산휴가급여와 통상임금과의 차액을 별도로 지급해야 한다.

사용자가 출산전후휴가 확인서를 작성하여 발급해 줘야 근로자가 출산전후휴가신청서를 가지고 고용센터에 출산휴가급여를 신청할 수 있다. 이 때 통상임금을 확인할 수 있는 자료(임금대장, 근로계약서 등) 사본이 필요하다. 휴가 시작 1개월 이후부터 신청할 수 있다.

출산휴가 정보와 모의계산은 고용노동부 홈페이지 여기에 잘 나와 있으므로 참고 바란다.

<https://www.ei.go.kr/ei/eih/eg/pb/pbPersonBnef/retrievePb330Info.do>

02 / 생리휴가

사용자는 여성인 근로자가 청구하는 경우 월 1일의 생리휴가를 주어야 한다.

주간 기준근로시간이 40시간인 경우는 무급으로 부여할 수 있다. 따라서 취업규칙이나 노조와의 단체협약상 생리휴가를 유급으로 정해놓고 있지 않은 이상, 여성 근로자가 생리휴가를 1일 사용하면 월급제 근로자의 경우 1일분의 임금이 공제된다.

> 기준근로시간이 주 40시간인 경우 : 월 1일을 무급 또는 유급으로 부여

구 분	생리휴가 사용 시 급여 공제 여부
취업규칙이나 노조와의 단체협약상 유급으로 정한 경우	1일 분의 급여를 공제하지 않음
취업규칙이나 노조와의 단체협약상 무급으로 정한 경우	1일 분의 통상임금을 급여에서 공제

8 휴직과 복직

휴직이란 근로제공이 불가능하거나 부적당한 경우에 근로계약 관계를 유지하면서 일정기간 근로제공을 면제하거나 금지하는 것을 말한다.

휴직은 단체협약이나 취업규칙의 정함에 근거해서 사용자의 일방적 의사표시로 행해지는 예도 있고, 근로자와의 합의, 신청에 의한 승인 등에 의해서 행해지는 예도 있다.

휴직제도에는 그 목적이나 내용에 따라 상병휴직, 가사휴직, 기소휴직, 고용조정 휴직 등이 있다.

01 / 사용자의 휴직 처분의 유효성

사용자의 휴직 처분의 유효성은 취업규칙이나 단체협약상의 휴직 근거 규정의 합리적인 해석을 통해서 판단해야 한다.

사용자는 취업규칙이나 단체협약 등의 휴직 근거 규정에 정해진 사유가 있는 때에만 휴직 처분을 할 수 있고, 정해진 사유가 있는 경우에도 당해 휴직 규정의 설정 목적과 그 실제 기능, 휴직 명령권 발동의 합리성 여부 및 그로 인해서 근로자가 받게 될 신분상·경제상의 불이익 등 구체적인 사정을 모두 참작해서 근로자가 상당한 기간에 걸쳐 근로의 제공을 할 수 없다거나, 근로제공을 함이 부적당하다고 인정되는 때에만 당해 처분에 정당한 사유가 된다.

02 / 병가(질병) 휴직

👤 병가신청

업무외 질병, 부상 발생

업무외 질병, 부상이라고 해도 업무 연관성 여부를 따져 볼 필요가 있다. 그래서 업무상 재해로 판단될 여지가 있으면 근로복지공단에 요양 신청을 한다.

업무 연관성이 없지만, 치료를 위해 휴직이 필요하다면 주치의 소견서를 받아 회사에 제출하는 등 회사 내부 절차를 따라야 한다.

진단서발급, 연차휴가 신청

휴직을 위해 예상 치료 기간이 명시된 주치의 소견서를 발급받는다.

검사에 필요한 기간이나 병가가 승인되기 전까지는 연차휴가를 사용할 수 있으며, 회사의 규정에 따라 이후 병가기간으로 포함될 수도 있다.

그리고 개인적 질병의 경우 연차휴가 일수가 모두 소진된 후 결근하는 경우 해당 일수만큼 급여에서 차감하는 것이 실무상 처리 방법이다.

취업규칙, 단체협약 확인

취업규칙이나 단체협약에 병가에 관한 근거 규정이 있는지 확인한다. 보통은 규정이 있고, 보장되는 일수가 회사마다 다르며, 병가 규정이 아예 없는 회사도 있다.

🧑 병가 종료와 해고

신청한 병가기간이 종료되면 업무에 복귀해야 한다. 복귀할 때도 취업규칙 등에서 정하고 있는 복직 절차가 있다면 그 절차에 따라야 한다.

그러나 질병이 낫지 않아 치료 기간이 더 필요하면 연장 신청을 해야 하는데, 취업규칙이나 단체협약에 정해진 병가기간을 초과하면 사용자의 재량에 따른다. 규정에 정해진 병가를 다 소진했음에도 업무수행이나 복귀가 불가능하면 사용자는 근로자를 해고할 수 있다. 다만, 추가로 필요한 치료기간이 비교적 단기간이고, 치료가 가능하다면, 사용자의 해고 조치는 지나치다고 볼 수도 있다.

질병휴직과 요양 등에 관한 다양한 행정해석과 판례는 다음과 같다.

- 사용자는 근로자가 요양 종결 후 상당한 신체적 장해가 남은 경우 사회 통념상 종전의 업무를 계속 수행하는 것을 기대하기 어렵고, 다른 적당한 업무의 배치전환도 곤란한 경우라면 해고의 정당한 이유가 있는 것으로 볼 수 있다.

- 업무상 재해가 아닌 사유로 장기간 휴직해서 취업규칙에 의거 해고한 것은 정당하고, 업무외 사고로 인한 휴직기간 만료 후 별다른 조치를 취하지 않았고 회사가 복직 조건으로 제시한 기준도 충족시키지 못해서 면직한 것은 정당하다.

- 휴직 및 복직 시 필요한 서류를 제출하지 않은 데 대해 복직을 거부한 것은 정당하다고 보았으며, 출근 도중에 입게 된 부상으로 휴직하였으나 휴직기간 만료 후에도 휴직 사유가 해소되지 않았다면 복직원을 제

출하지 않았다고 해도 형식적으로 단체협약을 적용해서 해고한 것은 부당하다.
- 회사 측이 단순 만성활동성간염 보균자라는 이유로 6개월 이내에 치료 종결 시까지 휴직 명령을 내린 사안에 대해 감염 예방이 가능하다는 이유로 무효로 판결한 사례 등이 있다.

🧑 병가로 인한 퇴사 시 실업급여

사용자가 병가를 승인하지 않아 근로자가 치료를 위해 퇴사하는 경우는 자발적 이직이어도 실업급여를 받을 수 있다.

🧑 병가기간과 퇴직금

병가를 모두 사용하고도 회복되지 않아 복직할 수 없어지면 근로자는 스스로 퇴사하거나 해고될 수 있다. 퇴직금을 산정할 때, 병가기간이 평균임금 산정에 포함되면 퇴직금에 손해를 보게 된다. 사용자가 승인한 병가기간은 평균임금 산정기간에서 제외시키고, 병가 직전 3개월을 기준으로 평균임금을 산정한다.

03 / 휴직 시 임금 지급

휴직 시 임금 지급은, 단체협약, 취업규칙, 근로계약에 따른다. 따라서 사용자의 귀책 사유로 휴업수당을 지불해야 하는 경우가 아니라면, 노무 제공이 없는 휴직기간은 임금을 지급하지 않더라도 법 위반이 아니다. 다만, 사용자 측 귀책 사유로 휴직하는 경우는 평균임금의 70% 이상의 수당을 지급해야 한다.

무급휴직은 원칙적으로 근로자의 동의가 있어야 하며, 이를 거부하는 것이 가능하다. 반면, 직권휴직이 부당한 경우 그 휴직 명령은 무효가 되고 사용자의 민법상 귀책 사유로 인해 노무제공의무를 이행하지 못한 것이므로, 근로자는 휴직기간동안의 임금 전부를 청구할 수 있다(대법 2005 .2.18, 2003다63029).

휴직기간도 계속근로연수에 산입된다. 다만, 군 복무 휴직은 계속근로기간에는 제외하되 승진 소요 기간에는 산입한다.

휴직 중에도 기밀누설금지, 명예훼손 금지 등 성실의무는 그대로 적용되므로 징계 규정에 의거 징계처분을 받을 수도 있다.

04 / 휴직기간의 4대 보험료

건강보험의 경우 휴직기간에도 보험 혜택의 기간이기 때문에 휴직과 관계없이 보험료가 부과되지만, 휴직 기간동안에는 납부유예를 신청할 수 있다. 납부유예된 보험료는 복직하게 되면 근로자는 휴직기간동안 부과하지 않았던 건강보험료를 산정하여 일시납 혹은 분납의 방식으로 납부해야 한다.

국민연금의 경우 납부예외 신청을 할 수 있으며, 이 경우 휴직기간에 대해서는 국민연금 보험료가 부과되지 않는다.

고용·산재보험은 휴직 신고서를 작성하여 해당 기간 동안 보험료를 면제받을 수 있다.

05 / 휴직기간의 주휴수당

주휴수당은 주 소정근로일 모두 개근할 것을 조건으로 하므로 근로자 개인 사정으로 결근한 주에 대해서는 주휴수당이 발생하지 않는다.

06 / 휴직기간의 퇴직금

업무상 부상 또는 질병기간, 법정 육아휴직기간과 같이 법령이나 그 성질상 출근한 것으로 간주할 수 있는 경우에는 소정근로일수(분모)와 출근일수(분자)에 해당 기간을 각각 포함하여 출근율을 산정한다.

이와 달리 약정 육아휴직 또는 업무 외 부상·질병 휴직 기간은 출근한 것으로는 볼 수 없으나 결근과는 성질이 다르기에 소정근로일수에서 제외한다.

즉,

1. 출근율을 산정할 때는 실질 소정근로일수(연간 소정근로일수 - 휴직기간)를 기준으로 산정하되,

2. 휴가일수를 산정할 때는 연간 소정근로일수를 기준으로 하여

가. 출근율이 80% 이상일 경우에는 연차휴가 일수(15일)를 부여하지만,

나. 출근율이 80% 미만일 경우에는 실질 소정근로일수를 연간 소정근로일수로 나눈 비율을 곱하여 비례적으로 부여한다.

[사례1] 연간 소정근로일수 247일, 병가로 인한 소정근로일수 30일을 쉰 경우(나머지 소정근로일수 전부 출근, 계속근로기간 7년)

---

❶ 출근율

가. 실질 소정근로일수(연간 소정근로일수 − 휴직기간) = 247일 − 30일 = 217일

나. 출근율 = 217일 ÷ 247일 = 87.85%

❷ 출근율이 80% 이상이므로 15일 + 7년 가산휴가 3일을 더하면 18일의 연차휴가가 발생한다.

> [사례2] 연간 소정근로일수 247일, 병가로 인한 소정근로일수 60일을 쉰 경우(나머지 소정근로일수 전부 출근, 계속근로기간 7년)

❶ 출근율

가. 실질 소정근로일수(연간 소정근로일수 − 휴직기간) = 247일 − 60일 = 187일

나. 출근율 = 187일 ÷ 247일 = 75.70%

❷

가. 출근율이 80% 미만이므로 15일 × (187일 ÷ 247일) = 11.4일 + 7년 가산휴가 3일을 더하면 14.4일의 연차휴가가 발생한다.

나. 출근율이 80% 미만이므로 18일 × (187일 ÷ 247일) = 13.62일의 연차휴가가 발생한다.

계속근로기간이 7년이므로 가산 3일을 더하면 되는데, 가산휴가 3일을 더하는 방식은 가와 나 2가지 방법이 있는데 고용부 행정해석에는 기본 일수인 15일에 더해서 더하는 계산 방식인 나의 방법으로 하도록 하고 있다. 즉 18일 × (187일 ÷ 247일) = 13.62일의 연차휴가가 발생한다.

> [사례3] 연 단위 연차 출근율이 80%가 안 되는 경우 및 1년 미만 월단위 연차휴가
> 실제 소정근로일수 187일 중 1달 개근(월 소정근로일수 21일, 21일 중 병가휴직 10일 사용), 1일 소정근로시간 8시간

앞의 사례2 경우는 연 단위 연차를 계산하는 것이라면 세 번째는 월 단위 연차를 계산하는 경우 해당한다.

❶ 출근율

가. 실질 소정근로일수(연간 소정근로일수 − 휴직 기간) = 247일 − 60일 = 187일

나. 출근율 = 187일 ÷ 247일 = 75.70%

187일(247일 − 60일) 자체 출근율이 80%가 안 되는 경우이다.

❷ 187일 중 정상 출근한 달이 1달이고 그중 10일을 병가를 사용했으므로 바뀐 고용부 행정해석에 따라 시간 단위로 연차휴가를 산정해야 한다.

8시간(1일) × (11일(21일 − 10일)/21일) = 3.8시간의 연차휴가가 발생한다.

07 / 휴직기간의 퇴직금

휴직은 사용자의 승인에 의하여 이루어지고, 회사의 단체협약이나 취업규칙에 계속 근로기간으로 인정하지 않는다고 규정하고 있지 않다면, 계속근로기간에 포함된다. 즉 휴직기간도 계속근로기간에 포함되기 때문에 퇴직금 산정의 기준이 되는 기간에 합산된다.

사용자의 승인을 받아 휴직한 기간의 경우 그 기간과 그 기간중에 지급된 임금은 평균임금 산정기준이 되는 기간과 임금의 총액에서 각각 제외하고 평균임금을 산정한다.

회사가 퇴사 직전 3개월 이상 휴직했다면, 휴직을 시작한 날 이전 3개월의 임금을 기준으로 퇴직금을 계산해야 한다. 만약 휴직 기간이 3개월 미만이라면, 퇴사일 직전 3개월에서 휴직기간을 빼고 평균임금을 산정하면 된다.

예를 들어 회사가 2024년 5월 31일부터 7월 31일까지 3달간 휴직을 했고, 8월 1일에 퇴사하게 됐다면 직전 3개월인 5~7월이 모두 휴직한 경우이므로 휴직을 시작한 날 이전 3개월인 2~4월 3개월의 임금을 기준으로 퇴직금을 계산한다.

또한 퇴직 전 3개월에 휴직기간이 1개월 반이 포함된 경우, 실제로 근로한 1개월 반 동안의 임금만 그 기간의 일수로 나누어 계산한다.

08 / 복직

복직이란 휴직 또는 정직 중인 근로자가 다시 본인의 직무에 복귀하는 것을 말하며, 출근과는 다른 개념이다.

따라서 복직원 상에 휴직 종료일 다음 날로 복직일을 기재하였다면, 복직일이 휴일인지? 여부와 상관없이 휴가 종료일 다음 날(일요일)을 복직일로 보면 된다.

회사는 휴직자의 복직 시 당초의 원직에 복직시키는 것을 원칙으로 하며, 다만, 불가피한 사유가 있는 때에는 다른 업무나 부서에 인사발령을 할 수 있다.

복직시 4대 보험은 휴직에 들어가기 전 임금을 기준으로 신고하면 된다. 그런데 근로자가 휴직에 들어간 기간 도중에 임금이 인상된 경우는 임금이 인상된 것도 고려하여 예상 보수월액 또는 소득월액을 신고하는 것도 가능하다.

건보료는 매년 정산하기 때문에 정확하게 신고되지 않아도 근로자에게 불이익하지 않다. 그리고 국민연금은 근로자가 실제 납부한 연금보험료에 따라 나중에 혜택을 보는 것이어서 별도 정산을 하지 않는다. 별도

정산을 하지 않아도 근로자에게 불이익하지 않기 때문이다.

무급휴직 후 복직으로 인해 화요일부터 근로제공을 하는 경우라면 출근일부터 임금 계산을 하면 된다. 또한 화요일 출근으로 1주 소정근로시간을 개근하지 못한 것이므로, 그 주의 주휴수당을 지급하지 않아도 위법은 아니다.

그달의 급여는 일할계산해서 지급하면 된다.

복직자는 신규 입사자가 아니므로 1개월 단위 연차휴가를 산정하지 않고 연 단위로 연차휴가를 산정해야 한다.

복직 시 연차휴가는 연간 총 소정근로일수에 대한 나머지 소정근로일수의 비율로 산정한다. 예를 들어 6개월 휴직 후 복직하는 경우 15일 × 6 ÷ 12는 7.5일이 된다.

📝 휴직 및 복직과 관련해서 유의할 사항

> ▷ 휴직기간이라고 해도 사용종속관계가 유지되고 있다면 동 기간은 근속연수에 포함되어야 한다(근기 1451-3610, 1984.02.09).
>
> ▷ 휴직기간이 3개월을 초과해서 평균임금 산정기준기간이 없게 되는 경우는 휴직한 첫날을 평균임금 산정 사유발생일로 보아 이전 3개월간을 대상으로 평균임금을 산정해야 한다(임금 68207-132, 2003.02.27.).
>
> ▷ 근로제공이 어려운 업무 외 상병 근로자에 대해서 사용자가 회사의 인사규정에 따라 휴직 발령한 것은 사용자의 정당한 인사권의 행사이다(중노위 2000부해 649, 2001.05.04).
>
> ▷ 회사가 취업규칙의 규정에 따라 근로자가 질병으로 상당기간 가료 또는 휴양이 필요하다고 보아 휴직을 명하면서 따로 휴직기간을 정해준 바가 없다면 그 휴직기간은 취업규칙 소정의 최장기간이고, 그 휴직기간의 기산은 휴직을 명한 날로부터 계산해야 한다(대판 90다8763, 1992.03.31).

▷ 정직이나 강제 휴직 기간은 소정근로일로 보기 어려워 연차휴가일수 산정에 있어 결근으로 처리할 수 없다(근로기준팀-4, 2005.09.09).

▷ 휴직기간이 근로자 귀책 사유에 해당하는 경우 평균임금 산정 기준기간에 포함해서 평균임금을 산정해야 한다(임금 68207-132, 2003.02.27).

▷ 휴직 전에 근무했던 직책에 복귀되지 않았다고 하더라도 근로기준법 위반으로 볼 수 없다(근기 68207-3089, 2000.10.26).

▷ 노동위원회의 원직 복직 명령 또는 법원의 해고무효 확인 판결에 따라 근로자를 복직시키면서 사용주의 경영상 필요와 작업환경의 변화 등을 고려해서 복직 근로자에게 그에 합당한 일을 시킨다면 그 일이 비록 종전의 업무와 다소 다르더라도 원직에 복직시킨 것이다(근로기준과-6438, 2004.09.09).

제3장

연차휴가와 연차수당

지겹도록 물어보는 연차휴가와 연차수당의 계산 방법을 초보도 직관적으로 알 수 있게 연차휴가 속산표가 수록되어 있다.

• 입사일 및 회계연도 기준 연차휴가 계산
• 연차수당의 계산 방법
• 연차휴가 계산 방법과 빠른 계산 속산표

연차휴가를 받을 수 있는 필수조건 3가지

발생한 연차휴가를 실제로 부여받기 위해서는 다음의 3가지 조건을 모두 충족해야 한다.

01 / 상시근로자 수 5인 이상 사업장이어야 한다.

연차휴가 적용 대상은 근로자여야 한다.

연차휴가는 상시근로자 수 5인 이상 사업장에 적용이 되며, 5인 미만 사업장은 적용 대상이 되지 않는다. 따라서 상시근로자 수 5인 미만 사업장은 근로기준법상 연차휴가를 받을 수 없다.

그러나 5인 미만 사업장이라도 근로계약서에 '연차유급휴가' 라는 문구를 사용하여 '1년 근속할 때마다 15개씩 부여한다' 와 같이 '근로기준법상 연차휴가제도' 가 연상되는 내용을 기재한 경우는 연차휴가를 주어야 한다. 이를 약정 휴가라고 한다.

그리고 2022년부터 관공서의 공휴일 흔히 빨간날에 민간인도 쉬는 날이 되었으므로 빨간날 쉰다고 연차휴가로 대체하면 위법이다.

참고로 상시근로자 수 5인 미만 사업장은 처음부터 연차휴가가 없으므로 빨간날 쉰다고 연차로 대체하는 개념 자체가 성립하지 않는다.

구 분	연차휴가 적용
5인 이상 사업장	적용
5인 미만 사업장 (또는 4인 이하 사업장)	적용 안 됨. 단 근로계약서에 연차휴가를 주는 것처럼 계약한 경우는 적용

🧑 임원도 연차휴가를 줘야 하나?

형식상 임원일 뿐이며 실제 근로자와 유사한 지위에 있다면 근로기준법 상 연차휴가를 줘야 한다. 반면 근로자에 해당하지 않으면 회사 자체 규정에서 연차휴가를 준다는 규정이 있지 않을 때는 주지 않아도 된다. 결과적으로 규정이 없다면 지급할 이유가 없다.

연차휴가는 근로기준법상 근로자가 청구할 수 있는 것이므로, 원칙적으로 회사의 업무집행권을 가진 이사 등 임원은 회사와 근로 계약관계에 있지 않으므로 근로자라 볼 수 없다.

판례에서는 등기임원의 경우 형식적, 명목적인 이사에 불과하다는 것과 같은 특별한 사정이 존재하지 않는 한 근로자성을 부인하는 입장이다. 즉 근로자로 보지 않아 연차휴가를 부여하지 않아도 된다.

반면, 비등기 임원의 경우 상법상 기관으로써의 권한이 없다는 점에서 대표이사 등의 지휘, 감독하에 일정한 노무를 담당하고, 그 대가로 일정한 보수를 지급받는 관계에 있다고 보아, 근로자성을 인정하는 입장이다. 즉, 근로자로 보아 연차휴가를 부여해야 한다.

따라서 임원이 업무집행권을 가지는 대표이사 등의 지휘 · 감독하에 일정한 노무를 담당하면서 그 노무에 대한 대가로 일정한 보수를 지급받아 왔다면, 그 임원은 근로기준법상 근로자에 해당할 수 있으며, 연차휴가 미사용수당을 청구할 수 있다.

구 분	임원의 연차휴가 적용
등기임원	회사 자체적으로 규정을 두고 있지 않으면 법적으로는 연차휴가를 부여할 의무가 없다.
비등기임원	판례상으로 근로자로 인정하고 있으므로 연차휴가를 부여한다.

02 / 1월 개근 또는 1년간 80% 이상 개근

1년 미만 근로 시 발생하는 월 단위 연차(월차)는 1월을 개근해야 하고, 1년 이상 근로 시 발생하는 연 단위 연차(연차)는 1년에 80% 이상을 개근해야 한다.

구 분	연차휴가 발생요건
월 단위 연차휴가	1달간 출근일 수의 100%를 개근해야 한다.
연 단위 연차휴가	1년간 출근일 수의 80%를 개근해야 한다.

[주] 법률적으로 정확한 표현은 개근이지만 실무상 개근 대신 만근이라는 용어를 사용하기도 한다.

03 / 다음날 출근이 예정되어 있어야 한다.

1월 개근 또는 1년간 80% 이상 개근 시 발생하는 연차휴가를 실제로 부여받으려면 다음 날 근로가 예정되어 있어야 한다.

즉 1월 개근 및 1년 80% 이상 개근 여부를 판단하는 단위 기준은 1개월 또는 1년이다. 하지만 단위 기준이 되는 기간을 다 채웠다고 무조건 연차휴가를 부여받는 것이 아니라 다음날 근로가 예정되어 있어야 한다. 따라서 1월 + 1일 또는 1년 + 1일을 근무해야 발생한 연차휴가를 실제로 부여받을 수 있다. 딱 1월 또는 딱 1년(365일)만 근무하는 경우 연차휴가를 받을 수 없다.

구 분	판단기준	출근율	실제 부여일	사용 가능일
월 단위 연차휴가	7월 1일 ~ 7월 31일	100%	8월 1일 근무 시 부여	8월 1일부터 사용은 가능하나 8월 1일에 연차휴가를 사용하고 퇴사하는 경우는 안 됨
연 단위 연차휴가	1월 2일 ~ 다음 해 1월 1일	80%	다음 해 1월 2일까지 근무 시 부여	1월 2일부터 사용은 가능하나 1월 2일부터 연차휴가를 사용하고 퇴사하는 경우는 안 됨

2 개근(만기)일과 소정근로일의 계산

01 / 개근(만근)의 의미

정확한 법률 용어는 개근이다.

그러나 실무에서는 개근 대신 만근이라는 용어도 많이 사용하지만, 만근의 정의는 명확하지 않다. 다만, 의미만 통하면 문제는 없다.

개근이란 근로 제공 의무가 있는 날 즉, 근로계약서상 소정근로일에 결근하지 않은 것을 의미한다고 볼 수 있다(근로기준과 : 5560, 2009.12. 23). 따라서 지각이나 조퇴, 외출, 반차, 연차휴가가 있었다고 하더라도 소정근로일에 출근하였다면 결근으로 볼 수 없고(근기 1451-21279, 1984.10. 20.), 개근으로 보아야 한다.

02 / 소정근로일의 의미와 80% 출근율 계산

소정근로일이란 회사가 근로하기로 정한 날 또는 노사가 합의하여 근로하기로 정한 날이다.

연간 소정근로일수에 대한 출근율을 산정할 때 연간 365일 중 어떤 일수를 소정근로일수로 정의해야 하는가에 대하여 많은 문의가 있다.

365일 중 주휴일(통상적으로 일요일), 무급휴무일(통상적으로 토요일), 근로자의 날, 비번일, 약정휴일은 근로제공의무가 없으므로 소정근로일수에서 제외된다. 따라서 근로제공의무가 없는 날을 제외하고 80% 이상 개근 여부를 판단하는 것이 일반적이다.

구 분	항 목
아예 소정근로일수 자체에서 빼는 경우	• 무급휴무일(통상 무급 토요일) • 주휴일(통상 일요일) • 근로자의 날(노동절) • 법정휴일(빨간날) 및 대체공휴일 • 약정휴일(노사가 약정하여 휴일로 정한 날) • 기타 이에 준하는 날(빨간날)
소정근로일수에 포함하며 출근한 것으로 보는 경우	• 업무상 부상 또는 질병으로 휴업 • 출산전후휴가, 유·사산 휴가, 배우자 출산휴가, 난임 치료 휴가 • 육아휴직 • 임신기 근로시간 단축, 육아기 근로시간 단축 • 가족 돌봄 휴가, 가족 돌봄 등을 위한 근로시간 단축 • 예비군, 민방위 훈련 기간 • 공민권 행사를 위한 휴무일 • 연차유급휴가, 생리휴가 등 허락된 휴가 기간 • 부당해고기간(대법원) • 불법 직장폐쇄 기간 • 근로시간 면제자(타임오프) 활동 기간(노조 활동)
	• 사용자의 귀책 사유로 인한 휴업 기간 • 경조사 휴가 등 약정 휴가

구 분	항 목
소정근로일수와 출근일 수에서 모두 제외되는 기간(근로 제공 의무가 없는 기간)	• 육아휴직(2018년 5월 28일까지) • 가족돌봄휴직 • 예비군 훈련 중 발생한 부상에 대한 치료 기간 • 부당해고기간(고용노동부) • 적법한 쟁위 행위 기간 • 노동조합 전임기간 • 정년퇴직 예정자의 공로 연수 기간(위로 휴가 기간), 업무상 필요에 의한 해외연수기간
소정근로일수에 포함하되 결근한 것으로 보는 경우	• 무단결근 • 개인적인 사정으로 인한 휴직(질병 휴직 제외) • 정당한 정직 기간, 강제 휴직, 직위 해제 기간 • 불법쟁위행위 기간

🧑 1년 미만 근로자 개근의 판단

앞서 설명한 바와 같이 개근이란 근로 제공의무가 있는 날 즉, 근로계약서상 소정근로일에 결근하지 않은 것을 의미하므로, 위의 표에서 9월을 기준으로 소정근로일(9월 1일~9월 30일)에 결근하지 않으면 10월 1일에 1일의 연차가 생긴다.

🧑 1년 이상 근로자 80%의 판단

연간 80% 이상 출근율을 따진다면 위의 표에서 가정한 연간 소정근로일수 246(2024년 기준)일 중 197일 이상을 출근해야 한다.

아래 예에서 결근일이 48일이므로 출근일은 198일(246일 - 48일) ÷ 246일 = 80.48%가 되어 연차휴가 15일이 발생한다.

[출근율을 계산하는 방법]

$$출근율 = \frac{출근일수}{소정근로일수}$$

소정근로일수란 당초 근무하기로 정한 날 즉, 근로자가 실제 출근을 해야 했던 날을 말하며, 법정휴일(주휴일 및 근로자의 날) 및 약정휴일(취업규칙 등에서 정한 휴일) 등을 소정근로일수에서 제외된다.

예를 들어 2024년 7월 1일부터 9월 5일까지(일) 개인적 병가로 회사를 쉰 경우

월	총일수	토요 휴무일	주휴일	휴일	소정근로일수
7월	31	4	4	0	23
8월	31	5	4	1	21
9월	5	0	1	0	4
계	총결근일 = 23일 + 21일 + 4일 = 48일 1년 총 소정근로일수 246일 가정				246 (결근일 48일)

$$출근율 = \frac{출근일수}{소정근로일수} = \frac{(246일 - 48일)}{246일} = 80.48\%$$

참고로 각 연도의 소정근로일수는 네이버에서 '2025년 소정근로일수'로 검색하면 나온다.

❶ 상시근로자 수(정규직, 비정규직, 임시직, 아르바이트 모두 포함, 프리랜서 제외)가 5인 이상인 사업장의 1주 소정근로시간 15시간 이상 근로하는 근로자

❷ ❶의 조건에는 해당하지 않지만, 근로계약서에 연차휴가를 주는 조건으로 근로계약을 체결한 경우

[판단]

❶ 또는 ❷조건 중 하나에 해당하면 연차휴가 적용 대상

❶ 또는 ❷조건 중 하나도 해당이 안 되면 연차휴가 자체가 없으므로 다음 설명이 필요 없다. 또한, 연차휴가가 없으면 연차수당도 당연히 발생하지 않는다.

연차휴가의 계산은 <u>입사 1년 미만 시점</u>과 입사 후 <u>1년 이상인 시점</u>으로 나누어 계산한다(중요).

4 중도 퇴사 시 연차휴가는 비례해서 발생하지 않는다.

근로자가 퇴사할 경우 근로기준법 제36조에 따라 임금, 퇴직급여, 연차휴가 미사용 수당 등 그 밖의 모든 금품을 지급해야 한다.

이때, 퇴직급여, 임금은 연중 중도 퇴사 시 재직한 기간까지 산정하기 때문에 연차휴가 일수 발생도 퇴사 시점까지 비례해 발생한다고 오해할 수 있다.

하지만 연차휴가는 1년 근속에 대한 대가로 지급되는 것으로 중도 퇴사 시 해당 1년 미만의 기간에 대해서는 연차휴가가 발생하지 않는다. 즉 1년을 단위 기간으로 하므로 1년을 채우지 못하면 연차휴가 자체가 발생하지 않는다. 물론 월 단위 연차휴가는 1월이 단위 기간이므로 1달을 채우지 못하면 연차휴가 자체가 발생하지 않는다.

쉽게 예를 들면 1년 11개월 근무 후 퇴사 시 계속 근로 1년에 대한 15일이 발생하고, 나머지 11개월에 대한 휴가는 발생하지 않는다.

반면 입사 후 1년 미만의 기간동안 8개월 20일 개근 시 8일(1개월 개근 시 발생하는 월 단위 연차휴가)의 연차휴가가 발생하고 20일에 대한 휴가는 발생하지 않는다.

1년 미만 근로자의 연차휴가 일수 계산 방법

01 / 연차휴가 일수의 계산

연차휴가를 받기 위해서는 1달을 개근해야 한다. 1달을 개근한 경우 입사 다음 달에 1일의 연차휴가가 발생한다.

[입사 1년 미만 한 달 개근 시 발생 연차]

1월	2월	3월	4월	5월	6월	7월	8월	9월	10월	11월	12월	1월
입사	1일	2일	3일	4일	5일	6일	7일	8일	9일	10일	11일	
	입사	1일	2일	3일	4일	5일	6일	7일	8일	9일	10일	11일

즉 개근 여부는 입사일로부터 1달이 되는 날까지의 출근율로 계산하며, 월 단위 연차 즉 월차는 입사일로부터 1달이 되는 날까지의 출근율을 계산한 결과 개근한 경우 다음 날까지 근로계약 관계가 유지된 경우 부여된다. 즉 월차는 1달 + 1일을 근무해야 받을 수 있다. 이는 결국 다음 달에 입사일과 같은 날까지 근무해야 월차를 받을 수 있다는 이야기다.

그리고 월차 개념의 연차휴가 즉 월차는 입사한 해부터 딱 1년간만 총 11일이 발생한다.

예를 들어 1월 2일 입사한 근로자는 1월 2일부터 2월 1일까지 개근하면 2월 2일 1일의 월차가 발생한다. 즉 2월 1일 퇴사하면 월차가 발생하지 않고, 2월 2일 퇴사하면 월차가 있다.

입사일	월차 출근율 계산 기간	월차 발생일	비 고
1월 2일 입사	1월 2일~2월 1일	2월 2일(1일)	입사일과 같은 날 까지 근무해야 월 차 발생 즉 1월 + 1 일까지 근로관계가 유지되어야 발생한 월차가 부여된다. 왼쪽 표에서 2월 2 일에서 3월 1일까 지는 1일, 3월 2일 에서 4월 1일까지 는 2일...등 일할계 산하지 않는다. 한도는 총 11일
	2월 2일~3월 1일	3월 2일(2일)	
	3월 2일~4월 1일	4월 2일(3일)	
	4월 2일~5월 1일	5월 2일(4일)	
	5월 2일~6월 1일	6월 2일(5일)	
	6월 2일~7월 1일	7월 2일(6일)	
	7월 2일~8월 1일	8월 2일(7일)	
	8월 2일~9월 1일	9월 2일(8일)	
	9월 2일~10월 1일	10월 2일(9일)	
	10월 2일~11월 1일	11월 2일(10일)	
	11월 2일~12월 1일	12월 2일(11일)	
	12월 1일~다음 해 1월 1일	1월 2일(15일)	월차 ➡ 연차

만일 5인 미만 사업장에 5년 근무한 직원, 10년 근무한 직원 등이 있다가 직원을 추가로 채용해 7월 2일부터 5인 이상 사업장이 되었다면, 종전 근로자의 근속연수와 상관없이 모든 직원이 5인 이상이 된 시점(7월

2일)에 모두 신규로 입사한 것으로 간주해 월차를 적용한다. 즉 신입직원, 5년 된 직원, 10년 된 직원 모두 7월 2일에 입사한 것으로 봐 월차휴가를 계산한다.

02 / 연차휴가의 사용

월 단위 연차(월차)는 입사일로부터 1년 안에 사용해야 한다.
예를 들어 2024년 8월 2일 입사자의 경우 2025년 8월 1일까지 발생한 월 단위 연차(월차)를 모두 사용해야 한다.
그리고 2024년 8월 2일~2025년 8월 1일까지 출근율이 80% 이상으로 2025년 8월 2일까지 근로관계가 유지되면 15일의 연차휴가가 발생한다.

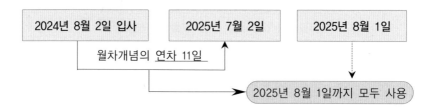

03 / 연차수당의 지급

발생한 월 단위 연차휴가를 합법적으로 연차휴가 사용 촉진을 했음에도 입사일로부터 1년 안에 사용하지 않으면 연차휴가는 자동 소멸한다.
반면 합법적으로 연차휴가 사용 촉진을 하지 않은 때에는 연차휴가 소멸일이 속하는 달의 통상임금을 기준으로 연차수당을 지급해야 한다.

1년 이상 근로자의 연차휴가 일수 계산 방법

1년 이상 근로자의 연차휴가는 월 단위 연차(월차)와 별도로 입사 후 1년 + 1일 되는 시점 이후에 발생하는 연차휴가를 말한다.

연 단위 연차휴가(연차)는 근로기준법에서는 입사일을 기준으로 하는 계산 방법만 규정하고 있지만, 실무상 편의를 위해 연차휴가 부여 방식이 근로자에게 불리하지 않다면 회계연도 기준으로 연차휴가를 계산해도 인정해주고 있다.

> 연차휴가 일수 =
> 많은 일수 Max(회계연도 기준 연차휴가 일수, 입사일 기준 연차휴가 일수)
> 다만 회사 규정에서 반드시 입사일 기준으로 정산하도록 하고 있다면 많은 일수가 아닌 입사일 기준일수가 적어도 무조건 입사일 기준일수로 정산해야 한다.

01 / 입사일 기준 연차휴가 계산(근로기준법 원칙)

법에서 인정하는 원칙은 입사일 기준이다. 업무의 편의를 위해 회계연도 단위로 연차휴가를 구하더라도 입사일 기준보다 연차휴가 일수가 적지 않으면 예외적으로 인정해 주고 있다.

입사일 기준은 입사일을 기준으로 1년 단위로 연차휴가 일수를 계산하는 방식을 말한다.

예를 들어 2023년 8월 2일 입사의 경우 2024년 8월 2일, 2025년 8월 2일, 2026년 8월 2일…… 등으로 연차가 발생하는 경우를 말한다.

연차 출근율 계산 기간	연차발생일	연차일수	비 고
2024년 8월 2일~ 2025년 8월 1일	2025년 8월 2일	15일	다음 연도에 입사일과 같은 날까지 근무해야 연차 발생 즉 1년 +1일까지 근로관계가 유지되어야 발생한 연차가 부여된다. 왼쪽 표에서 연차일수는 일할계산하지 않는다. 한도는 총 25일
2025년 8월 2일~ 2026년 8월 1일	2026년 8월 2일	15일	
2026년 8월 2일~ 2027년 8월 1일	2027년 8월 2일	16일	
2027년 8월 2일~ 2028년 8월 1일	2028년 8월 2일	16일	
2028년 8월 2일~ 2029년 8월 1일	2029년 8월 2일	17일	
2029년 8월 2일~ 2030년 8월 1일	2030년 8월 2일	17일	
2030년 8월 2일~ 2031년 8월 1일	2031년 8월 2일	18일	
2031년 8월 2일~ 2032년 8월 1일	2032년 8월 2일	18일	
2032년 8월 2일~ 2033년 8월 1일	2033년 8월 2일	19일	
2033년 8월 2일~ 2034년 8월 1일	2034년 8월 2일	19일	
2034년 8월 2일~ 2035년 8월 1일	2035년 8월 2일	20일	

[입사일 기준 연차휴가 자동계산 방법 : 최대 25일 한도]

연차휴가일수 = 15일 + (근속연수 - 1년) ÷ 2로 계산 후 나머지는 버리면 된다.

예를 들어 입사일로부터 10년이 경과 한 경우

연차휴가일수 = 15일 + (10년 - 1년) ÷ 2 = 15일 + 4.5일 = 19일

1년	2년	3년	4년	5년	10년	15년	20년	21년
15일	15일	16일	16일	17일	19일	22일	24일	25일

02/ 회계연도 기준 연차휴가 계산(실무상 예외)

연차유급휴가는 근로자별로 입사일을 기준으로 산정하는 것이 원칙이지
만 근로자 수가 많은 사업장은 입사일이 각각 달라서 관리가 힘들 수 있
다. 따라서 판례와 고용노동부 행정해석은 노무관리 편의상 노사가 합의
한 경우 취업규칙이나 단체협약으로 정하여 회계연도를 기준으로 모든
근로자에게 일괄 연차휴가를 부여할 수 있도록 하고 있다.

회계연도 기준은 예외적으로 허용되는 기준으로 입사일 기준보다 근로자
에게 불리하지 않아야 한다. 따라서 퇴직 시점에서 종휴가일 수가 근로
자의 입사일을 기준으로 계산한 휴가일 수에 미달하는 때는 그 미달하는
일수에 대하여 연차유급휴가 미사용 수당으로 정산해서 지급해야 한다
(근로기준과 5802, 2009.12.31.). 결국은 앞서 설명한 표를 기준으로 연 단위
연차휴가를 정산한다는 의미다.

연차휴가 일수 =
많은 일수 Max(회계연도 기준 연차휴가 일수, 입사일 기준 연차휴가 일수)
다만 회사 규정에서 반드시 입사일 기준으로 정산하도록 하고 있다면 많은 일수가
아닌 입사일 기준일수가 적어도 무조건 입사일 기준일수로 정산해야 한다.

[회계연도 기준 연 단위 연차휴가 자동 계산 방법 : 최대 25일 한도]

1. 입사 연도의 연차휴가 일수 = 입사일부터 1년간 1월 개근 시 1일씩 발생하는 휴가일수 + 다음 회계연도에 발생하는 연차휴가 일수(15일 × 근속기간 총일수 ÷ 365 : 비례 연차)
2. 입사 다음 연도의 연차휴가 일수 = (11 - 입사 연도에 발생한 월차 개념의 연차 휴가 일수) + 15일
3. 입사 다음다음 연도 1월 1일 기준 연차휴가 일수 = 15일

위 표에서 비례연차를 입사한 연도가 아닌 다음 연도에 부여한다는 실무자도 가끔 있는데 아래 표에서 입사일 기준은 정상적인 연차휴가일 수를 계산한 것이고, 회계연도 기준에서 ❶은 입사연도에 비례연차를 부여한 경우, ❷는 입사 다음연도에 연차를 부여한 경우다.

❶과 ❷ 모두 결과적으로는 회계연도 기준이 6.2일 더 많아 근로자에게 유리하지만, ❷을 적용할 경우(비례 연차를 다음연도에 부여하는 방식)는 입사 연도에 연차휴가가 4일로 동일하므로 근로자에게 유리한 예외의 적용이 아니다.

입사일	기준일	입사일 기준	회계연도 기준
2024년 8월 2일	2024년 12월 31일	4일	❶ 4일 + 15일 × 151일/365일 = 10.2일
	2025년 12월 31일	7일 + 15일 = 22일	❷ 7일 + 15일 × 151일/365일 + 15일 = 28.2일

03/ 소수점 이하로 계산된 연차휴가

행정해석에서는 소수점 이하에 대해서는 가급적 1일의 휴가를 부여하는 것이 좋겠다는 입장이지만 강제 사항은 아니다(근기 01254-11575, 1989.8.7).

연차휴가 일수가 소수점 이하로 발생할 경우, 잔여 소수점 이하에 대하여는 수당으로 계산 지급하는 것도 가능하나 가급적 근로자에게 불이익이 없도록 노사 합의로 1일의 휴가를 부여해야 할 것이다(근기 01254-11575, 1989.8.7.).

따라서 실무상으로는 근로자에게 불이익이 없고 원활한 노사관계를 위해 소수점 이하의 휴가는 금전으로 보상하거나, 휴가를 사용할 경우는 올림하여 1일의 휴가를 사용하도록 하고 있다. 다만, 회사 규정 및 관행상 반차 제도를 운용하고 있다면, 0.5 이하의 경우 올림 처리하여 반차를 부여하는 것도 가능할 것으로 보인다.

7. 1년간 80% 미만 출근자의 연차휴가 일수 계산 방법

1년간 80% 미만 출근자란 근로자가 근로하기로 정한 소정근로일수에 대해서 근로자가 실제 출근한 날이 80% 미만인 경우를 말한다.

1년간 80% 미만 출근자의 경우 월 단위 연차휴가와 같이 1개월 개근 시 1일의 유급휴가를 주어야 한다.

연차유급휴가의 사용 촉진을 규정하고 있는 근로기준법 제61조는 동법 제60조 제1항·제3항 및 제4항에 따른 1년 이상 연차유급휴가뿐만 아니라 같은 법 제60조 제2항에 의한 계속근로연수가 1년 미만인 근로자 또는 1년간 80% 미만 출근한 근로자에게 부여되는 연차유급휴가에 대해서도 연차휴가의 사용 촉진이 적용된다.

구 분	연차휴가 계산
1년간 80% 이상 출근한 근로자	1년간 출근율이 80% 이상인 경우 1년 + 1일에 15일의 연차유급휴가가 발생한다.
1년 미만 근무한 근로자 또는 1년간 80% 미만 출근한 근로자	1년 미만 근무한 근로자 또는 1년간 출근율이 80% 미만인 근로자는 1개월 개근 시 1월 + 1일에 1일의 연차유급휴가가 발생한다. 예를 들어 1년간 80% 미만 출근했지만, 1월, 4월, 10월, 11월 개근 시 4일의 연 단위 연차휴가가 발생한다.

01 / 입사 1년 차에 80% 미만 출근 시 연차휴가

사례 1. 입사 1년 차에 출근율이 80%가 되지 않는 경우

2025년 1월 2일 입사해 7월까지 개근 후 병가 등으로 결근이 많아 1년간 출근율이 80% 미만인 경우

해설

입사 연도의 연차휴가 일수 = 6개월 개근에 따라 6일

02 / 입사 3년 차에 80% 미만 출근 시 연차휴가

사례 입사 3년 차에 출근율이 80%가 되지 않는 경우

2023년 1월 2일 입사해 2025년 7월까지 개근 후 병가 등으로 결근이 많아 1년간 출근율이 80% 미만인 경우

해설

입사 3년 차에 80% 미만 출근에 따라 개근한 월수에 따른 연차 6일

2023	2024	2025		2026
1월 2일	1월 2일	1월 2일	7월 병가	1월 2일
입사	80% 이상 개근 연차 15일 발생	1개월 개근 시 1일씩 연차 발생(6일)		80% 이상 개근 연차 16일 발생

계산 기간	연차발생일	연차휴가	연차 사용
2023년 1월 2일~2024년 1월 1일	2024년 1월 2일	26일	11일 (2024년 1월 1일까지 사용) + 15일 (2024년 사용)
2024년 1월 2일~2025년 1월 1일	2025년 1월 2일	15일	2025년 사용
2025년 1월 2일~2026년 1월 1일	1월 개근 시 1일	6일	2026년 사용
2026년 1월 2일~2027년 1월 1일	2027년 1월 2일	16일	2027년 사용

[주] 1년 미만(월차 개념)의 연차휴가는 사용 촉진이 없던 것으로 가정한다. 연차휴가 사용 촉진을 한 경우는 2024년 1월 2일에 0일 + 15일 = 15일이 발생한다.

8 퇴사자의 연차휴가 정산

01 / 연차휴가의 퇴직 정산

연차휴가는 입사일 기준이 원칙이므로 퇴직 시점에서 총 휴가일수가 근로자의 입사일을 기준으로 산정한 휴가 일수에 미달하는 경우는 그 미달하는 일수에 대하여 연차유급휴가 미사용 수당으로 정산하여 지급해야한다(근로기준과-5802, 2009.12.31.).

반면 입사일 기준보다 회계연도 기준으로 계산한 연차휴가일수가 많은 경우는 회사 규정상 무조건 입사일 기준으로 계산한다는 별도 규정이 없으면 유리한 조건 우선 원칙에 따라 회계연도 기준을 적용한다.

결국은 회사 규정상 별도 규정이 없으면 입사일 기준과 회계연도 기준 중 근로자에게 유리한 연차휴가를 부여한다.

> 퇴사 시 연차휴가 일수 정산 =
> 많은 일수 Max(회계연도 기준 연차휴가 일수, 입사일 기준 연차휴가 일수)
> 다만 회사 규정에서 반드시 입사일 기준으로 정산하도록 하고 있다면 많은 일수가
> 아닌 입사일 기준일수가 적어도 무조건 입사일 기준일수로 정산해야 한다.

구 분	연차휴가 정산
회계연도 기준으로 부여한 연차휴가가 입사일 기준보다 적은 경우	입사일 기준으로 정산한 후 부족한 연차휴가 일수에 대해 연차수당을 지급해야 한다.
회계연도 기준으로 부여한 연차휴가가 입사일 기준보다 많은 경우	사용자가 취업규칙 등에 연차휴가에 대한 재산정 규정 또는 재정산 후 삭감할 수 있다는 취지의 규정을 두고 있지 않다면, 근로기준법 제3조에 따라 근로자에게 유리한 연차휴가를 부여해 주어야 한다. 따라서 더 부여한 연차휴가를 삭감할 수도, 그에 대한 임금을 차감할 수도 없다. 물론 규정이 있는 경우에는 급여에서 차감할 수 있다.

사례 1. 회계연도 단위로 연차를 부여하는 경우(입사일보다 퇴사일이 늦은 경우)

2024년 7월 1일 입사자의 경우 회계연도 기준으로 연차휴가를 부여하고자 할 때 2024년과 2025년 부여해야 할 연차휴가 일수는?

해설

1. 입사 연도의 연차휴가 일수 = 입사일부터 1년간 1월 개근 시 1일씩 발생하는 휴가일 수 + 다음 회계연도에 발생하는 연차휴가 일수(15일 × 근속기간 총일수 ÷ 365)

구분	계산 기간	연차휴가	계산식
입사연도 (2024년)	월차 성격의 연차 (1년 미만자 휴가)	5일(1-❶)	8월, 9월, 10월, 11월, 12월 : 각 1일 (2024년 사용 또는 2025년 사용)
2024년 12월 31일부여		5일	2024년 월차

구분	계산 기간	연차휴가	계산식
연 차 비례휴가	2024.7.1~12.31 (연차 비례 휴가)	7.5일(1-❷)	15일 × 입사 연도 재직일 ÷ 365일 = 15일 ×184일 ÷ 365일
2025년 1월 1일부여		7.5일	8일 부여하면 문제없음(비례 휴가)

2025년 1월 1일까지 총 12.5일의 연차가 발생하며, 1년 미만자 연차휴가((1-❶)는 노사합의가 없는 경우 2025년 6월 30일까지 사용할 수 있다. 반면 연차 비례 휴가 (1-❷)는 2025년 1월 1일에 부여받아 2025년 12월 31일까지 사용할 수 있다.

주 연차휴가일수가 소수점 이하로 발생할 경우, 잔여 소수점 이하에 대하여는 수당으로 계산 지급하는 것도 가능하나 가급적 근로자에게 불이익이 없도록 노사합의로 1일의 휴가를 부여해야 할 것이다(근기 01254-11575, 1989.8.7.).

2. 입사 다음연도의 연차휴가 일수 = (11 - 입사 연도에 발생한 월차 개념의 연차휴가 일수) + 15일

구분	계산 기간	연차휴가	계산식
입 사 다음연도 (2025년)	월차 성격의 연차 2025.1.1~6.1 (1년 미만자 휴가)	6일(2-❶) (11일 – 5일)	11일 – 입사연도 월 단위 연차휴가 (2024년 12월 31일까지 5일). 1년 미만의 월 단위 연차는 끝
2025년 6월 1일부여 및 사용		6일(2-❷)	남은 월차
연차휴가	2025.1.1~12.31	15일(2-❸)	입사 2년 차 연차휴가
2026년 1월 1일부여		15일	2025년 연차

2025년 6월 30일까지 사용할 수 있는 연차휴가는 6일(2-❶) + 앞서 설명한 1의 5일 (1-❶) 총 11일이고, 2025년 12월 31일까지 사용할 수 있는 휴가는 앞서 설명한 1의 7.5일이다. 2026년 총사용할 수 있는 연차는 15일이다. 단, 1년 미만자 연차휴가는 노사합의가 없는 경우 2025년 6월 30일까지 사용할 수 있다.

3. 입사 다음다음 연도의 연차휴가 일수 = 15일

2026년 1월 1일과 2027년 1월 1일 15일, 2028년 1월 1일과 2029년 1월 1일 16일, 2030년과 1월 1일과 2031년 1월 1일은 17일…의 연차휴가가 발생한다.

사례 2. 입사일보다 퇴사일이 늦는 경우 퇴사자에 대한 연차휴가 정산

> 직원이 2022년 7월 1일 입사해서 회계연도 기준으로 연차휴가를 부여하다가 2025년 7월 10일 퇴직을 한 경우

해설

1년 미만 연차를 제외한 1년 이상 근로의 총 연차를 회계연도 기준으로 계산해보면 다음과 같다(입사일보다 퇴사일이 늦은 상황으로 연차휴가가 발생한다.).

1. 회계연도 단위 기준으로 계산한 연차휴가 일수

계산 기간	연차발생일	연차휴가	산정식
2022년 7월 1일~12월 31일	2023년 1월 1일	7.5일	8일부여
2023년 1월 1일~12월 31일	2024년 1월 1일	15일	기준연도 1년
2024년 1월 1일~12월 31일	2025년 1월 1일	15일	기준연도 2년
2025년 1월 1일~ 7월 10일	퇴사	0일	부여 안 함

2. 입사일 기준으로 계산한 연차휴가 일수

위와 같이 회계연도 단위 기준으로 계산한 연차는 아래의 입사일 기준으로 계산한 연차보다 적으면 안 되므로 입사일 기준으로 연차휴가를 계산하면 다음과 같다.

계산 기간	연차휴가	비 고
2022년 7월 1일~2023년 6월 30일	15일	
2023년 7월 1일~2024년 6월 30일	15일	

계산 기간	연차휴가	비 고
2024년 7월 1일~2025년 6월 30일	16일	
2025년 7월 1일~ 2025년 7월 10일	0일	퇴사

3. 결과

연차휴가 일수 정산 = 57일
많은 일수 Max(회계연도 기준 연차휴가 일수, 입사일 기준 연차휴가 일수)
= Max(49일(11일 + 8 + 15 + 15), 57일(11 + 15 + 15 + 16)) = 57일

02 / 월 단위 연차휴가 개정에 따른 적용 차이

임직원 중 2017년 5월 29일까지 입사자가 있는 경우 연차휴가의 계산 방법이 현재와 다를 수 있으나 2017년 5월 30일 입사자부터는 연차휴가의 계산 방법이 현재와 같으므로 앞서 설명한 방법으로 계산하면 된다.

2017년 5월 29일까지 입사자

2017년 5월 29일까지 입사자는 월 단위 연차휴가와 연 단위 연차휴가를 합산해 1년간 총 15일 발생한다. 즉 1년 미만의 근로자가 연차휴가를 사용한 경우 2년차 연차휴가에서 삭감되었다. 현행은 1년이 되는 시점에 11일 + 15일로 총 26일이 발생하는 반면 2017년 5월 29일까지 입사자는 15일만 발생한다.

예를 들어 1년이 되는 시점까지 4일의 휴가를 사용하였을 때 1년이 되는 시점에 정산은 현행은 26일 - 4일 = 22일인 반면, 2017년 5월 29일까지 입사자까지는 15일 - 4일 = 11일이 정산된다.

2017년 5월 30일 입사자~2020년 3월 30일까지 발생분

2017년 5월 30일 입사자~2020년 3월 30일까지 발생분은 1년이 되는 시점에 1년 미만 기간동안 발생한 1개월당 1일의 월 단위 연차휴가 11일에 1년 근무 시 발생하는 15일의 연차휴가를 합산하여 총 26일분의 연차휴가가 발생한다. 결론은 입사일로부터 1년이 되는 시점에 총 26일의 연차휴가가 발생한다.

예를 들어 1년이 되는 시점까지 4일의 휴가를 사용하였을 때 입사 연도의 다음 연도에 11일 − 4일 = 7일과 15일을 합한 22일의 휴가를 1년간 사용할 수 있다.

구 분	2017년 5월 29일 입사자까지	2017년 5월 30일 입사자부터
1년 차(1년 미만 분) 연차	11일 발생(❶)	11일 발생(❶)
2년 차(1년이 된 시점) 연차	2018년 5월 29일 15일 발생(❷)	2018년 5월 30일 15일 발생(❷)
1년 + 1일의 최종 연차차이	❶ + ❷ 총 15일 − 1년 동안 사용한 연차	❶ + ❷ 총 26일 − 1년 동안 사용한 연차
연차일 수	2019년 5월 29일 15개 2020년 5월 29일 16개	2019년 5월 30일 15개 2020년 5월 30일 16개
사례	1년간 계약직으로 근로하고 퇴사하는 직원이 입사 후 1년간 5일의 연차를 사용한 경우 연차수당 지급액 = 11일 − 5일 = 6일	
	1년 + 1일 근무 후 퇴직(연차 5일 사용)한 경우	
	15일 − 5일 = 10일	26일 − 5일 = 21일

2020년 3월 31일부터 발생분(3월 1일 입사자부터)

연차휴가의 발생은 앞서 설명한 2017년 5월 30일 입사자~2020년 3월 30일까지 발생분의 연차휴가 발생과 같다. 단, 발생한 월 단위 연차휴가의 사용 시기에 차이가 있다.

구 분	월 단위 연차휴가의 발생 및 사용
2020년 3월 30일까지 발생분	발생일 기준으로 발생일로부터 순차적으로 1년간 사용할 수 있다. 예를 들어 2020년 1월 1일 입사자의 경우 2020년 2월 1일 발생분은 2021년 1월 31일까지 2020년 3월 1일 발생분은 2021년 2월 말일까지 사용할 수 있다.
2020년 3월 31일부터 발생분(현행은 모두 이 기준 적용)	발생은 2020년 3월 30일까지 발생분과 같다. 단, 2020년 3월 31일 발생분부터는 발생일로부터 1년이 아닌 입사일로부터 1년 안에 모두 사용해야 한다. 따라서 2020년 3월 1일 입사자를 기준으로 보면 4월 1일~다음 연도 2월 1일까지 총 11일의 연차휴가가 발생할 것이고 이를 2021년 2월 말일까지 모두 사용해야 한다. 결과적으로 발생방식은 종전과 같으나 사용이 입사일 기준으로 1년이다. 예를 들어 2020년 1월 1일 입사자의 경우 2020년 2월 1일 발생분은 2021년 1월 31일까지 사용할 수 있고 2020년 3월 1일 발생분은 2021년 2월 말일까지 사용할 수 있다. 2020년 4월 1일 발생분부터는 2020년 3월 31일 이후 발생분으로 써 입사일로부터 1년 안에 모두 사용해야 하므로 2020년 12

구 분	월 단위 연차휴가의 발생 및 사용
	월 31일까지 사용해야 한다. 즉, 2020년 4월 1일 발생 분부터(9일)는 입사일로부터 1년인 2020년 12월 31일까지 모두 사용해야 한다. 물론 2021년 1월 1일 입사자의 경우 총 11일을 2021년 12월 31일까지 사용한다. 결국 입사 연도에 발생하는 월 단위 연차 11일은 해당 연도에 모두 사용해야 하고, 입사 다음 연도에는 연 단위 연차 15일만 사용할 수 있다.

1. 2020년 1월 1일 입사자로서 3월 30일까지 발생분 연차 사용

2월 1일, 3월 1일, 4월 1일......12월 1일 : 총 11일

이 중 2020년 3월 31일 이전 발생분은 2월 1일, 3월 1일 총 2일

이 중 2020년 3월 31일 이후 발생분은 11일 - 2일 = 9일

[사용 시기]

2020년 3월 31일 이전 발생분은 2021년 1월 말일, 2월 말일까지 각각 순차적 사용

2020년 3월 31일 이후 발생분 9일은 입사일로부터 1년인 2020년 12월 31일까지 모두 사용한다.

2. 2020년 3월 1일 입사자(2020년 3월 31일 발생분)부터 연차 사용

1달 개근 시 1일의 연차휴가가 발생해 총 발생하는 11개의 연차를 2020년 3월 1일부터 1년간인 2021년 2월 28일(29일)까지 사용한다.

입사일	발생일	사용기한
2020년 3월 1일	2020년 4월 1일~2021년 2월 1일	2021년 2월 28일
2021년 2월 20일	2021년 3월 20일~2022년 1월 20일	2022년 2월 19일
2022년 10월 2일	2022년 11월 2일~2023년 9월 2일	2023년 10월 1일

03 / 입사일 차이에 따른 연차휴가의 퇴직 정산

1월 1일 입사하든 연도 중에 입사하든 입사일로부터 **딱 1년이 되는 날까지 매달 개근 시 1달 + 1일, 2달 + 1일, 3달 + 1일......해서 총 11일의 월차 개념의 연차가 무조건 발생한다.**

그리고 딱 1년이 되는 날까지 출근율 80% 이상인 경우 1년 + 1일에 15일의 연 단위 연차가 부여된다(입사일과 같은 날까지 근무).

딱 1년 + 1일이 되는 날은 입사일의 다음 연도 같은 날짜이다.

예를 들어 2024년 4월 1일 입사자의 경우 2025년 4월 1일이 딱 1년 + 1일이 되는 날이고, 해당일까지 근로관계를 유지하면 총 15개가 연차휴가가 발생한다(그날이 일요일이라도 그날이다.).

🧑 2017년 5월 29일 입사자까지 연차휴가 정산

❶ 딱 1년이 되는 날 발생하는 연차 15일에서 입사일부터 딱 1년이 되는 날까지 사용한 일수만큼을 차감

❷ 예를 들어 2016년 5월 28일 입사자는 2017년 5월 28일 15일의 연차휴가가 발생하는데, 2016년 7월과 8월에 2일의 연차를 사용한 경우 2017년 5월 28일 15일의 연차에서 2일을 차감한다.

❸ 2017년 5월 28일 15일 − 2일 = 13일이 발생한다.

❹ 2018년 5월 28일 = 15일

❺ 2019년 5월 28일과 2020년 5월 28일 = 16일

❻ 2021년 5월 28일과 2022년 5월 28일 = 17일

❼ 2023년 5월 28일과 2024년 5월 28일 = 18일

입사일 기준 계산 결과	노동자의 입사일을 기준으로 계산합니다. (근로기준법에 따른 원칙)			회계일 기준 계산 결과	회사의 회계기준일(1.1)로 계산.(판례·노동부 행정해석에 따라 가능)		
근속	휴가 발생일	휴가수	미사용시 수당 발생일	근속	휴가 발생일	휴가수	미사용시 수당 발생일
1년 미만	2016. 6. 28. ~ 2017. 4. 28. 매월 28일 (1개월씩)	2일	*1년미만 휴가(11일) 미사용시, 전체 휴가일수(4일)에 추가됨.(예 : 1년미만 기간 중 [2 ▼] 일 사용하면, 2017. 5. 28 발생 휴가는 13일)	입사년 (월차)	2016. 6. 28. ~ 12. 28. 매월 28일 (1개월씩)	7일	매월 휴가발생일로부터 1년이 지난 다음날
1년	입사 1년째인 2017. 5. 28.	13일	2018. 5. 28.	2년차 (연차)	2017. 1. 1.	1.9일	2018. 1. 1. (참고) 1.9일=((입사년 재직일218일+366일)×15일)-7일
2년	입사 2년째인 2018. 5. 28.	15일	2019. 5. 28.	2년차 (월차)	2017. 1. 28.~4. 28. 매월 28일 (1개월씩)	4일	매월 휴가발생일로부터 1년이 지난 다음날
3년	입사 3년째인 2019. 5. 28.	16일	2020. 5. 28.	3년차	2018. 1. 1.	11일	2019. 1. 1. (참고) 11.0일=15일-4일
4년	입사 4년째인 2020. 5. 28.	16일	2021. 5. 28.	4년차	2019. 1. 1.	15일	2020. 1. 1.
5년	입사 5년째인 2021. 5. 28.	17일	2022. 5. 28.	5년차	2020. 1. 1.	16일	2021. 1. 1.
6년	입사 6년째인 2022. 5. 28.	17일	2023. 5. 28.	6년차	2021. 1. 1.	16일	2022. 1. 1.
7년	입사 7년째인 2023. 5. 28.	18일	2024. 5. 28.	7년차	2022. 1. 1.	17일	2023. 1. 1.
8년	입사 8년째인 2024. 5. 28.	18일	2025. 5. 28.	8년차	2023. 1. 1.	17일	2024. 1. 1.
9년	입사 9년째인 2025. 5. 28.	0일	2026. 5. 28.	9년차	2024. 1. 1.	18일	2025. 1. 1.

[주] 월차는 사용 촉진 제도가 없고, 연차는 사용 촉진 제도가 있어 합법적인 사용 촉진을 한 경우 연차휴가는 소멸하므로 이를 차감하고 정산한다.

🧑 2017년 5월 30일 입사자부터 연차휴가 정산

❶ 2017년 5월 29일 입사자까지 연차 정산과 달리 딱 1년이 되는 날 발생하는 연차 15일에서 사용한 월차 일수만큼을 차감하지 않는다.

❷ 입사 연도 월차 11일과 딱 1년이 되는 날 발생하는 15일의 휴가를 합해 딱 1년이 되는 시점에 최대 26일의 연차휴가가 발생한다.

❸ 딱 1년 + 1일을 채우고 퇴사하는 경우 26일 치의 연차수당이 발생한다.

예를 들어 2017년 5월 30일 입사를 한 경우

❹ 2018년 5월 30일 = 11일 + 15일 = 26일

❺ 2019년 5월 30일 = 15일

❻ 2020년 5월 30일과 2021년 5월 30일 = 16일

❼ 2022년 5월 30일과 2023년 5월 30일 = 17일

❽ 2024년 5월 30일 = 18일

입사일 기준 계산 결과	노동자의 입사일을 기준으로 계산합니다. (근로기준법에 따른 원칙)			회계일 기준 계산 결과	회사의 회계기준일(1.1)로 계산.(판례·노동부 행정해석에 따라 가능)		
근속	휴가 발생일	휴가수	미사용시 수당 발생일	근속	휴가 발생일	휴가수	미사용시 수당 발생일
1년 미만	2017. 6. 30.~2018. 4. 30. 매월 30일(1개씩)	11일	입사후 1년이 된 다음날 2018. 5. 30.	입사년 (월차)	2017. 6. 30. ~ 12. 30. 매월 30일 (1개씩)	7일	입사후 1년이 된 다음날 2018. 5. 30.
1년	입사 1년째인 2018. 5. 30.	15일	2019. 5. 30.	2년차 (연차)	2018. 1. 1.	8.9일	2019. 1. 1. (참고) 8.9일=(입사년 재직일 216일÷365일)×15일
2년	입사 2년째인 2019. 5. 30.	15일	2020. 5. 30.	2년차 (월차)	2018. 1. 30.~4. 30. 매월 30일 (1개씩)	4일	입사후 1년이 된 다음날 2018. 5. 30.
3년	입사 3년째인 2020. 5. 30.	16일	2021. 5. 30.	3년	2019. 1. 1.	15일	2020. 1. 1.
4년	입사 4년째인 2021. 5. 30.	16일	2022. 5. 30.	4년	2020. 1. 1.	15일	2021. 1. 1.
5년	입사 5년째인 2022. 5. 30.	17일	2023. 5. 30.	5년	2021. 1. 1.	16일	2022. 1. 1.
6년	입사 6년째인 2023. 5. 30.	17일	2024. 5. 30.	6년	2022. 1. 1.	16일	2023. 1. 1.
7년	입사 7년째인 2024. 5. 30.	18일	2025. 5. 30.	7년	2023. 1. 1.	17일	2024. 1. 1.
8년	입사 8년째인 2025. 5. 30.	0일	2026. 5. 30.	8년	2024. 1. 1.	17일	2025. 1. 1.
9년	입사 9년째인 2026. 5. 30.	0일	2027. 5. 30.	9년	2025. 1. 1.	0일	2026. 1. 1.

[주] 월차는 사용 촉진 제도가 없고, 연차는 사용 촉진 제도가 있어 합법적인 사용촉진을 한 경우 연차휴가는 소멸하므로 이를 차감하고 정산한다.

2020년 3월 31일 발생분부터 연차휴가 정산

앞서 설명한 2017년 5월 30일 입사자부터 연차휴가 정산과 방법은 같지만 차이는 1년 미만 월차 분에 대해서도 연차휴가사용촉진 제도가 도입되어 합법적인 연차휴가 사용촉진을 한 경우 연차수당을 지급하지 않아도 된다.

❶ 2017년 5월 30일 입사자 연차휴가 정산방식과 같다.

❷ 2017년 5월 30일 입사자 연차휴가 정산방식과 현행 기준의 차이는 월차 분에 대한 연차휴가 사용촉진이 가능해 합법적인 연차휴가 사용촉

진을 한 경우 월차휴가가 소멸한다. 결국 딱 1년 + 1일이 되는 날 15일의 연차휴가만 남는다. 예를 들어 2020년 3월 31일 입사를 한 경우

❸ 2021년 3월 31일 = 11일 + 15일 = 26일

❹ 2022년 3월 31일 = 15일

❺ 2023년 3월 31일과 2024년 3월 31일 = 16일

입사일 기준 계산 결과	노동자의 입사일을 기준으로 계산합니다. (근로기준법에 따른 원칙)			회계일 기준 계산 결과	회사의 회계기준일(1.1)로 계산.(판례·노동부 행정해석에 따라 가능)		
근속	휴가 발생일	휴가수	미사용시 수당 발생일	근속	휴가 발생일	휴가수	미사용시 수당 발생일
1년 미만	**2020. 4. 31.~2021. 2. 28.** 매월 31일(1개씩)	11일	입사후 1년이 된 다음날 2021. 3. 31.	입사년 (월차)	**2020. 4. 31. ~ 12. 31.** 매월 31일(1개씩)	9일	입사후 1년이 된 다음날 2021. 3. 31.
1년	입사 1년째인 2021. 3. 31.	15일	2022. 3. 31.	2년차 (연차)	**2021. 1. 1.**	11.3일	2022. 1. 1. (참고) 11.3일=(입사년 재직 일276일+366일)×15일
2년	입사 2년째인 2022. 3. 31.	15일	2023. 3. 31.	2년차 (월차)	2021. 1. 31.~2. 31. 매월 31일 (1개씩)	2일	입사후 1년이 된 다음날 2021. 3. 31.
3년	입사 3년째인 2023. 3. 31.	16일	2024. 3. 31.	3년	2022. 1. 1.	15일	2023. 1. 1.
4년	입사 4년째인 2024. 3. 31.	16일	2025. 3. 31.	4년	2023. 1. 1.	15일	2024. 1. 1.
5년	입사 5년째인 2025. 3. 31.	0일	2026. 3. 31.	5년	2024. 1. 1.	16일	2025. 1. 1.
6년	입사 6년째인 2026. 3. 31.	0일	2027. 3. 31.	6년	2025. 1. 1.	0일	2026. 1. 1.

[주] 월차와 연차 모두 사용 촉진 제도가 있어 합법적인 사용 촉진을 한 경우 연차휴가는 소멸하므로 이를 차감하고 정산한다.

[주] 2017년 5월 30일 입사자부터 연차휴가의 계산 방법은 동일하다. 2020년 3월 31일 발생분과의 차이는 월차에 대해 연차휴가 사용 촉진 제도의 시행 여부이다.

구 분	발생	퇴직 정산분
2017년 5월 29일 입사자까지	❶ 1년간 : 1월 개근시 월 단위 연차 총 11일 ❷ 1년이 되는 날 : 1년 개근 시 1년 총 연차 15일(15일에서 결국 ❶ + ❷ = 15일 − ❶ 사용분)	정산 연차 일수 = [15일 + (❸ + ❹ + ... − 연 단위 연차휴가사용 촉진)] − 사용한 일수

구 분	발생	퇴직 정산분
	❸ 2년이 되는 날 : 15일 ❹ 3년이 되는 날 : 16일 계산식 = 15일 + (근속연수 − 1년) ÷ 2로 계산 후 나머지를 버리면 된다.	
2017년 5월 30일 입사자부터	❶ 1년간 : 1월 개근시 월 단위 연차 총 11일 ❷ 1년이 되는 날 : 1년 개근 시 연 단위 연 차 15일	정산 연차 일수 = [26일 + (❸ + ❹ + ... − 연 단위 연차휴가 사용촉진)] − 사용한 일수
2020년 3월 1일 입사자부터	❸ 2년이 되는 날 : 15일 ❹ 3년이 되는 날 : 16일 계산식 = 15일 + (근속연수 − 1년) ÷ 2로 계산 후 나머지를 버리면 된다.	정산 연차 일수 = [(26일 − 월 단위 연차휴가사용촉진) + (❸ + ❹ + .. − 연 단위 연차휴가 사용촉진)] − 사용한 일수

04 / 퇴직 정산 후 남은 연차를 정리하는 법

퇴사 시 남은 연차휴가는 남은 연차휴가를 소진하고 퇴사하는 방법과 연차수당으로 지급하는 방법이 있다.

중소기업의 경우 연차수당을 주지 않기 위해 연차휴가를 소진하게 하고 퇴사 처리하는 경우가 많은데, 이에는 득실이 존재한다. 법적으로는 2가지 방법 모두 가능하다.

> 근로기준법 제60조(연차 유급휴가) ⑤ 사용자는 제1항부터 제4항까지의 규정에 따른 휴가를 근로자가 청구한 시기에 주어야 하고, 그 기간에 대하여는 취업규칙 등에서 정하는 통상임금 또는 평균임금을 지급해야 한다. 다만, 근로자가 청구한 시기에 휴가를 주는 것이 사업 운영에 막대한 지장이 있는 경우에는 그 시기를 변경할 수 있다.

연차유급휴가의 시기 지정권은 근로자에게 있으므로 남은 연차유급휴가를 모두 사용하고 퇴사할 수 있다.

🧑 연차휴가를 소진하고 퇴사하는 방법

참고로 퇴사 전 연차휴가를 소진하는 경우 남은 연차휴가일수 계산 시 토요일과 일요일은 제외한다. 즉 토요일과 일요일을 포함해 남은 연차를 소진하는 것이 아니다.

1. 연차 시작일과 퇴사일 사이에 주말을 넣는 경우

예를 들어 연차가 7일 남았는데, 화요일부터 연차를 사용한다고 해보자. 연차를 소진하면, 다음 주 수요일(화, 수, 목, 금, 다음 주 월, 화, 수 총 7일)에 퇴사(퇴사일은 목요일)하게 된다. 이 경우 7일이 아닌 8일 치의 임금을 지급한다. 중간에 주말이 들어가면서 주휴일(유급휴일)이 포함되기 때문이다.

2. 월요일부터 연차를 사용하는 경우

연차를 월요일부터 사용해서 한 주를 전부 쉰 경우, 주휴수당을 줄 필요가 없다. 연차휴가는 근로 제공 의무가 면제된 상태라 주휴일을 산정할 때 기준이 되는 소정근로일에 해당하지 않기 때문이다.

결과적으로 연차를 소진하고 퇴사하는 경우는 주중에 1일이라도 출근하는 날이 있게 설계해야 근로자에게 유리하다.

🧑 연차수당으로 받는 방법

퇴직 시 남은 연차일 수에 1일분의 통상임금을 곱해서 연차수당으로 지급하는 방법이다.

예를 들어 통상시급이 1만 원인데, 7일의 연차휴가를 미사용한 경우 연차수당은 10,000원 × 8시간 × 7일 = 56만 원이 연차수당이 된다.

9 입사일에 따른 연차휴가 계산 속산표

연차 일수	2024.06.07	2024.09.10	2024.12.05
11일	2024.07.07. : 1일 2024.08.07. : 1일 2024.09.07. : 1일 ⋮ 2025.05.07. : 1일 까지 총 11일 발생	2024.10.10. : 1일 2024.11.10. : 1일 2024.12.10. : 1일 ⋮ 2025.08.10. : 1일 까지 총 11일 발생	2025.01.05. : 1일 2025.02.05. : 1일 2025.03.05. : 1일 ⋮ 2025.11.05. : 1일 까지 총 11일 발생
15일	2025.06.07	2025.09.10	2025.12.05
15일	2026.06.07	2026.09.10	2026.12.05
16일	2027.06.07	2027.09.10	2027.12.05
16일	2028.06.07	2028.09.10	2028.12.05
17일	2029.06.07	2029.09.10	2029.12.05
17일	2030.06.07	2030.09.10	2030.12.05
18일	2031.06.07	2031.09.10	2031.12.05
18일	2032.06.07	2032.09.10	2032.12.05
19일	2033.06.07	2033.09.10	2033.12.05
19일	2034.06.07	2034.09.10	2034.12.05
20일	2035.06.07	2035.09.10	2035.12.05
20일	2036.06.07	2036.09.10	2036.12.05

연차 일수	2024.06.07	2024.09.10	2024.12.05
21일	2037.06.07	2037.09.10	2037.12.05
21일	2038.06.07	2038.09.10	2038.12.05
22일	2039.06.07	2039.09.10	2039.12.05
22일	2040.06.07	2040.09.10	2040.12.05
23일	2041.06.07	2041.09.10	2041.12.05
23일	2042.06.07	2042.09.10	2042.12.05
24일	2043.06.07	2043.09.10	2043.12.05
24일	2044.06.07	2044.09.10	2044.12.05
25일	2045.06.07	2045.09.10	2045.12.05
25일	2045.06.07	2045.09.10	2045.12.05
25일	2046.06.07	2046.09.10	2046.12.05
총한도	25일		

❶ 2024년 6월 7일에 입사해 12월 6일에 퇴사하는 경우 : 2024년 7월 7일~11월 7일까지 5일이 발생

❷ 2024년 6월 7일에 입사해 12월 7일에 퇴사하는 경우 : 2024년 7월 7일~12월 7일까지 6일이 발생

❸ 2024년 6월 7일에 입사해 2025년 6월 6일에 퇴사하는 경우 : 6일(2024년) + 5일(2025년) = 11일이 발생

❹ 2024년 6월 7일에 입사해 2025년 6월 7일에 퇴사하는 경우 : 6일(2024년) + 5일(2025년) + 15일 = 26일이 발생

10 회계연도 기준 연차휴가 계산 속산표

연차 일수	2024.06.07	2024.09.10	2024.12.05
11일	2024.07.07. : 1일 2024.08.07. : 1일 2024.09.07. : 1일 ⋮ 2025.05.07. : 1일 까지 총 11일 발생	2024.10.10. : 1일 2024.11.10. : 1일 2024.12.10. : 1일 ⋮ 2025.08.10. : 1일 까지 총 11일 발생	2025.01.05. : 1일 2025.02.05. : 1일 2025.03.05. : 1일 ⋮ 2025.11.05. : 1일 까지 총 11일 발생
비례 연차	2025.01.01. 15일 × (입사일~12월 31일까지의 일수 : 208일)/365일 = 8.5일	2025.01.01. 15일 × (입사일~12월 31일까지의 일수 : 113일)/365일 = 4.6일	2025.01.01. 15일 × (입사일~12월 31일까지의 일수 : 27일)/365일 = 1.1일
15일	2026.01.01	2026.01.01	2026.01.01
15일	2027.01.01	2027.01.01	2027.01.01
16일	2028.01.01	2028.01.01	2028.01.01
16일	2029.01.01	2029.01.01	2029.01.01
17일	2030.01.01	2030.01.01	2030.01.01
17일	2031.01.01	2031.01.01	2031.01.01

연차 일수	2024.06.07	2024.09.10	2024.12.05
18일	2032.01.01	2032.01.01	2032.01.01
18일	2033.01.01	2033.01.01	2033.01.01
19일	2034.01.01	2034.01.01	2034.01.01
19일	2035.01.01	2035.01.01	2035.01.01
20일	2036.01.01	2036.01.01	2036.01.01
20일	2037.01.01	2037.01.01	2037.01.01
21일	2038.01.01	2038.01.01	2038.01.01
21일	2039.01.01	2039.01.01	2039.01.01
22일	2040.01.01	2040.01.01	2040.01.01
22일	2041.01.01	2041.01.01	2041.01.01
23일	2042.01.01	2042.01.01	2042.01.01
23일	2043.01.01	2043.01.01	2043.01.01
24일	2044.01.01	2044.01.01	2044.01.01
24일	2045.01.01	2045.01.01	2045.01.01
25일	2046.01.01	2046.01.01	2046.01.01
25일	2047.01.01	2047.01.01	2047.01.01
25일	2048.01.01	2048.01.01	2048.01.01
총한도	25일		

❶ 2024년 6월 7일에 입사해 12월 6일에 퇴사하는 경우 : 2024년 7월 7일~11월 7일까지 5일이 발생

❷ 2024년 6월 7일에 입사해 12월 7일에 퇴사하는 경우 : 2024년 7월 7일~12월 7일까지 6일이 발생

❸ 2024년 6월 7일에 입사해 2025년 6월 6일에 퇴사하는 경우 : Max(가, 나) = 19.5일

가. 회계연도 기준 : 6일(2024년) + 5일(2025년) + 8.5일(비례 연차 15일 × 208일/365 = 8.5일, 2024년) = 19.5일

나. 입사일 기준 : 11일 + 0일 = 11일

<u>회사 규정상 연차휴가 정산은 반드시 입사일 기준으로 한다는 규정이 있는 경우</u>
<u>11일</u>

❹ 2024.06.07.에 입사해 2025.06.07.에 퇴사하는 경우 : Max(가, 나) = 26일

가. 회계연도 기준 : 6일(2024년) + 5일(2025년) + 8.5일(비례 연차 15일 × 208
일/365 = 8.5일, 2024년) = 19.5일

나. 입사일 기준 : 11일 + 15일 = 26일

연차휴가의 사용 촉진

연차휴가를 사용 안 한 임직원에게 연차수당을 지급하지 않기 위해서는 적법한 절차에 따라 연차휴가 사용 촉진을 해야 한다. <u>말로 하는 연차휴가 사용 촉진은 효력이 없다. 반드시 서면으로 해야 한다.</u>

여기서 연차휴가 사용촉진제도란 사용자가 법에 따른 연차휴가 사용 촉진을 하였음에도 불구하고 근로자가 휴가를 사용하지 않아 소멸된 경우, 그 미사용 연차휴가에 대한 금전 보상 의무를 면제하는 제도를 말한다. 즉 사용자가 연차휴가 사용 촉진 절차를 거쳤음에도 불구하고 근로자가 연차휴가를 사용하지 않으면 사용자는 사용하지 않은 연차휴가에 대해서 연차휴가 미사용수당을 지급할 의무가 없다. 단, 연차휴가 사용 촉진은 시기, 수단(서면) 등 절차를 엄격하게 지켜야 유효하다.

회사가 서면으로 휴가 시기 지정을 하지 않으면 회사는 연차휴가 미사용수당을 근로자에게 지급해야 한다. 즉, 연차휴가 사용 촉진은 서면으로 하는 것이 원칙이다. 다만, 예외적으로 기존의 종이로 된 문서 외에 전자문서로서 연차유급휴가 사용촉진이 가능하기 위해서는 회사가 전자결제 체계를 완비하여 전자문서로 모든 업무의 기안, 결재, 시행과정이 이루어져 근로자 개인별로 명확하게 촉구 또는 통보되는 때에만 서면 촉구 또는 통보가 인정될 수 있다.

구 분	연차수당 지급
합법적인 연차휴가 사용 촉진을 한 경우	면제
합법적인 연차휴가 사용 촉진을 하지 않은 경우	지급

01 / 사용 촉진 대상이 되는 경우

⊙ 지난 1년간 80% 이상 출근한 근로자에게 부여되는 연차휴가(가산 휴가 포함)(근기법 제60조 제1항, 제4항, 제61조 제1항)

⊙ 근로계약 기간이 1년 이상인 근로자가 입사 후 1년 미만 기간중에 1개월 개근 시 1일씩 발생하는 연차휴가(총 11일)(근기법 제60조 제2항, 제61조 제2항)

⊙ 지난 1년간 80% 미만 출근한 근로자가 그 기간 중 1개월 개근시 발생하는 연차휴가(근기법 제60조 제2항, 제61조 제1항)

02 / 사용 촉진 대상이 되지 않는 경우

⊙ 연차휴가가 발생하였으나 업무상 재해, 출산전후휴가, 육아휴직 등으로 사용하지 못한 연차휴가

⊙ 근로계약 기간이 1년 미만인 근로자가 1개월 개근 시 1일씩 발생하는 연차휴가(1년 계약직 근로자의 월 단위 연차휴가)

⊙ 취업규칙·단체협약 등에 따라 법정 연차휴가 일수를 초과하여 부여되는 연차휴가

03 / 사용촉진대상에 해당하나 수당지급의무가 발생하는 경우

⊙ 개정 근기법 제61조에 따른(적법한) 사용촉진을 하지 않은 경우

⊙ 사용촉진을 실시하였으나 제61조의 요건에 부합하지 않는 경우(절차적 흠결)

가. 사용자가 촉진 조치를 서면으로 하지 않은 경우

여기서 '서면'이란 '일정한 내용을 적은 문서'를 의미하므로, 문자 메세지 등은 '서면'에 해당한다고 볼 수 없다. 다만, 이메일 (e-mail)에 의한 통보의 경우에는 근로자가 이를 수신하여 내용을 알고 있다면, 유효한 통보로 볼 수도 있다(대법원 2015. 9. 10. 선고 2015두41401).

나. 사용촉진을 근로자별로 하지 않고 사내 공고의 방식으로 한 경우

다. 1차·2차 촉진을 서면으로 하였으나, 법에서 요구하는 통보일을 준수하지 않은 경우(예 : 연차 사용기간 만료 6개월 전을 기준을 10일 이내에 하여야 하나 이를 준수하지 않은 경우)

라. 1차 촉진 이후 2차 촉진을 하지 않은 경우(1차 촉진 이후 근로자의 사용 시기 지정이 없다면, 사용자가 2차 촉진을 해야 하나 하지 않은 경우)

⊙ 사용 촉진을 실시하였으나 촉진 제도에 의하여 연차휴가가 소멸된 것으로 볼 수 없는 경우

가. 사용자가 사용 촉진을 실시하였으나 근로자의 퇴직·해고, 사업장의 폐업 등으로 근로관계가 종료된 경우

나. 사용 촉진에 의해 휴가를 사용하기로 한 날에 근로자가 출근하였으나 사용자가 노무 수령거부를 하지 않아 정상적인 근로를 제공한 경우(대법 2019다 279283, 2020.2.27.)

04 / 연 단위 연차유급휴가 사용촉진

(회계연도 기준)

7월 1일~7월 10일	7월 10일~7월 20일	7월 21일~10월 31일
사용 시기 지정 요구	사용 시기 지정	휴가 사용 시기 통보
(회사)	(근로자)	(회사)

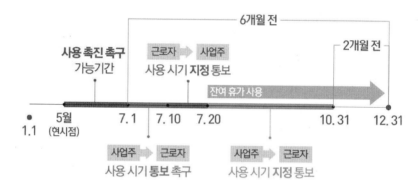

단, 1년 미만 월 단위 연차휴가 사용촉진은 6개월 전이 3개월 전, 2개월 전이 1개월 전으로 변경

연차휴가 사용촉진제도를 실시하기 위한 구체적인 절차는 다음과 같다. 다음 절차를 모두 거치지 않은 경우 촉진제도를 실시했다는 사실이 부정되어 미사용 연차휴가 수당이 발생할 수 있다.

⊚ 연차가 소멸되기 6개월 전인 7월 1일부터 10일까지 회사는 구성원에게 연차 사용 계획을 제출하도록 촉구해야 한다.

⊚ 7월 10일 이후부터 20일까지 구성원은 회사에 연차 사용 계획을 제출해야 한다.

⊚ 7월 20일 이후부터 연말까지 연차 사용 계획을 제출한 구성원은 잔여 휴가를 사용한다.

⊃ 연차 사용 계획을 제출하지 않은 구성원에게는 7월 20일 이후부터 연차가 소멸하기 2개월 전인 10월 31일까지 회사가 연차 사용 시기를 지정해 통보해야 한다.

촉진제도 절차	실시 기간
미사용 연차휴가일 수 통지 및 연차휴가 사용 시기 지정 촉구	7월 10일
근로자의 연차휴가 사용 시기 지정 및 사용	7월 20일
(근로자가 미지정 시) 사용자의 연차휴가 사용 시기 지정	7월 21일 ~ 10월 31일
근로자의 연차휴가 사용	근로자 또는 사용자가 지정한 날

위에서 설명한 절차는 1월 1일 회계일 기준으로 연차를 부여하는 경우를 설명한 것이다. 만약 연차를 입사일 기준으로 부여하고 있다면 연차 사용촉진 제도에서 정한 각 절차의 시기는 연차 소멸 시점에 맞춰져 있는데, 구성원이 한날한시에 전원 입사한 경우가 아니라면 입사일 기준에 따라 연차 소멸 시점도 제각각이다.

입사일이 다른 모든 구성원의 연차 소멸 6개월 전, 2개월 전 시점에 맞춰 연차휴가 사용 촉진 제도를 시행하고, 그 사이에 실제 연차 사용 촉진 활동까지 완벽하게 법에 맞게 진행해야 하는데, 이는 임직원이 많은 경우 수작업으로 거의 불가능하다.

📇 연차휴가 사용 시기 지정 요구(7월 10일)

사용자는 7월 10일 근로자별로 아직 사용하지 않은 연차휴가 일수를 통지하고, 7월 20일까지 근로자가 미사용한 연차휴가의 사용 시기를 정하여 사용자에게 통보하도록 서면으로 촉구해야 한다.

미사용 연차휴가 일수를 통지할 때는 미사용한 연차휴가 일수, 근로자의 사용 시기 지정 방법 및 이후의 촉진제도 절차 등을 안내하는 것이 좋다. 사용자가 연차휴가 사용을 촉구할 수 있는 연차휴가는 출근율이 80% 이상일 경우 발생하는 15일의 휴가와 근속연수에 따른 가산휴가이며, 출근율이 80% 미만이거나 근속연수가 1년 미만의 경우 발생하는 휴가는 2020년 3월 31일 이후 발생분부터 촉진 대상이다.

따라서 2020년 3월 31일 이전 발생분에 대해서는 연차휴가 사용촉진의 대상이 되지 않는다.

🧑 근로자의 연차휴가 사용 시기 지정 및 사용(7월 20일)

근로자는 7월 20일 미사용한 연차휴가의 전부 또는 일부의 연차휴가 사용 시기를 지정하여 사용자에게 이를 통보해야 한다. 사용자에게 사용 시기를 통보한 경우 근로자는 통보한 시기에 실제로 연차휴가를 사용해야 하지만 사용자의 동의가 있다면 사용 시기를 변경할 수 있다.

근로자가 사용 시기를 통보할 때는 구체적으로 사용 시기를 특정하여 사용자에게 통보해야 한다. 연차휴가 사용 시기를 지정하면 촉진 제도의 절차는 마무리되는데, 그렇지 않다면 사용자가 사용 시기를 지정하는 다음 절차를 진행해야 한다.

🧑 근로자가 미지정 시

사용자의 연차휴가 사용 시기 지정(7월 21일~10월 31일)

근로자가 7월 20일까지 연차휴가 사용 시기를 지정하지 않는 경우, 사용자는 7월 21일부터 10월 31일 사이에 연차휴가의 전부 또는 일부에 대한 사용 시기를 지정하여 근로자들에게 서면으로 통지해야 한다.

사용자가 연차휴가 사용 시기를 지정할 때는 연차휴가 사용 시기를 특정하여 통보해야 하며, 시기 변경이 불가하다는 점과 사용하지 않은 연차휴가에 대한 미사용 연차휴가 수당이 지급되지 않는다는 점을 분명히 하는 것이 좋다.

🧑 근로자의 연차휴가 사용

연차휴가 사용 시기가 정해진 경우 근로자는 반드시 해당 일자에 연차휴가를 사용해야 한다.

그런데 근로자가 촉진 제도에 따라 연차휴가 사용일로 정해진 날에 연차휴가 사용을 거부하고 출근하여 근무하는 경우 연차휴가의 사용 여부가 문제가 될 수 있다.

이때 사용자가 노무 수령거부 의사를 명확히 표시하지 않은 경우 미사용 연차휴가 수당이 발생할 수 있는바, 사용자는 다음과 같은 방법으로 노무 수령을 거부한다는 의사를 분명히 표시해야 한다.

노무 수령거부 통지서를 교부할 때는 노무 수령거부 통지서 양식을 사용하면 된다.

❶ 연차휴가일에 근로자의 책상에 노무 수령거부 의사 통지서를 올려놓음

❷ 노무 수령거부 의사 통지서를 근로자에게 교부하고 수령증을 작성하도록 함

❸ 컴퓨터를 켜면 노무 수령거부 의사 통지서가 나타나도록 함

05 / 월 단위 연차유급휴가 사용 촉진

입사 1년 미만 구성원에게는 연차 소멸 3개월 전과 1개월 전 시점에 각각 연차 사용 계획 작성을 요청해야 한다. 즉 1년 미만 근무자(2024년 1월 1일 입사 가정)의 연차유급휴가 사용촉진방법은

⊙ 최초 1년의 근로기간의 끝나기 3개월 전을 기준으로 10일 이내(2024년 10월 1일~10일)에 연차휴가 사용일을 지정하라는 내용의 요청서를 송부한다. 단, 1차 지정 이후 발생한 연차는 최초 1년의 근로기간이 끝나기 1개월 전을 기준으로 5일 이내(2024년 12월 1~5일)에 요청서를 송부한다.

⊙ 만약 근로자가 사용시기를 지정하지 않을 경우, 최초 1년의 근로기간이 끝나기 1개월 전까지(2024년 12월 1일 이전) 사용 시기를 지정하여 송부한다.

⊙ 1차 지정 이후 발생한 연차휴가는 최초 1년의 근로기간이 끝나기 10일 전까지(12월 21일까지) 지정하여 송부한다.

구 분		〈1차 사용 촉진〉 (사용자 → 근로자)	(근로자→사용자) 사용 시기 지정·통보	〈2차 사용 촉진〉 (사용자 → 근로자)
1년 미만 근무자	연차휴가 9일에 대해서	10월 1일~10월 10일 (3개월 전, 10일간)	10일 이내	11월 31일까지 (1개월 전)
	연차휴가 2일에 대해서	12월 1일~12월 5일 (1개월 전, 5일간)	10일 이내	12월 21일까지 (10일 전)
1차 사용 촉진		미사용 연차일수 고지 및 사용 시기 지정·통보 요구		
2차 사용 촉진		근로자의 사용 시기 미통보 시 사용자가 사용 시기 지정·통보		

06 / 합법적인 연차유급휴가 사용 촉진 방법

🙂 연차유급휴가 사용촉진 통보를 사내 이메일 (문자 발송)로 통보

단순히 회사 내 이메일(문자 발송 포함)을 활용하여 통보하거나 근로자별 미사용 휴가일수를 게재한 공문을 사내 게시판에 게재하는 것은 그러한 방법이 근로자 개인별로 서면촉구 또는 통보하는 것에 비하여 명확하다고 볼 수 없는 한 인정하기 어렵다(2004.07.27., 근로기준과 -3836).

🙂 사내 전자결제시스템을 통한 연차유급휴가 사용 촉진

회사 내 전자결제시스템을 운영하는 회사의 경우 서면 통지를 하지 않고 회사의 전자결제 시스템상의 결제 절차를 거쳐 통보하는 방법을 사용한 경우, 고용노동부 행정해석(근로기준과-1983, 2010.11.16.)은 "기존의 종이 외에 전자문서로서 연차유급휴가 사용 촉진이 가능하기 위해서는 회사가 전자결재 체계를 완비하여 전자문서로 모든 업무의 기안, 결재, 시행과정이 이루어져 근로자 개인별로 명확하게 촉구 또는 통보되는 때에만 서면 촉구 또는 통보로 인정될 수 있음." 이라는 입장을 취하고 있다. 따라서 회사 내 전자결재 시스템상 결재를 최종적으로 승인받은 촉구 통지서를 해당 근로자들에게 전자결제시스템으로 통지하는 것은 가능하다.

구 분		연차유급휴가 사용촉진
원칙		서면 통보
예외	이메일, 문자 통보	단순히 이메일 등을 통해 통보 시 인정 안 된다.
	전자문서	모든 업무의 기안, 결재, 시행과정이 이루어져 근로자 개인별로 명확하게 촉구 또는 통보되는 경우에만 서면 촉구 또는 통보가 인정된다.

🧑 연차휴가 사용 일에 근로자가 출근한 경우 유효한 연차휴가 사용촉진 방법

고용노동부 행정해석은 "사용자는 노무 수령거부 의사를 명확히 표시해야 하며, 명확한 노무 수령거부 의사에도 불구하고 근로를 제공한 경우는 연차유급휴가 미사용수당을 지급할 의무가 없다고 사료됨" 이라는 입장을 취하고 있다.

따라서 사용자가 노무 수령거부 의사를 명확히 표시하지 않았거나 근로자에 대해서 업무지시 등을 하여 근로자가 근로를 제공한 경우는 휴가일 근로를 승낙한 것으로 보아 연차휴가수당을 지급해야 하므로 아래의 고용노동부의 행정해석(근로기준과-351, 2010.03.22)의 입장에 따라 명확한 조치를 해당 근로자에게 취해야 실무상 완전한 연차유급휴가 사용촉진을 했다고 보므로 최후까지 마무리를 확실하게 해야 한다.

> 고용노동부의 행정해석(근로기준과-351, 2010.03.22)에서 보고 있는 최종 조치라는 것은
> ① 연차휴가일에 해당 근로자의 책상 위에 '노무 수령거부 의사 통지서' 를 올려놓거나,

② 컴퓨터를 켜면 '노무 수령거부 의사 통지' 화면이 나타나도록 하여 해당 근로자가 사용자의 노무 수령거부 의사를 인지할 수 있는 정도라면 달리 볼 사정이 없는 한 노무수령거부 의사를 표시한 것으로 볼 수 있다고 사료됨."라는 입장을 취하고 있다.

그러므로 회사에서는 연차휴가 사용 일에 근로자가 출근하여 근로를 제공하고 있는 경우에는 최소한 다음의 조처를 해 두는 것이 좋다.

가. 연차휴가일에 근로자의 책상에 노무 수령거부 의사 통지서를 올려놓음

나. 노무 수령 거부통지서를 근로자에게 발급하고 수령증을 작성하도록 함

다. 컴퓨터를 켜면 노무 수령 거부통지서가 나타나도록 함

07 / 모든 근로자를 대상으로 해야 하나?

연차휴가 사용 촉진 제도를 회사 내 모든 근로자를 대상으로 실시해야 하는 것은 아니며, 직무 및 근무 형태 등에 따라 일부 근로자만을 대상으로 이를 실시할 수 있다.

예를 들어 생산직 근로자와 같은 교대 근무자에게 촉진 제도를 실시할 경우 업무수행에 차질이 발생할 수 있다면 생산직 근로자를 제외한 나머지 근로자들을 대상으로 촉진 제도를 실시할 수 있다.

08 / 중도퇴사자의 경우 미사용 연차휴가수당 지급

연차휴가 사용촉진제도를 실시해도 연차휴가를 사용하지 못하고 퇴사하는 근로자에게는 미사용 연차휴가 수당을 지급해야 하며, 근로자가 사용 시기를 지정하지 않아 사용자가 사용 시기를 지정한 경우에도 연차휴가 사용 전에 퇴사하였다면 미사용 연차휴가 수당을 지급해야 한다.

연차수당의 계산 방법

01 / 입사 1년 미만 근로자의 연차수당

1년 미만 근로한 근로자는 연차휴가가 1년 뒤에 발생하는 것이 아니라 1개월 개근 시 매월 1일의 연차휴가가 발생한다.

예를 들면, 2024년 1월 2일 입사자의 경우 1년간 최대 11개(2월 2일~12월 2일)의 연차휴가가 발생하며, 이를 입사일로부터 1년 안에 모두 사용해야 한다(예 : 회계연도 기준의 경우 1월 1일~12월 31일 안에 모두 사용).

연차휴가의 사용촉진이 있어 사용촉진을 한 경우 연차휴가를 사용하지 않으면 별도의 수당이 발생하지 않으며, 사용자가 연차휴가의 사용촉진을 안 한 경우에만 연차휴가 수당이 발생한다.

2024년 2월 2일부터 발생한 휴가는 2025년 2월 1일까지 사용할 수 있고, 미사용 시에는 사용자가 연차휴가의 사용촉진을 안 한 경우에만 2025년 2월 2일에 수당을 지급한다.

구 분	연차수당 지급 여부
원 칙	❶ 사용자가 연차휴가의 사용촉진을 한 경우 : 연차휴가수당 지급 의무 면제

구 분	연차수당 지급 여부
	❷ 사용자가 연차휴가의 사용촉진을 안 한 경우 : 연차휴가수당 지급
예 외	반면, 발생한 연차를 사용하지 못하고 퇴직하는 경우는 퇴직 당시 발생한 연차에 대한 수당은 지급해야 한다.

1년 미만 근로자의 연차휴가 발생과 휴가 사용기간 및 미사용 수당 지급 시기와 산정 시 기준급여

근로기준법 제60조 제2항 "사용자는 계속하여 근로한 기간이 1년 미만 인 근로자에게 1개월 개근 시 1일의 유급휴가를 주어야 한다." 는 규정 에 의거 1개월 개근하면 1일의 연차휴가가 발생하게 된다.

1개월 개근하여 발생한 연차휴가의 사용기간은 근로기준법 제60조 제7항 "제1항부터 제4항까지의 규정에 따른 휴가는 1년간 행사하지 않으면 소 멸된다." 는 규정에 의거 입사일로부터 1년간 사용할 수 있다.

예를 들어 2024년 5월 1일 입사해서 1개월간(5월 1일~5월 31일) 개근 하면 2024년 6월 1일에 1일의 연차휴가가 발생하며, 1년간 총 11일의 휴가가 발생한다. 이는 입사일로부터 1년간 사용 가능(4월 30일)하고, 연 차휴가의 사용촉진을 안 한 경우는 2025년 5월 1일이 속하는 급여지급 일에 연차 미사용 수당으로 지급하게 된다.

2025년 5월 1일이 속하는 급여지급일에 지급하는 연차 미사용수당의 계 산기초가 되는 임금의 기준은 최종 휴가청구권이 있는 달(4월 30일)의 임금지급 일이 속한 5월 급여의 통상임금으로 미사용 수당을 계산해서 지급한다.

🙂 회계연도 기준으로 연차를 운영하는 경우

회계연도(1월 1일~12월 31일)로 운영하는 사업장의 경우, 1개월 개근 시 발생하는 연차휴가를 12월 31일까지 모두 사용해야 한다.

❶ 입사 1년 차에 발생하는 11일의 연차휴가는 연차휴가의 사용촉진시 1년 안에 무조건 사용해야 한다(수당이 발생하지 않음).

❷ 입사 2년 차에는 연차휴가 15일만 사용이 가능하다.

❸ 종전에는 26일을 몰아서 사용할 수 있었으나, 법 개정으로 11일과 15일을 각각 사용해야 한다. 실무자는 1년 미만 근로자 및 전년도 출근율이 80% 미만인 자에 대한 연차휴가 사용 촉진 업무가 하나 더 늘었다.

종전에는 딱 1년이 되는 시점(2년 차)에 26일의 연차가 발생해서 1년이 되는 시점에 퇴사 시 26일분의 연차수당이 발생했으나, 개정으로 1년 차에는 최대 11일, 2년 차에는 15일로 연차일수가 구분이 되고, 1년 + 1일이 되는 시점에 퇴사하는 경우 연차휴가 사용 촉진을 했다면 15일의 연차수당만 지급하면 된다.

(02 / 입사 2년 차 근로자의 연차수당)

연차수당은 미사용한 연차휴가에 대해 지급하는 수당으로 연차수당의 계산은 연차휴가 청구권이 소멸한 달의 통상임금 수준이 되며, 그 지급일은 휴가 청구권이 소멸된 직후에 바로 지급해야 함이 마땅하나, 취업규칙이나 근로계약에 근거해서 연차휴가 청구권이 소멸된 날 이후 첫 임금 지급일에 지급해도 된다.

예를 들어 2023년 1월 1일~2023년 12월 31일까지 만근하여 2024년 1

월 1일~2024년 12월 31일까지 사용할 수 있는 15개의 연차휴가가 발생하였으나 이를 사용하지 않았다면 2024년 12월 31일자로 연차휴가청구권은 소멸되고, 휴가청구권이 소멸되는 다음날(2025년 1월 1일)에 연차유급휴가 근로수당이 발생하게 되는 것이다.

03 / 연차수당의 계산

연차수당계산의 기준이 되는 임금은 연차휴가청구권이 최종적으로 소멸하는 월의 통상임금을 기준으로 한다.

연차수당 = 연차휴가청구권이 소멸한 달의 통상임금 ÷ 209시간^주 × 8시간 × 미사용 연차일수

여기서 통상임금은 기본금, 각종 수당(가족수당, 직무수당 등), 상여금의 합계를 말한다.

주 월 통상임금 산정 기준시간 예시(소수점 올림)

❶ 주당 소정근로시간이 40시간이며(하루 8시간 근무), 유급 처리되는 시간이 없는 경우 : 209시간 = [(40 + 8(주휴)) ÷ 7] × [365 ÷ 12]

❷ 주당 소정근로시간이 40시간이며, 주당 4시간이 유급 처리되는 경우 : 226시간 = [(40 + 8(주휴) + 4(유급)) ÷ 7] × [365 ÷ 12]

❸ 주당 소정근로시간이 40시간이며, 주당 8시간이 유급 처리되는 경우 : 243시간 = [(40 + 8(주휴) + 8(유급)) ÷ 7] × [365 ÷ 12]

❹ 주당 소정근로시간이 35시간(하루 7시간 근무), 유급 처리되는 시간이 없는 경우 : 183시간 = [(35 + 7(주휴)) ÷ 7] × [365 ÷ 12]

구 분		연차수당의 지급
지급일		• 특별한 정함이 없는 한 연차휴가를 사용할 수 있는 1년의 기간이 만료된 후 최초의 임금 정기지급일에 지급해야 한다. • 퇴직자는 미사용 연차휴가에 대해서 미사용수당을 퇴직일로부터 14일 이내에 지급해야 한다.
원칙	월 단위 연차휴가	1. 2020년 3월 30일까지 발생한 연차 연차휴가 사용촉진의 대상이 아니므로 미사용 연차휴가에 대해 무조건 연차수당을 지급해야 한다. 2. 2020년 3월 31일부터 발생하는 연차 ❶ 사용자가 연차휴가의 사용촉진을 한 경우 : 연차휴가수당 지급 의무 면제 ❷ 사용자가 연차휴가의 사용촉진을 안 한 경우 : 연차휴가수당 지급
	연 단위 연차휴가	다음의 2가지 요건을 모두 충족해야 한다. • 연차휴가 사용촉진을 안 한 경우 • 휴가일수의 전부 또는 일부를 사용하지 않은 경우 미사용 연차유급휴가 일수만큼의 미사용수당을 지급해야 한다.
예외		• 퇴직으로 인해 연차를 사용하지 못하고 퇴직하는 경우는 퇴직 당시 발생한 연차 중 사용하지 못한 연차에 대한 수당은 지급해야 한다. • 연차휴가 사용촉진을 한 경우 연차수당을 지급하지 않을 수 있다. 다만, 퇴직으로 인해 사용하지 못한 연차에 대해서는 연차휴가 사용촉진을 해도 연차수당을 지급해야 한다. • 2022년 1월 1일부터 5인 이상 사업장은 빨간 날 쉬는 경우 연차휴가에서 차감할 수 없다. • 딱 1년이 되는 시점에 계속해서 근로가 예정되어있는 경우 15일의 연 단위 연차가 발생하고, 근로관계의 종료로 계속근로가 예정되지 않은 경우 15일의 연 단위 연차는 발생하지

구 분	내 용
	않는다는 것이 대법원의 해석이다. 따라서 계약직의 경우 딱 1년 365일이 되는 시점에 근로관계가 종료되고 다음 날 근로가 예정되어 있지 않으므로 15일의 연 단위 연차휴가는 발생하지 않는다. 결론은 365일 근무한 경우 11일, 366일 근무의 경우 26일이 발생한다는 것이다.
계산 기준	연차수당도 임금채권으로 발생일부터 3년간 지급하지 않으면 소멸한다. 연차유급휴가 미사용수당은 취업규칙에 달리 정함이 없는 한 발생한 달의 통상임금을 기초로 하여 산정한다. 그리고 중소기업의 경우 연차수당 청구권이 발생한 달에 연차수당을 지급하지 않고 퇴사 시점에 전체 근무기간의 연차휴가를 계산해 수당을 정산하는 경우도 많다. 이 경우 수당 지급의 기준이 되는 통상임금은 퇴사 시점의 통상임금이 아니라 각 연차수당 청구권이 발생한 해당연도의 해당 월의 통상임금을 기준으로 계산한다. 예를 들어 2022년 12월 31일, 2023년 12월 31일, 2024년 12월 31일까지 미사용 연차가 있어 2025년 퇴사로 인해 연차수당을 정산하는 경우 2022년 12월 31일, 2023년 12월 31일, 2024년 12월 31일 각 연도의 남은 연차를 각 연도의 12월 31일 통상임금을 기준으로 계산해야 한다. 즉 모든 남은 연차 일수를 퇴사 시점의 통상임금을 적용해서 계산하는 것이 아니다.

연차수당 = 연차휴가청구권이 소멸한 달의 통상임금 ÷ 209시간(통상임금 산정 기준시간) × 8시간 × 미사용 연차일수
여기서 통상임금은 기본금, 각종 수당(가족수당, 직무수당 등), 상여금의 합계를 말한다.

구 분	연차수당의 지급
원 칙	휴가 청구권이 있는 마지막 달의 통상임금으로 지급해야 한다. 연차유급휴가 청구권이 소멸한 날의 다음 날에 연차유급휴가 미사용수당을 지급하여야 함(2007.11.5., 임금 근로시간정책팀 -3295).
예 외 (연차수당의 선지급)	1. 조건 ❶ 월급에 포함해서 매달 지급한다는 근로계약의 체결 ❷ 선지급을 이유로 연차휴가 사용을 제한해서는 안 된다. 단, 사용분에 대해서는 급여에서 차감할 수 있다. 2. 주의할 점 월급에 포함해서 매달 지급하는 금액이 휴가청구권이 있는 마지막 달 기준 통상임금. 즉 원칙에 의한 통상임금보다 적어서는 안 된다. 따라서 급여가 하락한 경우는 문제가 없으나 급여가 상승한 경우는 그 상승분에 대해 연차수당을 추가 지급해야 한다. 매년 최저임금이 상승하므로 급여는 상승할 가능성이 크다.

> 월~금요일 일 8시간을 근무(주 40시간)하고, 월 통상임금이 209만 원인 김갑동씨가 15개의 연차 중 10개만 사용해 5개의 연차수당 지급의무가 발생한 경우

해설

209만 원 ÷ 209시간 [주] = 10,000원(시간당 통상임금)

10,000원 × 8시간 = 80,000원(일일 통상임금)

80,000원 × 5일(15일 - 10일) = 400,000원이 연차수당이다.

[주] 209시간 = 통상임금 산정 기준시간(유급 근로시간) = (40시간 + 8시간(주휴시간)) × 4.345주

만일 주 20시간인 경우 통상임금 산정 기준시간은?

(20시간 + 4시간(주휴시간)) × 4.345주 ≒ 105시간

- 기본급 2,000,000원
- 시간외 100,000원
- 직무수당 50,000원
- 기술수당 40,000원
- 연구수당 10,000원
- 직책수당 55,000원
- 가족수당 15,000원
- 통근수당 50,000원

해설

매월 정기적, 일률적으로 지급하고 일 소정근로에 따라 지급되는 항목은 연차수당 계산 시 포함된다.

기본급 2,000,000원 + 시간외 100,000원 + 직무수당 50,000원 + 기술수당 40,000원 + 연구수당 10,000원 + 직책수당 55,000원 = 월 통상임금 2,255,000원 ÷ 30일 = 연차수당 75,170원(원 단위 반올림)

일용직은 일급이 정해져 있으므로 별다른 문제가 없겠지만 월급제의 경우 연차 산정에 필요한 일급을 구할 시에 취업규칙, 급여 규정 등에서 정한 내용에 따라 회사마다 다를 수 있다.

예를 들어 30일을 기준으로 하는 경우 포함 항목 ÷ 30일이 연차수당이 된다.

시간급(직)의 경우에는 시급 × 일 소정근로시간 = 일급이 된다.

연차수당을 퇴사 시점에
한꺼번에 지급하는 경우 계산방법

첫째, 퇴사 시점에 미사용 연차수당을 청구한다면 퇴사일을 기준으로 3년 치를 청구할 수 있는 것이 아니라 미사용 연차수당 청구권이 발생한 날로부터 3년 치를 청구할 수 있다.

예를 들어 2024년 1월 1일 발생한 연차의 연차청구권은 2024년 1월 1일부터 12월 31일까지 사용할 수 있다.

그리고 2024년 12월 31일까지 사용하지 못한 미사용 연차에 대해서는 적법하게 연차휴가 사용 촉진을 안 한 경우 연차수당 청구권은 2025년 1월 1일에 발생한다.

2025년 1월 1일에 발생한 미사용 연차수당 청구권의 소멸시한은 3년으로 2027년 12월 31일까지 청구할 수 있다. 따라서 이 기간에 청구하지 않으면 소멸한다.

둘째, 미사용 연차수당은 취업규칙, 단체협약 등에 회사에서 별도로 정한 사항이 없으면 연차수당은 연차휴가 청구권이 만료되는 마지막 달의 통상임금으로 계산한다.

예를 들어 2023년 4월 1일부터 2024년 4월 1일까지 근로하면 1년 단위 연차휴가가 15개 발생한다. 그리고 발생한 연차는 2025년 3월 31일까지 사용할 수 있다. 따라서 이를 사용하지 않고 적법한 절차에 의한 연차휴가사용촉진을 안 한때는 2025년 3월 통상임금으로 연차수당을 계산해서 지급한다. 즉 미사용 연차일 수 × 통상시급(3월) × 8시간을 연차수당으로 지급한다.

셋째, 연차수당을 매년 정산하지 않고 퇴사 시점 등에 한꺼번에 지급하는 경우 퇴사 시점의 통상임금을 기준으로 지급하는 것이 아니라 연차사용권이 발생한 매 연도의 마지막 달 통상임금을 기준으로 계산한다.

예를 들어 2023년 3일, 2024년 4일, 2025년 3일 미사용 연차휴가에 대해서 2026년 1월 1일에 연차수당 청구권이 발생한다면 2026년 1월 1일에 2025년 12월 31일의 통상임금을 기준으로 총 10일 미사용 연차수당을 계산하는 것이 아니라 2023년 12월 31일 3일, 2024년 12월 31일 4일, 2025년 12월 31일 3일 등 각각의 통상임금을 기준으로 미사용 연차수당을 계산한다.

연차수당은 회사 규정에 무조건 입사일 기준으로 정산한다는 규정이 없다면 회계연도 기준과 입사일 기준 중 근로자에게 유리한 경우를 적용하며, 미사용 연차수당 대신 미사용 연차휴가를 모두 사용하고 퇴직할 수도 있다.

01 / 회계연도 기준으로 연차수당 계산

일 8시간, 주 5일 근무 사업장으로 회계연도 기준으로 연차휴가를 부여하는 회사다.

1. 재직기간 : 2021년 1월 1일 입사, 2025년 6월 7일 자 퇴직
2. 회사는 매년 연차사용촉진제도를 운영하지 않으며, 매년 평균 10일의 연차를 사용했다.

3. 미사용한 연차에 대해서 매년 정산하지 않고 퇴직 시점에 연차수당을 정산하였다.

해설

[연차 사용 내역]

구 분	2021년 1월 1일	2022년 1월 1일	2023년 1월 1일	2024년 1월 1일	2025년 1월 1일
발생한 연차일수	11일	15일	15일	16일	16일
사용한 연차일수	10일	10일	10일	10일	10일
미사용 연차일수	1일	5일	5일	6일	6일

[연도별 통상임금]

구 분	2021년 1월 1일	2022년 1월 1일	2023년 1월 1일	2024년 1월 1일	2025년 1월 1일
통상임금	320만원	340만원	360만원	380만원	400만원
소정근로시간	209시간	209시간	209시간	209시간	209시간
통상시급	15,311원	16,268원	17,225원	18,182원	19,139원

[미사용 연차수당 계산]

구 분	2021년 1월 1일	2022년 1월 1일	2023년 1월 1일	2024년 1월 1일	2025년 1월 1일
연차수당 발생일	2022년 1월 1일	2023년 1월 1일	2024년 1월 1일	2025년 1월 1일	2026년 6월 7일
소멸시효	2024년 12월 31일	2025년 12월 31일	2026년 12월 31일	2027년 12월 31일	2028년 6월 6일

구 분	2021년 1월 1일	2022년 1월 1일	2023년 1월 1일	2024년 1월 1일	2025년 1월 1일
미사용 연차일수	1일	5일	5일	6일	6일
연차수당	122,488원	652,720원	689,000원	872,736원	918,672원
계산 근거	15,311원 × 1일 × 8시간	16,268원 × 5일 × 8시간	17,225원 × 5일 × 8시간	18,182원 × 6일 × 8시간	19,139원 × 6일 × 8시간
	2025년 기준 청구 가능 금액				3,133,128원

02 / 입사일 기준으로 연차수당 계산

일 8시간, 주 5일 근무 사업장으로 입사일 기준으로 연차휴가를 부여하는 회사다.

1. 재직기간 : 2021년 7월 1일 입사, 2025년 8월 7일 자 퇴직
2. 회사는 매년 연차사용촉진 제도를 운영하지 않으며, 매년 평균 10일의 연차를 사용했다.
3. 미사용한 연차에 대해서 매년 정산하지 않고 퇴직 시점에 연차수당을 정산하였다.

해설

[연차 사용 내역]

구 분	2021년 7월 1일	2022년 7월 1일	2023년 7월 1일	2024년 7월 1일	2025년 7월 1일
발생한 연차일수	11일	15일	15일	16일	16일
사용한 연차일수	10일	10일	10일	10일	10일
미사용 연차일수	1일	5일	5일	6일	6일

[연도별 통상임금]

구 분	2021년	2022년	2023년	2024년	2025년
통상임금	320만원	340만원	360만원	380만원	400만원
소정근로시간	209시간	209시간	209시간	209시간	209시간
통상시급	15,311원	16,268원	17,225원	18,182원	19,139원

[미사용 연차수당 계산]

구 분	2021년 7월 1일	2022년 7월 1일	2023년 7월 1일	2024년 7월 1일	2025년 7월 1일
연차수당 발생일	2022년 7월 1일	2023년 7월 1일	2024년 7월 1일	2025년 7월 1일	2026년 8월 7일
소멸시효	2025년 6월 30일	2026년 6월 30일	2027년 6월 30일	2028년 6월 30일	2029년 8월 6일
미사용 연차일수	1일	5일	5일	6일	6일
연차수당	130,144원	689,000원	727,280원	918,672원	918,672원
계산 근거	16,268원 × 1일 × 8시간	17,225원 × 5일 × 8시간	18,182원 × 5일 × 8시간	19,139원 × 6일 × 8시간	19,139원 × 6일 × 8시간
2025년 기준 청구 가능 금액					3,253,624원

> 월 통상임금 209만 원이 김 갑동씨가 15개의 연차 중 10개만 사용해 5개의 연차수당 지급의무가 발생한 경우

해설

209만 원 ÷ 209시간 = 10,000원(시간당 통상임금)

10,000원 × 8시간 = 80,000원(일일 통상임금)

80,000원 × 5일(15일 - 10일) = 400,000원이 연차수당이다.

> 2023년 : 월 통상임금 2,090,000원, 미사용 연차 2일
> 2024년 : 월 통상임금 2,299,000원, 미사용 연차 1일
> 2025년 : 월 통상임금 2,508,000원, 미사용 연차 3일
> 위의 미지급 연차수당을 정산해서 지급하는 경우?

해설

휴가 청구권이 있는 마지막 달의 통상임금으로 지급해야 한다.

연차유급휴가 청구권이 소멸한 날의 다음 날에 연차유급휴가 미사용수당을 지급하여야 함(2007.11.5., 임금 근로시간정책팀-3295).

[(2,090,000원 ÷ 209시간) × 8시간 × 2일] + [(2,299,000원 ÷ 209시간) × 8시간 × 1일] + [(2,508,000원 ÷ 209시간) × 8시간 × 3일] = 160,000원 + 88,000원 + 288,000원 = 536,000원

미사용 연차휴가일수 통지 및 휴가사용시기 지정 요청

[근로기준법 제61조 및 취업규칙 제0조 관련]

성 명		부 서		사 번	

발생연차(A)	사용연차(B)	미사용(A-B)	연차휴가를 사용할 수 있는 기간
일	일	일	20XX. 7. 1 ~ 12. 31.

_____ 사원의 20XX. 7. 1 현재 사용하지 않은 연차휴가일수가 _____일임을 알려드립니다. 20XX. 7. 11까지 미사용 연차휴가의 사용시기를 지정하신 후 첨부된 서식을 작성하셔서 인사팀으로 서면통보하여 주실 것을 촉구드립니다.

※ "연차휴가 사용시기 지정통보" 는 붙임 서식을 사용하여 주시기 바랍니다.

동 기한 내에 붙임 서식에 의한 "미사용 연차유급휴가 사용시기 지정통보" 가 제출되지 아니한 경우 관련 규정에 의해 추후 회사가 휴가일을 임의로 지정할 예정이며, 회사가 지정한 일자에 휴가를 사용하지 않을 경우에는 연차휴가미사용수당이 지급되지 않음을 알려드리오니 휴가제도의 취지에 맞게 연차휴가를 적극 사용해 주시기를 당부드립니다.

20XX. 7. 1

(주)○○○○○○○

■ 관련 법령 : 근로기준법 제61조(연차유급휴가의 사용 촉진)

61조(연차 유급휴가의 사용 촉진) ① 사용자가 제60조 제1항·제2항 및 제4항에 따른 유급휴가(계속하여 근로한 기간이 1년 미만인 근로자의 제60조 제2항에 따른 유급휴가는 제외한다)의 사용을 촉진하기 위하여 다음 각호의 조치를 하였음에도 불구하고 근로자가 휴가를 사용하지 아니하여 제60조 제7항 본문에 따라 소멸된 경우에는 사용자는 그 사용하지 아니한 휴가에 대하여 보상할 의무가 없고, 제60조 제7항 단서에 따른 사용자의 귀책사유에 해당하지 아니하는 것으로 본다.

1. 제60조 제7항 본문에 따른 기간이 끝나기 6개월 전을 기준으로 10일 이내에 사용자가 근로자별로 사용하지 아니한 휴가 일수를 알려주고, 근로자가 그 사용 시기를 정하여 사용자에게 통보하도록 서면으로 촉구할 것

2. 제1호에 따른 촉구에도 불구하고 근로자가 촉구를 받은 때부터 10일 이내에 사용하지 아니한 휴가의 전부 또는 일부의 사용 시기를 정하여 사용자에게 통보하지 아니하면 제60조 제7항 본문에 따른 기간이 끝나기 2개월 전까지 사용자가 사용하지 아니한 휴가의 사용 시기를 정하여 근로자에게 서면으로 통보할 것

② 사용자가 계속하여 근로한 기간이 1년 미만인 근로자의 제60조 제2항에 따른 유급휴가의 사용을 촉진하기 위하여 다음 각호의 조치를 하였음에도 불구하고 근로자가 휴가를 사용하지 아니하여 제60조 제7항 본문에 따라 소멸된 경우에는 사용자는 그 사용하지 아니한 휴가에 대하여 보상할 의무가 없고, 같은 항 단서에 따른 사용자의 귀책사유에 해당하지 아니하는 것으로 본다.

1. 최초 1년의 근로기간이 끝나기 3개월 전을 기준으로 10일 이내에 사용자가 근로자별로 사용하지 아니한 휴가 일수를 알려주고, 근로자가 그 사용 시기를 정하여 사용자에게 통보하도록 서면으로 촉구할 것. 다만, 사용자 서면 촉구한 후 발생한 휴가에 대해서는 최초 1년의 근로기간이 끝나기 1개월 전을 기준으로 5일 이내에 촉구하여야 한다.

2. 제1호에 따른 촉구에도 불구하고 근로자가 촉구받은 때부터 10일 이내에 사용하지 아니한 휴가의 전부 또는 일부의 사용 시기를 정하여 사용자에게 통보하지 아니하면 최초 1년의 근로기간이 끝나기 1개월 전까지 사용자가 사용하지 아니한 휴가의 사용 시기를 정하여 근로자에게 서면으로 통보할 것. 다만, 제1호 단서에 따라 촉구한 휴가에 대해서는 최초 1년의 근로기간이 끝나기 10일 전까지 서면으로 통보하여야 한다.

연차휴가 사용 시기 지정통보서

본인은 미사용한 연차휴가에 대하여 다음과 같이 그 사용 시기를 지정하여 회사에 통보드립니다.

- 다 음 -

1. 통지받은 내역

발생연차(A)	사용연차(B)	미사용(A-B)	연차휴가를 사용할 수 있는 기간
일	일	일	20XX. 7. 1 ~ 12. 31.

2. 미사용 연차휴가 사용시기 지정 통보내역 (○ 표시)

7월	일	1	2	3	4	5	6	7	8	9	10	11	12	13	14	15	
	지정																
	일	16	17	18	19	20	21	22	23	24	25	26	27	28	29	30	31
	지정																
8월	일	1	2	3	4	5	6	7	8	9	10	11	12	13	14	15	
	지정																
	일	16	17	18	19	20	21	22	23	24	25	26	27	28	29	30	31
	지정																
9월	일	1	2	3	4	5	6	7	8	9	10	11	12	13	14	15	
	지정																
	일	16	17	18	19	20	21	22	23	24	25	26	27	28	29	30	31
	지정																
10월	일	1	2	3	4	5	6	7	8	9	10	11	12	13	14	15	
	지정																
	일	16	17	18	19	20	21	22	23	24	25	26	27	28	29	30	31
	지정																
11월	일	1	2	3	4	5	6	7	8	9	10	11	12	13	14	15	
	지정																
	일	16	17	18	19	20	21	22	23	24	25	26	27	28	29	30	31
	지정																
12월	일	1	2	3	4	5	6	7	8	9	10	11	12	13	14	15	
	지정																
	일	16	17	18	19	20	21	22	23	24	25	26	27	28	29	30	31
	지정																

☞ 총합계는 미사용일수와 동일하여야 합니다.

20XX년 7월 일

통 보 자 :   (서명)

(주)○○○○○○ 귀중

연차휴가 사용촉진 관련 서면통보서 등 수령확인서

본인은 회사에서 통보한 "미사용 연차휴가일수 통지 및 휴가
사용시기 지정 요청" 및 "미사용 연차휴가 사용시기 지정통
보서"를 서면으로 직접 수령하였음을 확인합니다.

□ **부서명 :**

NO	성 명	사 번	수령일	서 명
1				
2				
3				
4				
5				
6				
7				
8				
9				
10				
11				
12				
14				
15				

미지정 연차휴가 사용시기 지정통보(2차 통보)

  당사는 20XX.7.X에 _____ 사원에게 잔여 연차휴가에 대한 사용시기를 지정하여 20XX.7.X까지 인사팀으로 서면통보해 주실 것을 요청드렸습니다. 그러나 안내드린 시기까지 회사에 통지를 하시지 않으셔서, 근로기준법 제61조 및 취업규칙 제O조에 따라 부득이 회사가 부서장과 협의 후 _____ 사원의 휴가 일자를 임의지정하여 통보하니, 지정된 날짜에 연차휴가를 모두 사용하시기 바랍니다. 만약, 지정된 날짜에 휴가를 사용하시지 않는 경우 연차휴가가 소멸되고 미사용분에 대한 수당이 지급되지 않으니, 반드시 모두 사용해 주시기 바랍니다.

- 다   음 -

1. 잔여 휴가일수(20XX. . . 현재) : _____일

발생연차(A)	사용연차(B)	미사용(A-B)	연차휴가를 사용할 수 있는 기간
일	일	일	20XX. 7. 1 ~ 12. 31.

2. 휴가 지정일자

월	연차휴가 사용 지정일자	소계
7월		일
8월		일
9월		일
10월		일
11월		일
12월		일
총 합계		일

20XX년 월 일

(주)○○○○○○○ 대표이사

노무 수령 거부 통지서

성 명		부 서		사 번	

　근로기준법 제61조(연차 유급휴가 사용촉진)에 의거 회사는 귀하에게 미사용 연차휴가 일수를 알려주고, 그 사용시기를 정하여 회사에 통보하도록 촉구하였음에도 불구하고 아무런 통보를 하지 않아 부득이 회사가 귀하의 연차휴가 사용일을 지정하여 통보하였습니다. 금일은 회사가 귀하의 연차휴가일로 지정한 날이므로 귀하는 금일 회사에 근로를 제공할 의무가 없고, 회사에서는 귀하의 노무수령을 거부하니, 즉시 퇴근하시기 바랍니다.

　본 통지서를 수령하고도 귀하가 퇴근하지 않고 계속 근로를 하더라도 회사는 동법에 의거하여 귀하가 연차휴가를 사용한 것으로 처리하고, 추후 연차휴가미사용수당이 지급되지 않음을 알려드리오니, 이점 유념하시어 휴가제도의 취지에 맞게 충분한 휴식을 취하시기 바랍니다.

20XX. X. X.

㈜OOOOOOO

-------------------- 절 취 선 --------------------

노무수령거부 통지서 수령확인증

본인은 금일 회사의 노무수령거부 통지서를 수령하였음을 확인합니다.

20XX. X. X.

수령한 시각 : 00:00

수령인　　소속　　　　　사번　　　　　성명　　　　　(서명)

㈜OOOOOOO 귀중

제4장

이것만 알면
나도 혼자 급여 계산

실무를 하면 반드시 발생하는 급여, 수당에 관한 모든 사례를 수록한 장이다. 따라서 이 것만 알면 모든 급여 계산을 할 수 있다.

• 모든 급여의 계산 방법

• 모든 주휴수당의 계산 방법

• 포괄임금제 업무처리

노동법에서 말하는 임금과 세법에서 말하는 급여의 차이

보통 월급을 급여라고 부르기도 하고 임금이라고 하기도 한다.

별다른 구분 없이도 뜻이 통하므로 실무에서는 거의 같은 의미로 사용한다.

노동법에서는 임금이라는 용어를 쓰고 그 의미는 근로자가 노동의 대가로 사용자에게 받는 보수, 급료, 봉급, 수당 상여금 등으로 현물급여도 포함된다. 반면 급여는 법적인 용어가 아니므로 각종 노동관계법에서는 사용하지 않는다.

결론은 급여와 임금, 그것이 근로제공의 대가로서 지급되는 것을 의미한다면, 실무적으로는 아무런 차이가 없다고 하겠다.

회계부서에서는 급여는 사무직에 대한 월급을 말하고 임금은 생산직에 대한 월급을 칭하는 것으로 구분하기도 한다.

임금에 해당하는 경우	임금에 해당하지 않는 경우
❶ 정기적 · 계속적으로 지급하는 상여금, 생산장려금, 능률수당 ❷ 퇴직금(후불성 임금)	❶ 경조금 · 위로금 등의 의례적 호의적으로 지급되는 금품 ❷ 해고예고수당

임금에 해당 하는 경우	임금에 해당하지 않는 경우
❸ 유급휴일, 연차휴가기간에 지급하는 수당 ❹ 휴업수당 ❺ 일률적으로 지급하도록 명시되어 있거나 관례적으로 지급되는 물가수당 · 통근수당 · 가족수당 · 월동수당 등의 복리후생적 성격의 금품	❸ 여비 · 출장비 등의 실비를 변상하기 위해 지급되는 금품 ❹ 휴업보상 등의 재해보상금

01 / 노무상 임금과 세무상 급여의 차이

앞서 설명한 바와 같이 법률상 노동의 대가로 받는 보수는 임금이라는 용어를 사용한다. 따라서 노동법에서는 실무상 받는 급여를 임금이라는 명칭으로 설명하고 있다. 즉 실무상 월급에 대한 노동법을 적용할 때는 월급 = 임금이 된다.

노동법에서는 임금이라는 용어를 사용하지만, 회계나 세법에서는 급여라는 용어를 사용한다. 즉 월급 = 급여가 된다.

따라서 결국 월급 = 임금 = 급여가 된다.

그리고 노무상 임금은 세법에서는 2가지 즉 과세 급여와 비과세 급여로 나눈다.

> 노무상 임금 = 세법상 과세 급여 + 세법상 비과세 급여

사업주가 근로자에게 노동의 대가로 지급하는 월급에 대해 통상임금, 평

균임금, 퇴직금, 수당 등 노동법 규정을 적용할 때는 노동법 규정에 따라 적용하면 되고, 같은 월급에 대해 회계나 세법 규정을 적용할 때는 노동법 규정과 상관없이 세법 규정을 적용하면 된다. 즉 노동법과 세법을 짬뽕해서 적용하지 말고 업무 내용에 따라 같은 월급이라도 노동법과 세법을 각각 적용해야 한다.

예를 들어 월급 100만원에 식대 20만원이 포함되어 있는 경우 노동법상 임금은 100만원이다. 반면, 세법에서는 급여는 100만원으로 노동법상 임금과 같지만, 식대 20만원은 비과세 급여로 정하고 있으므로 세법상 과세대상 급여는 80만원이 되는 것이다.

> 노무상 임금 = 세법상 과세 급여 + 세법상 비과세 급여
> 100만원(임금) = 80만원 + 20만원

통상임금, 평균임금, 최저임금, 주휴수당, 가족수당, 직책 수당, 상여금, 성과급의 판단은 근로기준법, 퇴직금 및 퇴직연금은 근로자퇴직급여보장법, 최저임금은 최저임금법 등 노동법에서 결정한다.

세금은 노동법에서 결정된 임금을 가져다 쓴다.

임금을 어떻게 계산하고 지급하든 그건 노동법상의 결정 사항이다. 즉, 매달 받는 급여의 총액은 노동법으로 결정되고 노동법에 의해 결정된 총임금 항목을 세법에서 가지고 와서 과세와 비과세를 세법 규정애 따라 판단한다. 따라서 일반적으로 임금이나 수당, 상여, 성과급은 세전 급여이다.

> 임금 총액 = 기본급 + 각종 수당 + 성과급 및 상여금
>
> 임금 총액(세전 금액) − 비과세 급여 = 과세 기준이 되는 급여 및 4대 보험 기준 급여
>
> 임금 총액(세전 금액) − 세금 = 세후 급여

임금 총액의 구성요소 중 필요에 따라 급여 계산을 위해
퇴직금 계산 때는 평균임금을 만들어 사용하고,
시간외수당 계산 때는 통상임금을 만들어 사용하며,
최저임금 계산을 위해 뽑아 쓰기도 한다.

그리고 모든 임금 항목 중 세법에서 딱 정해진 비과세 급여를 차감한 후
근로소득세를 계산해 원천징수한다.
결론은 기본급, 각종 수당, 상여금 등의 모든 계산은 노동법에서 책임지
고 완성된 임금 총액을 가져다 세금을 계산하는 것이다. 따라서 임금은
당연히 세전 임금이다.
세법상 비과세는 노동법상 임금이 어떤 계산과정을 거쳐 구성되었는지
전혀 신경 쓰지 말고 세법 규정에 따라 해당 임금 항목이 비과세냐 아니
냐만 판단하면 된다.

02 / 임금 = 월급은 세전 금액을 말한다.

일반적으로 말하는 임금은 세전 급여를 말한다. 즉 회사에서 지급하는
세금을 공제하기 전 월급(=임금, 급여)을 받아 세금을 공제한 후 세후
급여를 근로자에게 실제로 지급한다.

따라서 최저임금, 통상임금, 평균임금 등 근로의 대가로 받는 임금은 세전 급여를 의미한다.

03 / 신고 안 한 인건비의 경비처리

임직원에게 지급하는 급여 및 일용근로자에게 지급하는 급여 등 근로소득과 인적용역에 대한 대가로 사업소득자, 기타소득자에게 지급하는 대가는 소득세법 규정에 의하여 소득세를 원천징수한 후 지급해야 한다.

이 같은 원천징수 소득은 세금계산서 등의 적격증빙을 수취해야 하는 대상이 아니다.

실무상 인건비 지출 증빙은 원천징수영수증과 지급명세서의 제출로 이루어지므로, 원천징수를 적법하게 진행하고 원천세 신고와 지급명세서 제출을 기한에 맞춰 진행하는 것으로 적격증빙의 수취를 대신할 수 있다.

즉, 종합소득세 또는 법인세 신고 시 인건비를 비용처리하기 위해선 반드시 원천징수한 원천세를 매월 신고해야 하고 지급명세서를 국세청에 제출해야 한다.

만일 인건비를 신고하지 않았을 경우 법인세와 종합소득세의 부담이 더욱 커진다.

인건비가 전체 지출에서 차지하는 비율이 높을 뿐 아니라 주위에서 인건비 신고 때문에 갈등하는 상황을 많이 본다.

세법에서는 아르바이트라는 용어를 사용하지 않는다. 편의점 아르바이트, 커피숍 아르바이트 등 아르바이트에 종사하는 사람에게 지급하는 비용은 일용직으로 분류해 신고한다. 현장 인부들처럼 매일 일당으로 수령하지 않고 시간에 따라 월 단위로 급여를 지급하지만, 비정규직 직원의 급여는 모두 일용직으로 신고한다. 따라서 아르바이트, 건설직 일용근로자는 누구에게 언제, 얼마가 지출됐는지? 매월 세무서와 근로복지공단에 신고해야 정당한 경비로 인정된다.

부가가치세 신고 시 거래 증빙으로 세금계산서나 신용카드 매출전표로 확인되는 것과 같이 인건비도 세무서에 신고해야 비용으로 처리할 수 있다. 따라서 지출한 인건비를 비용으로 처리해 세금을 절세하고 싶다면 매달 인건비 신고를 꼼꼼히 챙겨야 한다.

2   4.345주와 209시간의 의미

01 / 4.345주의 계산

4.345주 = 1년 365일을 12개월로 나누고 이를 다시 1주일인 7일로 나눈 1달 평균주수를 의미한다.

4.345주는 4.34주를 사용하기도 하며, 각종 수당이나 임금을 계산할 때 흔히 사용한다.

> 4.345주 = 365일 ÷ 12개월 ÷ 7일

02 / 209시간의 계산

소정근로시간은 법정근로시간 1일 8시간 또는 주 40시간 안에서 노사간 근로를 하기로 계약한 시간을 의미한다. 따라서 소정근로시간은 1일 8시간 또는 주 40시간을 초과하지 못한다.

그리고 소정근로시간에 주휴시간을 더한 시간에 평균주수 4.345주를 곱한 시간이다.

이는 1일 8시간 주 40시간을 근무하는 근로자의 임금 즉 최저임금, 월급을 계산하는 기준이 되는 시간이다. 즉 시간외근로를 제외한 유급으로 처리해야 하는 시간을 의미한다.

209시간 = (월~금 소정근로시간의 합 + 토요일 유급 시간 + 유급 주휴시간)
        = (40시간 + 0시간 + 8시간)
일반적으로 토요일은 무급 휴무일이며, 회사 규정상 유급으로 규정한 경우는 위 산식 토요일 유급 시간에 포함하면 된다.

최저임금의 계산 방법

최저임금과 관련해서는 최저임금법의 적용을 받는데 최저임금법은 근로자의 생활 안정과 노동력의 질적 향상을 위해 최저임금 제도를 시행해서 사용자가 최저임금액 이상의 임금을 지급하도록 강제하고 있다.

최저임금액(최저임금으로 정한 금액을 말한다.)은 시간·일(日)·주(週) 또는 월(月)을 단위로 해서 정한다. 이 경우 일·주 또는 월을 단위로 해서 최저임금액을 정할 때는 시간급으로도 표시해야 한다(최저임금법 제5조).

01 / 최저임금의 적용 대상

최저임금은 동거의 친족만을 사용하는 사업과 가사사용인을 제외하고 근로자를 사용하는 모든 사업 또는 사업장에 적용된다. 다만, 정신 또는 신체장애로 근로 능력이 현저히 낮아 고용노동부 장관의 인가를 받은 자에 대해서는 이를 적용하지 않는다.

02 / 최저임금의 효력

사용자는 최저임금의 적용을 받는 근로자에 대해서 최저임금액 이상의 임금을 지급해야 하며, 최저임금액에 미달하는 임금을 정한 근로계약은 그 부분만 이를 무효로 하고, 무효로 된 부분은 최저임금액과 동일한 임금을 지급하기로 정한 것으로 본다.

03 / 최저임금액

구 분	내 용
최저임금액	① 시간급(모든 산업) : 10,030원 ② 월 환산액(209시간, 주당 유급주휴 8시간 포함) 기준으로 주 소정근로 40시간을 근무할 경우 : 2,096,270원 (10,030원 × 209시간)
최저임금 적용 기간	2025년 1월 1일 ~ 2025년 12월 31일(1년간)

2024년도 최저임금으로 계약직 근로를 체결한 경우 2025년에도 2024년 최저임금을 지급하면 되는 것이 아니라 2025년 1월 이후에는 반드시 2025년 최저임금으로 지급해야 하며, 그렇지 않은 경우, 최저임금법 위반에 해당한다.

04 / 최저임금액의 계산 방법

3개월 이내의 수습 사용 중인 근로자는 최저임금액의 10%를 감액한 금액을 지급할 수 있다. 단, 근로계약 기간이 1년 미만인 수습사용 근로자 및 1~2주의 직무훈련만으로 업무수행이 가능한 단순 노무 종사자는 최저임금액을 감액하지 않고 100%를 적용한다. 사용자가 최저임금보다 낮은 급여를 지급하기 위해서는 근로계약서 또는 취업규칙에 수습기간을 명시해야 하고, 수습기간 중에는 급여도 감액되어 지급된다는 것을 규정하고 있어야 한다. 따라서 근로계약서 또는 취업규칙에 수습기간을 명시 또는 규정되어 있지 않은 경우 이는 법률위반에 해당한다.

월급제인 경우 최저임금에 산입하지 않는 임금을 제외한 임금을 1월의 소정근로시간수(월에 따라 소정근로시간수가 다른 경우에는 1년간의 1개월 평균 소정근로시간)로 나누어 시간당 임금으로 환산해서 고시된 시간급 최저임금과 비교함으로써 최저임금 미달 여부를 판단한다.

> 주당 소정근로시간이 40시간인 근로자가 1주 40시간(주 5일, 1일 8시간)을 근로하고 급여명세서는 다음과 같다.

급여 항목		최저임금에 포함되는 임금액	
급여	200만 원	200만 원	2,000,000원
정기상여금 (2024년 전액 가산)	30만 원	매월 1회 이상 정기적으로 지급되는 상여금 또는 그 밖의 명칭이라도 이에 준하는 임금. 예를 들어 정기상여금으로 월 30만 원을 지급하는 경우 30만 원도 기본급에 합산해 최저임금 위반 여부를 판단한다고 보면 된다.	300,000원
현금성 복리후생비 (2024년 전액 가산)	20만 원	근로자의 생활 보조 또는 복리후생적 임금으로서 통화 또는 현물(2024년부터 전액 최저임금에 가산) 예를 들어 월식대로 20만 원을 지급하는 경우 20만 원도 기본급에 합산해 최저임금 위반 여부를 판단한다고 보면 된다.	200,000원
합 계			2,500,000원

월 기준시간

[(주당 소정근로시간 40시간 + 유급 주휴 8시간) ÷ 7 × 365] ÷ 12월 ≒ 209시간

다른 계산 방법 : 48시간 × 4.345주 ≒ 209시간

시간당 임금 = 2,500,000원 ÷ 209시간 ≒ 11,962원(최저임금 초과)

시간당 임금 11,962원은 2025년도 최저임금 10,030원보다 많으므로 최저임금법 위반이 아니다.

주당 소정근로시간이 40시간인 근로자의 월 환산 최저임금

= 10,030원 × 209시간 = 2,096,270원

최저임금 모의 계산

⟨https://www.moel.go.kr/miniWageMain.do#div6⟩

2025년 기본급 2,000,000원은 2025년 월 최저임금 2,096,270원에 96,270원이 부족하여 최저임금법 위반이 되나, ❶ 정기상여금에서 300,000원과 ❷ 식대 200,000원 합계 금액(❶ + ❷) 500,000원을 기본급 200만 원에 산입할 경우 총액이 2,500,000원으로 2025년 월 최저임금(2,096,270)보다 403,730원 초과로 최저임금법 위반에 해당하지 않는다.

05/ 임금 형태별 최저임금 환산사례

1. 시간급제

임금이 시간급인 경우는 고시된 시급 최저임금과 직접 비교함.

예시

단시간 근로자의 경우

시급 10,030원인 근로자가 1일 5시간 주 5일(월~금)씩 4주를 근무하고 급여로 소정근로시간이 1주 40시간(월~금요일 8시간)인 근로자가 받아야 할 급여

시간당 임금 : 10,030원

실제 받아야 할 금액 : 10,030원 × [(1일 5시간 × 5일) + 유급 주휴 5시간] × 4.345주 = 1,307,410원

2. 일급제

임금이 일급(8시간 근로기준)인 경우에는 그 금액을 1일 소정근로시간으로 나누어 시간급 임금을 환산하여 최저임금 시간급과 직접 비교함

1일 소정근로시간이 정해져 있으나 각 일에 따라 소정근로시간수가 다른 경우에는 1주간의 1일 평균 소정근로시간수로 나누어 환산함

예시

근로시간 + 연장근로

1일 임금이 100,000원인 근로자가 1일 9시간 근로한 경우

8시간 + 1.5시간(시간 외 근로시간 1시간 × 150%) = 9.5시간

시간당 임금 : 100,000원 ÷ 9.5 시간 = 10,526원

시간당 임금(10,526원) 〉시간급 최저임금(10,030원)

결론 : 최저임금법 위반 아님

3. 주급제

임금이 주급(유급 처리된 임금을 포함한 금액)인 경우는 그 금액을 1주의 소정근로시간수(유급 처리된 시간을 합산한 시간 또는 법정근로시간에 유급 처리된 시간을 합산한 시간)로 나누어 시간당 임금으로 환산하고, 이를 고시된 시간급 최저임금과 비교함. 주에 따라 소정근로시간수가 다른 경우에는 4주간의 1주 평균 소정근로시간수로 나누어 환산함

☒ 15시간 이상 근무하는 경우 주휴수당을 포함하여 계산해야 한다.

예시1

(매주 근무시간 수가 동일한 경우)

1주의 임금이 500,000원인 근로자로서 1주 소정근로시간이 40시간을 근로(개근)한 경우(단, 1주 소정근로시간이 15시간 이상이고, 1주일에 소정근로일을 개근한 자에게는 유급 주휴시간을 부여).

시간당 임금 산정 : 500,000원 ÷ (주 40시간 + 유급 주휴 8시간) ≒ 10,417원

시간당 임금(10,417원) 〉시간급 최저임금(10,030원)

결론 : 최저임금법 위반 아님

예시2

(주마다 근무시간 수가 다른 경우)

1주의 임금이 400,000원인 근로자로서 주의 소정근로시간이

1주째는 25시간(5일 × 5시간),

2주째는 30시간(6일 × 5시간),

3주째는 25시간(5일 × 5시간),

4주째는 30시간(6일 × 5시간)을 근로(개근)한 경우

시간당 임금 산정 : 400,000원 ÷ [{(25 + 30 + 25 + 30) ÷ 4주} + 유급 주휴 5시간] ≒ 12,307원

시간당 임금(12,307원) 〉시간급 최저임금(10,030원)

결론 : 최저임금법 위반 아님

예시3

(단시간 근로자, 1주 근로시간이 40시간 미만인 경우)

1주의 임금이 240,000원인 근로자로서 주의 소정근로시간이

1일 4시간, 1주일(5일)간 총 20시간 근로(개근)한 경우

시간당 임금 산정 : 240,000원 ÷ (20시간 + 유급 주휴 4시간) ≒ 10,000원

시간당 임금(10,000원) 〈 시간급 최저임금(10,030원)

결론 : 최저임금법 위반임

예시4

(초단시간 근로자, 1주 근로시간이 15시간 미만인 경우)

1주의 임금이 105,000원인 근로자로서 주의 소정근로시간이 1일 3시간, 1주일(4일)간 총 12시간 근로(개근)한 경우

4주(4주 미만으로 근로하는 경우는 그 기간)를 평균하여 1주 동안의 소정근로시간이 15시간 미만인 근로자는 유급 주휴 미발생

시간당 임금 산정 : 105,000원 ÷ 12시간 = 8,750원

시간당 임금(8,750원) 〈 시간급 최저임금(10,030원)

결론 : 최저임금법 위반임

4. 월급제

월급에서 최저임금에 포함되지 않는 임금을 제외한 임금을 1개월의 소정근로시간수(근로기준법에 따른 주휴일 유급 처리된 8시간을 합산한 시간, 월에 따라 소정근로시간수가 다른 경우에는 1년간의 1개월 평균 소정근로시간수)로 나누어 시간당 임금으로 환산하고 이를 고시된 시간급 최저임금과 비교한다.

월에 따라 소정근로시간수가 다른 경우에 1년간의 1개월 평균 소정근로시간수는 다음과 같이 산출함.

1주 44시간인 경우(4인 이하 사업장) : {(주당 소정근로시간 44시간 + 유급 주휴 8시간) × 365÷ 7} ÷ 12월 = 226시간

1주 40시간인 경우(5인 이상 사업장) : {(주당 소정근로시간 40시간 + 유급 주휴 8시간) × 365 ÷ 7} ÷ 12월 = 209시간

예시1

(5인 이상 일반사업장)

소정근로시간이 1주 40시간(월~금요일 8시간)인 근로자가 최저임금에 산입되지 않는 임금을 제외하고 1,700,000원의 월급을 지급받는 경우

최저임금 산정을 위한 소정근로시간 수 : {(주당 소정근로시간 40시간 + 유급 주휴 8시간) × 365 ÷ 7} ÷ 12월 = 209시간

시간당 임금의 산정 : 1,700,000원 ÷ 209시간 ≒ 8,134원

시간당 임금(8,134원) 〈 시간급 최저임금(10,030원) ➜ 최저임금법 위반임

예시2

(5인 이상 사업장, 수습 중인 근로자)

소정근로시간이 1주 40시간(월~금요일 8시간)인 수습 근로자(1년 이상 근로계약 체결, 수습 사용한 날로부터 3개월 이내인 자)가 최저임금에 산입되지 않는 임금을 제외한 1,660,000원의 월급을 받는 경우

최저임금 산정을 위한 소정근로시간 수 : {(주당 소정근로시간 40시간 + 유급 주휴 8시간) × 365 ÷ 7} ÷ 12월 = 209시간

시간당 임금의 산정 : 1,600,000원 ÷ 209시간 ≒ 7,656원

시간당 임금(7,656원) 〈 감액 적용 시간급 최저임금(9,027원)

* 수습 3개월간 10% 감액 적용(10,030원 × 90% = 9,027원) → 최저임금법 위반임

예시3

(4인 이하 사업장, 40시간 미만 단시간 근로자)

통상근로자가 주 40시간을 근무한 사업장에서 소정근로시간이 1주 18시간(수~금요일 3일간 6시간)인 단시간 근로자가 최저임금에 산입되지 않는 임금을 제외한 800,000원의 월급을 받는 경우

최저임금 산정을 위한 소정근로시간 수 : {(주당 소정근로시간 18시간 + 유급 주휴 3.6시간) × 365÷ 7} ÷ 12월 = 94시간

시간당 임금 산정 : 800,000원 ÷ 94시간 ≒ 8,511원

시간당 임금(8,511원) 〈 시간급 최저임금(10,030원) → 최저임금법 위반임

5. 포괄임금제

포괄산정 임금제의 경우에는 실수령 임금 총액과 근로시간을 기준으로 근로기준법의 규정에 따라 제 법정수당을 산출해 내는 방식에 의하여 시간당 임금을 환산하여 고시된 시간급 최저임금과 비교함(노동부 행정해석 : 임금 32240-16374, '90.11.26, 임금 32240 -8895, '90.6.23, 임금 32240-4454, '90.3.28).

예시1

(5인 이상 사업장)

소정근로시간이 1주 40시간(월~금요일 8시간)인 근로자가 매월 시간외근로를 총 6시간 하고 최저임금에 산입되지 않는 임금을 제외하고 월 1,800,000원(시간외근로 6시간 임금 포함)의 월급을 지급받는 경우

최저임금 산정을 위한 소정근로시간 수 : 209시간

시간외 근로시간(6시간) × 1.5배 = 9시간

시간당 임금의 산정 : 1,800,000원 ÷ (209시간 + 9시간) ≒ 8,257원

시간당 임금(8,257원) 〈 시간급 최저임금(10,030원) → 최저임금법 위반임

예시2

(5인 이상 사업장, 18세 미만자)

근로시간이 1주 40시간(월~금요일 8시간)인 18세 미만의 근로자(연장근로 동의)가 최저임금에 산입되지 않는 임금을 제외한 1,750,000원(연장근로 매주 5시간 임금 포함)의 월급을 받는 경우

최저임금 산정을 위한 소정근로시간 수 : {(주당 소정근로시간 35시간 + 연장근로 5시간 × 1.5 + 유급 주휴 7시간) × 365 ÷ 7} ÷ 12월 ≒ 215시간

시간당 임금의 산정 : 1,750,000원 ÷ 215시간 ≒ 8,140원

시간당 임금(8,140원) 〈 시간급 최저임금(10,030원) ➜ 최저임금법 위반임

예시3

(4인 이하 사업장)

소정근로시간이 1주 55시간(월~금요일 10시간, 토요일 5시간)인 근로자가 최저임금에 산입되지 않는 임금을 제외하고 2,200,000원의 월급을 지급받는 경우

최저임금 산정을 위한 소정근로시간 수 : {(주당 소정근로시간 55시간 + 유급주휴 × 8시간) × 365 ÷ 7} ÷ 12월 ≒ 274시간

(* 4인 이하 사업장의 유급 주휴시간 산정 문의 근로기준정책과-5106, 2016.8.17. 참조)

시간당 임금산정 : 2,200,000원 ÷ 274시간 ≒ 8,030원

시간당 임금(8,030원) 〈 시간급 최저임금(10,030원) ➜ 최저임금법 위반임

6. 도급제

생산고에 따른 임금 지급제 기타 도급제로 정하여진 임금은 그 임금 산정 기간(임금 마감일이 있는 경우 임금 마감 기간)의 임금 총액을 그 임금 산정 기간 동안 총근로시간 수로 나눈 금액을 고시된 시간급 최저임금과 비교한다.

7. 혼합제(시간급 · 일급 · 월급 · 도급이 혼합된 경우)

근로자가 받는 임금이 시간급제 · 일급제 · 월급제 · 도급제 등으로 혼합된 경우는 각각 시간급 최저임금을 계산하여 합한 금액을 고시된 시간급 최저임금과 비교한다.

월간 판매실적(생산고)에 따라 산정 지급되는 능률수당은 이를 총근로시간으로 나누어 시간당 임금으로 환산한 뒤 기본급 등 월 단위로 정하여진 임금을 소정근로시간으로 나누어 환산한 시간당 임금과 합산하여 시간급 최저임금 미달 여부를 판단함(노동부 행정해석 임금 32240-4770, '90.4.3).

예시1

(5인 이상 사업장)

월 소정근로시간은 209시간(174시간 + 유급 주휴시간), 월 연장근로는 40시간을 하는 것으로 정한 후, 월 임금 1,350,000원(월 통상임금 1,000,000원 + 연장근로 임금 및 가산수당 350,000원)을 지급하고 이외에 생산고 임금 550,000원을 추가 지급한 경우

생산고 임금에 대한 시간당 임금의 산정 : 55만원 ÷ 214시간(174 + 40) ≒ 2,570원

월 임금의 시간당 임금의 산정 : 100만원 ÷ 209시간 ≒ 4,785원

시간당 임금의 산정 : 2,570원 + 4,785원 = 7,355원

시간당 임금(7,355원) 〈 시간급 최저임금(10,030원) ➜ 최저임금법 위반임

예시2

(4인 이하 사업장)

월 소정근로시간은 226시간(191시간 + 유급 주휴시간), 월 연장근로는 40시간을 하는 것으로 정한 후, 월 임금 1,350,000원(월 통상임금 1,050,000원 + 연장근로수당 300,000원)을 지급하고 이외에 생산고 임금 650,000원을 추가 지급한 경우

생산고 임금에 대한 시간당 임금의 산정 : 65만원 ÷ 231시간(191 + 40) ≒ 2,814원

월 임금의 시간당 임금의 산정 : 105만원 ÷ 226시간 ≒ 4,646원

시간당 임금의 산정 : 2,814원 + 4,646원 = 7,460원

시간당 임금(7,460원) 〈 시간급 최저임금(10,030원) ➜ 최저임금법 위반임

8. 감시 단속적 근로자

감시·단속적 근로자는 일급·주급·월급을 시간급 임금으로 환산하는 경우는 근로기준법상의 소정근로시간을 적용할 수 없다.

따라서, 최저임금 미달 여부를 판단하기 위하여 시간급 임금으로 환산할 때는 최저임금

에 산입되지 않는 임금을 제외하고 지급하기로 정하여진 임금 총액(주급 · 일급 · ·월급)을 그 기간의 총근로시간 수로 나누어야 한다.

예시

감시 단속적 근로자의 총근로시간 수 환산

1일 24시간 휴게시간을 부여하지 않는 경우

▷ 1일 : 28시간(24시간 + 야간근로 가산수당 환산분 4시간(8시간×0.5))

▷ 1주 : 98.3시간[(28시간 × 365 ÷ 2) ÷ 52주]

▷ 1월 : 426시간[(28시간 × 365 ÷ 2) ÷ 12개월]

9. 교대제 근로자

예시

1. 근로시간 = 교대 주기의 총근로시간 합/교대 주기 × 365일/12개월

교대 주기의 총근로시간 합은 예를 들어 각 조가 3일 동안 로테이션이 되는 경우 3일 동안 근무하는 시간을 의미한다. 1일 기준으로는 교대 주기의 총근로시간 합/교대 주기 시간이 되며, 1년은 365일이고, 이것을 12월로 나누면 매월 실근로시간이 계산된다.

2. 연장근로가산의 경우

연장근로시간 = 교대 주기의 연장 총근로시간 합/교대 주기 × 365일/12개월 × 0.5시간. 0.5는 50%의 할증 부분만 고려한다.

3. 야간근로가산의 경우

야간근로시간 = 교대 주기의 야간 총근로시간 합/교대 주기 × 365일/12개월 × 0.5시간

4. 주휴수당의 경우 = 8시간 × 4.345주

📝 최저임금 변경 시 근로계약서를 재작성해야 하나?

최저임금이 올랐다고 꼭 다시 작성할 필요는 없다. 즉 최저임금을 적용받는 근로자가 최저임금 인상으로 인해 임금이 올랐을 경우는 근로계약서를 꼭 의무적으로 다시 작성할 필요는 없다. 근로자가 요구할 때만 다시 쓰면 된다. 임금, 근로시간, 휴일 등이 변경되어도 근로자 대표와의 서면합의나 취업규칙, 단체협약, 법령에 의하여 변경된 경우라면 근로계약서를 재작성하지 않아도 된다. 예를 들어, 최저임금의 상승은 법령에 의한 임금 변경이기 때문에 근로계약서를 재작성하지 않아도 된다. 단, 이 경우에도 근로자가 근로계약서 재작성 및 교부를 요구한다면 근로자의 요구에 따라 근로계약서를 재작성해야 한다.

1. 근로계약서 재작성 예외(근로기준법 제17조 제2항 단서)
❶ 근로자 대표와의 서면합의에 따라 변경되는 경우(근로기준법 시행령 제8조의 2 제1호 참조)
❷ 취업규칙에 의하여 변경되는 경우 ❸ 단체협약에 의하여 변경되는 경우 ❹ 법령에 의하여 변경되는 경우
상기 예외 경우에 해당하지만, 근로자의 요구가 있는 경우 : 근로계약서 재작성 및 교부를 해야 한다.
[참고 : 근로계약서 재작성 사유(근로기준법 제17조)]
❶ 임금 및 임금의 구성항목, 계산 방법, 지급 방법이 변경된 경우
❷ 소정근로시간이 변경된 경우 ❸ 휴일이 변경된 경우 ❹ 연차유급휴가가 변경된 경우
❺ 근로 장소가 변경된 경우   ❻ 종사해야 할 업무가 변경된 경우
❼ 취업규칙 작성 · 신고 사항이 변경된 경우(근로기준법 제93조 제1호~제12호)
❽ 기숙사 규칙에서 정한 사항이 변경된 경우

📑 비과세 급여의 최저임금(식대, 자녀보육수당, 자가운전보조금) 산입 여부

소득세법에서 말하는 비과세는 일정한 수입에 대해 세금을 부과하지 않는다는 의미다. 그런데 소득세법에서 과세/비과세 여부가 꼭 최저임금과 연결되는 것은 아니다. 즉 과세는 최저임금에 산입, 비과세는 최저임금에 불산입처럼 공식이 있는 것이 아니고 최저임금 산입 여부는 최저임금법에 따라 별도로 검토해 보아야 한다.

최저임금에 포함되는 임금 항목은 매월 고정적이고 정기적으로 지급되는 수당 성격의 임금과 월 고정적으로 지급되는 상여금, 비과세 식대, 비과세 자가운전보조금도 최저임금에 포함된다.

식대는 대표적인 복리후생 임금 항목으로 2024년부터 비과세소득 20만 원 전액이 최저임금에 포함된다.

둘째, 육아수당(자녀보육수당)도 복리후생 임금 항목으로 인정되며, 20만 원 식대와 같이 전액이 최저임금에 포함된다.

마지막으로, 실비변상적 성격의 비과세 자가운전보조금도 최저임금에 포함된다. 2025년 기준으로 주 40시간 근무를 가정하여 계산 시 최저임금은 2,096,270원이다.

기본급 1,496,270원 + 육아수당(보육수당) 200,000원 + 식대 200,000원 + 자가운전보조금 200,000원

총 지급액 2,096,270원으로 임금 항목을 구성하더라도, 최저임금법 위반이 아니다.

시급 계산은 급여 계산의 필수

각종 수당계산을 위해서는 시급 계산 방법을 필수적으로 알아야 한다. 즉 급여를 시급으로 쪼개는 것이 급여계산의 핵심이다.

01 / 통상시급 계산의 원칙(일반회사)

통상시급은 매달 일정하게 받는 급여의 시급으로 보면 된다. 즉 시간외 근로수당 등 불규칙적인 시급을 제외한 금액을 말한다.

가장 일반적인 급여 형태로 (1주일간의 소정근로시간 + 유급 주휴시간) × 4.345가 1달간의 통상근로시간이 되고, 월급을 통상 근로시간으로 나누면 통상시급이 된다.

그리고 시간외근로수당을 통상시급을 가지고 계산한다. 따라서 반대로 시간외근로수당은 통상시급에 영향을 미치지 않는다.

02 / 통상시급 계산의 예외(포괄임금제)

매달 받는 포괄 임금을 시급으로 쪼개기 위해서는 근로시간을 소정근로시간 + 유급 주휴시간과 시간외근로시간으로 구분해야 한다.

소정근로시간 + 유급 주휴시간 = 1배

시간외근로시간 = 1.5배

그리고 시간외근로시간은 다시 연장근로시간 + 야간근로시간과 휴일근로시간 + 야간근로시간으로 나눈다.

야간근로시간은 연장근로시간 및 휴일근로시간과 중복 적용이 가능하기 때문이며, 8시간까지는 연장근로와 휴일근로가 1.5배로 같지만 8시간을 초과하는 경우 연장근로의 경우 1.5배인 반면 휴일근로는 2배로 차이가 나므로 구분해야 한다.

❶ 시간외근로시간이 없다면 시급 계산의 기준시간은 소정근로시간에 유급 주휴시간을 더한 시간이다.

예를 들어 하루 8시간 1주 5일을 근로하기로 한 때 월 유급 근로시간은 [40시간(8시간 × 5일) + 8시간(40시간 ÷ 5)] × 4.345주 = 209시간

❷ 월급에 연장근로시간 분이 포함되어 있다면 시급 계산의 기준시간은 소정근로시간 + 유급 주휴시간 + (연장근로시간 × 1.5배)다.

예를 들어 하루 8시간 1주 5일을 근로에 1달 연장근로시간이 20시간이 포함되어있는 경우는 [(40시간 + 8시간) × 4.345주] + [20시간 × 1.5배] = 239시간

하루 9시간 1주 5일을 근로하기로 한 때 월 유급 근로시간은 [(40시간 + 8시간) × 4.345주] + [(9시간 – 8시간) × 5일 × 1.5배 × 4.345주] = 241.59시간

❸ 월급에 휴일근로시간 분이 포함되어 있다면 시급 계산의 기준시간은 소정근로시간 + 유급 주휴시간 + (휴일근로시간(8시간 한도) × 1.5배) + ((휴일근로시간 – 8시간) × 2배))다.

예를 들어 하루 8시간 1주 5일을 근로에, 한 달 중 일요일 하루 휴일근로시간이 8시간이 포함되어 있는 경우는 [(40시간 + 8시간) × 4.345주] + [8시간 × 1.5배] = 221시간

예를 들어 하루 8시간 1주 5일을 근로에, 한 달 중 일요일 하루 휴일근로시간 9시간이 포함된 경우는 [(40시간 + 8시간) × 4.345주] + [8시간 × 1.5배] + [(9시간 − 8시간) × 2배] = 223시간

❹ 월급에 연장근로시간에 야간근로시간이 포함되어 있다면 시급 계산의 기준시간은 소정근로시간 + 유급 주휴시간 + (연장근로시간 × 1.5배) + (야간근로시간 × 0.5배)다.

예를 들어 하루 8시간 1주 5일을 근로에 1달 연장근로시간이 20시간, 야간근로시간 6시간이 포함되어 있는 경우는 [(40시간 + 8시간) × 4.345주] + [20시간 × 1.5배] + [6시간 × 0.5배] = 242시간

❺ 월급에 휴일근로시간 분이 포함되어 있다면 시급 계산의 기준시간은 소정근로시간 + 유급 주휴시간 + (휴일근로시간(8시간 한도) × 1.5배) + ((휴일근로시간 − 8시간) × 2배)) + (야간근로시간 × 0.5배)다.

예를 들어 하루 8시간 1주 5일을 근로에, 한 달 중 일요일 하루 휴일근로시간이 8시간, 야간근로시간 6시간이 포함되어 있는 경우는 [(40시간 + 8시간) × 4.345주] + [8시간 × 1.5배] + [6시간 × 0.5배] = 224시간

구 분	연장근로와 휴일근로
토요일 근로	연장근로시간(토요일은 급여 없이 쉬는 날이다.) 주 40시간을 초과한 토요일 근로에 대해서는 연장근로수당이 발생한다.

구 분	연장근로와 휴일근로
일요일, 빨간 날 등 근로	휴일근로시간(급여를 받으면서 쉬는 날이다.) 휴일근로 때는 휴일근로수당이 발생한다.

5 통상임금과 각종 수당의 계산

통상임금이란 소정근로시간에 대하여 정기적, 일률적으로 지급하기로 사전에 정한 금액을 말하며, 시급으로 산정된다.

일반적으로 기본급과 식대, 직책 수당과 같은 고정수당도 포함되지만, 성과급이나 인센티브는 포함되지 않는다. 통상임금은 소정근로시간과 관련되는 주휴수당, 연장근로수당, 휴일근로수당, 야간근로수당, 연차수당과 같은 각종 수당산정의 기준이 된다.

01 / 통상임금에 포함되는 임금

통상임금이 중요한 이유는 장시간 근로가 많은 우리나라에서 연장 · 야간 · 휴일 근로, 연차수당 등 가산임금 산정의 기준이 되기 때문이다. 따라서 기업들은 인건비 부담을 줄이기 위해 통상임금을 축소하려는 노력을 해왔고, 결국 기본급에서 분리된 여러 수당이 있는 임금구조가 만들어지게 되었다.

예를 들면, 직급수당, 직책수당, 자격수당, 기술수당, 정기상여금, 명절상여금, 근속수당 등이다.

통상임금을 피해 가려는 새로운 수당이 개발되면, 분쟁이 발생하고 결국 법원은 그 실질을 따져 그것이 일률적, 정기적, 고정적으로 지급되는 금액인지를 판단한 후 통상임금에 포함된다는 판례를 내놓고 있다. 일정한 직급에게 지급하는 직급수당이나, 특정 기술이나 자격에 대한 자격수당, 위험작업에 대해 일률적으로 지급하는 위험수당은 대부분 통상임금에 포함된다.

그리고 일정한 간격으로 모든 근로자나 일정 조건을 갖춘 근로자에게 일률적으로 지급하며, 고정적으로 지급되면 통상임금이라고 할 수 있다. 따라서 수당 항목이 나누어져 있다고 해도 법률상으로는 큰 의미가 없다. 만일, 사용자가 이러한 고정수당을 시급 계산에서 누락시킨다면 근로자들은 이를 포함시킨 금액을 기준으로 통상임금을 계산하여 차액을 청구할 수 있다.

[통상임금의 판단기준]

구 분	내 용
정기성	정기성이란 정해진 일정 기간마다 지급되는지에 관한 것으로, 1개월을 초과하는 기간마다 지급되더라도 일정 간격을 두고 계속적으로 지급되는 것이라면 통상임금에 해당
일률성	모든 근로자에게 혹은 일정 조건을 갖춘 근로자에게 일률적으로 지급
고정성	어떤 특정 업적이나 성과 등과 무관하게 근로 제공시 고정적 확정적으로 지급

반면 판례에서 통상임금에 해당하지 않는다고 보는 경우가 있는데, 특정

일자 재직을 조건으로 지급여부가 달라지거나, 일정 근무일수를 채울 것을 조건으로 지급여부가 달라지면 이것은 매월 변동될 수 있는 일정한 실적을 충족해야 지급되는 것으로 보고 통상임금이 아니라고 대법원은 판단하고 있다.

통상임금은 소정근로일을 근로하면 이에 대해 지급되는 것이어야 하는데, 일정 근무일 수의 충족이라는 추가적인 조건을 성취해야 비로소 지급되는 것이라면, 이 조건의 성취 여부는 사전에 확정할 수 없는 불확실한 조건이므로 고정성을 결여했다는 것이다(대법원 2013. 12. 18. 선고 2012다89399 전원합의체 판결).

그런데 이렇게 조건이 달려있더라도 지급여부 자체가 걸려 있지 않다면, 통상임금으로 보기도 한다. 특정 일자 재직조건 상여금을 퇴직자에게도 일할계산 해서 주는 경우나, 일정 일수를 채워야 준다던 상여금을 감율규정을 두어서 감율하여 지급하는 경우이다. 이렇게 되면 그 실적 조건 자체를 성취해야만 받을 수 있는 금액이 아니므로 통상임금이라고 판단한다.

[상여금의 통상임금 여부]

지급기준	해석	통상임금여부
특정 일자 재직기준	특정일자 전 퇴사자에게 지급하지 않음	×
특정 일자 재직기준 + 퇴사자도 일할계산지급	결국 특정일자에 재직하지 않고 퇴사한 경우에도 지급되는 것으로 조건충족 여부에 따라 지급여부가 달려있다고 보기 어려움	○

지급기준	해석	통상임금여부
일정 근로일수 충족요건	일정 근로일수 미달자에게 지급하지 않음	×
일정 근로일수 기준 + 감율규정	일정 근로일수 미달자도 충족 못 한 정도에 따라 감율 규정에 의해 감경은 하지만 일정요건을 재우지 못해도 결국 감율하여 지급은 하게 되므로, 조건충족 여부에 따라 지급 여부가 달려있다고 보기 어려움	○

[통상임금 해당 여부 판단]

임금명목	임금의 특징	통상임금 여부
직급수당	특정 직무를 수행하는 사람(부장 또는 팀장 이상)에게 주는 수당	통상임금
기술수당	기술이나 자격보유자에게 지급되는 수당(자격수당, 면허수당 등)	통상임금
근속수당	근속기간에 따라 지급 여부나 지급액이 달라지는 임금	통상임금
가족수당	부양가족 수에 따라 달라지는 가족수당	통상임금 아님(근로와 무관한 조건)
	부양가족 수와 관계없이 모든 근로자에게 지급되는 가족수당 부분	통상임금(명목만 가족수당, 일률성 인정)
성과급	근무실적을 평가하여 지급여부나 지급액이 결정되는 임금	통상임금 아님(조건에 좌우됨, 고정성 인정 안 함)

임금명목	임금의 특징	통상임금 여부
	최하등급을 받더라도 일정액을 지급하도록 확정되어있는 경우 최소한도가 보장되는 성과급	그 최소한도만큼만 통상임금(그만큼은 일률적·고정적 지급)
상여금	정기적인 지급이 확정되어있는 상여금(정기상여금)	통상임금
	기업실적에 따라 일시적·부정기적, 회사 재량에 따른 상여금 (경영성과분배금, 격려금, 인센티브)	통상임금 아님 (사전 미확정, 고정성 인정 안 함)
특정시점 재직 시에만 지급되는 금품	특정 시점에 재직 중인 근로자만 지급받는 금품(명절 귀향비나 휴가비의 경우 그러한 경우가 많음)	통상임금 아님 (근로의 대가 없음, 고정성 인정 안 함)
	특정 시점이 되기 전 퇴직 시에는 근무일 수에 비례하여(일할 계산하여) 지급되는 금품	통상임금(근무일 수 비례하여 지급되는 한도에서는 고정성 인정)
고정 연장근로수당	포괄임금제 계약에 포함된 고정 연장근로수당의 경우도 노동부와 판례가 다르게 해석하고 있다. 판례는 연장근로가 예정되지 않은 업종, 직무에 해당하고 단순히 임금을 세분하여 고정연장수당으로 구분하였다면 고정연장수당도 통상임금으로 보는 입장이다. 하지만 노동부는 일관되게 포괄임금제도상 규정된 고정 연장근로수당을 통상임금으로 보고 있지 않다.	
식대보조금	• 식대가 근로자 전원에게 매월 일정액인 월 20만 원이 지급되는 경우라면, 이는 소정근로의 대가로서 정기적, 일률적, 고정적으로 지급되는 것으로 보이므로 다른 조건이 없다면 통상임금에 해당한다. • 식대의 경우 실비변상적인 성격에 해당되지 않고, '일정한 조건 또는 기준에 달한 모든 근로자'에게 지급되며 월의 도중에 퇴사	

임금명목	임금의 특징	통상임금 여부
	한 근로자에게도 일할계산하여 지급하고 있다면 소정근로의 대가로 정기성, 일률성, 고정성이 인정되므로 통상임금에 해당한다. ● 식비나 간식비가 단체협약 등에 의하여 사용자에게 지급의무가 지워져 있고, 일정한 요건(매월 일정액 또는 출근일수에 따라 차등지급 등)에 따라 정기적, 계속적으로 지급되는 경우 또는 현물이나 식권을 제공하고 식사를 하지 않는 경우는 현금 등으로 보상해 주는 경우는 임금에 해당하나, 현물이나 식권을 지급하되 식사를 하지 않더라도 현금 등으로 보상해 주지 않는 경우 또는 전 근로자에게 일정액의 식비를 지급(임금 해당)하면서 외근 근로자에게는 추가로 지급하는 금품은 실비변상적 금품으로 임금에 해당하지 않는다. ● 식대의 한도를 정하고 구내식당 등의 이용 횟수에 따른 금액을 공제하고 나머지 금액을 지급한 경우 이는 통상임금에 해당한다. ● 회사에서 현물로 식사를 제공하지만, 식사를 못한 직원에 대하여 식대를 지급하는 경우 식대는 통상임금에 해당한다. ● 회사가 근로자에게 식권을 지급하고 현물 식사를 제공하거나, 특정 식당과 계약을 맺고 식비를 대신 지급하는 경우는 실비변상적 성격으로 보아 통상임금에 해당하지 않는다. ● 현물로 식사를 제공하고 식사를 하지 못한 직원에게 식사비에 해당하는 금품이 제공되지 않았다면 통상임금에 포함되지 않는다.	
자가운전 보조금	차량유지비 20만 원을 비과세항목으로 구분하고, 전 직원에게 일률적으로 지급되고 있다면 통상임금에 해당한다. 다만 차량유지비를 실제 업무수행에 소용되는 비용으로 계산하여 지급하는 경우는 통상임금에 해당하지 않는다. 예컨대 직급별로 한도를 정해놓고 주유비 사용내역 영수증을 받아 지급하는 경우라면 통상임금에 해당하지 않는다.	

02 / 통상임금의 계산

일반적인 경우

월급에서 통상임금에 산입되는 항목을 합산하여 소정근로시간으로 나누어 주면, 연장근로수당 등을 계산할 수 있는 통상임금(시급)이 산정된다.

사례 입사 1년 미만 단시간근로자의 연차휴가와 연차수당

[임금명세서]

기본금	2,450,000
(일률적) 식대	100,000
차량유지비	200,000
연장근로수당	350,000
가족수당	50,000
직책수당	200,000
월별상여금	100,000

해설

[통상임금에 포함되는 임금]

기본금	2,450,000
(일률적) 식대	100,000
직책 수당	200,000
월별상여금	100,000

[주] 차량 소유자에게만 지급하는 차량유지비는 실비변상적 금품으로 통상임금 아님

[주] 실제 부양가족에 대해 지급하는 가족수당은 통상임금이 아님

통상임금 = [2,450,000원 + 100,000원 + 200,000원 + 100,000원] ÷ [(8시간 ×

5일 + 8시간) × 4.34주] = 2,850,000원 ÷ 209시간 = 13,636.36원

연차휴가가 10일 남은 경우 = 13,363.36원 × 8시간 × 10일 = 1,090,910원

포괄임금제에서의 통상임금 계산(5인 이상 사업장)

근로시간 : 오전 8시~오후 7시(주5일), 휴게 1시간(오후 1시~2시)

임금 : 3,000,000원

해설

1. 월 통상임금 산정 기준시간

= (주 40시간 + 주휴 8시간 + 연장 2시간 × 주5일 × 1.5) × 4.345주 = 274시간

2. 통상시급 = 3,000,000원 ÷ 274시간 = 10,948.90원

포괄임금제에서의 통상임금 계산(5인 미만 사업장)

5인 미만 사업장은 연장근로시간에 1.5배를 가산하지 않으며, 1주 최대 연장근

로시간 12시간 제한을 받지 않는다.

해설

1. 월 통상임금 산정 기준시간

= (주 40시간 + 주휴 8시간 + 연장 2시간 × 주 5일) × 4.345주 = 252.01시간

2. 통상시급 = 3,000,000원 ÷ 252.01시간 = 11,904.28원

㈜ 5인 미만 사업장에서는 소정근로시간이 법정근로시간(1일 8시간, 주 40시간)으로

제한되지 않는다. 소정근로시간을 기준으로 하는 주휴수당도 당사자 간의 약정에 따라

서는 1일 법정근로시간 8시간을 초과할 수도 있다.

📝 400% 정기상여금의 통상임금 계산

사업장에서 지급하는 400% 상여금이 정기상여금이라면, 이는 2013년 12월 18일의 대법원 전원합의체의 판결에 의한 통상임금에 포함된다고 볼 수 있을 것이다. 상여금 400%를 통상임금에 산입한다면, 연간 상여금 총액을 12월로 나누어, 이를 통상임금 산정을 위한 월 소정근로시간으로 다시 나누어 계산함이 적절하다.

따라서 연간 고정상여금 4,180,000원을 12분할 한 348,333원(1월당 상여금 상당액)을 월 소정근로시간(1주 40시간 근무하는 경우, 209시간)으로 나눈 1,667원만큼 통상임금(시간급)의 증액 요인이 발생한다고 봄이 타당하다.

당초의 통상임금(시급) 5,000원 + 상여금 반영 분 통상임금(시급) 1,667원 = 6,667원

📝 통상임금으로 지급하는 제 수당에 대한 관리 방안

통상임금으로 지급해야 하는 제 수당 중 인건비 추가 부담에 있어서 가장 큰 비중을 차지하는 것은 연장·야간·휴일근로수당과 연차휴가 미사용 수당이므로 이에 대한 관리가 필요하다.

첫째, 연장·야간·휴일근로수당 관리를 위해서

▷ 포괄임금 제도를 법정한도 내에서 최대한 가능 한도(연장근로 주당 12시간, 월 한도 52시간)까지 이용하거나

▷ 사무 관리직의 경우 연장·야간·휴일근로 시 취업규칙에 사전 승인제도를 규정화함으로써 연장·야간·휴일근로 시 사전 신청 및 승인된 근무에 대해서만 연장·야간·휴일근로로 인정하는 시스템적 보완이 필요하며

▷ 연장·야간·휴일근로와 관련해서 무엇보다 중요한 것은 관례적이고 윗사람의 눈치를 보고 퇴근하지 못하는 조직문화를 없애는 것이 중요하다.

둘째, 연차유급휴가 미사용 수당 관리를 위해서

▷ 근로기준법 제61조(연차유급휴가 사용촉진) 제도 및

▷ 근로기준법 제62조(유급휴가의 대체) 제도의 활용과

▷ 연차휴가를 상시 상사의 눈치를 보지 않고 자유롭게 사용하는 문화 즉, 연차휴가를 연속적으로 3~5일 사용해서 소진하는 등 자유스러운 휴가 사용문화를 구축하는 것이 중요하다고 사료 된다.

연장·야간·휴일근로 가산 수당

근로기준법에서 근로시간은 휴게시간을 제외하고 1일 8시간, 주 40시간을 초과할 수 없다고 명시되어 있다. 만일 1일 8시간 또는 주 40시간을 초과하여 근로하는 때 및 밤 10시 이후, 휴일근로 등 시간 외로 발생하는 근로에 대해서는 연장근로와 야간근로, 휴일근로가 발생한다.

그리고 이때 통상임금의 50% 이상을 가산하여 임금으로 지급해야 하는데, 이를 가산수당이라고 한다.

근무시간의 연장인 시간외근로는 근로기준법상 연장근로, 야간근로, 휴일근로로 나누어 판단할 사항이다.

참고로 시간외근로에 대한 수당은 5인 이상 사업장이면서 근로자가 1주 소정근로시간 15시간 이상을 일한 자에 대해서만 지급할 의무가 있다.

구 분	시간외근로시간의 계산
기 본 용 어	• 일 소정근로시간 : 근로계약에 따라 정해진 1일 근로시간 • 통상시급 : 기본급(총 월급에서 비과세금액이 제외된 금액)을 209시간(소정근로시간)으로 나눈 값

수 당	법정 수당	시 간 외 근 로 수 당	연장 근로 수당	1일 8시간 이상 또는 1주 40시간 이상 근무하는 경우 → 통상임금의 50%를 가산임금으로 추가 지급한다.
			야간 근로 수당	하오 10시(22시)부터 오전 06시까지의 근로를 제공한 경우 → 통상임금의 50%를 가산임금으로 추가 지급한다.
			휴일 근로 수당	휴일날 근로를 제공한 경우 → 통상임금의 50%를 가산임금으로 추가 지급한다.(8시간 초과는 100%)
		연 차 수 당		연차휴가를 사용하지 않은 경우 → (월급여액 ÷ 209시간) × 8시간 × 연차일수로 계산 ㋜ 1년 미만 근속자로 1월 개근의 경우 1일의 연차휴가를 주어야 한다.

[근속연수별 연차휴가 산정 예(주 40시간)]

1년	2년	3년	4년	5년	10년	15년	20년	21년	25년
15일	15일	16일	16일	17일	19일	22일	24일	25일	25일

수 당	비법정 수 당	법적으로 강제적으로 지급할 의무는 없으나 회사 규정이나 관행상으로 지급되는 수당을 말한다.

[시간외근로수당 적용을 위한 근로시간의 범위]

	09	10	11	12	13	14	15	16	17	18	19	20	21	22~06
평일	8시간 근무(점심시간 1시간 제외)										연장시간근로			
														야간시간근로
휴일	휴일근무(점심시간 1시간 제외)										휴일연장시간근로(100% 가산)			
														야간시간근로

㋜ 연장근로 및 야간근로 시에도 저녁 식사 시간 1시간은 제외 가능

구 분	시간외근로시간의 계산
연장근무수당	일 8시간 또는 주 40시간 초과 근무하는 경우 지급한다. • 5인 이상 사업장 : 통상시급 × 1.5 × 연장근로 한 시간 • 5인 미만 사업장 : 통상시급 × 1 × 연장근로 한 시간
야간근무수당	밤 10시부터 오전 6시 사이에 발생한 근로에 대해 지급한다. • 5인 이상 사업장 : 통상시급 × 0.5 × 야간근로 한 시간 야간 근무인 동시에 연장근무 및 휴일근로일 때 가산임금은 "통상시급 × (0.5(야간) + 0.5(연장)) × 연장근로(휴일근로) 한 시간" • 5인 미만 사업장 : 가산임금 지급 의무가 없음
휴일근무수당	근로제공 의무가 아닌 휴일에 근무할 경우 지급한다. • 5인 이상 사업장 : 통상시급 × 1.5 × 휴일근로 한 시간 • 5인 미만 사업장 : 통상시급 × 1 × 휴일근로 한 시간

01 / 상시근로자 5인 이상 사업장만 적용된다.

모든 사업장에서 다 연장근로수당 · 야간근로수당 및 휴일근로수당을 받을 수 있는 것은 아니니 주의해야 한다.

상시근로자가 5인 미만(4인까지)인 사업장에서는 밤에 일하거나 휴일에 나와 일해도 가산임금을 받지 못한다.

그러므로 이것에 관심 있는 사람은 본인이 일한 또는 일했던 사업장의 상시근로자수가 몇 명이나 되는지를 알아보아야 한다.

02 / 연장·야간·휴일근로의 요건

연장 · 야간 · 휴일근로의 요건을 구분해서 살펴보면 다음의 표와 같다.

구 분	연장근로	야간근로	휴일근로
일반성인	• 당사자 합의 • 1주 12시간	• 여성 : 본인 동의	• 여성 : 본인 동의
연소근로자	• 당사자 합의 • 1일 1시간 • 1주 5시간	• 본인 동의 • 고용노동부 장관 인가 • 근로자대표와 성실합의	• 본인동의 • 고용노동부 장관 인가 • 근로자대표와 성실합의
임신중인 근로자	• 불가	• 본인 명시적 청구 • 고용노동부 장관 인가 • 근로자대표와 성실합의	• 본인 동의 • 고용노동부 장관 인가 • 근로자대표와 성실합의
산후 1년 미만 여성근로자	• 당사자 합의 • 1일 2시간 • 1주 6시간 • 1년 150시간	• 고용노동부 장관 인가 • 근로자대표와 성실합의	• 고용노동부 장관 인가 • 근로자대표와 성실합의

03 / 통상시급의 계산

$$통상시급 = \frac{월\ 통상임금\ 항목}{월\ 소정근로시간}$$

기본급 290만 원(주휴수당 포함), 식대 20만 원, 출퇴근 보조비 20만 원일 경우

해설

$$통상시급 = \frac{3,300,000원}{209시간} = 15,790원$$

연장근로수당의 지급 요건과 계산 방법

01 / 연장근로수당의 지급 요건

연장근로는 근로시간이 1일 8시간 또는 1주 40시간을 초과해야 연장근로가 발생한다. 무급휴무일인 토요일에 근무하였더라도 1주 40시간 또는 1일 8시간을 초과하지 않았다면 연장근로에 해당하지 않고, 가산임금 50%도 발생하지 않는다. 한편 무급휴무일은 근로자의 소정근로일이 아니므로 휴무일에 근로자를 근로시키기 위해서는 근로자와의 합의가 필요하다. 연장근로를 하는 때는

첫째, 당사자 간의 합의에 의해야 하고,

둘째, 1주일에 12시간을 한도로 해야 하며,

셋째, 통상임금의 50% 이상을 가산하여 수당으로 지급해야 한다. 즉, 연장근로의 경우 통상임금의 1.5배를 지급해야 한다.

연장근로의 요건 = 1일 8시간을 넘거나, 1주 40시간을 넘으면 연장근로이다. 즉, 아래의 ❶과 ❷ 중 하나 또는 두 조건을 모두 만족하면 연장근로이다.

❶ 1일 8시간을 넘는 경우(만 18세 미만은 1일 7시간)

❷ 1주 40시간을 넘는 경우(만 18세 미만은 1주 35시간)

※ 단시간 근로자는 소정근로시간을 초과하는 근로가 연장근로이다.

※ 연장근로는 최대 주 12시간을 초과할 수 없다. 12시간 초과 여부는 위 ❶을 제외한 ❷의 요건으로만 판단한다.

사례 1-1. 월~금 40시간을 채우고 토요일에 근무한 경우

항목	1주						
요일	월	화	수	목	금	토	일 (휴)
실근로시간 (연장근로시간)	8 (0)	8 (0)	8 (0)	8 (0)	8 (0)	8 (8)	-
1주 총근로시간 (연장근로시간)	48 (8)						

해설

위의 연장근로의 요건 중 ❶ 1일 8시간은 넘지 않았으나, 토요일 근로로 주40시간을 넘었으므로 ❷의 조건을 만족해 연장근로 8시간이 발생한다.

사례 1-2. 월~금 40시간을 초과에 법정한도 52시간 초과

항목	1주						
요일	월	화	수	목	금	토	일 (휴)
실근로시간 (연장근로시간)	15 (7)	-	15 (7)	-	15 (7)	-	-
1주 총근로시간 (연장근로시간)	45 (21)						

앞서 설명한 연장근로의 요건 중 ❶ 1일 8시간은 넘으므로 7시간 × 3일 = 21시간 1주 21시간의 연장근로가 발생하며, 최대한도인 1주 12시간을 초과했으므로 법 위반에 해당한다. 다만, 법 위반은 법 위반이고 21시간분에 대한 연장근로수당은 지급해야 한다.

사례 1-3. 월~금 1일 8시간을 초과하고, 주 40시간을 초과하는 경우

항목	1주						
요일	월	화	수	목	금	토	일 (휴)
실근로시간 (연장근로시간)	10 (2)	10 (2)	10 (2)	10 (2)	10 (2)	–	8 (8)
1주 총근로시간 (연장근로시간)	58 (18)						

해설

앞서 설명한 연장근로의 요건 중 ❶ 1일 8시간은 넘고 2시간 × 5일 = 10시간으로 1주 10시간의 연장근로가 발생하며, ❷ 일요일 8시간에 대해서는 연장근로가 발생한다.

02 / 연장근로수당의 계산사례

연장근로시간 = Max(❶, ❷)
❶ 1일 8시간을 초과하는 근로시간의 합 ❷ 1주 40시간을 넘는 근로시간
연장근로수당 = (실제 근무시간(총 근무시간 – 휴게시간) – 8시간) × 통상시급 × 1.5배

통상시급이 10,000원이고, 오전 9시에 출근해 12시~13시는 점심시간으로 쉬었으며, 20시에 퇴근한 경우 임금은?

해설

1. 1일 실제 근로시간 : 11시간 − 1시간 = 10시간(점심 휴게시간 1시간 차감)
2. 1일 연장근로시간 : 10시간 − 8시간 = 2시간
3. 연장근로 가산수당 : 2시간 × 10,000원 × 1.5 = 30,000원

사례 2-2. 월급제인 경우

회사는 채용 시 근로자에게 근로시간 09시부터 20시까지(토요일은 13시까지이고, 일요일은 휴일), 임금 200만 원으로 주기로 약속했었다. 이 경우 A 회사가 지급해야 할 연장근로수당의 합계액은?

해설

1. 평일 1일 실제 근로시간 : 10시간(점심 휴게시간 1시간 차감)
2. 1주 실제 근로시간 : 10시간 × 5일 + 4시간 = 54시간
3. 1주 연장근로시간 : 14시간
4. 월 연장근로 가산수당 : 200만원 ÷ 209시간 × 60.8시간(14시간 × 약 4.345주) × 1.5 = 872,720원

03 / 연장근로수당과 관련한 사례

🙎 법 위반은 법 위반이고 연장근로수당은 지급해야 한다.

앞에서 연장근로의 최대한도인 12시간을 초과해서 연장근로를 한 경우 법 위반에 해당하나 총 연장근로시간에 대한 연장근로수당은 지급해야

한다.

예를 들어 1주간 총 60시간을 일한 경우 주 40시간을 초과한 20시간의 연장근로가 발생한다. 이는 주 12시간 한도를 초과해 법 위반에 해당하지만 이와는 별도로 20시간분의 연장근로수당은 지급해야 한다.

🧑 일 · 숙직 근무 시 연장근로수당의 지급

일 · 숙직 근무는 일 · 숙직 근무 내용이 평상시 근로의 내용과 동일하다면, 연장근로로 인정되어 연장근로수당을 지급해야 하나 사무직에 종사하는 사람이 숙직근무를 하는 경우로서 평상시 근로의 내용과 다른 경우에는 숙직시간에 대한 연장근로수당을 지급하지 않아도 된다.

🧑 지각 시 연장근로수당

근로자가 지각해서 지각한 시간만큼 연장근무를 한 경우 비록 지각한 시간에 대해서는 급여에서 공제할 수 있으나 연장근로시간에 대한 연장근로수당은 지급해야 한다.

구 분		해 설
특약이 없는 경우	출근 시간 1시간 지각 후 퇴근 시간 후 추가 근무가 없는 경우	1시간분의 임금을 차감해도 된다.
	출근 시간 1시간 지각 후 퇴근 시간 후 1시간 추가 근무	지각한 1시간과 퇴근 후 1시간이 8시간 근무시간을 채웠으므로 지각한 시간에 대한 임금 차감도 없고 연장근로수당(1일 8시간을 초과하지 않음)을 지급하지 않아도 된다.

구 분		해 설
특약이 없는 경우		예를 들어 09:00~18:00(휴게시간 1시간)를 소정근로로 운영하는 회사에서 근로자가 10:00에 출근하여 19:00까지 근무하더라도 실근로시간이 8시간을 초과하지 않으므로 18:00~19:00 사이의 근무는 연장근로에 해당하지 않는다.
	출근시간 1시간 지각 후 퇴근시간 후 2시간 추가 근무	지각한 시간에 대한 임금 차감도 없고 1일 소정근로시간 초과분인 1시간분(1일 8시간을 초과)의 연장근로수당을 지급해야 한다. 이 경우 출근시간으로부터 8시간을 초과해서 근로하는 경우 연장근로 가산임금 50%를 추가로 지급해야 하므로 지각한 경우는 연장근로가 발생하지 않도록 회사는 연장근로를 거부해야 할 것이다.
특약에 따라 연장근로수당을 지급해야 하는 경우		• 사업 시간과 종업시간을 정해두고 종업시간 이후 근로에 대해 연장근로수당을 지급하도록 규정한 경우 지각으로 인하여 근로를 제공하지 못한 시간만큼의 임금공제를 한 후 종업시간 이후의 근로에 대해서는 연장근로수당 150%를 지급해야 한다. • 지각으로 실근로시간이 8시간에 미치지 못하더라도 종업시간 이후의 근로시간에 대해 연장근로수당을 지급해 온 사업장

🧑 토요일 근무 시 연장근로수당

주 40시간은 무조건 월~금요일의 기간 안에 40시간을 채워야 하는 것이

아니라 월~토요일 동안 채워도 문제는 없다.

예를 들어 월~금요일 7시간을 근무하고, 토요일에 5시간 근무를 하는 경우 1주간 총 40시간으로 연장근로수당이 발생하지 않는다.

구 분	연장근로수당
월~금 40시간을 채우고 토요일에 8시간 근로한 경우	연장근로 가산수당 발생 (8시간)
월~금 32시간을 채우고 토요일에 8시간 근로한 경우	연장근로 가산수당 미발생
월요일이 휴일이고 화~토 40시간을 근로한 경우	연장근로 가산수당 미발생

🧑 토요일을 휴무일로 지정했을 경우

토요일을 휴무일로 지정했을 경우 연장근로수당(통상임금의 50%를 지급)만 적용받을 수 있다.

사례 3-1. 시급제인 경우

예를 들어 월~금 40시간 근무 후 토요일에 8시간 근무를 한 경우

해설

1. 기본급여 : 8시간 × 10,000원 = 80,000원
2. 연장근로 가산수당 = 8시간 × 10,000원 × 50% = 40,000원
3. 휴무일 근로 시 총임금 = 80,000원(기본급여) + 40,000원 = 120,000원

예를 들어 월~금 40시간 근무 후 토요일에 10시간 근무를 한 경우

해설

1. 기본급여 : 10시간 × 10,000원 = 100,000원
2. 연장근로 가산수당 = 10시간 × 10,000원 × 50% = 50,000원
3. 휴무일 근무 시 총임금 = 100,000원(기본급여) + 50,000원 = 150,000원

만약 밤 10시 이후에도 계속근무를 한다면 위의 금액에 야간근로수당(통상임금의 50%)까지 더해서 받게 된다. 휴무일이 무급일 경우에는 연장근로수당만 받으며(150%), 유급일 경우에는 통상임금 + 연장근로수당을 합산하여 받는다(250% 단 100%는 이미 월급에 포함되어 있다고 봄(150%), 시급제는 포함 안 됨(250%)).

🧑 특별연장근로 한시적 적용

특별연장근로 제도는 상시근로자 수가 30인 미만 영세사업장의 사업주에게 근로시간단축에 따른 준비 기간을 충분히 주기 위해 마련된 제도이다. 근로자 대표와 서면합의를 통해

▶ 연장근로(1주 12시간)를 초과하여 근로할 필요가 있는 사유 및 기간

▶ 대상 근로자의 범위를 정해 1주 8시간의 연장근로를 추가로 할 수 있도록 허용하고 있다. 즉, 1주간 주 40시간 + 연장근로 한도 12 + 8시간 = 60시간의 근로가 가능한 것이다. 다만, 이 제도는 폐지 예정이었으나 아직까지 미 단속으로 인해 30인 미만 사업장에만 한시적으로 적용되고 있다.

📝 정해진 출근 시간보다 30분 일찍 출근하는 것도 연장근로에 해당하나요?

일반적으로 출근 시간은 8~9시인 경우가 많다. 하지만 누구도 정각에 딱 맞춰서 출근하지는 않는다. 대개 15~30분 정도 일찍 출근해서 오늘 하루 시작될 업무를 준비한다.

설령 준비할 필요가 없더라도, 대개 본래 출근 시간보다 일찍 출근하는 것이 일반적이다.

그렇다면 이렇게 본래의 출근 시간보다 이른 시간에 출근하는 행위도 근로시간에 해당한다거나 혹은 연장근로에 해당될 수 있는지가 문제 된다.

원칙적으로는 출근 시간 이전에 출근하는 것은 근로시간에 산입되지 않기에 연장근로가 문제 될 여지가 없다.

다만, ① 사업주가 조기출근 할 것을 지시 및 명령하였거나 ② 지시로 인해 이러한 조기출근이 관행화된 경우 ③ 그 시간에 출근하지 않을 경우 지각처리 되는 경우 등과 같이 의무적인 출근이 요구되는 경우는 근로시간에 포함되고, 이 시간을 포함해서 일 8시간을 초과하였다면 연장근로에 해당한다.

따라서 단순히 상사의 눈치 때문에 자의적으로 일찍 출근했다거나 사업주가 너무 정시에 맞춰서 출근하지 말라고 해서 조기출근 한 경우에는 근로시간이 아니며, 해당 시간이 연장근로가 될 여지도 없다.

8 휴일근로수당 지급요건과 계산방법

01 / 휴일근로수당의 지급 요건

휴일이란 주유급휴일(1주에 근무하기로 정해진 날을 개근할 경우 부여되는 유급휴일, 통상 일요일인 경우가 많다), 근로자의 날(5월 1일) 외에 취업규칙이나 단체협약상 휴일(무급휴일, 유급휴일)로 정해진 날(약정휴일), 관공서의 공휴일에 관한 규정에 따른 공휴일(개정 근로기준법이 적용되는 사기업은 휴일이고, 개정 근로기준법이 적용되지 않는 사기업에서는 약정휴일로 정해야만 휴일이다.)을 말한다. 따라서 휴일근로수당은 주휴일(일요일) 근로는 물론 단체협약이나 취업규칙에 따라 휴일로 정해진 날의 근로, 관공서의 공휴일에 관한 규정에 따른 공휴일(흔히 빨간 날로 약정휴일로 정해진 기업이나 개정 근로기준법이 적용되는 사기업)인 경우에도 지급되어야 한다.

주 5일제 사업장의 경우 일반적으로 토요일은 무급휴무일, 일요일은 유급휴일에 해당한다. 따라서 토요일에 근로를 제공한다고 해서 별도의 휴일근로수당이 발생하는 것은 아니고, 일요일 근로에 대해서만 휴일근로수당이 발생한다.

🧑 법정휴일

근로기준법 등 노동관계법은 최소한의 휴일을 규정하고 있는바 이를 '법정휴일' 이라고 한다.

근로기준법에 의한 주휴일과 근로자의 날 제정에 관한 법률에 의한 근로자의 날(5월 1일)이 해당하며, 관공서의 공휴일에 관한 규정에 규정된 날(명절, 국경일 등 빨간날)은 공무원들만 쉬는 법정공휴일이었으나 근로기준법의 개정으로 5인 이상 민간기업도 법정휴일화 되었다. 법정공휴일은 원칙적으로 유급처리 해야 한다.

사용자는 근로자에 대해서 1주일(1주간의 소정근로일수를 개근한 경우)에 평균 1회 이상의 주휴일을 유급휴일로 주도록 하고 있다(일용직, 임시직, 파트파이머 모두 포함됨)(근기법 제55조). 다만, 주휴일은 반드시 일요일일 필요는 없으며, 원칙적으로 특정일은 매주 같은 요일로 하고, 주휴일의 간격은 7일 이내가 바람직하지만, 예외는 있다.

🧑 약정휴일

법정휴일 이외에 사용자와 근로자의 합의로 휴일을 정할 수 있으며, 이를 약정휴일이라고 한다. 약정휴일을 유급으로 할 것인가, 무급으로 할 것인가의 문제는 사용자와 근로자의 합의로 정할 수 있다. 무급인 경우는 논란을 피하고자 취업규칙에 명시한다.

약정휴일에 근로하는 경우 휴일근로가 되므로 휴일근로에 따른 가산임금을 지급해야 한다. 또한, 약정휴일을 줄이는 것으로 변경하고자 하는 경우는 불이익한 변경이므로 근로자 과반수 이상의 동의가 필요하다.

구 분		휴일근로수당 발생 여부
법정휴일	주유급휴일과 근로자의 날	▷ 근로제공 시 휴일근로수당 발생
약정휴일	단체협약이나 취업규칙에 따라 휴일로 정해진 날	▷ 근로제공시 휴일근로수당 발생
관공서의 공휴일에 관한 규정에 따른 공휴일	국경일, 명절 등 흔히 빨간날	▷ 5인 미만 사업장 약정휴일로 정해진 경우 휴일근로수당 발생 ▷ 5인 미만 사업장 약정휴일로 정해지지 않았으면 휴일이 아님 ▷ 5인 이상 사업장 2022년 1월 1일부터 법정휴일. 따라서 근로제공 시 휴일근로수당 발생

02 / 휴일근로수당의 계산 사례

구 분	휴일근로수당
유급 휴일근로	휴일근로에 대한 임금(100%) + 휴일근로에 대한 가산임금(50%)이 지급된다(시급제는 250%). 다만, 8시간 초과의 경우 8시간 초과에 대한 가산수당은 100%이다. ❶ 휴일근로 8시간까지는 150% = (휴일근로 임금(100%) + 가산임금(50%) ❷ 휴일근로 8시간 초과분은 200% = 휴일근로 임금(100%) + 8시간분 가산임금(50%) + 8시간 초과분(총 근무시간 − 8시간) 가산임금(50%) ❸ 단, 시급제의 경우 ❶과 ❷에 100% 가산. 즉 휴일근로 8시간까지는 250%, 휴일근로 8시간 초과분은 300%를 적용한다.

구 분	휴일근로수당
	휴일근로수당 금액 = ❶ + ❷ ❶ 휴일근로수당 = 휴일근로시간 × 통상시급 × 1.5(시급제는 2.5) ❷ 연장 휴일근로수당 = 8시간 초과 휴일근로시간 × 통상시급 × 2(시급제는 3)
무급 휴일근로	무급휴일 근로에 대한 임금(100%) + 휴일근로에 대한 가산임금 (50%)이 지급된다. 단, 시급제의 경우 100% 가산

시급 10,000원인 근로자가 주유급휴일에 8시간 근로한 때 받을 수 있는 임금은?

해설

휴일근로수당 금액 = ❶ + ❷ = 120,000원

❶ 휴일근로수당 = 휴일근로시간 × 통상시급 × 1.5

= 8시간 × 10,000원 × 1.5 = 120,000원

❷ 연장 휴일근로수당 = 8시간 초과 휴일근로시간 × 통상시급 × 2 = 0원

구 분	휴일근로 시 받는 임금
월급제 근로자	휴일근로에 따른 임금(100%) + 가산임금(50%) = 150% 월급제의 경우 월급에 이미 주휴수당 1일분이 포함되어 있으므로 아르바이트와 달리 주휴수당 100%를 추가 지급하지 않는다.
아르바이트 등 시급제 근로자	월급에 포함되지 않은 주휴수당 임금(100%) + 휴일근로에 따른 임금(100%) + 가산임금(50%) = 250%

📝 추석이나 설날 근무 시 휴일근로수당 지급

우선, 아르바이트생들을 주로 고용하는 5인 미만 사업장은 근로기준법의 적용대상이 아니다. 이에 따라 5인 미만 사업장에서 근무하는 근로자는 1일 8시간 이상 일하거나 휴일 또는 야간에 일해도 연장근로수당, 야간근로수당, 휴일근로수당 등의 시간외근로수당을 받을 수 없다.

15~18세 미만인 미성년자도 원칙적으로 시간외근로수당을 받을 수 없다. 단, 미성년자의 근로시간은 근로기준법 시행령에 따라 1일 7시간, 1주 35시간 이하이고, 합의에 따라 1일에 1시간, 1주에 5시간 한도로만, 연장이 가능하다. 만약, 이 기준을 넘게 되면 근로시간에 대한 법적인 권리를 요구해야 한다.

결과적으로, 5인 미만 사업장은 사업자가 재량으로 베풀지 않는 이상 애초에 시간외근로수당이 적용되는 규정이 없는 게 현실이다. 또한, 직장인들도 추석 연휴에 근무한다고 하더라도 원칙적으로는 시간외근로수당이 지급되지 않는다.

그동안 직장인들이 토요일과 일요일 이른바 '쉬는 날' 근무했을 시 추가로 수당을 받는 이유는 연장근무를 했기 때문이다.

법정근로시간 40시간 이외에 금주 토, 일을 근무하면 12시간 이내로 연장근로가 가능하다. 휴일근로수당은 근로기준법 제56조에 따라 8시간 이내는 통상임금의 50%, 8시간을 초과하면 통상임금의 100%를 받게 된다.

추석 연휴도 이와 같다 보면 된다. 일요일과 국경일, 음력 1월 1일(설날), 추석 연휴 등 달력상 '빨간 날'은 관공서의 공휴일에 관한 규정(대통령령)에 따라 공휴일이 된 날이다. 대체공휴일, 선거일, 임시공휴일 등도 포함된다.

03 / 명절, 법정(임시)공휴일, 근로자의 날 수당

상시근로자 수가 5인 미만인 사업장은 연장, 야간, 휴일근로 가산수당에 대한 지급 의무가 없으나 5인 이상의 경우 근로기준법 제56조에 따라 가산수당을 지급해야 한다.

휴일근로 가산수당을 지급해야 하는 휴일은

❶ 법정휴일(주휴일, 근로자의 날)뿐만 아니라

❷ 단체협약·취업규칙 등에 의해 휴일로 정해진 약정휴일

❸ 2023년 기준 상시근로자 수 5인 이상 기업의 빨간 날도 포함된다(국경일, 명절, 임시공휴일 등).

👤 월급제 근로자의 경우

월급제 근로자의 경우는 유급으로 부여되는 법정휴일 및 약정휴일에 대한 임금이 이미 1개월분 임금에 포함되어 있다고 보는 것이 원칙이므로, 휴일에 근로를 제공했다면 휴일근로에 대한 임금과 그에 따른 가산수당만 추가로 지급한다(휴일 제공한 근로에 대한 임금(100%) + 휴일근로 가산수당(50%) = 150%).

① 법정휴일 등에 월급제 근로자가 근로를 제공하지 않았다면 기존 월급만 지급하면 된다.

② 그러나 근로자가 해당 일에 근로를 제공한 경우는 기존 월급에 휴일근로수당을 가산하여 150%의 임금을 지급해야 한다.

매월 고정적인 임금을 받는 월급제 근로자에게는 법정휴일이 월요일에서 일요일 사이의 어느 날에 속하는지에 관계없이 소정의 월급을 지급하면 된다는 것이 고용노동부의 입장이다. 즉, 휴일(근로자의 날 포함)이 평일인지 토요일 (무급휴무일 또는 무급휴일)인지 상관없이 월급에 이미 유급 처리된 임금이 포함되어 있다고 간주하는 것이다(근로기준과-848, 2004.4.29. 근로기준과-2156, 2004.4.30.).

🙂 시급제 · 일급제 근로자의 경우

시급제 · 일급제 근로자가 법정휴일 등에 ① 근로를 제공하지 않은 때에도 통상의 1일 근로를 제공하였을 때 지급해야 할 임금(통상시급 × 근무시간)을 지급해야 하고, ② 해당 일에 근로를 제공한 경우는 원래 지급해야 하는 통상임금(100%)과 휴일근로수당(150%)을 추가 지급해야 한다. 즉, 해당 일에 근무한 근로자에게는 250%의 임금을 지급해야 한다. 물론 8시간 초과분에 대해서는 300%를 지급해야 한다.

구 분	월급제 근로자	시급제 · 일급제 근로자
근로제공	① 또는 ② 총 근무시간이 휴게시간을 제외하고 8시간까지인 경우 ①로 계산하고, 총 근무시간이 휴게시간을 제외하고 8시간을 넘는 경우 ②로 계산한다. ① 8시간까지 : 통상시급 × 150% × 총 근무시간 ② 8시간 초과한 때 : (통상시급 × 150% × 총 근무시간) + (통상시급 × (총 근무시간 − 8시간) × 50%)	① 또는 ② 총 근무시간이 휴게시간을 제외하고 8시간까지인 경우 ①로 계산하고, 총 근무시간이 휴게시간을 제외하고 8시간을 넘는 경우 ②로 계산한다. ① 8시간까지 : <u>근로하지 않아도 받는 1일 임금(8시간) 100%</u> + 통상시급 × 150% × 총 근무시간 ② 8시간 초과한 때 : <u>근로하지 않아도 받는 1일 임금(8시간) 100%</u> + (통상시급 × 150% × 총 근무시간) + (통상시급 × (총 근무시간 − 8시간) × 50%)
근로 미제공	통상임금(0%) : 지급액 없음 기존 월급에 이미 포함해서 지급한 것이므로 별도로 지급하지 않는다.	통상임금(100%) 통상임금 100%는 시급에 포함해 이미 지급한 것이 아니므로 별도로 지급해야 한다.

예를 들어 통상임금이 10,000원이라면 휴일근로수당은 10,000원(유급휴일에 근로제공이 없더라도 지급되는 금액) + 10,000원(휴일근로에 대한 임금) + 10,000원 × 50%(휴일근로에 대한 가산수당) = 10,000 × 250%(100% + 100% + 50%) = 25,000원(시급제·일급제 근로자)이 된다.

이중 월급제 근로자는 유급휴일에 근로제공이 없더라도 지급되는 금액은 이미 월급에 포함되어 있으므로 10,000원(휴일근로에 대한 임금) + 10,000원 × 50%(휴일근로에 대한 가산수당) = 10,000원 × 150%(100% + 50%) = 15,000원(월급제 근로자)만 지급한다.

공휴일 통상임금이 10,000원인 근로자가 10시간 근무한 경우 휴일근로수당 계산

해설

월급제 근로자	시급제 · 일급제 근로자
① 또는 ② 총 근무시간이 휴게시간을 제외하고 8시간까지인 경우 ①로 계산하고, 총 근무시간이 휴게시간을 제외하고 8시간을 넘는 경우 ②로 계산한다.	① 또는 ② 총 근무시간이 휴게시간을 제외하고 8시간까지인 경우 ①로 계산하고, 총 근무시간이 휴게시간을 제외하고 8시간을 넘는 경우 ②로 계산한다.
① 8시간까지 : 통상시급 × 150% × 총 근무시간	① 8시간까지 : 근로하지 않아도 받는 1일 임금(8시간) 100% + 통상시급 × 150% × 총 근무시간
② 8시간 초과한 때 : (통상시급 × 150% × 총 근무시간) + (통상시급 × (총 근무시간 − 8시간) × 50%)	② 8시간 초과한 때 : 근로하지 않아도 받는 1일 임금(8시간) 100% + (통상시급 × 150% × 총 근무시간) + (통상시급 × (총 근무시간 − 8시간) × 50%)

월급제 근로자	시급제 · 일급제 근로자
실제 지급액 = 위에서 ②를 적용 (10,000원 × 150% × 10시간) + (10,000원 × (10시간 − 8시간) × 50%) = 16만 원	실제 지급액 = 위에서 ②을 적용 (10,000원 × 8시간) + (10,000원 × 150% × 10시간) + (10,000원 × (10시간 − 8시간) × 50%) = 24만 원

04 / 초단시간근로자의 휴일근로수당

주 15시간 미만의 초단시간근로자의 경우 휴일근로수당을 지급하지 않아도 된다.

초단시간 근로자인 경우라면 대통령령으로 정한 관공서 공휴일에 대한 유급 휴일수당을 지급하지 않아도 된다. 다만, 근로자의 날은 초단시간 근로자에게도 적용되므로 휴일근로수당이 지급된다.

법정공휴일(빨간날)	근로자의 날
초단시간 근로자인 경우라면 대통령령으로 정한 관공서 공휴일에 대한 유급 휴일수당을 지급하지 않아도 된다.	1주 소정근로시간이 15시간 미만인 초단시간 근로자에게도 근로자의 날은 유급휴일이므로, 유급으로 처리해야 한다. 근로자의날제정에관한법률에 의해 5월 1일은 근로자의 날로 "근로기준법"에 의한 유급휴일에 해당한다.

9 야간근로수당 지급요건과 계산방법

01 / 야간근로수당의 지급요건

야간근로란 하오 10시(22시)부터 오전 06시까지의 근로를 말한다. 임신 중인 여성이거나 18세 미만인 자는 야간근로가 금지되어 있으나 업무의 특성에 따라 여성 근로자 본인의 동의와 고용노동부 장관의 인가를 받으면 가능하다.

야간에 근로했을 때는 주간에 비해서 육체적 피로가 가중되기 때문에 이에 대해서 통상임금의 50%를 가산해서 지급해야 한다.

02 / 야간근로수당의 계산사례

임금 200만 원을 받는 근로자가 근로시간 09시부터 17시까지 근무하기로 계약을 한 후, 18시부터 24시까지 추가 근무한 경우 1일 지급해야 하는 수당은?

해설

1. 1일 연장근로시간 : 6시간(18시부터 24시까지)
2. 1일 야간근로시간 : 2시간(22시부터 24시까지)

3. 연장근로 임금 : 200만 원 ÷ 209 × 6시간 × 1 = 57,416원

4. 1일 연장근로 가산수당 : 200만 원 ÷ 209 × 6시간 × 0.5 = 28,708원

5. 1일 야간근로 가산수당 : 200만 원 ÷ 209 × 2시간 × 0.5 = 9,569원

6. 임금합계 : 95,693원

구 분	중복 적용 가능
연장근로	오후 10시(22시)부터 다음날 오전 06시까지 연장근로와 야간근
야간근로	로의 중복 적용이 가능하다.

📝 포괄임금 계약을 하면 연장, 야간근로수당은 별도로 안 줘도 되나?

일정한 금액을 임금으로 지급하기로 약정하고, "이 금액은 야간, 연장, 유급주휴일 등 기타 금액을 모두 포함한 것으로 한다." 라고 정하는 것을 포괄임금제라고 한다. 포괄 임금계약을 했다고 해서 시간과 관계없이 모든 연장근로수당이 다 포함되는 것은 아니다. 근로계약서가 있다면 계약한 문서에 적혀있는 근로시간을 기준으로 판단해야 하며, 그 시간을 초과한 경우는 추가수당을 지급해야 한다. 즉, 실제 연장근로 등에 따라 산정된 금액이 미리 지급된 금액보다 많은 경우 그 차액은 지급해야 한다.

따라서 포괄임금제를 시행하는 경우, 포괄임금제에 따른 근로계약이 유효하게 성립되었음을 입증할 수 있는 서류(취업규칙, 근로계약서)를 구비해야 한다.

▷ 포괄연봉제라 하더라도 약정한 법정 제 수당을 법정 기준 미만으로 지급하는 것은 위법이다. 따라서 약정된 연장 · 야간 · 휴일근로시간을 초과하는 실제 근로자가 있는 경우에는 그 초과분을 별도로 지급해야 한다.

▷ 근로자와의 합의에 따라서 법정 제 수당을 포함하는 포괄임금제를 시행했다면 별도의 연장 · 야간 · 휴일 및 휴가수당을 지급할 의무는 없다(임금 68207-586, 1993.09.16).

▷ 미리 정해진 근로시간에 따라 지급되는 임금이 실제 근로시간에 따른 임금을 상회하고 단체협약이나 취업규칙에 비추어 근로자에게 불이익이 없다면 이러한 방법의 임금 지급도 무방하다(임금 68207-388, 1993.06.18).

▷ 미사용 연차유급휴가보상금을 월급여액에 포함해서 미리 지급하는 근로계약을 체결하고 휴가 사용을 허가하지 않는 것은 인정될 수 없다(근로기준과-7485, 2004.10.19).

10 연장근로, 야간근로, 휴일근로가 중복해서 발생하는 경우 계산방법

> **[연장근로, 야간근로, 휴일근로의 중복 가능 여부]**
>
> 연장근로와 야간근로 = 중복 ○
>
> 휴일근로와 야간근로 = 중복 ○
>
> 연장근로와 휴일근로 = 중복 ✕

일요일에 8시간을 일했으면 통상임금의 150%

일요일에 8시간 초과 일했으면 200%의 수당을 받는다.

여기서 '휴일근로수당 중복할증'이 있는데, 주중에 40시간 이상을 근무한 근로자가 휴일에 일하면 기본임금(통상임금의 100%)에 휴일근로 가산임금 (50%)과 연장근로 가산임금(50%)을 각각 더해 200%를 받게 된다. 즉, 주 40시간을 초과하는 8시간 이내의 휴일근로에 대해서는 통상임금의 150%, 8시간을 초과에 대해서는 200%를 지급하게 된다.

사례 1. 평일에 연장, 야간근로 시 법정수당 계산방법

시간	근로대가	연장	야간	합계	수당계산 공식
09:00~18:00	100%	–	–	100%	기본 : 시급 × 시간 × 100%
18:00~22:00	100%	50%	–	150%	기본 : 시급 × 시간 × 100% 연장 : 시급 × 연장시간 × 50%
22:00~06:00	100%	50%	50%	200%	기본 : 시급 × 시간 × 100% 연장 : 시급 × 연장시간 × 50% 야간 : 시급 × 야간시간 × 50%
06:00~09:00	100%	50%	–	150%	기본 : 시급 × 시간 × 100% 연장 : 시급 × 연장시간 × 50%

해설

구분	시간	누적시간	비고
① 근무시간	00:00~24:00	24시간	
② 휴게시간	03:00~04:00		야간근로시간에 1시간
	12:00~13:00	3시간	이 들어있다고 가정
	18:00~19:00		
③ 근무시간	–	21시간	①-②
최저임금			10,030원
100%	정상 근로	21시간	210,630원
50%	연장 가산	13시간	65,195원
50%	야간 가산	7시간	35,105원
임금 합계			310,930원

시간	근로대가	휴일	휴일연장	야간	합계	수당계산 공식
09:00~18:00	100%	50%	–	–	150%	기본 : 시급 × 시간 × 100% 휴일 : 시급 × 시간 × 50%
18:00~22:00	100%	50%	50%	–	200%	기본 + 휴일 : 시급 × 시간 × 150% 휴일연장 : 시급 × (시간－8시간) × 50%
22:00~06:00	100%	50%	50%	50%	250%	기본 + 휴일 : 시급 × 시간 × 150% 휴일연장 : 시급 × (시간－8시간) × 50% 야간 : 시급 × 야간시간 × 50%
06:00~09:00	100%	50%	50%	–	200%	기본 + 휴일 : 시급 × 시간 × 150% 휴일연장 : 시급 × (시간－8시간) × 50%

구분	시간	누적시간	비고
① 근무시간	00:00~24:00	24시간	
② 휴게시간	03:00~04:00		야간근로시간에 1시간이 들어있다고 가정
	12:00~13:00	3시간	
	18:00~19:00		
③ 근무시간	–	21시간	①－②
최저임금			10,030원
100%	정상 근로	21시간	210,630원
50%	휴일 가산	21시간	105,315원
50%	휴일 연장 가산	13시간	65,195원
50%	야간 가산	7시간	35,105원
임금 합계			416,245원

- 8시간 이내 = 시급 × 시간 × 150%
- 8시간 초과 = 시급 × 시간 × 150% + 시급 × (시간 − 8시간) × 50%
- 8시간 초과 + 야간 = 시급 × 시간 × 150% + 시급 × (시간 − 8시간) × 50% + 시급 × 야간시간 × 50%

01 / 상황별 초과근무수당의 계산사례

🗎 9시 출근 오후 6시 퇴근인 회사(1시간 휴게시간)

시간	법정수당	수당계산 방법
09:00~18:00	정상 근무	
18:00~22:00	연장근로수당	시급 × 4시간 × 1.5
22:00~06:00	연장근로수당 + 야간근로수당	시급 × 8시간 × (1.5 + 0.5)
06:00~09:00	연장근로수당	시급 × 3시간 × 1.5

🗎 8시 출근 오후 5시 퇴근인 회사(1시간 휴게시간)

시간	법정수당	수당계산 방법
08:00~17:00	정상 근무	
17:00~22:00	연장근로수당	시급 × 5시간 × 1.5
22:00~06:00	연장근로수당 + 야간근로수당	시급 × 8시간 × (1.5 + 0.5)
06:00~08:00	연장근로수당	시급 × 2시간 × 1.5

🗎 오후 1시 출근 다음 날 오전 4시 퇴근인 회사(1시간 휴게시간)

시간	법정수당	수당계산 방법
13:00~22:00	정상 근무	
22:00~04:00	연장근로수당(6시간) + 야간근로수당(6시간)	(시급 × 6시간 × 1.5) + (시급 × 6시간 × 0.5)

🗋 오후 8시 출근 다음 날 오전 8시 퇴근인 회사(1시간 휴게시간)

시간	법정수당	수당계산 방법
20:00~22:00	정상 근무	
22:00~06:00	휴게시간 1시간 정상 근무 6시간 + 연장 근로수당(1시간) + 야간 근로수당(7시간)	(시급 × 6시간 × 1) + (시급 × 1시간 × 1.5) + (시급 × 7시간 × 0.5) 또는 (시급 × 7시간 × 1) + (시급 × 1시간 × 0.5) + (시급 × 7시간 × 0.5)
06:00~08:00	연장근로수당	시급 × 2시간 × 1.5

02 / 시간외근로 수당의 계산 절차

1. 매달 고정적으로 받는 모든 금액(통상임금)을 더한다.

✔ 기본급, 직책수당, 직무수당 등 매달 고정적으로 명세서에 찍히면 포함

✔ 식대나 교통비 등은 실비변상적인 금액(영수증 첨부하는 등)이면 제외하고, 전 직원
공통(예 : 식대 20만)으로 지급되면 포함

✔ 상여금 등 기타 논란이 되는 항목은 회사 규정이나 근로계약서를 확인해야 함

2. 통상임금을 더한 금액을 209로 나눈다(시급 계산).

✔ 209는 하루 8시간 근무하는 사람의 한 달 평균 근로시간을 의미한다.

(하루 8시간 X 5일 = 주 40시간) + 주휴일 8시간 = 주48시간 X 4.345주 = 약 209시간

✔ 4.345주는 4주인 달도 있고 5주인 달도 있어 1년 평균한 것임

✔ 주휴수당은 월급제의 경우 포함되어있는 것으로 계산하므로 별도로 청구할 수 있는
것은 아니다.

**3. 통상시급을 연장근로 시 0.5배, 야간근로 시 0.5배, 휴일근로 시 0.5배
가산한다.**

✔ 연장근로수당 계산 방법

　하루 8시간 이상 근로 시 1.5배

　원래 임금 100% + 연장근로수당 50% = 총 150%

✔ 야간근로수당 계산 방법(연장근로 시)

　밤 10시부터 다음날 오전 6시까지 근무 시 2배

　원래 임금 100% + 연장근로수당 50% + 야간근로수당 50% = 총 200%

✔ 휴일근로수당 계산 방법

　휴일 근무 시 8시간까지 통상시급의 1.5배, 8시간 초과 통상시급의 2배

　원래 임금 100% + 휴일근로수당 50% = 총 150%

03 / 토요일 근무형태에 따른 수당 지급

구분	토요일 근무	근로 미 제공시	근로제공시
무급휴무일	연장근로	0%	임금 100% + 연장근로 할증 50%
유급휴무일	연장근로	유급 100%	유급 100% + 임금 100% + 연장근로 할증 50%
무 급 휴 일	휴일근로	0%	임금 100% + 휴일근로 할증 50%
유 급 휴 일	휴일근로	유급 100%	유급 100% + 임금 100% + 휴일근로 할증 50%

토요일을 '휴일' 로 할 것인지 아니면 단순히 근로의무가 면제된 '무급 휴무일' 로 할 것인지는 취업규칙 또는 단체협약 등으로 정할 수 있다. 일반적으로 실무에서는 토요일을 무급휴무일로 많이 설정하며, 고용노동 부에서도 토요일에 대하여 아무런 설정을 하지 않은 경우 무급휴무일로 이해하고 있다. 다만, 주중 (월~금) 발생한 연장근로가 12시간에 육박하

는 경우는 토요일에 발생하는 근무를 연장근로로 처리할 수 없으므로 무급휴일로 설정하여 휴일근로로 처리하고 있다.

📝 토요일, 일요일에 대한 특별한 언급이 없는 경우 취급

토요일과 일요일 근무의 성격은 일괄적으로 결정되는 것이 아니며, 다음과 같이 각 사업장의 단체협약, 취업규칙과 근로계약서 등에 따라 달라진다.

1. 일요일을 주휴일로 규정하고 토요일에 대해서는 특별한 명시가 없는 경우

일요일 근무 시 휴일근로에 해당하며, 이 경우 휴일근로 가산임금 50%를 추가 지급해야 한다. 토요일에 대해서는 특별한 언급이 없어 토요일 근무 시 휴일근로에는 해당하지 않으며, 연장근무에 해당하게 된다.

2. 토요일과 일요일 모두를 휴일로 규정한 경우

이 경우 토요일 및 일요일 근무는 휴일근로에 해당하기 때문에 휴일근로 가산임금 50%를 추가 지급해야 한다(8시간 초과분은 100%).

📝 약정휴일이 토요일의 경우 임금 지급 문제

기본급 209시간은 주 40시간 근무에 주휴수당이 포함되어 산출된 것이다. 계산식은 (법정근로시간 40시간 + 주휴 8시간) × 365 ÷ 7 ÷ 12 = 208.57인데 편의상 그냥 209로 산출한 것이다. 여기에 근로자의 날이라든지 약정휴일(예 : 창립기념일 등)은 고려하지 않는다.

따라서 명절이나 국경일이 월요일이라면 그날 쉬어도 209시간분이 지급되는 것이다. 다만 일요일이 명절이나 국경일이라면 두 휴일이 겹치므로 하나의 휴일만 적용하게 된다. 다만, 토요일이 무급휴무인데 명절이나 국경일이 토요일에 들었다면 그날은 유급휴일이 되어서 8시간분의 임금을 추가로 지급해야 하고, 일을 8시간 했다면 휴일근로수당으로서 8시간분 임금에 150%를 추가로 더 줘야 한다. 결과적으로 250%를 지급하는 결과가 된다. 이는 회사가 약정휴일로서 정한 것으로서 부득이하다.

포괄임금제에서 결근 등으로 연장근로시간을 채우지 않은 경우 임금에서 고정 OT를 차감할 수 있나?

사용자는 일반적으로 근로계약을 체결할 때 근로자에 대해 기본임금을 결정하고 이를 기초로 제 수당을 가산해 지급함이 원칙이나, 근로의 형태나 업무의 성질상 연장, 야간, 휴일근로가 당연히 예정되어있는 경우 계산의 편의를 위해 노사당사자가 약정으로 일정 연장, 야간, 휴일근로시간 등을 미리 정한 후 이를 임금 및 수당으로 환산해 고정적으로 지급하는 포괄임금계약을 체결한 경우는 그것이 근로자에게 불이익이 없고 제반 사정이 비추어 정당하다고 인정될 때는 이를 무효라고 할 수 없다.

사용자와 근로자 사이에 매월 고정적으로 발생하는 연장, 야간, 휴일근로에 대해 제 수당을 계산해 포괄 임금으로 산정해 월평균으로 지급하기로 포괄임금제 근로계약을 체결한 경우 포괄 임금계약으로 미리 약정한 연장, 야간, 휴일근로 등의 범위 내에서는 실제 연장, 야간, 휴일근로가 이에 미달하는 경우도 미리 약정한 제 수당을 지급하기로 한 것으로 보아야 한다. 따라서 실제 근로에 따라 제 수당을 공제하기로 특별히 정한 경우가 아니라면 연장, 야간, 휴일근로시간에 대해 근로기준법의 규정에 따라 계산된 임금 및 수당이 포괄임금제로 지급되는 고정급보다는 적다고 해서 이를 공제하는 것은 타당하지 않다.

연장근로를 하기 위한 당사자 간의 합의란 원칙적으로 사용자와 근로자와의 개별적 합의를 의미한다고 할 것이고, 이와 같은 개별근로자와의 연장근로에 관한 합의는 연장근로를 할 때마다 할 필요는 없고 근로계약 등으로 미리 약정하는 것도 가능하다(근로개선정책과-7771, 2013.12.13.).

당사자 간에 실시하기로 한 연장, 야간, 휴일근로를 근로자가 거부하여 근로를 제공하지 않은 경우는 이에 대한 임금을 공제하더라도 이를 법 위반(임금체불)이라고 하기는 어려울 것이다.

휴일근로수당을 포함하는 근로계약을 체결할 경우 임금은 원칙적으로 근로자의 근로 제공을 전제하는 것이므로 실제 근로가 이루어지지 않았다면 근로계약에 명시된 해당 휴일근로수당을 반드시 지급해야 하는 것은 아니다(근로개선정책과-2713, 2012.05.1.).

11

평균임금과 퇴직금의 계산

평균임금이란 이를 산정해야 할 사유가 발생한 날 이전 3개월 동안에 그 근로자에게 지급된 임금의 총액을 그 기간의 총일수로 나눈 금액을 말한다. 근로자가 취업한 후 3개월 미만인 경우도 이에 준한다.

사용자가 근로의 대가로 근로자에게 지급하는 금품으로서, 근로자에게 계속적·정기적으로 지급되고 단체협약, 취업규칙, 급여규정, 근로계약, 노동 관행 등에 의하여 사용자에게 그 지급의무가 지워져 있는 것은 그 명칭 여하를 불문하고 모두 평균임금에 포함된다.

평균임금은 퇴직금, 휴업수당, 각종 재해보상, 감급 제한의 계산기준이 된다.

통상임금은 소정근로에 대해 지급하기로 사전에 정한 임금(기본급, 직책수당, 직급수당, 기술수당 등)이고, 평균임금은 통상임금 이외에 연장근로수당이나 성과급, 연차수당 등 사후에 실제 발생한 수당이 포함되어 일반적으로 통상임금보다 더 높다. 다만, 경영이윤을 분배하는 일시적·부정기적 경영성과 배분의 경우는 평균임금에 포함되지 않으며, 실비변상적인 지급 항목의 경우도 포함되지 않는다. 그런데 근로자가 개인 사정으로 장기 결근이나 휴직을 해서 정상 급여를 받지 못하다가 퇴사하게 되면 평균임금이 줄어들고 통상임금보다 낮아지는 경우가 있다. 이때는 통상임금을 평균임금으로 보고 퇴직금을 계산한다.

01 / 평균임금 산정 시 제외되는 임금

① 수습사용 중인 기간
② 사용자의 귀책사유로 휴업한 기간(해당 기간에 대해 1일당 평균임금의 100분의 70의 금액이 지급)
③ 출산휴가기간
④ 업무상 부상 또는 질병으로 요양하기 위하여 휴업한 기간
⑤ 육아휴직기간
⑥ 쟁의행위기간
⑦ 「병역법」, 「향토예비군설치법」 또는 「민방위기본법」 에 따른 의무를 이행하기 위하여 휴직하거나 근로하지 못한 기간. 다만, 그 기간 중 임금을 받은 경우 예외
⑧ 업무 외 부상이나 질병, 그 밖의 사유로 사용자의 승인을 받아 휴업한 기간
⑨ 임시로 지급된 임금 및 수당과 통화 외의 것으로 지급된 임금

02 / 평균임금 계산에서 제외되는 기간

평균임금을 산정할 때 산정 사유 발생 직전 3개월 이내의 평균을 낼 때, 그 기간동안 출산휴가를 사용했거나 육아휴직 등의 기간이 포함되면 근로자의 평균임금이 낮아지게 된다. 그래서 근로기준법은 수습기간, 사용

자 귀책 사유에 의한 휴업기간, 출산휴가기간, 육아휴직기간, 업무상 재해로 요양한 기간, 적법한 쟁의행위기간, 병역법에 따른 휴직기간, 사용자의 승인을 받아 휴업한 기간 등은 최종 3개월에서 제외하고 계산한다 (근로기준법 시행령 제2조).

03 / 평균임금의 계산

$$평균임금 = \frac{산정\ 사유\ 발생일\ 이전\ 3개월간\ 임금총액}{산정\ 사유\ 발생일\ 이전\ 3개월간의\ 총일수}$$

상여금 · 성과급의 평균임금 포함 여부

성과급이 평균임금에 포함되느냐는 지급 근거가 있는지, 일시적인지, 변동적인지에 달려있다. 단체협약, 취업규칙 등에 지급 근거가 있고, 근로의 대가로 계속적, 정기적으로 지급된다면 평균임금에 포함된다. 이때, 근로의 대가로 지급된다는 것은 근로제공과 직접적으로 혹은 밀접하게 관련된 경우이다. 따라서 매년 노사 간 합의로 지급 여부를 결정할 뿐 지급근거 등이 취업규칙, 단체협약에 명시되어 있지 않고 생산 목표율 목표치를 달성한 때에만 지급되는 성과급은 평균임금에 포함되지 않는다 (대법원 2002. 5. 31. 선고 2002다1700 판결). 반면에 차량 판매 영업사원의 영업성과급(인센티브)에 대해서는 지급기준과 지급시기를 영업프로모션 등으로 기준을 정해두고, 매월 정기적, 계속적으로 영업활동의 대가로 지급한 경우라면 근로의 대상으로 보고 평균임금에 포함된다(대법원 2002. 5. 31. 선고 2002다1700 판결).

구 분	포함 여부
퇴직금 계산에 포함되는 성과급과 상여금	정기상여금, 성과급, 개인 성과급 인센티브 등 명칭에 상관없이, 직원들에게 제공한 근로의 대가로서 취업규칙, 단체협약 등에 지급조건, 지급금액, 지급 시기가 정해져 있거나 관행적으로 지급해 온 경우는 평균임금에 해당되며, 퇴직금에도 포함된다. 또한, 직원 개인 또는 직원이 포함된 집단에 따라서 차등 지급되는 금품(업적급 등) 또한 근로의 대상으로 임금에 포함된다.
퇴직금 계산에 포함되지 않는 성과급과 상여금	성과급 중 경영성과에 따라 일시적으로 지급되는 상여금 또는 지급 여부가 불확실한 상여금은 근로의 대상으로 볼 수 없어 평균임금에 해당되지 않고, 퇴직금에도 포함되지 않는다. 다만, 형식적으로는 기업 이윤 등 경영성과에 따르기로 하였으나 실질적으로는 그와 무관하게 지급되면서 일정하게 반복되었다면 관례성이 인정되어 근로의 대가인 '임금'인 것이며, 따라서 퇴직금 산정에도 포함된다.

상여금이 단체협약, 취업규칙 기타 근로계약에 미리 지급조건 등이 명시되어 있거나 관례로서 계속 지급해 온 사실이 인정되는 경우는 평균임금 산정 시 평균임금에 포함해야 한다.

계산방식은 상여금 지급이 평균임금을 산정해야 할 사유가 발생한 때로부터 이전 12개월 중에 지급받은 상여금 전액을 그 기간동안의 근로 월수로 분할 계산해서 평균임금 산정 시 포함한다.

예를 들어 9월 30일에 퇴직한 근로자의 경우에는 퇴직일을 기점으로 1년간 지급받은 상여금을 퇴직금 산정을 위한 평균임금에 포함해야 한다. 즉, 1년간 300만원을 상여금으로 받았다면,

300만원 ÷ 12개월 × 3개월 = 75만원

75만원이 평균임금 계산 시 평균임금에 포함되는 금액이다.

🧑 연차수당의 평균임금 포함 여부

고용노동부의 행정해석은 퇴직하기 전에 이미 발생한 연차휴가 미사용수당은 1년간의 출근성적에 따라 주어지기 때문에 근로의 대가로 보고 12개월로 나누어 3개월분을 산입한다. 따라서 이때의 산정방식은 퇴직 전 전년도 출근율에 의해 퇴직 전년도에 발생한 연차휴가 중 미사용하고 퇴직 전에 지급된 연차수당을 12분의 3으로 하여 임금총액에 산입한다(임금근로시간정책팀-3295, 2007. 11. 5). 대신 퇴사로 인해 비로소 발생된 연차수당(퇴사하기 직전에 휴가 청구권 형태로 있었으나 퇴사로 인해 수당으로 전환된 부분)은 평균임금에 포함되지 않는다.

예를 들어 2023년 1월 1일 ~ 12월 31일 기간 중 80% 이상 개근하여 2024년에 사용할 수 있었던 15일 중 5일을 썼다면, 2025년 1월 급여일에 10일에 해당하는 수당을 지급받게 되고, 2025년 4월 1일에 퇴사하면 지급받은 10일치 수당의 12분의 3을 평균임금에 산입해야 한다. 반면, 2024년 1월 1일~12월 31일 기간 중 80% 이상 개근하여 2025년 1월 1일 15일의 연차휴가가 발생했는데, 2025년 4월 1일 퇴직으로 인해 미사용 연차휴가에 대한 수당을 지급받는 경우 이는 퇴직금 계산에 포함하지 않는다.

① 전전연도 발생분을 전년도에 사용하지 않음으로써 퇴직연도에 지급해야 하는 연차수당은 평균임금에 계산에 포함한다.

② 전연도 발생분을 퇴직연도에 사용하고, 퇴직 다음연도에 지급해야 하는 연차수당은 평균임금 계산에서 제외한다(이는 흐름의 이해를 위해 설명한 개념으로 실질적으로는 1년이 되는 시점에 연차를 다 사용하지 않고 퇴직하는 경우 연차수당을 퇴직연도에 지급해야 한다.). 즉, 연차휴가 사용기간 중에 퇴직으로 인해 지급받게 되는 연차휴가수당은 포함하지 않는다.

구 분		처리 방법
1년 미만 월차 개념의 연차(1년~2년 사이의 퇴직)		3 ÷ 12를 퇴직금 산정을 위한 평균임금 산정 기준임금에 포함한다.
1년이 되는 시점에 발생하는 연차수당	퇴직 전전연도 출근율에 의해서 퇴직 전년도에 발생한 연차유급휴가 중 미사용 수당	3 ÷ 12를 퇴직금 산정을 위한 평균임금 산정 기준임금에 포함한다.
	퇴직전연도 출근율에 의해서 퇴직연도에 발생한 연차유급휴가를 미사용하고 퇴직함으로써 비로소 지급사유가 발생한 연차유급휴가 미사용 수당	퇴직금 산정을 위한 평균임금 산정 기준임금에 포함되지 않는다.

📝 공무상 질병의 경우 평균임금 산정 방법은?(업무상 재해로 휴업 후 복직 없이 바로 퇴직하는 경우)

업무상 재해로 휴업 후 복직 없이 바로 퇴직하는 경우는 「근로기준법 시행령」 제5조 제4항에 따라 조정된 평균임금으로 퇴직금을 계산해야 하며, 다시 이러한 평균임금과 퇴직 시점의 통상임금을 비교해서 높은 금액을 평균임금으로 해야 한다.

[근로기준법 시행령 제5조 제4항]

❶ 그 근로자가 소속한 사업 또는 사업장에서 같은 직종의 근로자에게 지급된 통상임금의 1명당 1개월 평균액이 그 부상 또는 질병이 발생한 달에 지급된 평균액보다 5% 이상 변동된 경우는 그 변동비율에 따라 인상되거나 인하된 금액으로 하되, 그 변동 사유가 발생한 달의 다음 달부터 적용한다. 다만, 제2회 이후의 평균임금을 조정하는 때에는 직전 회의 변동 사유가 발생한 달의 평균액을 산정기준으로 한다.

❷ 제1항에 따라 평균임금을 조정하는 경우 그 근로자가 소속한 사업 또는 사업장이 폐지된 때에는 그 근로자가 업무상 부상 또는 질병이 발생한 당시에 그 사업 또는 사업장과 같은 종류, 같은 규모의 사업 또는 사업장을 기준으로 한다.

❸ 제1항이나 제2항에 따라 평균임금을 조정하는 경우 그 근로자의 직종과 같은 직종의 근로자가 없는 때에는 그 직종과 유사한 직종의 근로자를 기준으로 한다.

참고로 퇴직금 산정을 위한 평균임금은 「근로기준법」 제2조 제1항 제6호에 따라 이를 산정해야 할 사유가 발생한 날 즉, 퇴직일 이전 3월간에 지급된 임금총액을 그 기간의 총일수로 나눈 금액을 말하며, 이러한 방법으로 산출된 평균임금액이 해당 근로자의 통상임금보다 저액일 경우에는 그 통상임금액을 평균임금으로 한다.

이때 「근로기준법 시행령」 제2조 제1항 제4호에 따라 업무수행으로 인한 부상 또는 질병의 요양을 위해서 휴업한 기간에 대해서는 그 기간과 그 기간 중에 지불된 임금을 평균임금 산정기준이 되는 기간과 임금의 총액에서 각각 공제해야 한다.

또한, 「근로기준법 시행령」 제5조 제1항부터 제3항까지에 따라 업무상 부상을 당하거나 질병에 걸린 근로자의 평균임금은 조정하도록 하고 있으며, 「근로기준법 시행령」 제5조 제4항에 따라 퇴직금을 산정함에 있어서 적용할 평균임금은 위와 같은 방법으로 조정된 평균임금으로 해야 한다.

📝 출산휴가 및 육아휴직 후 바로 퇴직 시 평균임금 산정

근로기준법 시행령 제2조(평균임금의 계산에서 제외되는 기간과 임금)는 평균임금 산정 시 산정사유 발생일(퇴직일) 이전 3개월과 출산휴가기간, 육아휴직기간이 겹치는 경우 그 기간과 그 기간중에 지급받은 임금은 제외하고 평균임금을 산정하도록 규정하고 있다.

출산휴가 또는 육아휴직기간이 평균임금 산정사유 발생일 이전 3개월과 일부만 겹치는 경우는 산정사유 발생일 이전 3개월 중 겹치지 않는 기간과 그 기간중에 지급받은 임금으로 산정하고, 전부 겹치는 경우는 출산휴가, 육아휴직 한 날 이전 3개월간의 임금총액과 그 기간의 총일수로 나누어 산정해야 한다. 따라서 직원이 출산휴가와 육아휴직을 사용한 후 곧바로 퇴직하는 경우 평균임금은 출산휴가 직전의 3개월간에 지급된 임금의 총액을 그 기간의 총일수로 나누어서 산정해야 된다.

구 분	처리 방법
출산휴가 또는 육아휴직기간이 평균임금 산정사유 발생일 이전 3개월과 일부만 겹치는 경우	산정사유 발생일 이전 3개월 중 겹치지 않는 기간과 그 기간중에 지급받은 임금으로 산정
출산휴가 또는 육아휴직기간이 평균임금 산정 사유 발생일 이전 3개월과 전부 겹치는 경우	출산휴가, 육아휴직 한 날 이전 3개월간의 임금총액과 그 기간의 총일수로 나누어 산정

📝 (무단)결근 시 평균임금 산정방법은?

업무 외 부상이나 질병, 그 밖의 사유로 사용자의 승인을 받아 휴업한 기간은 평균임금 산정에서 제외하도록 규정하고 있다(근로기준법 시행령 제2조 제1항 제8호). 즉, 개인적인 사유라 하더라도 사용자의 승인을 받아 휴업한 기간에 대해서는 평균임금 산정기간에서 제외하고 평균임금을 산정해야 한다. 단, 개인적인 사유로서 사용자의 승인을 받지 않은 기간과 무단결근 기간은 평균임금 산정기간에 포함한다. 이같이 평균임금 산정에서 제외되는 기간을 설정한 법적 취지는 근로자의 평균임금이 과도하게 줄어들어 퇴직금 등 산정에 불이익을 받는 일이 없도록 하는 취지이다.

구 분	처리방법
업무 외 부상이나 질병, 그 밖의 사유로 사용자의 승인을 받아 결근한 기간	평균임금 산정기간에서 제외
개인적인 사유로서 사용자의 승인을 받지 않은 기간과 무단결근기간	평균임금 산정기간에 포함

그리고 퇴직금 산정을 위한 1일 평균임금이 1일 통상임금보다 적을 경우는 1일 통상임금을 1일 평균임금으로 보아 퇴직금을 계산한다.

📝 **감봉기간, 직위해제기간, 대기발령기간, 불법쟁의 행위 기간의 평균임금 산정방법은?**

다음의 경우에는 평균임금 산정기간에 포함해서 평균임금을 계산한다.

- 근로자의 귀책 사유로 인한 휴업 기간
- 근로자의 귀책 사유로 인한 감봉 기간
- 근로자의 귀책 사유로 인한 직위해제 기간
- 근로자의 귀책 사유로 인한 대기발령 기간
- 불법쟁의 행위 기간

12

이것만 알면 나도 혼자 급여 계산한다.

01 / 가장 먼저 유급 산정기준 근로시간을 계산한다.

소정근로시간을 계산한다.

소정근로시간은 노사 간에 근로하기로 계약한 시간을 말한다.

일반적으로 1일 8시간, 주 5일 일해서 주 40시간을 근무하게 되는데 이를 소정근로시간이라고 한다. 따라서 소정근로시간은 1일 8시간, 주 40시간을 넘지 못한다. 즉 1일 9시간을 일해도 소정근로시간 8시간이고 1일 10시간을 일해도 소정근로시간은 8시간이다. 또한 1주일에 45시간을 일해도 주 소정근로시간은 40시간이고, 52시간을 일해도 주 소정근로시간은 40시간이다.

그러나 만일 1일 5시간, 주5일 25시간을 근무하기로 근로계약서를 작성한 알바가 있다면 해당 알바의 소정근로시간은 1일 5시간, 주 25시간을 넘지 못한다. 따라서 월요일 갑자기 손님이 많아 7시간을 근무했더라도 1일 소정근로시간은 5시간이다. 또한 금요일 행사로 인해 8시간을 근무함으로 인해 주 28시간을 근무했더라도 주 소정근로시간은 25시간이다.

참고로 소정근로시간에는 일요일 주휴시간은 포함하지 않는다.

이같이 1일 또는 1주의 소정근로시간은 쉽게 알 수 있다.

소정근로시간을 넘는 시간은 연장근로시간이다.

소정근로시간은 넘어서 근로한 시간은 연장근로수당의 지급기준이 되는 연장근로시간이다. 즉 소정근로시간이 8시간인 회사에서 1일 9시간을 근무한 경우 소정근로시간은 8시간을 넘은 1시간이 연장근로시간이 된다. 또한 주 45시간을 근무한 경우 소정근로시간 40시간을 초과한 5시간이 연장근로시간이 된다.

반면 1일 소정근로시간이 5시간인 알바생의 경우 8시간을 근무했다면 5시간을 초과하는 3시간이 연장근로시간이 된다. 또한 주 25시간이 소정근로시간인 알바생이 주 40시간을 근무했다면 25시간을 초과한 15시간이 연장근로시간이 된다.

연장근로시간 = MAX[❶, ❷]

❶ 주5일 근무제의 경우 월~금 1일 소정근로시간을 초과한 시간의 합

❷ 주 소정근로시간(일반적으로 주 40시간)을 초과하는 시간

예를 들어 1주일간 근무시간이 아래와 같다고 가정하면

요일	월	화	수	목	금	토	일
근무시간	9시간	8시간	8시간	8시간	7시간	0시간	0시간

❶ 주5일 근무제의 경우 월~금 1일 소정근로시간을 초과한 시간의 합
= 1시간 + 0시간 + 0시간 + 0시간 + 0시간 = 1시간

❷ 1주 40시간을 초과하는 경우 : 주 40시간으로 초과한 시간 없음

결론 : MAX[❶, ❷] = 1시간

예를 들어 1주일간 근무시간이 아래와 같다고 가정하면

요일	월	화	수	목	금	토	일
근무시간	8시간	8시간	8시간	8시간	8시간	5시간	0시간

❶ 주5일 근무제의 경우 월~금 1일 소정근로시간을 초과한 시간의 합 = 0시간

❷ 1주 40시간을 초과하는 경우 : 주 45시간 - 40시간 = 5시간

결론 : MAX[❶, ❷] = 5시간

연장근로시간에 대해서는 통상시급의 50%를 가산한 가산임금을 지급해야 한다.

🙂 주급의 기준이 되는 유급 근로시간

주급은 1주일간 실제로 일한 시간에 법에서 놀아도 급여를 주도록 정한 시간(= 주휴일, 빨간 날, 근로자의 날 등)을 합한 시간에 대해서 급여를 책정해 지급한다.

또한 실제로 일한 시간은 주 소정근로시간 + 연장근로시간으로 구성이 된다.

예를 들어 1주일간 근무시간이 아래와 같다고 가정하면

요일	월	화	수	목	금	토	일
근무시간	8시간	8시간	8시간	8시간	8시간	5시간	0시간

실제로 일한 시간 = 월~금 40시간(소정근로시간) + 토요일 5시간(연장근로시간) = 45시간이 된다.

소정근로시간에는 통상의 시급을 주면 되지만, 연장근로시간에는 통상시급의 50%의 가산임금을 더한 1.5배의 임금을 지급해야 한다.

📝 연장근로가 없는 경우 1주일의 유급 근로시간

주급의 기준시간(주 유급 근로시간) = 실제로 일한 시간 + 일 안 해도 주도록 법에서 정한 유급 근로시간(= 주휴일, 빨간 날, 근로자의 날 등)

따라서

연장근로가 없는 경우 1주일의 유급 근로시간 = [❶ 8시간 × 5일(월~금)(소정근로시간)] + [❷ 토요일 유급 근로시간] + [❸ 주 유급 근로시간(주휴수당) = ❶ ÷ 5]

❶에서 꼭 8시간이 아니어도 된다. 즉 월~금 매일 5시간씩 근무하는 경우 5시간 × 5일이 되고, 요일마다 근무시간이 불규칙한 경우 월~금 근무시간의 총합을 적으면 된다. 예를 들어 월 6시간, 화 4시간, 수 6시간, 목 5시간, 금 5시간이 소정근로시간인 경우 ❶은 26시간을 넣으면 된다.

❷ 토요일은 회사규정상 무급인 경우 0시간(일반적인 회사), 유급인 경우 유급 근로시간을 적으면 된다.

❸ 주 유급 근로시간은 일반적으로 일요일을 의미하며, 일을 안 해도 급여 책정에 포함되는 시간이다. 따라서 주 40시간이 소정근로시간인 경우 40시간 ÷ 5 = 8시간이 된다. 이는 최대 8시간을 초과할 수 없다.

참고로 주휴수당은 실제로 일한 시간을 기준으로 지급하는 것이 아니라 주 소정근로시간을 기준으로 지급한다. 따라서 주중에 빨간 날이 있어서 하루를 쉬어도 주 소정근로시간은 변하지 않으므로 40시간 ÷ 5 = 8시간의 주휴수당을 지급한다.

예를 들어 월~금 1일 8시간, 주 40시간을 근무한 경우(토요일 무급) 주급의 기준시간(주 유급근로시간) = [❶ 40시간 + ❷ 0시간 + (❸ 40시간 ÷ 5)] = 48시간

예를 들어 월~금 1일 6시간, 주 30시간을 근무한 경우(토요일 무급) 주급의 기준시간(주 유급 근로시간) = [❶ 30시간 + ❷ 0시간 + (❸ 30시간 ÷ 5)] = 36시간

예를 들어 월 6시간, 화 4시간, 수 6시간, 목 5시간, 금 5시간이 소정근로시간인 경우 주급의 기준시간(주 유급 근로시간) = [❶ 26시간 + ❷ 0시간 + (❸ 26시간 ÷ 5)] = 31.2시간

예를 들어 월~금 1일 8시간, 주 40시간을 근무한 경우 (토요일 8시간 유급) 주급의 기준시간(주 유급 근로시간) = [❶ 40시간 + ❷ 8시간 + (❸ 40시간 ÷ 5)] = 56시간

❸ 주휴시간에서 월~토 주 48시간인데 40시간 ÷ 5로 하는 이유는 주휴시간은 1일 8시간, 주 40시간을 한도로 하기 때문이다.

📝 연장근로가 있는 경우 1주일의 유급 근로시간

> 연장근로가 있는 경우 주급의 기준시간(주 유급근로시간) = 연장근로가 없는 경우 1주일의 유급근로시간 + 연장근로시간(= 연장 근로한 시간에 1.5배 한 시간)

예를 들어 월~금 1일 9시간, 주 45시간을 근무한 경우(토요일 무급) 주급의 기준시간(주 유급 근로시간) = 48시간 + (5시간 × 1.5배) = 55.5시간

예를 들어 월~금 1일 6시간, 주 30시간을 근무하기로 계약했는데 실제로는 주 35시간을 근무한 경우(토요일 무급) 주급의 기준시간(주 유급근로시간) = 36시간 + (5시간 × 1.5배) = 43.5시간

예를 들어 월 6시간, 화 4시간, 수 6시간, 목 5시간, 금 5시간을 근무하

기로 계약했는데, 금요일 일이 생겨 8시간을 근무한 때는 3시간의 연장근로가 발생한다. 이때 주급의 기준시간(주 유급근로시간) = 31.2시간 + (3시간 × 1.5배) = 35.7시간

📝 연장, 휴일, 야간근로가 모두 있는 경우 1주일의 유급 근로시간

예를 들어 1주일간 근무시간이 아래와 같다고 가정한다. 시급은 1만 원이다.

요일	월	화	수	목	금	토	일
근무시간	9시간	9시간	9시간	9시간	9시간	0시간	9시간

단 금요일 근무시간에는 22시부터 06시까지의 근로시간 6시간이 포함되어 있다(참고 : 주 52시간을 고려하지 않고 사례를 든 것이다).

연장근로 주 5시간(9시간 × 5일 – 주 40시간), 휴일근로시간 9시간, 야간근로시간 6시간
연장, 휴일, 야간근로가 있는 경우 주급의 기준시간(주 유급 근로시간)
= 연장근로가 없는 경우 1주일의 유급 근로시간(❶)
+ 연장근로시간(= 연장 근로한 시간에 1.5배 한 시간)(❷)
+ 휴일근로시간(= 8시간까지는 휴일근로한 시간에 1.5배 한 시간, 8시간을
  초과한 경우(근무시간 – 8시간)의 2배)(❸)
+ 야간근로시간(= 야간근로시간의 0.5배)(❹)

해설

연장, 휴일, 야간근로가 있는 경우 주급의 기준시간(주 유급근로시간) = (❶ 40시간 + 0시간 + 8시간) + (❷ 5시간 × 1.5배) + (❸ 8시간 × 1.5배 + (9시간 – 8시간) × 2배) + (❹ 6시간 × 0.5배) = 72.5시간(주 유급 근로시간)
매주 반복되는 경우 월급 = 72.5시간 × 4.345주 × 1만원 = 3,150,125원

🧑 월급의 기준이 되는 유급 근로시간

급여는 일반적으로 월급 단위이다.

월급은 앞서 설명한 주급의 기준이 되는 유급근로시간을 월 단위로 환산한다. 즉 월급은 평균주수의 개념을 사용한다. 즉 1월부터 12월까지의 매달 주는 4주가 될 수도 있고, 5주가 될 수도 있다. 따라서 이를 평균해서 사용한다.

예를 들어 1년은 365일을 12개월로 나누면 1달 평균 일은 30.417일이 된다. 이를 다시 1주일 기준인 7일로 나누면 약 4.345주가 나온다. 이를 평균주수라고 보면 된다.

> 1달 평균일수 계산 = 365일 ÷ 12개월 = 30.417일
> 1달 평균주수 계산 = 30.417일 ÷ 7일 = 4.345주
> 평균주수 = (365일 ÷ 12개월) ÷ 7일 = 4.345주

이 평균주수에 주급의 기준이 되는 유급 근로시간(예 : 48시간)을 곱하면 월급의 기준이 되는 유급 근로시간이 계산되고 여기에 시급을 곱하면 월급이 된다.

예를 들어 주급의 기준이 되는 유급 근로시간이 48시간이면 여기에 4.345주 곱하면 약 209시간이 월급의 기준이 되는 유급 근로시간이 된다.

시급이 최저임금의 시급 10,030원이라면

209시간 × 10,030원 = 2,096,270원인 월 단위 최저임금이 계산된다.

그리고 회사의 시급이 15,000이라면

월 단위 임금인 월급 = 209시간 × 15,000원 = 3,135,000원이다.

예를 들어 월~금 1일 9시간, 주 45시간을 근무한 경우(토요일 무급)

주급의 기준시간(주 유급 근로시간)

= 48시간 + (5시간 × 1.5배) = 55.5시간

이를 월 단위로 유급 근로시간으로 환산하면 55.5시간 × 4.345주 = 241.15시간이 되고, 시급이 최저시급인 10,030원이라면 월급은 241.15시간 × 10,030원 = 2,418,740원이 된다.

급여 차감 및 일할 계산

앞서 설명을 통해 월급은 1달 중 유급으로 근로한 시간을 기준으로 정해진 사실을 알았다. 따라서 월급에서 차감하거나 일할계산할 때도 유급으로 근로한 시간을 기준으로 책정된 월급에서 차감하는 것이 맞을 것이다.

예를 들어 주1일 결근 시 1일분 임금과 주휴일 임금을 차감할 수 있다. 이때 차감할 임금은 2일 ÷ 30일 또는 2일 ÷ 31일의 임금이 아닌 주 16시간분 시급을 기준으로 차감해야 한다. 왜냐하면 우리는 무급인 토요일을 빼고 월급을 계산했기 때문이다. 물론 토요일을 유급으로 처리하는 회사는 2일 ÷ 30일 또는 2일 ÷ 31일의 방법을 사용해도 큰 문제는 없다. 급여 일할계산도 같은 원리이다.

02 / 월급과 근무시간을 기준으로 급여 계산 방법

알고 있는 월급을 기준으로 시급을 계산하는 것은 앞서 설명한 시급과 근무시간을 기준으로 급여의 계산 방법을 반대로 가면 된다.

월급에서 시급을 계산하는 주요 이유는 일반적으로 수당을 구하거나 최저임금법 위반 여부를 판단하기 위함이다.

월 기준으로 유급 근로시간을 구하는 방법을 앞서 설명한 월급의 기준이 되는 유급 근로시간을 참고하면 된다. 즉

1. 내 월급을 책정하는데, 기준이 된 시간을 구한다(주 기준 유급 근로시간을 한 후 4.345주를 곱해 월 기준 유급 근로시간을 구한다.)

월급의 기준이 되는 시간 =
1주 유급 책정 시간
[(❶ 소정근로시간 + ❷ 주휴시간)
+ ❸ 연장근로시간 (실제 근로시간 − 소정근로시간) × 1.5배
+ ❹ 휴일근로시간(8시간 한도) × 1.5배 + (휴일근로시간 − 8시간) × 2배
+ ❺ 야간근로시간 × 0.5배)]
× 4.345주

근로계약상 1일 또는 1주일간 내가 일하기로 계약한 시간은 몇 시간인가?(소정근로시간)

소정근로시간 : 최대 계약할 수 있는 시간은 1일 8시간 또는 주 40시간을 초과할 수 없다.

실제로 1주일 몇 시간 일했는지를 계산한다(실제 근로시간).

[예시] 주 48시간 일함

❶ 소정근로시간 1주 40시간

❷ 주휴시간 = 1주일 소정근로시간 ÷ 5

❸ 실제 근로시간이 소정근로시간을 초과하면 연장근로시간

실제 근로시간이 소정근로시간을 초과하면 연장근로시간이 된다. 즉 1일 8시간을 초과하거나 주 40시간을 초과한 실제 근로시간은 연장근로시간이 된다.

예를 들어 주 48시간 − 주 40시간 = 8시간이 연장근로시간이다.

❹ 휴일근로시간 = 8시간 × 1.5배 + (휴일근로시간 − 8시간) × 2배

❺ 야간근로시간 = 22시~다음 날 6시까지 근무한 시간 × 0.5배(❸과 ❹와 별도로 추가되는 시간)

2. 내가 받는 월급 ÷ 내 월급을 책정하는데, 기준이 된 시간 = 시급

3. 시급을 활용해 연장근로수당 등 시간외근로수당을 계산한다.

4. 월급에서 시간외근로수당을 차감한 후 기본월급을 구한다.

예를 들어 1주일간 근무시간이 아래와 같다고 가정한다.

월급은 3,150,125원이다. 단 금요일 근무시간에는 22시부터 06시까지의 근로시간 6시간이 포함되어 있다.

요일	월	화	수	목	금	토	일
근무시간	9시간	9시간	9시간	9시간	9시간	0시간	9시간

해설

1. ❶ + ❷ 연장, 휴일, 야간근로가 있는 경우 주급의 기준시간

가. 1주 유급 책정 시간 = 48시간(40시간 + 8시간(주휴시간))

+ 7.5시간(5시간 × 1.5배) : 연장근로시간(❸)

+ 14시간[(8시간 × 1.5배) + (9시간 − 8시간) × 2배] : 휴일근로시간(❹)

+ 3시간(6시간 × 0.5배) : 야간근로시간(❺) = 72.5시간

나. 월 기준 근로시간 = 72.5시간 × 4.345주 = 315.0125시간

2. 시급 = 3,150,125원 + 315.0125시간 = 1만 원

3. 연장근로수당 등 시간외근로수당(가 + 나 + 다 = 1,064,525원)

가. 연장근로수당 = 7.5시간 × 1만원 × 4.345주 = 325,875원

나. 휴일근로수당 = 14시간 × 1만원 × 4.345주 = 608,300원

다. 야간근로수당 = 3시간 × 1만원 × 4.345주 = 130,350원

4. 3,150,125원 − 1,064,525원 = 2,085,560원(최저임금 2,060,740원 초과)

찐 초보의 급여 계산 방법

1. 모든 급여는 시간급이 기준이 된다. 따라서 실제로 급여 계산에 포함되는 시간을 계산해야 한다. 급여는 월급 형태이든 시간급 형태이든 그 금액이 확정되어 있으므로, 근무시간의 변화에 따른 급여를 유동적으로 계산하기 위해서는 해당 월급 계산의 기준이 되는 시간을 산정해야 한다.

2. 월급은 내가 실제로 일한 시간과 일을 안 해도(주휴일(일요일)과 빨간날 및 회사에서 쉬는 날로 정한 날) 법에서 급여를 주게 되어있는 시간에 시간외 근로시간에 대한 시급을 합한 금액이다.

실제 월급 계산 기준시간 = 통상적인 근로시간 + 시간외 근로시간

1. 통상적인 근로시간 =

(주 소정근로시간 + 토요일 유급시간 + 유급 주휴시간) × 4.345주

= [1주일간 실제로 일하기로 정한 시간(= 소정근로시간) + 토요일 유급시간

+ (유급 주휴시간 : 1주일간 실제로 일하기로 정한 시간 ÷ 5)] × 4.345주

[주] 1주일간 실제로 일하기로 정한 시간 = 소정근로시간

이것만 알면 나도 혼자 급여계산 《 395

2. 시간외 근로시간 = ❶ + ❷ + ❸

❶ 월 단위 연장근로시간 = MAX[가. 1주간 1일 8시간을 초과한 시간의 합 나. 1주 40시간 초과한 시간] × 1.5배(5인 미만 사업장은 1배) × 4.345주

[주] 4.345주 = 365일 ÷ 12개월 ÷ 7일

❷ 월 단위 휴일근로시간 = 가 또는 나

가. 8시간 이내인 경우 = 휴일 근로시간 × 1.5배(5인 미만 사업장은 1배) × 4.345주

나. 8시간 초과인 경우 = 가 + (휴일 근로시간 − 8시간) × 2배(5인 미만 사업장은 1배) × 4.345주

❸ 월 단위 야간근로시간 = 22시~다음 날 6시까지 근무시간 × 0.5배 × 4.345주(연장근로 및 휴일근로시간과 중복 적용 가능)

3. 실제로 일하기로 약속한 시간(주40시간 한도)을 넘어서 일한 시간은 무조건 연장근로시간이다.

3-1. 1주 단위로 연장근로시간이 정해진 경우

주 단위 연장근로시간 = MAX[❶ 1주간 1일 8시간을 초과한 시간의 합 ❷ 1주 40시간 초과한 시간] × 1.5배(5인 미만 사업장은 1배)

[주] 1주일간 실제로 일하기로 정한 시간 = 소정근로시간

3-2. 1달 단위로 연장근로시간이 정해져 있는 경우

월 단위 연장근로시간 = MAX[❶ 1주간 1일 8시간을 초과한 시간의 합 ❷ 1주 40시간 초과한 시간] × 1.5배(5인 미만 사업장은 1배) × 4.345주

[주] 1주일간 실제로 일하기로 정한 시간 = 소정근로시간

[주] 4.345주 = 365일 ÷ 12개월 ÷ 7일

> 급여 320만원에 일 8시간 5일 근무, 1달간 총 연장근로 22시간인 경우

해설

1. 2에 따라 통상적인 근로시간 = (주 소정근로시간 + 토요일 유급시간 + 유급 주휴시간) × 4.345주

= (40시간 + 0시간 + 8시간) × 4.345주 = 209시간 [주]

[주] = 8시간 × 5(= 40시간) + ((8시간 × 5) ÷ 5)(= 8시간 주휴시간)

2. 3-2에 따라 연장근로시간 = 22시간 × 1.5배 = 33시간

따라서 1달간 급여 계산의 기준이 되는 시간 = 209시간 + 33시간 = 242시간

3. 시급 = 320만 원 ÷ 242시간 = 13,223원

4. 연장근로수당 = 13,223원 × 33시간 = 436,359원

5. 기본급 = 320만 원 − 436,359원 = 2,763,641원

만일 5일 미만 사업장인 경우

1. 3-2에 따라 1달간 급여 계산의 기준이 되는 시간 = 209시간 + 22시간 [주] = 231시간

[주] = 22시간 × 1배 = 22시간

2. 시급 = 320만 원 ÷ 231시간 = 13,853원

3. 연장근로수당 = 13,223원 × 22시간 = 304,766원

4. 기본급 = 320만 원 − 304,766원 = 2,896,234원

> 급여 320만 원에 일 8시간 5일 근무, 1주간 총 연장근로 12시간인 경우

해설

1. 3-2에 따라 1달간 급여 계산의 기준이 되는 시간 = 209시간 + 78.21시간 = 287.21시간

❶ (8시간 × 5 + (8시간 × 5) ÷ 5) × 4.345주 = 209시간

❷ 12시간 × 1.5배 × 4.345주 = 78.21시간

2. 시급 = 320만 원 ÷ 287.21시간 = 11,142원

3. 연장근로수당 = 11,142원 × 78.21시간 = 871,415원

4. 기본급 = 320만 원 − 871,415원 = 2,328,585원

만일 5일 미만 사업장인 경우

1. 3-2에 따라 1달간 급여 계산의 기준이 되는 시간 = 209시간 + 52.14시간 = 261.14시간

❶ (8시간 × 5 + (8시간 × 5) ÷ 5) × 4.345주 = 209시간

❷ 12시간 × 1배 × 4.345주 = 52.14시간

2. 시급 = 320만 원 ÷ 261.14시간 = 12,254원

3. 연장근로수당 = 12,254원 × 52.14시간 = 638,923원

4. 기본급 = 320만 원 − 638,923원 = 2,561,077원

급여 320만 원에 일 8시간 5일 근무, 1일 실제 근로시간 10시간으로 1일 연장근로 2시간씩 1주 실제 근로시간 50시간 중 10시간의 연장근로가 발생한 경우

해설

1. 3-2에 따라 1달간 급여 계산의 기준이 되는 시간 = 209시간 + 65.17시간 = 274.17시간

❶ (8시간 × 5 + (8시간 × 5) ÷ 5) × 4.345주 = 209시간

❷ 10시간 × 1.5배 × 4.345주 = 65.17시간

2. 시급 = 320만 원 ÷ 274.17시간 = 11,672원

3. 연장근로수당 = 11,672원 × 65.17시간 = 760,638원

4. 기본급 = 320만 원 − 760,638원 = 2,439,362원

만일 5일 미만 사업장인 경우

1. 3-2에 따라 1달간 급여 계산의 기준이 되는 시간 = 209시간 + 43.45시간 = 252.45시간

❶ (8시간 × 5 + (8시간 × 5) ÷ 5) × 4.345주 = 209시간

❷ 10시간 × 1배 × 4.345주 = 43.45시간

2. 시급 = 320만 원 ÷ 252.45시간 = 12,676원

3. 연장근로수당 = 12,676원 × 43.45시간 = 550,773원

4. 기본급 = 320만 원 - 550,773원 = 2,649,227원

4. 휴일근로가 있는 경우 휴일근로시간을 월급 계산 근로시간에 더한다.

월 단위 휴일근로시간 = ❶ 또는 ❷

❶ 8시간 이내인 경우 = 휴일 근로시간 × 1.5배(5인 미만 사업장은 1배) × 4.345주

❷ 8시간 초과인 경우 = 가 + (휴일 근로시간 - 8시간) × 2배(5인 미만 사업장은 1배) × 4.345주

급여 500만 원에 일 8시간 5일 근무, 1주 2시간의 연장근로와 일요일 10시간 휴일근로가 약정되어 있는 경우

해설

1. 1달간 급여 계산의 기준이 되는 시간 = 209시간 + 13.03시간 + 52.14시간 + 17.38시간 = 291.55시간

❶ (8시간 × 5 + (8시간 × 5) ÷ 5) × 4.345주 = 209시간

❷ 1달간 연장근로시간 = 2시간 × 1.5배 × 4.345주 = 13.03시간

❸ 1달간 휴일근로시간 = 8시간 × 1.5배 × 4.345주 = 52.14시간

❹ 1달간 휴일연장근로시간 = (10시간 - 8시간) × 2배 × 4.345주 = 17.38시간

2. 시급 = 500만 원 ÷ 291.55시간 = 17,150원

3. 연장근로수당 = 17,150원 × 13.03시간 = 223,465원

4. 휴일근로수당 = 894,201원 + 298,067원 = 1,192,268원

❶ 휴일근로시간 = 17,150원 × 52.14시간 = 894,201원

❷ 휴일연장근로시간 = 17,150원 × 17.38시간 = 298,067원

5. 기본급 = 500만 원 - 223,465원 - 1,192,268원 = 3,584,267원

14 모든 주휴수당 계산 사례

01 / 주휴수당의 기본요건

주휴수당을 받기 위해서는 2가지 요건이 기본으로 충족되어야 한다. 1주간 주 15시간 이상 근로하기로 약정하고 그 기간동안의 소정근로일수에 개근하였다면 1주를 초과한 날(8일째)의 근로가 예정되어 있지 않더라도 주휴수당이 발생한다. 즉, 1주간 근로관계가 존속하고 그 기간 소정근로일에 개근했다면 주휴수당이 발생한다.

- 소정근로시간이 주 15시간 이상이어야 한다. 물론 5인 미만 사업장도 적용된다. 주휴일은 소정근로시간을 기준으로 보기 때문에 지각·조퇴·외출·반차를 사용해서 실근로시간이 주 15시간 미만으로 되었더라도 주휴수당 지급 대상이다.
- 소정근로일을 결근하지 말아야 한다(지각이나 조퇴는 결근이 아니므로 주휴수당을 받을 수 있다).

> ❶ 사업장 내 상시근로자수와 상관없어요.

❷ 4대 보험 가입 안 했어도 상관없어요.

❸ 알바든 정직원이든 관계없어요.

❹ 5인 이상 사업장과 관계없이 근로자를 한 명만 고용해도 지급해야 해요.

❺ 근로계약서를 작성하지 않았어도 상관없어요

예를 들어 소정근로일이 월~금으로 이를 개근했고, 주휴일이 일요일인 경우

월~금까지 근로관계 유지, 토요일 퇴직 : 주휴수당 미발생

월~일까지 근로관계 유지, 그다음 월요일 퇴직 : 주휴수당 발생

월~그다음 월요일까지 근로관계 유지, 그다음 화요일 퇴직 : 주휴수당 발생

주휴수당 지급조건	주휴수당이 발생하지 않는 조건
• 주 15시간 이상 근무했을 때(단, 40시간을 초과할 경우 40시간까지만 계산, 최대 1일 8시간까지, 주 40시간까지만 계산) • 계약한 날에 모두 출근했을 때(계약한 날에 하루라도 결근이 있다면 발생 안 함)	• 초단시간 근로자(주 15시간 미만으로 근무했을 때) • 퇴직으로 계속 근로가 아닐 때 • 계약한 날 결근을 했을 때 • 입사하는 주도 1주 결근 되는 날 이후부터 발생 • 감시·단속적 승인받은 경우

02 / 주중 입사와 주중 퇴사의 주휴수당

주 5일(월~금) 사업장에서 특별한 규정이 없다면 일요일을 주휴일로 볼 수 있으며, 7월 1일(수) 입사한 근로자는 1주를 개근한 것이 아니므로 7월 5일(일)에 대해 주휴수당을 지급하지 않아도 무방하다. 다만, 해당 근로자가 퇴직하는 주의 화요일까지 근로하게 되면 입사한 수요일부터 퇴사한 화요일까지 1주의 소정근로일을 개근한 것이 되므로 추가로 주휴수

당 1일분을 지급해야 한다(입사하는 주와 퇴사하는 주의 근무일을 합산하여 5일이 되고 개근하였다면 1일의 주휴수당 지급). 즉, 퇴사 시 입사일 기준으로 정산하여 7일에 1일의 유급휴일을 부여하지 않았다면 추가로 주휴수당을 지급해야 한다.

예를 들어 11월 5일(목) 입사 후 11월 13일(목) 퇴사 시 입사주에 개근이 아니고 퇴사주에 개근이 아니라고 주휴수당이 없는 것이 아니라 총 8일 ÷ 7 = 1일의 주휴수당을 지급해야 한다는 것이 고용노동부의 해석이다.

물론 해당 기간동안 소정근로일은 개근했다는 전제가 있어야 한다.

주휴수당은 주 5일 근무 기준 월~금 총 근무시간 ÷ 5일 × 시급을 지급하면 된다.

예를 들어 주 40시간은 40시간 ÷ 5일 = 8시간

5일간 총 근무시간이 20시간인 경우는 20시간 ÷ 5 = 4시간

5일간 총 근무시간이 16.5시간인 경우는 16.5시간 ÷ 5 = 3.3시간의 주휴수당을 지급하면 된다.

만일 월수금 3일 8시간씩 일한 때도 24시간 ÷ 5 = 4.8시간의 주휴수당을 지급하면 된다.

---

1. 월~금 주5일 8시간 기준 시급 1만 원

40시간 ÷ 5일 × 10,000원 = 8만 원

2. 월수금 3일 근무기준(월 8시간, 수 8시간, 금 8시간) 시급 1만 원

24시간 ÷ 5일 × 10,000원 = 48,000원.

3. 월수금 근무기준(월 4시간, 수 4시간, 금 4시간) 시급 1만 원

주 15시간 미만으로 주휴수당 발생 안 함

---

4. 주말 근무 기준(토, 일 각각 8시간) 시급 1만 원

16시간 ÷ 5일 × 10,000원 = 32,000원

5. 월~토 주 6일 40시간 근무조건 시급 1만 원

40시간 ÷ 5일 × 10,000원 = 8만 원

참고로 토요일 근무라고 무조건 연장근로수당이 발생하지 않고, 일 8시간, 주 40시간을 초과해야만 연장근로수당이 발생한다.

주휴수당은 소정근로시간을 기준으로 계산하므로 1일 근로시간은 8시간, 1주 근로시간은 40시간을 넘지 못한다. 따라서 연장근로시간, 휴일근로시간, 야간근로시간은 아무리 많아도 주휴수당 계산에 영향을 미치지 않는다.

그리고 다른 방법으로 다음과 같이 따지는 방법도 있으니 참고하기를 바란다.

➔ 7월 8일(수) 입사자가 7월 5일(월)까지 개근하고 퇴사하는 경우는 주휴수당 미지급

➔ 7월 8일(수) 입사자가 7월 10일(화)까지 개근하고 퇴사하는 경우는 주휴수당 1일분 지급

➔ 1월 1일(목) 입사자가 6월 30일(화)까지 개근하고 퇴사하는 경우, 입사 주 1월 4일(일)에 대해 주휴수당을 지급하였다면, 퇴사 주 6월 28일(일) 주휴수당은 미지급

그런데 실무상으로는 입사할 때 1주일이 안 되면, 입사 주에 주휴일을 안 주고, 퇴직하는 주에도 똑같은 경우로 안주는 경우가 많으며, 이 경우 1일분의 유급주휴일에 대한 임금체불이 발생할 수 있다는 점은 유의해 두기를 바란다. 실무상으로 장기근속의 경우 이를 일일이 따지기 불편해 넘어가는 경우가 많으나 1주, 2주, 1달 등 단기 근속은 이를 따지기가

간편하므로 문제가 될 수 있다.

03 / 주휴수당의 간편 계산

주휴수당 = 1주 소정근로시간수 ÷ 5(1일 8시간 또는 1주 최대 40시간) × 시급(최저임금 이상이어야 함)

• 사업장의 근로시간이 법정근로시간을 초과하는 경우, 법정근로시간에 해당하는 임금을 주휴수당으로 지급한다.

1일 10시간, 1주 50시간을 근무하더라도 주휴수당은 법정근로시간인 8시간분만 지급

주휴수당 자동 계산 : http://www.alba.co.kr/campaign/Culture10.asp

• 예를 들어 시급 1만 원에 주 40시간을 일하는 아르바이트의 경우

주휴수당 = 40시간 ÷ 40시간 × 8시간 × 1만 원 = 8만 원

간편 계산 : 주 40시간 ÷ 5일 × 1만 원 = 8만 원

• 예를 들어 시급 1만 원에 주 15시간을 일하는 아르바이트의 경우

주휴수당 = 15시간 ÷ 40시간 × 8시간 × 1만 원 = 3만 원이 된다.

간편 계산 : 주 15시간 ÷ 5일 × 1만 원 = 3만 원

상용근로자의 경우 일반적으로 월급에 주휴수당이 포함된 것으로 보므로 공휴일이 꼈을 때 주휴수당을 별도로 신경 쓸 필요는 없으며, 다만 시급, 일급, 주급의 경우 주휴수당의 계산과 관련해서 신경 쓸 부분이다.

월급제의 경우 월급에 주휴수당이 포함된 것으로 보므로 주중 1일 결근 시에는 주휴수당의 지급 의무가 소멸하므로 월급에 포함된 주휴수당을 차감해야 한다. 따라서 1일 결근 시에는 2일 분의 일급을 월급에서 차감한다. 다만 지각·조퇴·외출은 결근으로 보지 않으므로 주휴수당을 차감하면 안 된다.

예로 주휴수당을 계산해보면

월요일 09:00~15:00(휴게시간 1시간 포함)

수요일 09:00~15:00(휴게시간 1시간 포함)

금요일 09:00~15:30(휴게시간 1시간 포함)

주 15.5시간을 근무한 때 다음과 같이 계산하면 된다.

최저시급 적용 주휴수당 = 1주 총 소정근로시간 ÷ 40시간 × 8 × 최저시급

= 15.5시간 ÷ 40시간 × 8시간 × 10,030원 = 31,093원(2025년 최저임금 기준 주휴수당)

| 단시간근로자의 주휴수당 산정 |

단시간근로자의 주휴수당 = $\dfrac{\text{단시간근로자의 4주 동안의 소정근로시간}}{\text{4주 동안의 통상근로자의 총 소정근로일수}}$ × 시간당 임금

1주일에 5일 각 5시간을 일하는 단시간근로자(통상근로자의 1주 소정근로일수는 5일)가 시간급을 10,000원으로 정했다면 주휴수당은 50,000원이다.

단시간근로자의 주휴수당 = $\dfrac{5\text{일} \times 5\text{시간} \times 4\text{주}}{5\text{일} \times 4\text{주}}$ × 1만원 = 5만원

04 / 각종 사례별 주휴수당

🧑 주말(토, 일) 근로자(아르바이트, 알바)의 시급(일당) 계산

상시근로자 수가 5명 이상인 경우, 법정근로시간(1일 8시간, 주 40시간) 이상의 연장근로 및 휴일, 야간근로(22:00~익일 06:00) 시는 통상시급의 50%를 가산하여 지급해야 한다.

일당에 수당을 포함해서 지급했다면 별도의 수당이 적용되지 않을 수 있다.

상시근로자가 5명 미만의 경우 연장, 휴일, 야간근로가 인정되지 않아 근무시간에 따른 시급만 계산하면 되고, 토요일, 일요일에 근무하더라도 1주 40시간 이내의 범위로 소정근로시간을 정한 것이라면 해당일의 근로에 대해 가산할 의무는 없다.

주휴수당은 4주를 평균하여 한주 소정근로시간이 15시간 이상의 경우 해당 주 소정근로시간(일하기로 한 시간)을 결근하지 않고 개근하면 지급받을 수 있다.

별도의 정함이 없다면 토요일과 일요일 각각 8시간 근무 시 16시간 ÷ 40시간 × 8시간 = 3.2시간의 주휴수당을 지급받을 수 있다.

🧑 주중 결근 시 주휴수당의 계산

주중에 병가 사용이나 무단결근의 경우 돌아오는 주휴일의 1일분 급여를 차감해도 법 위반이 아니다. 물론 이번 주 목요일부터 다음 주 화요일까지 즉 2주에 걸쳐 휴직하는 경우 2일분의 주휴수당을 차감해도 된다. 다만, 취업규칙 등에 차감하지 않는 규정이 있는 경우에는 차감하지 않는다. 또한, 금요일 퇴사의 경우에도 돌아오는 주휴일의 주휴수당을 지급하지 않아도 된다. 다만, 월요일 퇴사의 경우는 전주 일요일의 주휴수당은 지급해야 한다.

> **결근 시 급여차감 = 결근 당일 일급 + 해당주의 주휴수당**

🧑 연차휴가를 사용한 경우 주휴수당의 계산

주중에 연차휴가를 사용하는 때도 연차휴가 사용일은 출근한 것으로 보므로 해당주의 주휴수당을 차감하면 안 된다. 즉, 연차휴가를 사용했어도 근로자에게 불이익을 주면 안 된다.

예를 들어 퇴직을 앞두고 남은 연차를 다 사용 후 퇴직하는 때도 해당 연차휴가일을 출근한 것으로 봄과 동시에 퇴직금 계산 시 근속연수에 포함한다.

🧑 1주일을 모두 쉬는 경우 주휴수당의 계산

주휴수당이란 노동자가 1주 소정근로일, 즉 출근 의무가 있는 날을 개근하는 경우 발생하는 유급휴일에 대한 수당을 의미한다.

연차휴가를 사용하였어도 해당일은 출근한 것으로 간주하기 때문에 출근율에 영향을 주지 않는다. 따라서 해당주의 개근 여부 및 해당 월의 개근 여부를 판단할 때 연차휴가를 사용한 기간은 출근한 것으로 간주하여 주휴일이 발생하게 된다. 다만, 주 5일이 출근 의무가 있는 근무일인 경우, 월요일부터 금요일까지 5일을 연차휴가를 사용한 경우는 1주간 소정근로일수가 없으므로 개근해야 하는 출근의무가 있는 날이 없으므로 유급주휴일이 발생하지 않는다. 따라서 주 5일 연차휴가를 사용한 경우는 주휴수당을 받을 수 없다.

그러나 출근의무 주5일 중 4일을 연차휴가를 사용하고, 1일을 출근하여 일하였다면, 소정근로일수 1일을 개근한 것으로 보아 주휴수당을 지급해야 한다. 근로기준법에서 말하는 '개근'은 결근을 하지 않은 것을 말한다. 따라서 지각 또는 조퇴를 하였어도 결근하지 않았다면 개근이 되어 주휴수당이 지급되어야 한다.

구 분	주휴수당
주중 연차휴가를 사용한 경우 주휴수당	주중 일정요일 연차휴가를 사용한 경우 나머지 소정근로일에 근로를 한 때는 주휴수당이 발생한다.
연차휴가를 1주일간 사용한 경우 주휴수당	월~금요일까지 1주일 소정근로일 전부를 연차휴가를 사용한 때는 주휴수당이 발생하지 않는다. 물론 월 공휴일, 화~금 연차휴가를 사용한 경우도 주휴수당은 발생하지 않는다.

[예시]

일	월	화	수	목	금	토
	1	2	3	4	5	6
7	8	9	10	11	12	13
14	15	16	17	18	19	20
21	22	23	24	25	26	27
28	29	30	31			

위에서 8일~12일까지 연차휴가를 사용한 경우 14일 주휴수당 미발생

[예시]

일	월	화	수	목	금	토
	1	2	3	4	5	6
7	8	9	10	11	12	13
14	15	16	17	18	19	20
21	22	23	24	25	26	27
28	29	30	31			

위에서 12일, 15일~18일까지 연차휴가 사용한 경우 8일~11일 및 19일 개근시 14일 주휴수당 및 21일 주휴수당 발생. 단 8일~11일 중 결근일이 있는 경우 14일 주휴수당 미발생, 19일 결근 시 21일 주휴수당 미발생

일	월	화	수	목	금	토
	1	2	3	4	5	6
7	8	9	10	11	12	13
14	15	16	17	18	19	20
21	22	23	24	25	26	27
28	29	30	31			

위에서 9일~15일까지 코로나 격리로 인해 연차휴가를 사용한 경우 연차휴가일수는 5일이 되고, 8일 개근 시 14일 주휴수당과 16일~19일 개근 시 21일 주휴수당은 발생한다. 따라서 14일과 21일 주휴수당을 급여에서 차감하면 안 된다.

🧑 병가로 쉰 경우 주휴수당의 계산

실무상으로는 질병 휴직의 경우 무급이 원칙(업무상 질병은 예외)이므로 우선은 본인의 남은 휴가에서 당겨쓰고, 그래도 모자라면 질병 휴직을 한다. 따라서

1. 개인 질병 휴직 기간에는 무급이므로 급여를 차감한다.

2. 개인 질병 휴직의 경우 근로의무가 면제되는 날이 아니므로 월급에 포함된 주휴수당도 차감된다(대법원 2009.12.24. 선고 2007다73277 참조).

병가기간 중에 포함된 유급주휴일에 대해서는 단체협약이나 취업규칙 등에서 병가기간 중 임금 지급에 관해 이를 규정하거나 그 지급에 관한 당사자 사이의 약정이나 관행이 있다고 인정되지 아니하는 한 임금을 지급할 의무는 없다.

(참고로 공무원 보수에서는 결근일과 결근일 사이의 토요일과 일요일은 결근으로 보지 않음)

예를 들어 주 1일 결근 시 주휴일을 포함해 2일분을 차감해도 법 위반

이 아니다.

3. 토요일은 일반적으로 근로 제공 의무가 없는 무급휴무일이므로 이는
어차피 급여에 포함되지 않았을 것이므로 급여에서 차감하지 않는다(유
급의 경우 차감).

구 분		임금(급여) 지급 의무
원칙		지급하지 않아도 된다.
예 외	근로계약서나 취업규칙, 단체협약 등에 임금을 유급처리한다. 라는 문구가 있어 지급하도록 의무규정을 둔 경우	지급해야 한다.
	근로계약서나 취업규칙, 단체협약 등에 임금을 유급처리할 수 있다. 라는 임의문구가 적혀 있는 경우	지급하지 않아도 된다.

🧑 수요일에 입사하여 다음 주 수요일에 퇴사한 경우

근로자가 1주(7일) 이상 근로하였고, 재직기간 중 소정근로일을 개근하
였다면 1주일에 1회 이상 유급휴일을 부여해야 하므로 1일 분의 주휴수
당이 발생한다. 따라서 수요일에 입사해 다음 주 수요일 퇴사 시에는 일
요일 날 유급 주휴일을 주지 않았을 때는 퇴사 시 주휴수당을 지급해야
한다.

🧑 일용근로자(일급)의 주휴수당

실질적인 일용근로자는 1일 단위로 근로계약을 체결하여 계속근로가 전
제되지 않으므로 원칙적으로는 주휴수당 지급의무가 발생하지 않는다.

다만, 일급을 받는 근로자로 일정기간 근무가 예정되어 있다고 하면 해당 근무기간 소정근로일을 개근한 경우 지급되어야 할 수는 있다. 따라서 해당 근로자의 소정근로일이 특정일로 정해져 있고 소정근로일을 개근하였다면 주휴수당 또한 지급되어야 할 것이나, 달리 소정근로일이 정해지지 않고 1일 단위로 근로계약을 체결하여 계속근로가 전제되어 있지 않다면 지급 의무는 없다.

즉, 근로계약서를 1일 단위로 작성하여 일급을 지급하는 경우라면 모르지만, 급여의 기준을 일급으로 정한 것일 뿐 실질적으로 일정기간을 계속하여 근로를 제공한 경우라면 해당 근로자에 대해 1주 소정근로시간을 개근할 경우 주휴수당을 지급해야 한다.

근로계약을 통해 일용근로계약을 명시적으로 정하였다면 별도의 주휴수당은 발생한다고 보기 어렵다.

그러나 별도의 근로계약을 통해 일용근로계약서를 명시적으로 작성하고 반복 갱신한 바 없다면 계속 근로로 봐야 한다. 따라서 1주 40시간의 범위에서 근로제공하고 입사일로부터 1주를 맞았다면 1주의 유급휴일을 주휴일로 청구해볼 여지가 있다.

주휴일 없이 계속 근로했다면 해당 주휴일 근로에 대해 휴일근로 가산수당을 추가 지급해야 한다.

구 분	주휴수당
1일 단위로 근로계약을 체결하고 반복 갱신한 경우	주휴수당이 발생하지 않는다.
1일 단위로 근로계약을 체결하고 반복 갱신하지 않고 일정기간 근로를 제공한 경우	주휴수당을 청구해 볼 수 있음(주휴수당을 지급해야 할 수도 있음)

🧑 주휴수당이 포함된 최저시급

주휴수당을 포함해서 최저시급을 지급할 때는 해당 내용을 근로계약서에 기록해 두는 것이 나중에 분쟁을 방지할 수 있다.

주휴수당 = 소정근로시간일 중 월 20%, 화 20%, 수 20%, 목 20%, 금 20%라고 하면, 1주간(월~금)의 합은 100%가 된다. 그리고 주휴일은 100% ÷ 5는 20%가 된다. 따라서 최저시급 10,030원을 100%로 봤을 때, 주휴수당 20%는 10,030원의 20%인 2,006원이 된다.

최저시급 포함 시급 = 최저시급 10,030원(100%) + 2,006원(최저시급의 20%) = 12,036원(결국 최저시급의 120%가 주휴수당이 포함된 최저시급이 된다.)

2025년 시급 10,030원 기준 = 주휴시간 × 10,030원

1. 주 5일 근무, 일 8시간, 주 40시간 기준 주휴수당

유급 주휴시간 = 40시간 ÷ 5일 = 8시간

유급 주휴시간 = 40시간 × 1/5일(20%) = 8시간

2. 주 6일 근무, 주 40시간 기준 주휴수당

유급 주휴시간 = 40시간 ÷ 5일 = 8시간

유급 주휴시간 = 40시간 × 1/5일(20%) = 8시간

3. 주 5일 근무, 일 4시간, 주 20시간 알바 기준 주휴수당

유급 주휴시간 = 20시간 ÷ 5일 = 4시간

유급 주휴시간 = 20시간 × 1/5일(20%) = 4시간

4. 월수금 근무, 일 8시간, 주 24시간 알바 기준 주휴수당

유급 주휴시간 = 24시간 ÷ 5일 = 4.8시간

유급 주휴시간 = 24시간 × 1/5일(20%) = 4.8시간

5. 토요일 근무, 일 8시간, 주 16시간 알바 기준 주휴수당

참고로 주 40시간을 초과하지 않았으므로 연장근로 또는 휴일근로 가산수당은 발생하지 않는다.

유급 주휴시간 = 16시간 ÷ 5일 = 3.2시간

유급 주휴시간 = 16시간 × 1/5일(20%) = 3.2시간

시급에 주휴수당을 포함해서 계산하는 경우

1. 주 5일 근무, 일 8시간, 주 40시간 기준 주휴수당

유급 주휴시간 = 40시간 ÷ 5일 = 8시간

1주일 유급 근로시간 = 40시간 × 120% = 48시간(40시간 + 주휴시간 8시간)

1주일 유급 임금 = 48시간 × 10,030원 = 481,440원

주휴수당 포함 최저시급 = 481,440원 ÷ 주 40시간 = 12,036원

10,030원 × 120% = 12,036원

2. 주 6일 근무, 주 40시간 기준 주휴수당

유급 주휴시간 = 40시간 ÷ 5일 = 8시간

1주일 유급 근로시간 = 40시간 × 120% = 48시간(40시간 + 주휴시간 8시간)

1주일 유급 임금 = 48시간 × 10,030원 = 481,440원

주휴수당 포함 최저시급 = 481,440원 ÷ 주 40시간 = 12,036원

3. 주 5일 근무, 일 4시간, 주 20시간 알바 기준 주휴수당

유급 주휴시간 = 20시간 ÷ 5일 = 4시간

1주일 유급 근로시간 = 20시간 × 120% = 24시간(20시간 + 주휴시간 4시간)

1주일 유급 임금 = 24시간 × 10,030원 = 240,720원

주휴수당 포함 최저시급 = 240,720원 ÷ 주 20시간 = 12,036원

근로시간 단축 시 주휴수당

근로시간을 3시간으로 단축한 경우, 사용자의 귀책 사유에 의한 경우는 정상 소정근로시간을 개근한 것으로 봐 3시간분의 주휴수당이 아닌 소정

근로시간 8시간분에 대한 주휴수당을 지급해야 한다. 물론 근로조건을 변경해 1일 소정근로시간을 3시간으로 변경한 경우는 3시간분의 주휴수당만 지급하면 된다.

반면 근로자의 귀책 사유(휴직, 정직, 개인 병가 등) 또는 미리 정해진 근로 미제공 기간(방학 등)에 의해 근로 제공 의무가 면제되는 경우 유급 주휴는 발생하지 않는다.

매일 근로시간이 다른 경우 주휴수당

매일 근로시간의 소정근로시간을 평균한 시간에 대한 주휴수당을 지급하면 된다.

예를 들어 월요일 5시간, 화요일 4시간, 수요일 5시간, 목요일 2시간, 금요일 5시간을 근로하기로 계약한 경우

5일간 총 소정근로시간은 21시간(5시간 + 4시간 + 5시간 + 2시간 + 5시간)이 된다.

그리고 주휴수당 = 21시간 ÷ 5 = 4.2시간

만일 토요일에도 5시간을 근로하기로 계약한 경우 주휴수당 계산은 다음과 같다.

주휴수당 = 26시간 ÷ 5 = 5.2시간

다만 토요일이 근로하기로 계약한 시간이 아니라 바빠서 추가로 근로한 시간이라면 연장근로수당이 발생한다.

평일 결근 후 토요일 근무 시 주휴수당

주휴수당은 1주 평균 소정근로시간이 15시간 이상인 근로자가 해당 주

에 개근한 경우 발생한다. 즉 출근하기로 정한 소정근로일을 모두 개근해야 한다. 원래 출근해야 하는 평일에 결근하고 대신 토요일 출근하여 근로했으므로 주 40시간 근로를 한 것은 맞으나, 1주간 정해진 소정근로일을 모두 개근했다고 보긴 어렵다. 따라서 주휴수당이 발생하지 않는다. 그러나 당사자 간 합의에 따라 휴무일의 대체 내지 소정근로일의 변경이 이루어진 것이라면 소정근로일을 개근한 것으로 보아 주휴수당이 발생한다. 이와 달리 평일 결근으로 처리되는 경우는 토요일의 추가 근무와 별개로 소정근로일을 결근한 것으로 보아 주휴수당이 발생하지 않는다.

🧑 주 6일 근무 시 주휴수당

주 5일 근무와 주 6일 근무와 상관없이 1주 총 소정근로시간의 20% (1/5)가 주휴시간이다. 여기서 소정근로시간의 한도는 1일 8시간 또는 주 40시간을 초과하면 안 된다.

예를 들어 월~금 40시간을 근무하든, 월~토 40시간을 근무하든 주휴수당은 같다. 월~토 주 6일 40시간 근무조건 시급 1만 원 = 40시간 ÷ 5일 × 10,000원 = 8만 원

🧑 주 15시간 이상과 미만을 반복하는 단시간근로자 주휴수당

근로기준법 제18조에서 4주 동안(4주 미만으로 근로하는 경우는 그 기간)을 평균하여 1주 동안의 소정근로시간이 15시간 미만인 근로자에 대해서는 주휴수당을 지급하지 않는다.

따라서 주 15시간 이상과 미만을 혼재하여 근무하면 직전 4주 평균을

통해 매주 주휴수당 발생 여부를 판단해야 한다. 즉,

첫 주에 12시간 근무 시 = 12 ÷ 1 = 주휴수당 발생 안 함

둘째 주에 20시간 근무 시 = (12시간 + 20시간) ÷ 2 = 16시간, 주휴수당 발생

셋째 주에 20시간 근무 시 = (12시간 + 20시간 + 20시간) ÷ 3 = 17.3시간, 주휴수당 발생

넷째 주에 20시간 근무 시 = (12시간 + 20시간 + 20시간 + 20시간) ÷ 4 = 18시간, 주휴수당 발생

🙂 지각 · 조퇴 · 외출 · 반차 사용 시 주휴수당

주휴수당의 지급요건 중 1주간 소정근로일을 개근하는 것이란, 소정근로일에 근로자가 임의로 결근하지 않는 것을 말하므로, 지각/조퇴 등은 결근으로 볼 수 없어 나머지 소정근로일을 개근한다면 주휴수당을 당연히 청구할 수 있다.

주휴수당은 "1일 소정근로시간(사용자와 근로하기로 정한 시간) × 통상시급"으로 산정되기 때문에 지각/조퇴 등은 주휴수당에 영향을 주지 않는다.

따라서 1일 소정근로시간이 8시간인 경우 그 주의 실제 근로시간과 관계없이 소정근로시간 8시간에 대한 유급휴일수당이 지급되어야 한다(근로기준과-5560). 즉 8시간 × 시급으로 금액도 동일하다.

예를 들어 월요일 오전 근무 후 조퇴. 화~금요일 연차휴가를 사용한 경우 월요일 결근이 아니므로 주휴수당은 발생한다.

다만, 지각 · 조퇴 · 외출 · 반차 사용 시 임금에서 공제할 수 있다.

🧑 생리휴가 사용 시, 주휴수당

보건(생리) 휴가를 사용할 경우는 생리휴가는 법정 무급휴가이기에 보건 (생리) 휴가를 받은 그날은 근로시간이 계산되지 않는다. 즉 생리휴가 일을 제외한 4일을 개근했다면 주휴수당을 받을 수 있다.

🧑 무급휴가 시 주휴수당

주휴일 산정을 위한 출근율은 소정근로일을 가지고 계산해야 하고, 여기서 소정근로일은 근로 제공 의무가 있는 날을 말한다.

따라서 근로기준법에 의한 연차유급휴가를 사용한 날은 근로의무가 면제돼 소정근로일에 해당하지 않으므로 주휴일 산정은 연차휴가를 사용한 날을 제외한 나머지 소정근로일을 개근한 경우 부여하되, 다만 해당주의 전부를 쉬었을 경우는 부여할 필요가 없다 할 것이다.

행정해석에서는 연차유급휴가로 적시되어 있긴 하지만, 이 해석의 중요한 점은 바로 "근로의무가 면제되는 경우, 그날을 제외한 소정근로일에 개근했다면 주휴수당이 지급된다." 는 점이다. 즉, 근로자가 사용한 휴가가 무급휴가이더라도, 그것이 휴가이기만 하면 근로제공의무를 면제받아 출근한 것으로 간주된다는 말이다. 중요한 것은 유급·무급의 종류가 아니라 근로제공의무' 의 유무이다.

그렇다면 보통의 경우 무급휴가의 근로제공의무는 어떻게 판단될까?

취업규칙에 무급휴가에 관한 규정이나 관행이 있는 경우

무급휴가 규정을 취업규칙에 명시하고 있는 경우는 약정휴가에 해당되어 비록 무급이지만 휴가로 인정하여 근로제공의무가 면제된 것으로 보고,

무급휴가일을 제외한 나머지 소정근로일수에 개근하였다면 그 주의 주휴수당은 발생한다고 보고 있다.

예를 들어, 병가, 생리휴가 사용 등이 이에 해당한다.

취업규칙에 무급휴가에 관한 규정이나 관행이 없는 경우

무급휴가 규정이 취업규칙에 없거나 그러한 관행이 없는 경우에는 무급휴가는 무단결근과 사전 승인에 의한 결근(허락된 결근)을 구분하기 위한 취지로 무급휴가를 사용하는 것으로 본다.

따라서 무급휴가의 사용은 결근에 해당한다고 보아 1일의 무급휴가를 사용한 경우, 나머지 소정근로일을 개근하더라도 그 주의 주휴수당은 발생하지 않는다.

예를 들어, 개인 사정으로 사전 승인 후 결근한 경우가 이에 해당하며, 월급 일할계산 시 휴가일수 + 주휴일을 차감한 급여를 지급하면 된다.

토요일이 껴 있는 경우 토요일이 무급의 경우 어차피 월급에 토요일 급여가 포함 안 돼 있는 것이므로 토요일 급여는 차감하지 않는다. 반면, 토요일이 유급인 경우는 월급에 토요일 급여가 포함된 경우이므로 토요일 급여도 차감한다.

예를 들어 목요일~일요일 개인적 사정으로 쉬는 경우 토요일이 무급인 경우는 월급에서 목, 금, 일 3일분의 일급을 차감하고, 유급인 경우는 목요일~일요일 4일분의 일급을 차감한다.

05 / 주휴수당 포함 시급 지급 사업장 주의사항

구직공고를 보다 보면 '주휴수당 포함 시급' 이라는 내용을 심심찮게 볼 수 있다.

주휴수당이란 1주 동안의 소정근로일을 개근한 자에게 지급되는 유급 휴일수당이며, 4주 동안을 평균하여 1주 동안의 소정근로시간이 15시간 미만인 근로자에게는 적용되지 않는다.

통상근로자의 2024년의 주휴수당 포함 최저시급을 예로 들어보자면 2025년의 최저시급은 10,030원이며 주휴수당 포함 최저시급은 12,036원이다 (10,030원 × 120%).

주휴수당 포함 시급이란 법에 명시된 규정은 아니나 실무에서 편리한 주휴수당 지급을 위해 사용하는 방법이다.

행정해석에서는 주휴수당이 포함된 임금을 근로자에게 불이익이 없고 제반 사정에 비추어 정당하다고 인정될 경우 포괄임금제로서 무효가 아니라고 회시(근로개선정책과-2617)하고 있어 주휴수당 포함 시급 또한 포괄임금제의 일종이라고 볼 수 있다.

월급제 및 연봉제의 경우 일반적으로 월급 금액에 주휴수당이 포함되어 있는 것으로 본다. 하지만 시급제 및 일급제의 경우 시급 또는 일급에 주휴수당이 포함된 것으로 보지 않으므로 시급제 및 일급제의 경우 주휴수당이 포함된 시급 또는 일급이라고 명확하게 명시하지 않으면 근로자 입장에서는 오해해 노사 간 임금 분쟁이 발생할 수 있다.

따라서 주휴수당이 포함된 시급을 지급하는 사업주는 채용공고 및 근로계약서를 작성할 때 시급 및 일급 금액에 주휴수당이 포함되어 있다고 명확하게 명시한다. 명확하게 명시한다는 것은 '주휴수당 포함 시급' 이라고 기재하는 것이 아니라 '기본 시급 10,030원 + 주휴수당 2,006원으로 시급 12,036원(주휴수당 포함)' 이라고 명시하는 것이 좋다.

이는 근로계약서의 필수기재 사항인 임금의 구성항목 및 계산 방법에 해당하기 때문이다.

이 같은 지급방식은 사업주의 시급 계산을 편리하게 할 수 있지만 불필요한 분쟁의 원인이 되기 때문에 주휴수당 포함 시급을 사용하는 것을 추천하지는 않는다.

예를 들어 주휴수당이 포함되지 않은 시급으로 오해하는 근로자가 발생할 수 있고, 주휴수당은 1주의 소정근로일을 개근할 경우 지급하는 것이므로 사업주는 근로자가 결근한 경우 해당 주휴수당을 차감해야 하는 불편함이 발생한다.

15 기본급에서 포괄임금으로 포괄임금에서 기본급으로

01 / 포괄임금에서 기본급과 고정OT로 나누기

포괄임금제는 야간, 연장, 휴일근로를 별도로 계산하지 않고 일정 시간과 금액을 고정 초과근로수당으로 지급하는 형태로 기본급 + 고정 OT로 구성이 되지만 실제로 이를 구분해서 인식하지 않는다. 즉 이것저것 따지지 않고 한 달 얼마로 포괄해서 임금을 책정한다.

그러다 보니 급여를 책정할 때나 추가 초과근무수당이 발생해 계산해야 하는 경우 실무자들이 기본급과 고정 OT 부분을 나누는 데, 상당히 힘들어하고 있다. 또한 임금명세서 작성 시에는 기본급과 고정 OT를 구분해서 따로 표기해야 하고, 고정 OT 산출 근거도 같이 작성해 줘야 하다 보니 더욱 힘들어진 것이 현실이다.

월급 400만 원(기본급, 고정OT, 직책 수당 : 20만 원, 식비 20만 원)이고 여기에는 월 고정 연장근로시간 12시간분의 임금이 포함되어 있다고 가정하면(일 8시간, 주 40시간 사업장)

- 소정근로시간 = 40시간
- 유급 근로시간 = (40시간 + 8시간) × 4.345주 = 209시간
- 고정 OT 유급 근로시간 = 12시간 × 1.5배 = 18시간(포괄임금제에서 1.5배가 아닌 1배로 해야 한다는 해석도 있지만, 실무상으로는 1.5배를 일반적으로 한다.)
  월 단위 고정 OT라서 1.5배만 해줬지만, 주 단위 고정 OT의 경우 4.345주를 추가로 곱해줘야 한다.
- 총유급근로시간 = 227시간
- 통상시급 = (400만 원 - 통상임금 제외 항목) ÷ 227시간 = 약 17,620원
- 고정 OT = 17,620원 × 12시간 × 1.5배 = 317,160원
- 기본급 = 400만원 - 고정 OT(317,160원) - 직책수당(20만원) - 식비(20만원)
  = 3,282,840원

참고로 고정 OT 먼저 배분을 한 후 기본급을 마지막에 배분한다. 고정 OT의 경우 근로기준법상 가산임금을 지급해야 하므로 이를 먼저 맞춘 후, 마지막에 산출된 기본급은 최저임금보다 많으면 문제가 되지 않는다.

임금명세서의 고정 OT란에는 산출 근거로 17,620원 × 12시간 × 1.5배 = 317,160 원을 작성하면 되고, 추가로 6시간의 연장근로가 발생하는 경우 추가 연장근로 란에 17,620원 × 6시간 × 1.5배 = 158,580원을 기입하면 된다.

02 / 고정시간외(OT)수당의 통상임금 포함 여부

통상임금은 근로자의 소정근로시간만큼 정기적으로 지급하는 시급, 일급, 주급, 월급 등을 의미한다. 즉 통상임금에 해당하는 임금은 그 임금이 소정근로의 대가로 근로자에게 지급되는 금품으로서 ① 정기적, ② 일률적, ③ 고정적으로 지급되는 것인지를 기준으로 그 객관적인 성질에 따라 판단한다.

통상임금과 관련된 분쟁 중 가장 빈번하게 발생하는 문제는 '고정연장근로수당'과 '고정 휴일근로수당' 등에 관한 사항이라고 할 수 있다. 최근 이와 관련하여 '고정 OT 수당은 통상임금이 아니다.'는 대법원 판결이 나왔다.

대법원은 "A사 사무직(월급제) 근로자들에게 포괄임금 형식으로 지급된 고정시간외수당(고정 OT수당)은 통상임금으로 인정되지 않으며, 고정OT 수당이 소정근로의 대가로 지급된 것으로 보기 어렵다"고 판시했다.

통상임금은 연장, 휴일, 야간근로수당, 연차휴가 미사용 수당 등의 기초가 되는 임금 개념이기에 통상시급을 정확히 계산하는 것은 사업을 함에 있어 비용과 밀접하게 연계되어 매우 중요한 사항이다.

대법원 판례(2021. 11. 11. 선고 2020다224739 판결)에서는 월급제 근로자에게 지급한 고정적인 연장근로수당은 통상임금에 포함되지 않는다고 판결하였다. 즉, 소정근로시간(1일 8시간 또는 1주 40시간 이내에서 노사 간에 근무하기로 정한 시간)을 초과해 제공한 근로의 대가로 지급된 고정적인 수당은 명칭 여부와 관계없이 통상임금에 포함되지 않는다고 하였다.

반면 다른 대법원 판례(2021. 9. 30. 선고 2019다288898)에서는 교대제 근로자 중 심야조 근무를 한 근로자에게 지급된 야간 교대 수당은 소정근로시간의 근로 대가에 해당하므로 통상임금에 포함한다고 판결하였다. 즉, 교대제근로 시 야간근로가 있는 경우, 그 야간근로는 소정근로시간의 일부 시간대에 제공한 노무일 뿐이고 소정근로시간을 초과하여 제공된 것이 아니므로, 소정근로의 대가로서의 성질을 갖추고 있어 고정적으로 지급된 야간 교대수당은 통상임금에 해당한다고 하였다. 즉, 연장, 야간, 휴일근로에 대해 지급되는 고정적수당은 소정근로의 대가로 지급되었는지 또는 연장·야간근로의 대가로 지급되었는지? 여부를 기준으로 통상임금 포함 여부, 통상임금 해당 여부를 판단하고 있다.

16

육아기 근로시간 단축 시 급여 계산

고정 시간외근로수당이 실제 근무한 시간과 관계없이 지급되었다면 해당 수당도 근로시간이 비례하여 지급되어야 한다.

육아기 근로시간 단축제도를 활용하는 직원에 대해서는 남녀고용평등법 제19조의3에 따라 근로시간에 비례하여 줄어들어야 하는 임금만 단축된 시간에 비례하여 삭감할 수 있는 것이 원칙이다. 예를 들어, 주 40시간을 근무할 때 월 급여 총액이 300만 원이었다면, 주 20시간으로 육아기 근로시간 단축을 실시하면, 월급총액은 150만 원이 되어야 하는 것이다.

그런데 월급에 시간외근로수당을 매월 고정적으로 포함해서 지급하고 있는 경우, 해당 수당도 비례적으로 계산해야 하는지 아니면 육아기 근로시간 단축 시에는 연장근로를 하지 않으니 해당 수당을 아예 지급하지 않아도 되는지 실무적으로 헷갈릴 때가 있는데,

이와 관련해서는 두 가지 경우로 나누어서 살펴볼 수 있다.

❶ 고정 시간외근로수당이 실제 시간외근로에 대한 대가로 지급되는 경우와

❷ 실제 시간외근로가 없지만, 관행적으로 고정 시간외근로수당을 월급에 포함하여 지급하는 경우이다.

고정 시간외근로수당이 실제 시간외근로에 대한 대가로 지급되는 경우 → 비례 지급 없다.

예를 들어, 병의원과 같이 하루 근무시간이 8시간을 초과할 수밖에 없어 1일 1시간 연장근로에 대한 대가를 월급여 포함하여 고정적으로 지급한 경우라면, 이는 통상임금에 해당한다고 볼 수 없으므로, 단축되는 근로시간에 비례하여 지급하지 않아도 된다. 즉, 육아기 근로시간 단축 적용자 급여 계산 시 해당 수당은 0원으로 해도 무방하다.

실제 시간외근로가 없지만, 관행적으로 시간외근로수당을 월급에 포함하여 지급한 경우 → 비례해서 지급해야 한다.

고용노동부 행정해석(여성고용정책과-1776, 2018. 4. 27)에 따르면 실제 연장, 휴일, 야간근로 등을 하지 않아도 매월 시간외근로수당이 고정적으로 지급되었다면, 이 수당 역시 통상임금의 성격이 강하므로 단축된 근로시간에 비례하여 지급되어야 한다고 판단하고 있다. 따라서 실제 근무와 관계없이 관행적으로 매월 지급해 온 시간외근로수당은 육아기 근로시간 단축 시에도 비례하여 지급되어야 할 것이다.

[참고 고용노동부 행정해석(여성고용정책과-1776, 회시일자 : 2018-04-27)]

〈 질의 〉

기본급 2,585,330원, 연장수당 964,860원, 야근수당 49,480원, 명절급여 1,799,835원을 받는 근로자가 주 40시간에서 주 20시간으로 육아기 근로시간 단축하면 사업장에서 지급해야 하는 임금액이 얼마인지

※ 연장수당과 야근수당은 근로자가 연장근로와 야간근로를 하지 않아도 매월 고정적으로 지급됨

〈 회시 〉

육아기 근로시간 단축 근무자에 대해서는 단축된 시간에 비례하여 임금을 삭감할 수 있는데, 근로기준법 시행령 제6조에 의하면 통상임금은 정기적, 일률적으로 소정근로 또는 총 근로에 대해 지급하기로 정한 금액이라고 정의하고 있으므로 통상임금은 단축된 시간에 비례하여 삭감하고 그 외의 임금은 삭감할 수 없다고 보아야할 것임.

- 구체적인 자료가 없어 정확한 답변이 어려우나, 문의하신 내용에 의하면 귀하소속 사업장의 기본급은 통상임금으로서 단축된 근로시간에 비례하여 삭감하고 지급하는 것이 타당하고, 연장근로와 야간근로를 하지 않아도 연장수당과 야근수당이 매월 고정적으로 지급되었다면 이 수당 역시 통상임금의 성격이 강하므로 단축된 시간에 비례하여 삭감하고 지급해야 할 것으로 판단됨.

- 명절 급여도 근로와 무관하게 특정 시점에 재직 중인 근로자에게만 지급된다면 통상임금으로 볼 수 없으나, 특정 시점에 퇴직하더라도 그 근무일수에 따라 지급되었다면 고정성이 인정되므로 통상임금으로 볼 수 있을 것임.

17

중도 입사자와 퇴사자 및 결근 시 급여 일할 계산

01 / 중도 입사자와 퇴사자 급여일할 계산

🙍 급여 일할계산의 다양한 방법

근로기준법에는 급여 일할계산에 관한 규정이 없으므로 실무에서는 다음의 두 가지 방법 중 한 가지 방법을 선택해서 적용하면 된다. 다만, 법률의 제한을 받는 것은 계산한 금액이 최저임금에 미달해서는 안 된다.

첫째, 월급제 근로자의 임금을 일할계산할 경우, 월급을 해당 월의 일수로 나눈 후 무급, 유급일 수를 모두 포함한 근무일 수를 곱하여 산정하는 역에 따른 방법이다.

일할 계산금액 = 월급 ÷ 해당 월 일수(28, 29, 30, 31일) × 근무일 수
주의할 점은 해당 월 수 및 근무일 수는 월요일부터 일요일까지 하루도 빠짐없이 모든 날을 포함한다.

급여 일할 계산 = 월급 ÷ 역에 따른 일수(그달의 달력 날짜인 28~31일(토요일, 일요일 포함)) × 근무일 수(토요일, 일요일 포함)

예를 들어 월급 3,135,000원을 받는 근로자가 11월 20일까지 근무하고 퇴사하는 경우 3,135,000원 ÷ 30일 × 20일 = 209만 원을 지급해야 한다.

둘째, 유급 근로시간을 기준으로 급여를 계산하는 방식이다.

월급을 전체 유급 근로시간(월~금요일 소정근로시간의 합(40시간) + 유급 주휴시간(일요일 = 8시간))) × 4.345주로 나누고 여기에 실제 일한 유급 근무시간(월~금요일 소정근로시간의 합 + 유급 주휴시간(일요일))을 곱하면 된다.

주의할 점은 실제 유급 근로시간 계산 시 일요일이나 빨간 날도 유급이므로 포함해야 한다는 점이다. 반면 토요일은 무급휴무일인 경우가 많으므로 토요일만 빼고 계산한다. 참고로 토요일을 회사 규정에서 유급으로 규정하고 있는 경우는 토요일도 포함해야 한다.

이 방법은 최저임금을 계산할 때, 월 최저임금 계산의 기준이 되는 방법이므로 가장 최저임금법의 위반 가능성이 낮은 가장 합리적인 방법이다.

예를 들어 일 8시간, 주 40시간을 근무하는 근로자가 월 급여 3,135,000원을 받다가 11월 20일까지 근무하고 퇴직하는 경우. 토요일은 3일이 있다고 가정하자

3,135,000원 ÷ 209시간은 시급이 15,000원이 되고, 근무일 20일 중 토요일 3일로 유급 일은 17일이 된다.

17일 × 8시간 = 136시간이 된다. 따라서 일급은 136시간 × 15,000원은 2,040,000원이 된다.

다음 중 큰 금액(1, 2, 3)

1. 취업규칙에서 규정한 방법

2. 최저임금

3. 근로기준법에서는 급여 일할 계산 방법에 대해 규정하고 있지 않으므로 실무에서는 최저임금법을 어기지 않는 범위 내에서 회사마다 다음의 3가지 방법 중 1가지 방법을 사용한다. ❶과 ❷는 일수에 토요일 포함, ❸은 토요일 제외(단, 토요일이 유급인 경우 포함)

❶ 급여 ÷ 30일 × 근무일 수(토요일, 일요일 포함)

❷ 급여 ÷ 역에 따른 일수(그달의 달력 날짜인 28~31일) × 근무일 수(토요일, 일요일 포함)

❸ 급여 ÷ 209시간 × 실제 유급 근무일수(토요일 제외, 일요일 포함) × 8시간

일	월	화	수	목	금	토
	1	2	3	4	5	6
7	8	9	10	11	12	13
14	15	16	17	18	19	20
21	22	23	24	25	26	27
28	29	30	31			

1. 월급이 3,000,000원이고, 15일 입사한 경우

2. 월급이 3,000,000원이고, 12일 퇴사한 경우

해설

[월급이 3,000,000원이고, 15일 입사한 경우]

1. 급여 ÷ 30일 × 근무일 수로 계산하는 방법 : 큰 금액[❶, ❷]

❶ 최저임금(시급 2025년 기준 10,030원)

일급 = 10,030원 × 8시간 × 15일 = 1,203,600원

15일 = (15일~19일 + 21~26일 + 28~31일)

❷ 급여 ÷ 30일 × 근무일 수로 계산하는 경우

일급 = 3,000,000원 ÷ 30일 × 17일 = 1,700,000원

2. 급여 ÷ 역에 따라(그달의 달력 날짜인 28~31일) × 근무일 수로 계산하는 방법 : 큰 금액[❶, ❷]

❶ 최저임금(시급 2025년 기준 10,030원)

일급 = 10,030원 × 8시간 × 15일 = 1,203,600원

❷ 급여 ÷ 31일 × 근무일 수로 계산하는 경우

일급 = 3,000,000원 ÷ 31일 × 17일 = 1,645,161원

3. 급여 ÷ 209시간 × 실제 유급 근무일 수 × 8시간으로 계산하는 방법 : 큰 금액 [❶, ❷]

❶ 최저임금(시급 2025년 기준 10,030원)

일급 = 10,030원 × 8시간 × 15일 = 1,203,600원

❷ 급여 ÷ 209시간 × 실제 유급 근무일 수 × 8시간으로 계산하는 경우

일급 = 3,000,000원 ÷ 209시간 × 15일(15일~31일(17일) − 15일~31일 기간 중 토요일 2일) × 8시간 = 1,722,488원

209시간 = (주 40시간 + 8시간(주휴시간) × 4.345주

실제 유급 근무 일수 = 달력상 실제로 근무한 날 중 월~금요일 + 일요일(일반적으로 달력상 토요일 제외한 날)

[월급이 3,000,000원이고, 12일 퇴사한 경우]

1. 급여 ÷ 30일 × 근무일 수로 계산하는 방법 : 큰 금액[❶, ❷]

❶ 최저임금(시급 2025년 기준 10,030원)

일급 = 10,030원 × 8시간 × 11일 = 882,640원

11일 = (1일~5일 + 7~12일)

❷ 급여 ÷ 30일 × 근무일 수로 계산하는 경우

일급 = 3,000,000원 ÷ 30일 × 12일 = 1,200,000원

2. 급여 ÷ 역에 따라(그달의 달력 날짜인 28~31일) × 근무일 수로 계산하는 방법 : 큰 금액[❶, ❷]

❶ 최저임금(시급 2025년 기준 10,030원)

일급 = 10,030원 × 8시간 × 11일 = 882,640원

11일 = (1일~5일 + 7~12일)

❷ 급여 ÷ 31일 × 근무일 수로 계산하는 경우

일급 = 3,000,000원 ÷ 31일 × 12일 = 1,161,290원

3. 급여 ÷ 209시간 × 실제 유급 근무일 수 × 8시간으로 계산하는 방법 : 큰 금액 [❶, ❷]

❶ 최저임금(시급 2025년 기준 10,030원)

일급 = 10,030원 × 8시간 × 11일 = 882,640원

11일 = (1일~5일 + 7~12일)

❷ 급여 ÷ 209시간 × 실제 유급 근무일 수 × 8시간으로 계산하는 경우

일급 = 3,000,000원 ÷ 209시간 × 11일(1일~12일(12일) − 1일~12일 기간 중 토요일 1일) × 8시간 = 1,263,157원

209시간 = (주 40시간 + 8시간(주휴시간) × 4.345주

실제 유급 근무 일수 = 달력상 실제로 근무한 날 중 월~금요일 + 일요일(일반적으로 달력상 토요일 제외한 날)

위의 계산 결과를 보면 급여 ÷ 209시간 × 실제 유급 근무일수 × 8시간으

로 계산하는 방법이 최저임금법을 위반하지 않고 일급을 계산하는 방법이므로 이 방법을 가장 추천하는 바이다.

물론 ❶ 급여 ÷ 30일 × 근무일 수 방법과 ❷ 급여 ÷ 역에 따라(그달의 달력 날짜인 28~31일) × 근무일 수 방법이 편리해 이 방법을 선호하는 경우 급여가 최저임금이거나 최저임금에 가까운 경우 최저임금법을 위반할 가능성이 크다는 점에 유의해야 한다."

급여 일할계산 시에는 최소한 최저임금법을 지켜야 한다.

최저임금은 유급 근로시간을 기준으로 책정이 되었으므로 월중 입·퇴사자의 급여 일할계산도 유급 근로시간을 기준으로 계산하는 것이 가장 합리적인 방법이다. 단, 월중 입·퇴사자의 급여 일할계산은 특별히 법에 정해진 바가 없으므로 급여 ÷ 해당 월의 총일수 × 출근 일수로 계산하는 경우가 많다(여기서 일수 계산에는 토요일 및 일요일을 차감하면 안 된다.).

이 경우 해당 직원의 급여가 최저임금보다 월등히 많으면 최저임금법을 위반할 가능성이 작지만, 최저임금에 근접한 급여의 경우 최저임금법을 위반할 가능성이 크다.

따라서 최저임금 유급 근로시간의 기준이 되는 209시간을 기준으로 계산하면 급여 수준과 관계없이 절대 최저임금법을 위반할 가능성은 없다. 즉, 급여 ÷ 209시간 × (출근일 + 주휴일)의 근로시간(여기서 토요일은 제외한다.)이다.

A 근로자의 근무기간 : 6월 1일 ~ 6월 2일, 월급 : 195만원의 경우

해설

일할계산하면 210만 원 ÷ 30일 × 2일 = 140,000원이 된다.
이는 2025년 최저시급 10,030원 × 2일(16시간) = 160,480원에 미달하게 되어 최저임금 문제가 발생한다.

해당 사례처럼 2일에 대해 비례하여 산정한 임금액이 최저임금액에 미달하는바 월 급여액을 월 소정근로시간 209로 나눈 1시간의 통상시급을 구해 여기에 2일분 16시간의

근로시간을 곱하여 지급하면 된다.

즉, 210만 원 ÷ 209시간 × 16시간 = 160,765원을 지급하면 된다.

이 경우 최저임금 이상이므로 최저임금 위반으로 볼 수 없다.

구 분	계산 방법
평일(유급일수)만 계산하는 경우는 아래의 내용과 같이 산정할 수 있다.	월급액 × 유급 근무일수(근로일이 아니나 유급으로 처리되는 날 포함) ÷ 월 유급 근로일(근로일이 아니나 유급으로 처리되는 날 포함)
월급제 근로자의 임금을 일할계산 할 경우, 월급액을 해당 월의 일수로 나눈 후 무급, 유급일수를 모두 포함한 근무일수를 곱하여 산정한다.	일할계산액 = 월급액 ÷ 해당 월 일수 × 근무일수(유급, 무급일수 모두 포함)

💁 급여 일할계산 지급액의 결정

급여 일할계산 후 실제로 지급할 금액을 다음 중 큰 금액으로 한다.

> MAX(다양한 방법으로 계산한 일할계산 금액, 최저임금)

02 / 결근/지각/조퇴/외출/반차 시 급여 일할계산

💁 결근한 경우 급여 차감

주중 결근 시에는 결근일 + 유급 주휴수당을 차감한다. 이때도 급여 일할계산 방법을 활용해 1일분 일당을 계산한다.

예를 들어 화요일 개인적인 사정으로 결근한 경우 화요일과 일요일 2일 분의 급여를 차감한다. 다만 1주일 소정근로일 5일을 모두 연차휴가를 사용한 경우는 일요일 주휴수당을 차감한다. 반면 월요일 출근 후 화~금 요일 연차휴가를 사용한 경우는 주휴수당을 차감하지 않는다.

월급여 209만원인 근로자가

1. 월요일 개인 사정으로 결근한 경우 : 209만원 ÷ 209시간 × 16시간 = 16만원 차감(결근일 + 주휴수당)

2. 월요일~금요일까지 연차휴가를 사용한 경우 : 209만원 ÷ 209시간 × 8시간 = 8만원 차감(주휴수당)

3. 월요일 연차휴가를 사용한 경우 : 급여 차감액 없음

구 분	급여 차감액
주중 1일 결근	결근일 + 주휴수당 2일분을 급여에서 차감
일주일 5일 소정근로일 모두 연차 휴가 사용	주휴수당을 급여에서 차감
일주일 5일 소정근로일 중 1일~4 일 연차휴가 사용	급여 차감액 없음

🧑 지각, 조퇴, 외출, 반차 시 급여 차감

지각, 조퇴, 외출, 반차 사용 때는 일급 중 해당하는 시간 분의 일급만 차감한다. 이는 결근이 아니므로 주휴수당을 차감하면 안 된다.

출산휴가급여 계산 방법

최초 60일(다태아는 75일)은 유급휴가이나 고용센터에서 출산전후 휴가급여(남녀고용평등법 제18조)를 지급한 경우에는 그 금액을 제외하고 급여를 지급한다(근로기준법 제74조 제4항).

구분	최초 60일(다태아 75일)	마지막 30일(다태아 45일)
우선지원 대상기업	정부가 최대 월 210만 원의 지원금을 지급하고, 통상임금에서 부족한 부분은 사업주가 지급	정부가 통상임금 지급(최대 월 210만 원까지, 1일 7만 원)
대규모 기업	사업주가 통상임금을 지급	정부가 통상임금 지급(최대 월 210만 원까지, 1일 7만 원)

예를 들어 통상임금이 월 300만원이 근로자가 첫째 달 20일, 둘째 달 30일, 셋째 달 10일인 경우 다음과 같이 월급을 지급한다.

첫째 달 = 300만원 − 140만원(20일 × 7만원) = 160만원

둘째 달 = 300만원 − 210만원(30일 × 7만원) = 90만원

셋째 달 = 300만원 − 70만원(10일 × 7만원) = 230만원

출산전후 휴가 급여 : 중소기업은 유급기간을 포함한 90일(다태아 120일) 모두 통상임금의 100%를 지원한다, 대기업은 30일 무급기간에 대해서만 지원한다. 다만, 미숙아를 출산해 신생아 집중치료실에 입원한 경우 출산전후휴가는 100일이다.

이를 위반하여 여성 근로자에게 출산전후휴가 급여를 지급하지 않은 사업주는 2년 이하의 징역 또는 2천만 원 이하의 벌금에 처한다(근로기준법 제110조 제1호).

01 / 출산휴가급여 지원 요건

피보험자(여성 근로자)가 출산전후휴가를 받은 경우로서 다음의 요건을 모두 갖춘 경우 출산전후휴가 급여가 지급된다(고용보험법 제75조, 동법 시행령 제100조, 제94조).

① 휴가가 끝난 날 이전에 피보험 단위기간이 통산하여 180일 이상일 것

② 휴가를 시작한 날 이후 1개월부터 휴가가 끝난 날 이후 12개월 이내에 신청해야 한다.

다만, 우선지원 대상기업이 아닌 곳에서 근무하는 여성 근로자는 휴가 시작 후 60일(다태아는 75일)이 지난 날 이후 1개월부터 휴가가 끝난 날 이후 12개월 이내에 신청해야 한다(법 제75조 제2호, 제19조 제2항, 동법 시행령 제12조 제1항 및 별표1).

02 / 출산휴가급여 신청시기

출산전후휴가 급여의 지급 신청은 출산전후휴가의 시작일 이후 사용한

출산전후휴가 기간에 대해 30일 단위로 해야 한다. 다만, 사용 기간이 30일 미만인 경우 그 기간에 대해 신청할 수 있으며, 휴가가 끝난 후 신청하는 경우는 일괄하여 신청할 수 있다(법 제75조, 동법 시행규칙 제121조 제3항).

03/ 출산휴가급여 신청 방법 및 제출서류

출산전후휴가 급여를 지급받으려는 자는 다음의 서류를 모두 첨부하여 신청인의 거주지나 사업장의 소재지 관할 고용센터에 제출해야 한다(법 제75조, 동법시행규칙 제121조 제1항).

① 출산전후휴가 급여 신청서(법시행규칙 별지 제105호서식)

② 출산전후휴가확인서 1부(최초 1회만 제출)(법시행규칙 별지 제107호서식)

③ 통상임금을 확인할 수 있는 자료(임금대장, 근로계약서 등) 사본 1부

④ 휴가기간 동안 사업주로부터 금품을 받은 경우 이를 확인할 수 있는 자료

※ 출산전후휴가급여신청서·확인서 등은 www.ei.go.kr(고용보험) → 자료실 → 서식자료실 → 출산전후휴가급여/육아휴직급여에서 내려받는다.

※ 사업주는 여성 근로자가 출산전후휴가 급여를 받는 것에 적극적으로 협조해야 한다.

사업주는 피보험자(여성 근로자)가 출산전후휴가에 대한 확인을 요구하는 경우에는 출산전후 휴가 확인서를 내주는 등 여성 근로자가 출산전후 휴가 급여를 받는데 필요한 모든 절차에 적극적으로 협력해야 한다(법 제71조, 77조, 동법시행규칙 제123조 및 별지 제107호 서식).

04/ 출산휴가급여 제한·감액

출산전후휴가 급여를 받지 못하는 경우도 있다.

① 출산전후 휴가 급여 제한(법제77조, 제73조 제2항 및 제4항)

여성 근로자가 출산전후가 기간 중에 그 사업에서 이직한 경우는 그 이직하였을 때부터 출산전후휴가급여를 지급하지 않는다.

피보험자가 출산전후휴가 기간 중에 취업한 경우에는 그 취업한 기간에 대해서는 출산전후휴가급여를 지급하지 않는다.

거짓이나 그 밖의 부정한 방법으로 출산전후휴가를 받았거나 받으려 한 사람에게는 그 급여를 받은 날 또는 받으려 한 날부터의 출산전후휴가급여를 지급하지 않는다.

② 출산전후휴가급여의 감액(법 제75조, 제77조, 제73조 제2항 및 동법 시행령 제104조)

여성 근로자(피보험자)가 출산전후휴가 중 사업주로부터 통상임금에 해당하는 금품을 지급받은 경우로서 사업주로부터 받은 금품과 출산전후휴가 급여 등을 합한 금액이 출산전후휴가 시작일을 기준으로 한 통상임금을 초과한 경우, 그 초과하는 금액을 출산전후휴가 급여에서 빼고 지급한다. 다만 출산전후휴가 기간 중에 통상임금이 인상된 피보험자에게 사업주가 인상된 통상임금과 출산전후휴가 급여의 차액을 지급하였을 때는 그렇지 않다.

19 임금체불 분쟁 시 근로시간의 소명방법

임금의 경우는 급여통장 거래 내역이 있고, 계속근로 일수는 고용보험 내역이 좋은 입증자료가 되지만, 근로시간은 입증하기가 어렵다. 연장근로수당을 청구하기 위해서 또는 휴게시간 중 근무에 대한 임금을 청구하기 위해서 근로시간을 입증해야 하기 때문이다.

아래에서는 그 입증 방법을 살펴본다.

01 / 근로계약서

사용자는 근로계약을 체결할 때 소정근로시간 및 업무의 시작과 종료 시각, 휴게시간을 어떻게 할지를 분명히 정한 근로계약서를 근로자에게 교부해야 한다.

따라서 근로계약서 확인은 근로시간을 입증할 수 있는 기본적인 방법이 된다. 이때, 연장근로가 급여 안에 포함되어 있는지? 여부도 근로계약서를 통해 확인할 수 있으므로 연장근로수당을 청구하고자 할 때 중요자료가 된다.

02 / 취업규칙, 단체협약, 급여명세서, 급여대장

사용자는 임금을 지급할 때마다 임금대장에 근로자 개인별로 근로일수와 근로시간 수를 적어야 하며, 사용자는 이러한 근로계약서와 임금대장을 3년간 관리하고 보존해야 한다. 따라서 급여명세서 등을 확보할 수 있다면 연장근로수당이 지급된 시간과 연장근로수당 액수를 확인할 수 있다. 하지만 급여대장, 취업규칙 등은 근로자가 확보하기 쉽지 않다.

03 / 애플리케이션과 교통카드 기록 등

근로시간을 측정할 수 있는 좋은 방법은 출퇴근 카드, 지문인식기 등 회사가 구비하고 있는 출퇴근 기록시스템이다. 그런데 근로자가 연장근로수당 등의 청구를 위해 이 자료를 구하고자 하면 대체로 사업주는 그 자료를 제출하지 않거나 심지어 폐기하기도 한다. 따라서 그 외의 다른 입증자료를 찾아야 하는 경우가 많다. 야근 시계 애플리케이션이 대표적인데, 판례에서 이미 근로시간의 입증자료로 인정된 바가 있다. 위성 시계로 사업장에 있음을 체크할 수 있고 사업장 사진을 보관할 수 있게 되어 있다. 이외에도 교통카드 기록을 제출해서 매일 규칙적으로 표시된 승하차 기록은 출퇴근 시간을 간접적이나마 추정할 수 있게 한다. 하지만 교통카드 기록은 그 주변에 머물렀다는 입증이 될 뿐 연장근로 자체를 증명하지는 못하기 때문에 결정적 증거로 인정받지는 못한다.

급여(임금)명세서 작성 방법

사용자는 근로자에게 아래 내용을 기입한 임금명세서를 서면 또는 전자 문서로 교부해야 한다. 미교부 시 500만 원 이하 과태료를 부과한다.

임금(급여) 명세서에 들어갈 내용은 크게 급여 내역과 공제 내역으로 구성된다. 단순히 지급하는 총액만 기재하는 것이 아니라, 근로자의 인적 사항 및 수당, 공제 항목까지 모두 들어가야 한다.

▶ 5인 미만 사업장에도 적용되는 규정이다.

▶ 회사에서 급여명세서를 주지 않는 경우 노동청에 진정을 넣어 볼 수 있고, 노동청에서 진정 내용 확인을 위해 사업장에 급여명세서 제출을 요구하기 때문에, 진정이 접수된 경우 회사에서 급여명세서를 발급해 주지 않기는 매우 어려울 것이다.

▶ 급여명세서는 세전 산정된 급여의 총액 및 항목별 금액이 명시되어야 한다. 또, 공제되는 소득세 및 보험료 역시 기재되어야 한다.

▶ 근로계약에서 정한 월급과 급여명세서의 내역이 다른 경우 즉, 근로계약에서 정한 내용보다 불리하게 급여명세서가 작성된 경우 미달하는 만큼 근로자가 차액을 청구할 수 있다.

예를 들어 근로계약에서 기본급을 300만 원으로 정하였음에도, 회사에서 임의로 매월 급여명세서상 기본급 260만 원, 연장수당 40만 원으로 기재한다면 이는 통상임금 산정 시 근로자에게 불리하므로, 근로계약에서 정한 대로 급여명세서의 수정을 요청할 수 있고, 이에 따라 연차수당 및 휴일, 연장수당 등도 재산정하여 차액을 지급해야 한다.

결국 급여명세서는 근로계약서와 연결이 되어 있으므로 정상적으로 급여명세서를 발급하기 위해서는 우선으로 근로계약서의 내용과 급여명세서 내용을 일치시켜야 한다.

▶급여명세서를 서면 또는 전자문서로 교부하도록 정하고 있다.

구 분	내 용
근로자 특정	성명, 생년월일, 사원번호 등
임금총액 및 항목별 금액	기본급, 각종 수당, 상여금 등 항목별 금액
임금계산 기초사항	근로일수, 총 근로시간수, 연장·야간·휴일 근로시간수
임금공제 내역	근로소득세, 4대 보험료, 조합비 등
임금지급일	매월 1회 이상 일정한 날 특정

임금 명세서는 모든 근로자에게 교부해야 하나 계속 근로기간이 30일 미만인 일용근로자에 대해서는 생년월일, 사원 번호 등 근로자를 특정할 수 있는 정보를 기재하지 않을 수 있으며, 상시근로자 4인 이하 사업장의 근로자와 감시·단속적 근로자, 관리·감독업무 또는 기밀을 취급하는 업무를 수행하는 근로자는 연장, 야간, 휴일근로에 대한 할증 임금이 적용되지 않으므로, 연장·야간·휴일근로시간 수를 기재하지 않아도 된다.

① 30일 미만인 일용근로자 : 생년월일, 사원 번호 등 근로자를 특정할 수 있는 정보의 기재를 제외

② 상시 5인 미만 사업장의 근로자 또는 근로시간 적용 제외자 : 연장 · 야간 · 휴일 근로시간 수 기재를 제외

즉 30일 미만 일용근로자의 경우에는 "생년월일, 사원 번호 등 근로자를 특정할 수 있는 정보"를 기재하지 않을 수 있고, 근로시간 규정이 적용되지 않는 상시 5인 미만 사업장의 근로자 또는 「근로기준법」 제63조에 따른 근로자에 대해서는 "연장 · 야간 · 휴일 근로시간 수"를 기재하지 않을 수 있다.

[작성 방법]

① (근로자 특정) 지급받는 근로자를 특정할 수 있도록, 성명, 생년월일, 사원번호 등 근로자를 특정할 수 있는 정보를 기재한다.

② (임금 총액 및 항목별 금액) 임금 총액, 기본급, 각종 수당, 상여금, 성과급 등 임금의 항목별 금액을 정기와 비정기로 구분해서 기재한다.

③ (항목별 계산 방법) 임금의 각 항목별 금액이 정확하게 계산됐는지를 알 수 있도록 임금의 각 항목별 계산 방법 등 임금 총액을 계산하는데 필요한 사항을 기재한다.

정액으로 지급되는 항목은 계산 방법을 적지 않아도 된다. 예를 들어 매월 고정 20만원씩 지급되는 식대는 계산방법을 기재할 필요가 없다. 하지만 근로일수에 따라 매일 8,000원씩 지급되는 식대라면 근로일수 × 8,000원과 같이 계산 방법을 기재해야 한다.

④ (임금공제) 근로소득세, 4대 보험료, 노조 회비 등을 공제할 경우 그 내역을 알 수 있도록 공제 항목별 금액과 총액을 기재한다.

임 금 명 세 서

지급일 : 2021-11-25

성명	홍 길 동	사번	073542
부서	개발지원팀	직급	팀장

세부 내역

지 급			공 제	
임금 항목		지급 금액(원)	공제 항목	공제 금액(원)
매월 지급	기본급	3,200,000	소득세	115,530
	연장근로수당	396,984	국민연금	177,570
	휴일근로수당	99,246	고용보험	31,570
	가족수당	150,000	건강보험	135,350
	식대	100,000	장기요양보험	15,590
			노동조합비	15,000
격월 또는 부정기 지급				
지급액 계		3,946,230	공제액 계	490,610
			실수령액(원)	3,455,620

연장근로시간수	야간근로시간수	휴일근로시간수	통상시급(원)	가족 수
16	0	4	16,541	배우자 1명, 자녀 1명

계산 방법

구분	산출식 또는 산출방법
연장근로수당	연장근로시간×통상시급×1.5
야간근로수당	야간근로시간×통상시급×0.5
휴일근로수당	휴일근로시간×통상시급×1.5
가족수당	배우자: 100,000원, 자녀: 1명당 50,000원

* 가족수당은 취업규칙 등에 지급요건이 규정되어 있는 경우 계산방법을 기재하지 않더라도 무방

⑤ (연장근로시간수, 야간근로시간수, 휴일근로시간수) 연장 및 야간, 휴일근로한 시간을 기재한다. 연장근로시간수 등을 기재할 때 할증률은 고려하지 않는다.

4인 이하 사업장 즉 5인 미만 사업장은 연장, 야간, 휴일근로시간에 대한 할증률을 적용하지 않으므로 이를 생략하고 적어도 된다.

즉, 10시간의 연장근로를 한 경우 10시간을 기재하는 것이지 할증률을 고려하여 15시간을 기재하는 것이 아니다.

실제 연장근로를 하지 않았어도 수당을 그대로 가져갈 수 있는 고정 연장근로수당(OT)이 있는 사업장(포괄임금 사업장)은 실제 연장근로시간과 상관없이 금액에 대한 연장근로시간 수로 계산 방법을 적으면 된다.

예를 들어 1주일에 10시간의 고정 연장근로수당(OT)이 포함된 포괄임금제를 운영하는 경우 연장근로수당의 표기 방법은 10시간 × 시간당 통상임금 × 1.5로 표기한다.

그리고 포괄임금제의 경우 고정 초과근무와 추가 초과근무를 나누어 기재하는 방식이 유용하다.

⑥ (통상시급) 통상임금 ÷ 유급 근로시간(소정근로시간 + 주휴시간)

[예시] 일 8시간, 주 40시간 근무 시

40시간 × 120% × 4.345주 = 209시간

⑦ (가족 수) 가족수당의 경우 가족수에 따라 지급금액이 달라진다면 계산방법에 가족 수 및 각각의 금액 등을 기재하는 것이 바람직하다.

[예시] ① 부양가족 1인당 2만원 ② 배우자 4만원, 직계존비속 2만원 등

⑧ (임금지급일) 근로기준법 제43조 제2항에 의거 매월 1회 이상 일정한 날에 임금을 지급해야 하므로 실제 임금 지급일을 기재한다.

취업규칙이나 근로계약서에 특정 임금 항목에 대한 지급요건이 규정되어 있는 경우에는 임금명세서에 이를 기재하지 않더라도 무방하다.

제5장

퇴사자 업무처리

퇴사시 발생하는 법적 다툼과 업무 마무리 방법, 퇴직금과 퇴직연금의 납입액 계산 방법을 가르쳐준다.

• 퇴사자 업무매뉴얼
• 사직서의 제출과 무단결근
• 퇴직금과 퇴직연금 납입액 계산 방법

1   근로관계의 종료 사유

근로관계의 종료 사유에는 퇴직(사직, 합의 해지), 해고, 자동 소멸이 있다.

01 / 퇴직

퇴직(사직)

퇴직(사직)이란 근로자의 일방적 의사표시에 의해 장래에 근로관계를 종료시키는 것을 말한다.

퇴직(사직)의 대표적인 예는 근로자가 일방적으로 사표(사직원)를 제출하고 회사에 출근하지 않는 경우가 있다.

퇴직(합의 해지)

합의해지란 근로자가 사직원의 제출로 근로계약 관계의 합의 해지를 청약하고 이에 대해서 사용자가 승낙함으로써 해당 근로관계를 종료시키는 경우를 말한다.

합의 해지의 대표적인 예는 사용자가 근로자에게 퇴직할 것을 권유하고 근로자가 자유의사에 따라 사표를 제출한 후 퇴직하는 "권고사직", 근로자가 자의에 따라 사표를 낸 다음 사용자가 이를 수리해서 퇴직하는 "의원면직", 근로자가 명예퇴직을 신청(청약)하면 사용자가 요건을 심사한 후 이를 승인(승낙)함으로써 합의에 의해서 근로관계를 종료시키는 "명예퇴직" 등이 있다.

02 / 해고

해고란 사업장에서 실제로 불리는 명칭이나 절차와 관계없이 근로자의 의사와는 무관하게 사용자가 일방적으로 근로관계를 종료시키는 것을 말한다.

해고는 통상적으로 해고의 이유가 근로자 측에 있는 일반적 해고와 해고의 이유가 사용자 측에 있는 경영상의 이유에 의한 해고로 구분하며, 일반적인 해고는 근로자의 일신상 사유에 의한 해고를 통상해고, 근로자의 행태상 사유에 의한 해고를 징계해고로 구분한다.

아르바이트나 계약직, 정직원 등 근로자의 지위를 불문하고 5인 이상 사업장에서 단 하루만 근무하더라도 부당해고에 대한 보호를 받는다.

5인 이상 사업장이라면 우리나라에서는 자유로운 해고란 존재할 수 없다는 것을 명심해야 한다.

5인 미만 사업장에서는 해고의 절대금지 기간(산재기간과 출산휴가기간 후 1개월)이 아니라면 해고가 제한되지 않는다. 정당한 이유가 없더라도 근로자를 해고할 수 있다는 것이다.

또한 3개월 미만 근로자에 대해서는 해고예고 의무를 준수할 필요도 없다. 따라서 해고의 절대금지 기간만 아니라면, 5인 미만 사업장에서는 사실상 3개월 미만 근로자를 자유롭게 해고할 수 있다.

하지만 5인 이상 사업장은 해고가 제한된다. 5인 이상 사업장에서는 3개월 미만 근로자의 회사 내 신분에 따라 검토해야 할 사항이 달라진다.

근로자가 ① 수습이나 시용 기간 없이 채용된 경우 ② 3개월 수습을 전제로 채용된 경우 ③ 3개월 시용(본채용 평가가 예정된 수습 포함) 후 본채용을 전제로 채용된 경우로 구분해서 살펴보면 다음과 같다.

🧑 수습이나 시용 기간 없이 채용된 경우

수습이나 시용 기간 없이 채용된 경우는 근로기준법상 무조건 해고가 제한된다. 즉 정당한 이유가 있어야 한다.

단순히 근속기간이 3개월 미만이라고 해서 그 근로자가 수습근로자 또는 시용 근로자로 간주되지 않는다. 신규 입사자에게 수습 또는 시용 기간을 적용하기 위해서는 근로계약서에 명시하거나 취업규칙에 수습 또는 시용 기간이 적용된다는 것이 명확하게 기재돼 있어야 하기 때문이다.

🧑 3개월 수습을 전제로 채용된 경우

3개월 수습을 전제로 채용된 경우에도 근로기준법상 무조건 해고가 제한된다. 즉 정당한 이유가 있어야 한다.

수습 기간은 업무수행과 일정한 교육이 병행된다는 의미일 뿐 '정식으로 채용된 근로자' 로 해석된다.

본채용에 대한 평가가 전제된 수습 기간이 아니라 단순히 수습 기간만을 정한 경우라면, 정당한 이유가 있어야 한다.

🧑 3개월 시용(본채용 평가가 예정된 수습 포함) 후 본채용을 전제로 채용된 경우

3개월 시용(본채용 평가가 예정된 수습 포함) 후 본채용을 전제로 채용된 경우는 근로기준법상 해고 제한 법리가 '다소 완화돼 적용' 된다.

시용(試用) 근로자는 시험 삼아 사용해 보는 근로자를 의미한다. 즉, 신규 입사자에게 일정기간동안 시용 기간이 적용된다는 말은 그 근로자가 정식으로 입사한 이후 잘 적응할 직원인지, 업무를 잘 수행할 직원인지, 인성은 좋은 직원인지 등을 종합적으로 평가한 후에 본채용 내지는 정식 채용을 결정할 수 있다는 것이다.

시용의 핵심적인 개념이 '평가' 라는 점에서 근로계약서나 취업규칙 등에서 '수습' 이라는 용어를 사용하고 있다 하더라도 본채용 평가가 예정 돼 있다면 시용 기간으로 해석할 수 있다. 판례는 이를 두고 사용자에게 해약권이 유보된 근로계약이라고 평가한다. 따라서 판례는 시용 근로자에 대한 본채용을 거부하는 것은 근로기준법상 해고라고 하면서도 해고의 정당성을 판단할 때는 '정당한 이유' 가 아닌 '사회통념상 합리적인 이유' 가 있는지를 기준으로 판단한다. 판례가 '정당한 이유' 와 '합리적인 이유' 가 구체적으로 어떻게 다른 것인지 명확히 설명해 주지는 않지만 '합리적인 이유' 가 '정당한 이유' 보다 더 넓은 의미라고 받아들이면 된다.

예를 들어, 근로자의 업무능력이 현저히 떨어진다는 객관적인 지표가 있는 경우 해고의 '합리적인 이유' 를 갖췄다고 평가될 가능성이 크지만 '정당한 이유' 를 갖췄다고 평가되기 위해서는 상당히 장기간 동안 피드백을 주고 업무능력 개선을 위한 노력을 충분히 했음을 입증해야 한다.

그리고 그 '합리적인 이유' 가 객관성을 가지고 있어야 한다.

03 / 자동소멸

근로관계가 자동 소멸되는 경우는 근로계약 기간이 만료된 경우, 정년퇴직하는 경우, 근로자가 사망한 경우가 있다.

❶ 근로계약 기간을 정한 경우에 근로계약 당사자 사이의 근로관계는 특별한 사정이 없으면 그 기간이 만료함에 따라 사용자의 해고 등 별도의 조치를 기다릴 것 없이 근로자로서의 신분 관계는 당연히 종료된다.

❷ "정년퇴직"이란 근로자가 취업규칙이나 단체협약에서 정한 일정한 연령에 달하면 근로자의 의사나 능력과 관계없이 근로계약을 종료되는 것을 말하는데, 정년에 도달하면 근로자로서의 신분 관계가 당연히 종료된다.

❸ 근로자가 사망한 경우 근로계약에 따른 권리·의무 관계 즉 근로관계는 전속성을 가지므로 근로관계는 상속되지 않고 자동 소멸한다.

📝 해고와 관련해 유의할 사항

▷ 보직 대기발령에 이은 직권면직은 대기발령이 인사규정에 의해서 정당하게 이루어진 것이어야 하고, 대기발령 후 일정기간동안 그 대기발령의 사유도 소멸되지 않아야 효력이 인정된다(서울행법 2010구합47404, 2011.06.24).

▷ 징계혐의가 발생한 경우는 먼저 육하원칙에 의한 소명서를 받고, 이를 기초로 징계 절차를 거쳐 각서나 시말서 등의 징계처분을 한다. 징계 통지는 반드시 서면으로 하도록 한다. 징계사유는 단체협약이나 취업규칙에서 징계의 원인으로 들고 있는 사유를 말한다(대판 93다52525, 1994.12.27.).

▷ 업무인수인계를 거부하는 등 정당한 업무지시 거부를 이유로 한 견책(경고)의 징계처분은 정당하다(중노위 2010부해701, 2010.11.08).

▷ 사용자의 허가를 받지 않은 장기간의 무단결근은 징계해고의 정당한 사유가 된다(중노위 2010부해606, 2010.10.11).

▷ 승진과 관련 상사에게 압력을 행사하고, 책상 서랍을 던져 신체적 위협을 가했으며, 동료 사원과의 대화 내용을 몰래 녹음해서 복무 질서를 문란하게 한 자에 대한 해고는 정당하다(대법 2010다21692, 2011.03.24).

▷ 학력이나 경력 등에 대한 허위사실을 기재한 이력서의 제출은 정당한 징계해고 사유에 해당한다(중노위 2000부해32, 2000.07.18).

▷ 한 달에 수회씩 지각과 조퇴를 하는 경우는 해고 사유에 해당한다(서울행법 2003구합20777, 2004.01.27).

▷ 사용자의 사직서 수리 의사표시가 근로자에게 도달하기 전에 철회의 의사를 통고했다면 사정이 없는 한 애초의 사직서는 철회된다(임금정책과 1574, 2004.05.01).

2 퇴사자 업무처리

구 분	업무처리
사직서 수령	사직서(퇴직원)를 제출받는다.
급여 일할계산	근로기준법에는 급여 일할 계산에 관한 규정이 없으므로 실무에서는 다음의 두 가지 방법 중 한 가지 방법을 선택해서 적용하면 된다. 다만, 법률의 제한을 받는 것은 계산한 금액이 최저임금에 미달해서는 안 된다. 첫째, 월급제 근로자의 임금을 일할 계산할 경우, 월급을 해당 월의 일수로 나눈 후 무급, 유급일 수를 모두 포함한 근무일 수를 곱하여 산정하는 역에 따른 방법이다. 일할 계산금액 = 월급 ÷ 해당 월 일수 × 해당 월 근무일 수 주의할 점은 근무일 수는 월요일부터 일요일까지 모든 날을 포함한다. 예를 들어 월급 3,135,000원을 받는 근로자가 11월 20일까지 근무하고 퇴사하는 경우 3,135,000원 ÷ 30일 × 20일 = 209만 원을 지급해야 한다. 둘째, 앞서 설명한 유급 근로시간을 기준으로 급여를 계산하는 방식이다.

구 분	업무처리
	월급 ÷ 유급 근로시간 × 실제 일한 유급 근무시간
	주의할 점은 실제 유급 시간 계산 시 일요일이나 빨간 날도 유급이므로 포함해야 한다는 점이다. 반면 토요일은 무급휴무일인 경우가 많으므로 토요일만 빼고 계산한다. 참고로 토요일을 회사 규정에서 유급으로 규정하고 있는 경우는 토요일도 포함해야 한다.
	이 방법은 최저임금을 계산할 때, 월 최저임금 계산의 기준이 되는 방법이므로 가장 최저임금법의 위반 가능성이 낮은 가장 합리적인 방법이다.
	예를 들어 일 8시간, 주 40시간을 근무하는 근로자가 월 급여 3,135,000원을 받다가 11월 20일까지 근무하고 퇴직하는 경우 토요일은 3일이 있다고 가정하자
	3,135,000원 ÷ 209시간 = 15,000원(시급)이 되고, 근무일 20일 중 토요일 3일로 유급 일은 17일이 된다.
	17일 × 8시간 = 136시간이 된다. 따라서 일급은 136시간 × 15,000원 = 2,040,000원이 된다.
4대 보험 상실신고 및 퇴직정산	건강보험, 국민연금, 고용보험 등 4대 보험 상실 신고 및 퇴직정산을 한다. 1. 건강보험(퇴직 정산) • 건강보험증의 사용은 퇴직일까지만 가능(건강보험 카드 즉시 반납) • 건강보험료는 퇴직일이 속하는 달까지 납부 • 1일이 퇴직일인 경우는 전달의 건강보험료까지 포함해서 연말정산을 하고, 2일~31일이 퇴직일인 경우는 해당 월까지의 건강보험료를 포함해서 연말정산을 한다.

구 분	업무처리
구 분	**업무처리**
퇴사일(최종근무일의 다음날)이 1일	전달의 건강보험료까지 포함해서 연말정산을 한다.
	신고 금액보다 많거나 적게 급여를 받은 경우 퇴직정산으로 인한 환급이나 납부 발생
퇴사일(최종근무일의 다음날)이 2일~31일	퇴사 월까지의 건강보험료를 포함해서 연말정산을 한다.
	신고 금액보다 많거나 적게 급여를 받은 경우 퇴직정산으로 인한 환급이나 납부 발생(퇴사 달 한 달 치 보험료 + 정산보험료 부과 또는 환급)

2. 고용보험(퇴직 정산)

● 실업급여 대상은 비자발적 퇴직의 경우(정년, 계약만료, 권고사직)가 해당한다. 실업급여에 해당할 경우 "사실확인증명서"를 자세히 기재하고 해당 팀장에게 결재받는다.

구 분	업무처리
대상	부과고지 사업장의 상용근로자(건설업을 제외한 일반사업장)
정산보험료	고용보험료 = 보수월액 × 고용보험료율
신고방법	고용보험 피보험 자격상실 신고서 및 산재보험 근로자 고용종료 신고서에 근로자의 상실일, 상실 사유, 지급한 보수총액을 작성하여 근로복지공단에 제출

3. 국민연금(퇴직 정산 없음)

● 국민연금 보험료는 퇴사일이 속하는 달까지 연금보험료를 납부한다.

구 분	업무처리
각종 융자금 정리	사우회 융자금, 근로복지기금 융자금, 전세금, 주택자금 등을 정리하고, 미상환 금액이 있는 경우 퇴직금에서 공제한다.
퇴직금 및 급여 정산	퇴직금 및 최종 월급을 퇴직일로부터 14일 이내에 본인 급여계좌로 입금해준다. 1. 중도 퇴사자 연말정산 1월 1일부터 12월 31일까지의 퇴사자에 대해서는 연말정산을 한 후 추가납부액은 추가로 징수하고 환급액은 환급해 준 후 퇴사 처리를 해야 한다. 간혹 12월 31일 퇴직자도 연말정산을 해야 하는지 물어보는 경우가 있으나 12월 31일 현재 근무하는 직장에서 연말정산 후 퇴사 처리를 하는 것이 원칙이다. 또한 연말정산 결과 환급액에 대해서 환급을 안 해주고 퇴사 처리를 하는 경우 체불임금으로 처리된다. 중도 퇴사자의 연말정산 방법은 일반적으로 근로자가 공제 관련 자료를 제출하지 않으므로 기본공제만 적용해서 연말정산을 실시하는 것이 일반적이다. 다만 공제 관련 자료를 제출하면 관련 공제사항을 적용해서 연말정산을 해 줘도 문제는 없다. 2. 연차수당과 주휴수당 지급 퇴직 시 연차휴가를 정산한 후 남은 연차에 대해서 연차수당을 지급하거나 연차를 소진한 후 퇴직할 수 있다. 연차수당도 급여에 속하므로 반드시 연말정산 시 포함해서 정산해야 한다. 참고로 퇴직으로 인해서 발생하는 연차수당에 대해서는 반드시 지급해야 한다. 퇴사 시 주휴수당이 발생하는 경우 정산해서 주휴수당을 지급한다.

구 분	업무처리
	3. 퇴직금 또는 퇴직연금 지급 1년 이상 근속한 근로자나 1년 미만이라도 취업규칙 등에 지급하게 되어 있는 경우 퇴직금을 계산해 14일 이내에 퇴직금을 지급해야 한다. 사내 적립의 경우 퇴직금을 근로자의 IRP 계좌로 이체 지급하고, 사외적립의 경우는 퇴직연금을 운용기관에서 근로자의 IRP 계좌로 이체한다. 퇴직금과 DB형 퇴직연금은 회사에서 원천징수의무가 있어 원천징수 신고·납부를 하거나 과세이연을 하고, DC형 퇴직연금 및 IRP 계좌의 경우 퇴직연금을 운용기관에 원천징수의무가 있다는 점을 참고로 알아둔다.
이직확인서 제출과 실업급여	퇴사자가 이직확인서 제출을 요구하는 경우 이직확인서를 고용노동부 고용센터에 제출한다.
원천징수영수증 등 발급	다음 근무지에 제출할 원천징수영수증 등을 발급해 준다. 다음 근무지에서 연말정산을 하라고 미루지 말고 현 회사에서 반드시 연말정산 후 원천징수영수증을 발급해 줘야 한다.
출입카드 반납	퇴직 전까지 출입카드 반납
각종 증명서 발급	퇴직 후 경력증명서 및 퇴직 증명서 발급

3 사직서의 효력 발생 시기

01 / 사직서 제출의 효력 발생 시기

해고는 사용자가 근로계약 관계를 종료시키겠다는 의사표시이고, 사직은 노동자가 근로관계를 해지하겠다는 의사표시를 하는 것을 말한다.

사용자가 노동자의 사직서를 수리했다면 수리한 날 또는 사직서에 명시된 날짜를 기준으로 사직의 효과가 발생하지만, 사용자가 사직서를 수리하지 않으면 어떤 기준에 따라야 하는지 문제가 발생한다.

근로기준법 등 노동관계 법령에는 사용자의 부당한 근로관계 종료를 막기 위한 해고에 관한 규정만 있을 뿐 사직에 대해서는 별도의 규정이 없기 때문이다.

일반적으로 사직 처리는 회사의 단체협약이나 취업규칙, 근로계약서 등에서 정하고 있는데, 이와 같은 규정이 없는 경우 민법의 일반 규정을 따라야 한다.

민법 제660조에 따르면 사용자가 사직을 수리하지 않더라도 사직서 등을 제출한 날로부터 1개월이 경과 된 때에 효력이 발생할 수 있다.

다만, 월급제 근로자와 같이 기간으로 보수를 정한 경우에는 사직서를 제출한 당기 후 1임금 지급기를 지나야 사직의 효력이 발생한다.

제660조(기간의 약정이 없는 고용의 해지 통고)
① 고용기간의 약정이 없는 때에는 당사자는 언제든지 계약 해지의 통고를 할 수 있다.
② 전항의 경우에는 상대방이 해지의 통고를 받은 날로부터 1월이 경과하면 해지의 효력이 생긴다.
③ 기간으로 보수를 정한 때에는 상대방이 해지의 통고를 받은 당기 후의 1기를 경과함으로써 해지의 효력이 생긴다.

예를 들면 매월 1일부터 말일까지를 임금지급기로 정하고 있는 회사에서 9월 15일경에 사직서를 제출하고 회사가 수리를 거부하는 상황이라면, 당기(9월 1일~30일) 후 1기(10월 1일~31일)를 경과한 11월 1일에 사직의 효력이 발생하는 것이다.

그러므로 11월 1일 이전까지는 근로계약 관계가 존속되며, 근로자가 출근하지 않았을 경우 퇴직의 효력이 발생하지 않았음에도 불구하고 회사를 임의로 나오지 않는 것은 무단결근이 될 수 있다.

이는 퇴직금에 영향을 미칠 수 있다.

이와 반대로 사직 희망일이 기재된 사직서를 제출하였음에도 사용자가 그보다 일찍 퇴사 처리를 하려면 정당한 해고 절차를 밟아야 한다.

노동자는 사용자가 사직서를 수리하면 사직서에 기재된 날짜를 기준으로 퇴사할 수 있는데, 만약 이른 퇴사 처리에도 이의를 제기하지 않고 퇴직금을 받는 등의 행위는 근로자가 묵시적으로 퇴사일의 조정을 인정한 것이 될 수 있으므로 근로계약 관계는 유효하게 종료되었다고 볼 수도 있다.

요약하자면 사용자가 사직서를 수리하면 수리한 날 또는 사직서에 명시된 날을 기준으로 사직의 효력이 발생하고 사용자가 사직서를 수리하지 않으면 회사의 단체협약, 취업규칙, 근로계약서에 규정한 바에 따른다. 이런 규칙이 없다면 민법 규정에 따라 사직서를 제출한 당기 후 1기를 경과한 다음 날 사직의 효력이 발생한다.

구 분		사직의 효력 발생 시기
근로자가 사직서를 제출하고 회사가 이를 수리한 경우		사직서를 수리하면 수리한 날 [예시] 근로자가 6월 20일에 "6월 30일까지 근무하고 7월 1일부로 사직하겠습니다"라는 내용으로 사직서를 제출했고, 회사가 이를 수리했다면, 사직서에 기재된 7월 1에 퇴직의 효력이 발생한다. 사직서에 사직일을 기재하지 않았다면, 회사가 사직서를 수리한 날에 퇴직의 효력이 발생한다.
단체협약, 취업규칙, 근로계약서에 규정한 경우		단체협약, 취업규칙, 근로계약서의 규정에 따른다. [예시] 취업규칙에 '근로자가 퇴직하는 경우, 사직서는 퇴직일로부터 30일 전에 제출해야 한다'는 규정이 있다면, 사직서를 회사에서 수리하지 않더라도 취업규칙에 따라 사직서 제출 후 30일이 경과하면 퇴직의 효력이 발생한다.
사용자가 사직서를 수리하지 않은 경우	고용기간의 약정이 없는 경우 직원(예 : 시급제 또는 일급제)	사업주가 퇴사 통보를 받은 날로부터 1월이 경과한 날 [예시] 6월 20일에 사직서를 제출했는데 사용자가 수리를 거부하더라도 1개월이 경과한 7월 21일에 퇴직 효력이 발생한다.

구 분	사직의 효력 발생 시기
기간으로 보수를 정한 경우(예: 월급제)	퇴사 통보를 받은 당기(사직서를 제출한 해당 월) 후의 일기(1 임금지급기(임금 산정 기간))를 경과할 때. 즉 월초~말일까지 임금을 산정하여 익월 10일에 임금을 지급하는 경우, 1 임금 지급기는 초~말일까지를 의미한다. [예시] 매월 초~말일까지 임금을 산정하여 익월 10일에 임금을 지급하는 회사에 다니는 근로자가 6월 20일에 사직서를 제출했지만, 사용자가 수리를 거부한 경우 당기는 사직서를 제출한 6월이 되고, 당기 후 일기는 7월 1일부터 7월 31일이 된다. 따라서 당기 후 일기가 경과하고 시작되는 첫 근로일은 7월 1일이므로, 이 때 퇴직의 효력이 발생한다.

[고용노동부 예규 제2012-51호, 2012.9.25.]

❶ 근로자가 퇴직의사표시(사표 제출)를 하여, 회사가 이를 승낙(사표 수리)한 경우 회사의 승낙(사직서 수리) 시

❷ 근로자가 퇴직의사표시(사표 제출)를 하였으나, 회사가 이를 승낙(사표 수리)을 안 한 경우

가. 시급제, 일급제 직원의 경우 회사가 근로자의 퇴직 의사표시(사표 제출)를 받은 날로부터 1개월이 경과하면 효력 발생 : 민법 제660조 제2항 적용

나. 월급제 직원의 경우 사표를 제출한 후의 1임금 지급기(그다음 달)가 경과 하면 효력 발생 : 민법 제660조 제3항 적용

예를 들어 월급제 근로자의 임금산정 기간이 매월 1일부터 말일까지 일 경우, 근로자가 10월 15일에 사직서를 제출한 경우 근로계약 해지의 효력은 10월이 지나고 나서 1임금 지급기인 11월이 지나고 나서 12월 1일에 퇴직의 효력이 발생한다.

02 / 출근을 안 하는 경우 무단결근으로 처리

무단결근 시 결근 기간동안 임금은 공제해야 하며, 무단결근 기간은 퇴직금 산정기준이 되는 기간에 포함해서 계산한다. 즉, 사직서를 제출 후 임의로 1개월을 결근한 경우 퇴직 전 2개월의 임금만 퇴직금 계산 시 기초가 되는 임금이 된다(계산 기간은 3개월). 단, 해당 금액이 통상임금보다 적으면 통상임금으로 계산한다(노동부 행정해석 2002. 2. 27 임금 68207 -132).

무단결근 시 업무처리

회사의 동의 없이 근로자가 무단 퇴사하게 되면 근로관계는 1달간 유지된다.

01 / 무단결근 시 업무처리

구 분	업무처리
내용증명, 문자 등으로 출근 명령	전화, 문자, 카톡, 내용증명 등으로 출근할 것을 알리고 자료를 남겨두어야 한다.
사직서 작성 요구	무단결근한 직원과 연락이 닿았다면, 출근 의사에 관한 확인을 한다. 출근 의사가 없다고 하는 경우는 사직서를 작성하여 제출하도록 하는 것이 부당해고를 막는 방법이다. 정산되지 않은 임금, 퇴직금의 지급이나 회사 물품반납 요구 등을 이유로 회사에 들려 사직서를 제출하도록 요구한다. 이에 대한 반납이 있는 경우 근로자가 출근 의사가 없다는 것(자발적 사직)에 대한 증거자료도 될 수 있다.

구 분	업무처리
4대 보험 처리	무단결근하고 별다른 조치 없이 바로 4대 보험 상실 신고 처리를 해버리면, 부당해고로 판단될 가능성이 있으므로 무단결근 근로자의 사직 의사를 확실히 확인한 후 4대 보험 상실 신고를 한다.
급여 정산	임금 미지급이나 임금 공제는 근로기준법 위반으로 임금체불에 해당한다. 따라서 무단결근을 이유로 한 급여 공제는 불가능하며, 이미 근무한 날에 대한 임금과 퇴직금이 있는 경우는 모두 지급해야 한다. 임금 및 퇴직금 정산은 퇴사일로부터 14일 이내에 모두 정산하는 것이 원칙이다.
복귀 시 임금과 수당	무단결근한 직원이 업무 복귀를 한 경우에는 무단결근한 날이 포함된 주에 대해서는 주휴수당을 지급하지 않아도 무방하며, 연차 출근율 산정 시 출근일 수에서도 제외할 수 있다. 또한, 무단결근은 통상적인 징계사유에도 포함되므로, 무단결근 일수, 반복의 정도, 기타 사정을 고려하여 징계할 수 있다.

02 / 무단 결근자 해고 시에도 해고예고

무단결근을 사유로 근로자를 해고하기 위해서는 반드시 30일 전에 미리 해고예고를 해야 하며 그렇지 않을 경우 30일분의 통상임금을 지급해야 한다.

03 / 무단 결근자에 대한 퇴직금과 손해배상청구

무단결근 처리 시 퇴직금 불이익을 받을 수 있다.

사직의 의사를 밝히고 출근하지 않을 경우, 민법상 정하는 사직의 효력이 발생하는 기간까지 무단결근으로 처리될 수 있다.

이 경우 해당 기간동안 임금을 지급하지 않을 뿐 아니라 퇴직금 평균임금 산정 시 무급기간이 포함되어 퇴직금이 감소하는 불이익이 발생할 수 있다.

30일 전에 사직서를 제출해야 한다. 라는 취업규칙 등이 존재하는 회사에서 무단결근 후 퇴사하는 경우 사용자는 사직서를 수리하지 않을 수 있다.

민법 제660조에 의해 근로자의 해지 통고를 받은 날로부터 1월이 경과하면 해지의 효력이 생기므로 1개월 동안 사직서를 수리하지 않을 수 있다. 이러한 경우 사용자는 무단결근 처리를 할 수 있으며 계속근로기간이 1년이 넘은 근로자의 경우 이 기간이 퇴직금 계산 시 평균임금 산정기간에 들어가게 되어 퇴직금이 낮아지게 된다.

민사상 손해배상을 청구받을 수 있다.

사업주가 해당 근로자가 무단 퇴사로 인해서 손해가 발생한 경우 손해배상을 청구할 수 있는데, 어느 정도의 손해가 금전적으로 발생하였는지는 사업주가 객관적으로 입증해야 한다.

손해액이 얼마인지 묻지 않고 500만 원, 월급의 몇 퍼센트 등의 손해배상액을 예정한다면 근로기준법 위반이다.

적법하고 효과적인 해고 방법과 해고예고수당

해고는 정당한 사유가 있더라도 적법한 절차를 거치지 않으면 무효가 된다. 따라서 취업규칙 등에 징계위원회 등을 구성해서 징계 절차를 밟게 되어있는 경우 이러한 절차를 거치지 않고 해고하는 것은 무효가 되므로 먼저 징계위원회 개최를 징계대상자에게 통보하고 이후 징계위원회를 개최해서 징계대상자에게 소명의 기회를 준 후 징계를 결정한다. 물론 재심 절차가 있는 경우에는 재심 절차도 거쳐야 한다.

또한, 사용자는 근로자를 해고하려면 적어도 30일 전에 예고해야 하고, 30일 전에 예고하지 않았을 때는 30일분의 통상임금을 지급해야 한다. 다만, 천재사변 그밖에 부득이한 사유로 사업을 계속하는 것이 불가능한 경우 또는 근로자가 고의로 사업에 막대한 지장을 초래하거나, 재산상 손해를 끼친 경우로서 고용노동부령으로 정하는 사유에 해당하는 경우는 그러하지 아니하다(근로기준법 제26조).

따라서 근로자를 해고하려 하는 경우 예외 사유에 해당하지 않는 한 적어도 30일 전에 해고예고를 해야 한다. 해고예고를 하지 않은 경우는 해고예고 수당을 지급해야 한다.

01 / 정당한 해고 사유

일반적으로 정당한 해고 사유는 사회 통념상 근로계약을 계속할 수 없을 정도로 근로자에게 책임이 있는 경우 또는 부득이한 경영상의 필요가 있는 경우 등 크게 두 가지로 나눌 수가 있다. 즉, 근로자 측의 사유에 의한 일반해고 및 징계해고가 있으며, 사용자 측의 사유에 의한 정리해고가 있다.

구 분	해고 사유
일반해고	일반(통상)해고는 근로자의 일신상 사유에 의한 해고를 말한다. ❶ 부상, 질병, 장해 등으로 근로 능력이 상실되거나 장기간 요양이 필요한 경우를 말한다. 단, 업무상 사고, 질병, 장애의 경우 산재요양 기간 및 그 후 30일간 해고가 금지된다. 즉, 산재인 경우는 해고가 안 된다고 보면 된다. ❷ 업무에 필요한 자격을 상실한 경우 ❸ 취업규칙, 근로계약서상 당연퇴직 사유에 해당하는 경우
징계해고	징계해고는 근로자가 직장의 질서 및 계약 의무를 위반한 것이 중대한 경우에 그에 대해 제재로써 하는 해고를 말한다. ❶ 근로자가 고의 또는 중과실로 사업에 손해를 입힌 경우 ❷ 무단결근을 반복하는 등 불성실한 근무태도 ❸ 업무상 지시 위반 ❹ 동료 근로자에 대한 폭행 등 구체적인 예시 • 무단결근을 한 경우 • 불성실한 근무를 한 경우 • 인사 명령, 업무명령을 위반한 경우

구 분	해고 사유
	• 이력서를 거짓으로 기재한 경우 • 횡령, 배임 등 회사에 손해를 끼친 경우 • 유죄판결을 받은 경우 • 폭언, 폭행 등을 한 경우 • 위법한 조합 활동을 한 경우 • 회사 및 상사에 대한 비방을 한 경우 • 위법한 쟁의행위를 한 경우 • 사생활에 비행이 있는 경우 근무평정 결과 근무 성적이 저조해서 해고하거나 근로계약 갱신을 하지 않은 것 자체가 부당하다고 할 수는 없다(서울 고판 2006.7. 28., 2005누29947). 다만, 근무 성적이 나빠도 나쁜 정당한 사유가 있거나 일시적이면 징계해고의 정당성을 인정받기는 어렵다(대판 1991.11.26, 90다4914).
정리해고	정리해고란 기업의 긴급한 경영상 필요에 의해서 근로자를 해고하는 것을 말한다. 이러한 정리해고는 통상의 해고와 달리 근로자에게 아무런 잘못이 없음에도 사용자 측의 경영 사정으로 인해서 행해진다는 측면에서 다소 엄격한 상황에서 허용되게 된다. 정당한 정리해고가 되기 위해서는 계속되는 경영의 악화, 생산성 향상을 위한 구조조정과 기술혁신 또는 업종의 전환 등 긴박한 경영상의 필요성이 인정되어야 한다. 긴박한 경영상의 필요성이란 기업이 당면한 경영상의 어려움을 타개하기 위해서 실현가능한 경영상의 조치를 생각하였으나 그러한 노력만으로는 경영상의 곤란을 극복할 수 없었거나, 해고 이외의 다른 경영상의 조치를 하는 것이 기대하기 곤란한 사정이 있어 부득이 정리해고할 수밖에 없는 경우를 말한다.

📝 업무능력 부족에 의한 해고에 대한 대법원 입장

대법원은 업무능력 부족과 관련해서 보험모집인의 거수 실적(보험계약을 체결해서 보험료를 입금시킨 실적) 부족, 대학교수의 허위 연구 업적 제출을 이유로 한 해고를 정당한 해고라고 판단하였다.

그러나 일반적인 경우 근로자의 능력이나 실적이 미흡할 경우 교육훈련, 배치전환, 대기발령 등 인사처분을 통해 능력을 개발하는 것이 더 타당하다고 보고 있으므로 업무능력 부족 등을 이유로 한 해고의 정당성 판단기준은 엄격한 편이다(대법원 2002. 5. 28. 선고 2000두9380 판결).

📝 폭언, 폭행 등을 이유로 한 해고

1. 폭언·폭행 등을 이유로 한 정당한 해고 사례

▷ 회사 내에서 다른 종업원이 지켜보는 가운데 대표이사와 상무에게 욕설, 폭행을 한 것은 회사의 경영 질서 및 위계질서를 크게 해친 것으로서, 이는 사용자와 근로자 사이의 고용관계를 계속 지킬 수 없을 정도의 중대한 사유에 해당한다.

▷ 택시회사의 사납금을 납입 하지 않아 승무 정지 조치를 받은 후 징계에 회부되자 상사에게 협박, 폭언, 업무방해 등을 한 운전사에 대한 징계해고는 정당하다.

▷ 회사 구내에서 16세 연상의 선배 사원을 폭행한 근로자에 대해서 한 해고처분은 그 비행의 동기나 경위 등에 비추어 볼 때 정당하다.

2. 폭언·폭행 등을 이유로 한 부당한 해고 사례

회사 직원들과 술집에서 단합대회를 하던 중 술기운에 상사의 멱살을 잡아당기다가 옷이 찢어지게 하는 등의 폭행을 한 근로자에 대해 회사가 징계 면직처분을 한 경우 이는 징계권의 범위를 일탈한 처분으로써 무효이다.

상사가 먼저 근로자를 폭행함으로써 싸움이 유발된 점과 그로 인하여 해당 근로자는 약 4주간, 상사는 약 10일간의 각 상해를 입은 점 및 그 후의 수습과정 등에 비추어 볼 때 상사를 폭행한 것을 사유로 한 근로자에 대한 징계해고는 징계권을 남용한 것이다(대법원 1996. 5. 31. 선고 95누2487 판결, 대법원 1992. 3. 13. 선고 91다39559 판결, 대법원 1992. 5. 22. 선고 91누5884 판결, 대법원 1992. 2. 11. 선고 91다25109 판결, 대법원 1994. 8. 12. 선고 94누1890 판결).

02 / 해고 절차

사용자가 근로자를 해고하려면

❶ 적어도 30일 전에 해고예고를 해야 하고

❷ 해고 사유와 해고 시기를 서면으로 통지해야 한다.

❸ 또한, 단체협약과 취업규칙 등에 징계나 해고 절차가 규정되어 있는 경우 그 절차를 거쳐야 하며, 이와 같은 절차를 거치지 않은 해고는 원칙적으로 무효이다.

단체협약이나 취업규칙에 사전 통보, 소명기회 부여 등의 해고절차규정을 두고 있는 경우 동 절차를 따라야 적법한 해고가 되나, 대법원은 단체협약이나 취업규칙에 사전 통보, 소명기회 부여 등의 해고 절차규정을 두지 않은 경우는 사용자가 근로자에게 사전 통보를 하지 않거나, 소명절차를 주지 않고 해고를 해도 해당 해고는 유효하다고 판단하고 있다. 따라서 단체협약이나 취업규칙에 해고 절차에 관한 규정이 없는 경우 근로자에게 사전 통보와 소명기회를 주지 않고 한 해고는 유효하다.

📝 근로자를 해고하려면 해고 사유와 해고 시기를 서면(書面)으로 통지해야 한다(구두(말), e-메일, 휴대폰 문자메시지 등으로 하는 경우)(근로기준법 제27조, 해고의 서면통지 관련 업무처리 지침)

▷ 노동위원회에서는 해고 사유를 서면이 아닌 구두로 통보한 해고는 무효이다.

▷ 근로자에 대한 해고는 해고 사유와 해고 시기를 서면(書面)으로 통지해야 효력이 있다.

▷ 구두(말), e-메일, 휴대폰 문자메시지 등으로 해고 사유와 해고 시기를 통지한 해고는 서면 통지가 아니므로 효력이 없다.

▷ 해고 사유를 구두, e-메일, 휴대폰 문자메시지 등으로 통지받은 근로자가 부당해고 구제신청 기간(해고통지가 있었던 날부터 3개월) 내에 노동위원회에 부당해고 구제신청을 하지 않으면 더는 노동위원회의 구제를 받을 수 없게 된다(근로기준법 제28조).

👤 징계해고 절차

해고 절차의 제한

해고의 정당한 사유에 해당하더라도 적법한 해고 절차를 거치지 않는 해고는 무효이다. 그렇다면 적법한 해고 절차란 무엇일까?

해고는 근로자가 직장을 상실하게 하는 사인인 만큼 근로자의 생존권을 엄격하게 보호하자는 취지에서 징계의 사유가 정당하다 해도 절차상의 하자가 있는 경우 그 해고를 무효로 간주한다. 취업규칙 등에 징계위원회 등을 구성해서 징계 절차를 밟게 되어있는 경우 이러한 절차를 거치지 않으면 그 해고는 무효가 된다. 대개 징계 절차는 먼저 징계위원회의 개최를 징계대상자에게 사전 통보한다.

징계 절차의 진행을 알리는 사전통지는 특별한 사정이 없으면 징계해고 대상 근로자 본인에게 직접 해야 한다.

징계해고 대상 근로자가 행방불명되어 해당 근로자에게 통지하는 것이 불가능한 경우가 아닌 한 징계해고 대상 근로자 본인에게 하지 않은 사전통지는 효력이 없다.

징계위원회 개최

징계위원회를 개최하여 징계대상자에게 소명의 기회를 준 후 징계를 결정한다. 물론 재심 절차가 있는 경우에는 재심 절차를 거쳐야 한다. 이때 징계위원회 개최를 통보하는 것은 꼭 서면이어야 하는 것은 아니다. 실제 징계대상자가 징계위원회에서 소명의 기회를 얻도록 하는 것은 그 목적인 이상 전화 내지 구두 통보도 가능하다. 징계위원회의 구성은 단체협약 등에 별도의 규정이 있는 경우 그에 따라야 하며, 그 외의 규정이 없는 경우는 관례나 상식적으로 이루어진다. 부당한 해고를 방지하기 위해서 단체협약에 노사 동수의 징계위원회 조항을 설치하는 경우도 많다.

해고예고

- 해고일로부터 30일 이전에 해야 한다.
- 문서 또는 구두로써 해고될 날과 해고 대상을 특정해야 한다.
- 해고예고 대신 30일분의 통상임금을 해고예고 수당으로 지급도 가능하다.

🧑 경영상 정리해고절차

첫째, 정리해고는 긴박한 경영상의 필요성이 있어야 한다(근로기준법 제24조).

경영악화 방지를 위해 사업을 양도·인수·합병하게 된 경우는 물론, 객관적으로 보아 경영합리화 조치로서 합리성이 있거나 감원하지 않으면 장래 기업재정이 악화할 우려가 있을 경우도 긴박한 경영상의 필요성이 있다고 본다.

둘째, 사용자는 사전에 정리해고를 피하기 위한 노력을 다했어야 한다. 즉 일부 부서를 폐쇄한 경우는 그 소속 근로자를 다른 부서로 전직시킬 수 없는 사정이 있고, 신규 채용 중지, 희망 퇴직자 우선퇴직, 임원수당 삭감, 기간이 정해진 계약직의 경우에는 계약갱신 중단, 잔업규제, 휴직제 실시, 교대제 근로 전환 등 가능한 모든 조치를 다 했음에도 경영상 감원이 여전히 필요할 때 비로소 최후의 수단으로서 정리해고가 정당했다고 보는 것이다.

셋째, 해고대상자의 선정 기준은 합리적이고 공정해야 한다. 일반적인 기준은 없지만, 판례에 따르면 사용자 측 사정과 근로자 측 사정을 모두 고려해야 한다.

넷째, 해고 회피 방법과 해고 기준 등에 관해서 사용자는 근로자 대표에게 정리해고하려는 날의 50일 전까지 통보한 후 성실하게 협의해야 한다. 여기서 근로자 대표란 그 사업장의 근로자 과반수로 조직된 노동조합을 말하고, 없다면 근로자의 과반수를 대표하는 자를 말한다.

📝 정리해고하려는 날 50일 전에 근로자 대표에게 사전 통보를 하지 않은 정리해고는 효력이 없나요?

> 대법원은 정리해고 50일 전의 사전 통보는 정리해고의 효력요건이 아니라고 보기 때문에, 사용자가 사전 통보 기간을 지키지 않고 정리해고 40일 전에 사전 통보를

> 하였더라도 사용자가 근로자 대표와 성실하게 협의한 경우는 해당 정리해고는 유효한 것으로 본다.

다섯째, 1개월 이내에 일정 규모 이상을 해고할 경우는 고용노동부 장관에 신고해야 한다.

100인 미만 사업장에서는 10인 이상을 해고할 때, 100인 이상 1,000인 이하 사업장에서는 10% 이상을 해고할 때, 1,000인 이상 사업장에서는 100인 이상을 해고할 때는 해고 사유와 해고 예정 인원, 근로자 대표와의 협의내용, 해고 일정을 신고해야 한다.

고용노동부 장관에 대한 신고 여부는 해고의 정당성 여부에 영향을 미치지 않지만, 나머지 요건들은 모두 갖추어져야 해고의 정당성이 인정된다. 다만, 판례는 각 요건을 다른 요건의 충족 정도에 따라 유동적으로 판단하기 때문에 모든 사정들을 종합해서 판단해야 할 것이다. 또한, 사전 통보 기간 준수 여부도 협의하는데 시간이 부족하지 않았다면 해고의 정당성 여부에 영향을 주지 않는다. 이와 별도로 단체협약에 정리해고를 노동조합과 합의해서 시행해야 한다는 일명 고용안정협약을 맺은 경우, 협약체결 당시 예상치 못했던 급격한 경영악화가 있었던 경우가 아닌 한 이를 위반하면 부당해고가 된다. 정리해고 대상자가 확정된 이후에는 30일의 해고예고 기간도 지켜야 한다.

사용자는 해고한 날부터 해고된 근로자가 해고 당시 담당했던 업무와 동일한 업무에 2년이 경과하기 전까지는 파견근로자를 사용해서도 안 되고, 3년 이내에 근로자를 채용하고자 할 때는 당해 해고된 근로자가 원한다면 그를 우선하여 고용해야 한다(근로기준법 제25조).

📝 사용자가 근로자를 해고할 수 없는 시기

사용자는 근로자가 업무상 부상 또는 업무상 질병의 요양을 위해 휴업한 기간과 그 후 30일 동안은 해고하지 못하고, 출산 전후 기간과 그 후 30일 동안은 여성 근로자를 해고하지 못한다(근로기준법 제23조). 또한, 사업주는 육아휴직을 이유로 해고나 그 밖의 불리한 처우를 해서는 안 되며, 육아휴직 기간에는 해당 근로자를 해고하지 못한다.

1. 업무상 부상, 업무상 질병 요양 기간

사용자는 근로자가 업무상 부상 또는 질병의 요양을 위해서 휴업한 기간과 그 후 30일 동안은 해고하지 못한다. 다만, 사용자가 한 번에 전부 보상하였거나 사업을 계속할 수 없게 된 경우에는 업무상 부상, 업무상 질병 요양기간에도 근로자를 해고할 수 있다.

이를 위반한 자는 5년 이하의 징역 또는 3천만 원 이하의 벌금에 처한다.

2. 출산휴가 기간

사용자는 출산전후휴가 기간과 그 후 30일 동안은 여성 근로자를 해고하지 못한다. 다만, 사업을 계속할 수 없게 된 경우에는 출산휴가 기간에도 근로자를 해고할 수 있다(근로기준법 제23조).

이를 위반한 자는 5년 이하의 징역 또는 3천만 원 이하의 벌금에 처한다.

3. 육아휴직 기간

사업주는 육아휴직을 이유로 해고나 그 밖의 불리한 처우를 해서는 안 되며, 육아휴직 중인 근로자는 해고하지 못한다. 다만, 사업을 계속할 수 없는 경우에는 육아휴직 중인 근로자를 해고할 수 있다.

이를 위반한 자는 3년 이하의 징역 또는 2천만 원 이하의 벌금에 처한다.

03 / 해고예고란?

사용자가 근로자를 해고(경영상 이유에 의한 해고를 포함한다)하려면 적어도 30일 전에 예고해야 하고(근로기준법 제26조), 30일 전에 예고하지 않았을 때는 30일분 이상의 통상임금을 지급해야 한다고 규정하고 있으며, 이를 위반할 시 벌칙이 적용된다(근로기준법 제110조 : 2년 이하의 징역 또는 1천만 원 이하의 벌금). 즉, 해고예고 제도는 예고 없는 해고 자체를 금지하는 제도가 아니라 해고할 경우는 일정한 유예기간을 두거나 예고수당을 지급할 것을 내용으로 하는 제도이므로 해고예고 의무를 위반한 해고도 유효하다.

결과적으로 사용자는 해고예고와 해고예고 수당 지급 중에서 어느 하나를 선택해서 이행할 수 있다.

해고하기 전 30일 전에 해고예고를 하지 않고 통상임금을 지급하지 않은 사용자는 2년 이하의 징역 또는 1천만 원 이하의 벌금에 처한다.

🧑 해고예고 적용 제외 사유

천재 사변 등 부득이한 사유로 사업을 계속하는 것이 불가능한 경우 또는 근로자가 고의로 사업에 막대한 지장을 초래하거나 재산상 손해를 끼친 경우는 해고예고를 하지 않아도 30일분의 통상임금을 지급하지 않는다(근로기준법 제26조 단서).

🧑 해고예고 적용 제외 근로자

다음의 어느 하나에 해당하는 근로자에게는 해고예고를 하지 않아도 된다.

❶ 근로자가 계속 근로한 기간이 3개월 미만인 경우

❷ 천재·사변, 그 밖의 부득이한 사유로 사업을 계속하는 것이 불가능한 경우

❸ 근로자가 고의로 사업에 막대한 지장을 초래하거나 재산상 손해를 끼친 경우로서 근로기준법 시행규칙 별표에 해당하는 경우

04 / 해고예고를 하는 경우

해고예고의 경우 적어도 30일 전에 해야 한다. 해고예고를 30일 전에 해야 하는 것은 근로자 보호를 위해 최하 한을 규정한 것이므로 그 입법 취지를 고려해 볼 때 당사자 간 합의 등을 통해 이 기간을 연장할 수는 있지만 단축할 수는 없다.

사용자는 근로자를 해고하려면 해고 사유와 해고 시기를 서면으로 통지해야만 효력이 발생한다(근로기준법 제27조).

해고 예고기간은 통지가 상대방에게 도달한 다음 날부터 역일(曆日)로 계산해 30일 만에 만료되며, 휴일·휴무일이 있더라도 연장되지 않는다.

사용자는 근로자에게 정당한 이유 없이 해고하지 못한다(근로기준법 제23조 제1항). 정당한 이유가 없는 해고의 경우는 해고예고를 했는지? 여부와 관계없이 그 효력은 무효이다.

반면 정당한 이유가 있는 해고의 경우 적법한 해고예고를 하지 않은 경우에도 해고는 유효하다는 것이 판례의 태도이다.

05 / 해고예고를 하지 않은 경우

🙎 해고하기 30일 전에 해고예고 통지를 하지 않은 경우

정당한 이유가 있는 해고의 경우 적법한 해고예고를 하지 않은 경우에도 해고는 유효하다.

해고예고 수당과 관련해서는 해고하기 30일 전에 해고예고 통지를 하지 않은 경우에도 그 모자란 일수에 비례해서 해고예고 수당을 지급하는 것이 아니라, 해고예고 수당으로 30일분 이상의 통상임금 전부를 지급해야 한다는 것이 행정해석이다.

🙎 사용자가 해고예고 의무를 위반한 경우

벌칙(근로기준법 제110조)을 적용받고 해고예고 수당을 지급해야 하는 채무를 부담하게 되나, 해고예고를 하지 않았다고 하더라도 해고의 정당한 이유를 갖추고 있는 이상 해고의 효력에는 영향이 없게 된다(대법원 1994. 6. 14. 선고 93누20115 판결 참조).

📝 이메일 또는 문자메시지를 이용한 해고통지의 효력

1. 이메일 또는 문자메시지를 이용한 해고통지는 유효할까요?

전통적으로 해고 사유와 해고 시기를 기재한 문서를 대상 직원에게 직접 혹은 우편으로 교부하거나 송달하고 직원이 이를 직접 수령하는 경우에만 해고의 통지가 유효하다고 보았다.

그러나 IT 기술의 발달로 인한 경영환경의 변화로 현재에는 정보통신 등의 발달에 따라 전통적인 의미에서 문서와 통지의 개념이 더는 유효하지 않게 되었다. 그렇다면 이메일, 휴대전화 문자메시지를 이용한 해고통지는 유효한가요?

2. 법원과 고용노동부의 판단

법원의 판단 : 최근 법원에서는 서면의 의미에 대해 기업의 현실을 반영한 판결이 나오고 있다. 즉, 서울중앙지방법원 2012.11.22. 선고 2011가합94948판결에서는 "회사가 전자결재 시스템을 완비해 전자문서로 모든 업무의 기안, 결재, 시행과정을 관리하고 있고, 징계에 관해서도 전자결재 시스템을 통해 실무자, 관리자, 인사부장 등의 순서로 결재를 받은 다음 이메일 형태로 징계대상자에게 징계처분에 관한 통지가 이루어지는 시스템을 구축했으며, 이 사건(해고통지) 이메일이 전자적인 정보 형태로 회사 내부전산망의 기록 저장장치에 저장되고 원고로서도 언제든지 위 이메일을 출력해 보관할 수 있는 점을 고려할 때 회사 내부전산망을 통해 이메일의 형태로 징계면직의 통지를 한 것은 근로기준법이 정한 서면에 의한 해고통지에 해당한다."고 판시해 진일보한 입장을 취하고 있다(서울중앙지방법원 2009.9.11. 선고 2008가합42794, 서울행정법원 2010.6.18. 선고 2010구합11269). 고용노동부의 판단 : 고용노동부는 과거 "e-mail, 휴대폰 문자 등을 이용해 해고를 통지한 경우는 근로기준법 제27조에 따른 서면 해고통보로 보기 어렵다."는 입장을 취해 왔는데, 고용노동부 또한 위와 같은 법원의 입장에 따라 근로기준법 제27조 제2항의 서면이란 종이로 된 문서를 의미하고, 전자문서는 회사가 전자결재 체계를 완비해 전자문서로 모든 업무의 기안, 결재, 시행 과정을 관리하는 경우 예외적으로 가능하다는 입장으로 이를 변경했다(근로개선정책과-1128, 2012.2.7.).

- 이메일

이메일을 통해 근로기준법이 정하고 있는 해고 사유와 해고 시기가 특정되고 해당 이메일이 직원에게 전달되어 본인이 이를 확인했음이 인정되는 경우는 전자결재 시스템 여부와 관계없이 서면에 의한 통보로서 유효하다고 보는 것이 타당할 것이다.

- 문자메시지

휴대전화 문자메시지의 경우 단순히 구두 통화를 대신하는 형태의 것이라고 할 것이므로 서면에 의한 통지로서의 유효성을 인정하기 어려울 것이다.

법원도 서울행정법원 2010.4.16. 선고 2009구합31878 판결에서 "서면 통지 규정은 사용자의 부당한 해고로부터 근로자의 권익을 보호하기 위한 것이라는 점에서 엄격하게 해석해야 하는 점, 휴대전화 문자메시지는 해고자의 서명날인 등이 존재하지 않아 진정한 의사를 확인하기 어려운 점, 원고가 보낸 휴대전화 문자메시지에 해고 시기 및 해고 사유가 특정되어 있지 않은 점 등에 비추어 보면, 원고가 보낸 휴대전화 문자메시지를 서면과 같게 취급할 수 없다."고 판시했다.

06 / 해고 근로자 지원(실업급여)

실업급여란 근로의 의사와 능력이 있음에도 불구하고 취업하지 못한 상태에 있는 피보험자의 생활에 필요한 급여를 지급해서 근로자의 생활 안정과 구직활동을 촉진하기 위한 제도를 말한다.

실업급여는 구직급여와 취업 촉진 수당으로 구분되며, 취업 촉진 수당의 종류는 조기재취업수당, 직업능력개발수당, 광역구직활동비, 이주비가 있다.

이 중 일상에서 말하는 실업급여는 구직급여를 말하는 것으로 구직급여는 ❶ 이직일 이전 18개월간 피보험 단위 기간이 180일 이상일 것, ❷ 근로의 의사와 능력이 있음에도 불구하고 취업하지 못한 상태일 것, ❸ 이직 사유에 따른 수급 제한 사유에 해당하지 않을 것, ❹ 재취업을 위한 적극적인 노력을 할 것 등의 요건을 모두 갖춘 피보험자가 실업 신고를 해서 수급 자격의 인정을 받고 적극적인 재취업 활동을 해서 실업을 인정받은 날에 대해 지급한다.

🧑 구직급여의 수급 요건

구직급여는 이직(이직 사유가 수급 자격의 제한 사유에 해당하지 않은 경우만 해당)한 피보험자가 이직일 이전 18개월간 피보험 단위 기간을 통산해서 180일 이상인 경우로서 근로의 의사와 능력이 있음에도 불구하고 취업(영리를 목적으로 하는 사업을 영위하는 경우 포함) 하지 못한 경우에 재취업을 위한 노력을 적극적으로 할 것을 요건으로 해서 지급된다(고용보험법 제40조). 여기서 피보험 단위 기간은 피보험기간 중 보수 지급의 기초가 된 날을 합해서 계산한다. 이에 따라 피보험 단위기간을 계산할 때는 최후로 피보험 자격을 취득한 날 이전에 구직급여를 받은 사실이 있는 경우에는 그 구직급여와 관련된 이직일 이전의 보수 지급의 기초가 된 날은 피보험 단위 기간에 넣지 않는다(고용보험법 제41조).

🧑 이직 사유에 따른 수급 자격의 제한

피보험자가 다음의 어느 하나에 해당한다고 직업안정기관의 장이 인정하는 경우는 수급 자격이 없는 것으로 본다(고용보험법 제58조, 별표 1의 2, 별표 2).

❶ 중대한 귀책사유(歸責事由)로 해고된 피보험자로서 다음의 어느 하나에 해당하는 경우

● 형법 또는 직무와 관련된 법률을 위반해서 금고 이상의 형을 선고받은 경우

● 사업에 막대한 지장을 초래하거나 재산상 손해를 끼친 경우로서 고용보험법 시행규칙 별표 1의 2에서 정하는 기준에 해당하는 경우

- 정당한 사유 없이 근로계약 또는 취업규칙 등을 위반하여 장기간 무단 결근한 경우

❷ 자기 사정으로 이직한 피보험자로서 다음의 어느 하나에 해당하는 경우

- 전직 또는 자영업을 하기 위해 이직한 경우
- 위의 중대한 귀책 사유가 있는 자가 해고되지 않고 사업주의 권고로 이직한 경우
- 그 밖에 고용보험법 시행규칙 별표 2에서 정당한 사유에 해당하지 않는 사유로 이직한 경우

구직급여의 수급 요건 및 신청 및 이직 사유에 따른 수급 자격의 제한에 대한 자세한 내용은 사이트(http://oneclick.law.go.kr) 『실업급여 – 구직급여 – 구직급여의 수급 요건』에서 확인할 수 있다.

07 / 수습기간 중 해고

수습기간 중 근로자를 해고하려면 정당한 사유가 있어야 한다.

그러나 수습기간은 정식으로 채용한 근로자의 자질·성격·능력 등 직무에 대한 적격성 여부를 결정하는 단계이므로 해고의 정당한 이유는 통상의 해고보다 광범위하게 인정되어야 한다. 따라서 그 적격성 평가가 객관적으로 공정성을 유지하며, 합리적이고 사회 통념상 상당히 타당하면 인정된다.

수습 중인 근로자도 취업규칙의 적용을 받는다.

그러므로 당사자 사이에 수습에 관한 분명한 합의가 근로계약서에 명확하게 표시되어 있어야 한다.

취업규칙이나 근로계약서에 아무런 약정도 없이 오직 처음 입사했다는 이유만으로 동일한 노동을 하면서 임금을 차별적으로 받거나 불이익한 처우를 적용하는 것은 합리적이지 않다.

6

적법하고 효과적인 권고사직방법

인사업무를 하다 보면, 때로는 직원을 내보내야 하는 일도 생긴다. 회사에서 내보내야겠다는 결정이 내려진 직원이라면, 크든 작든 분명히 고용을 계속할 수 없는 어떠한 원인이 존재할 것이다.

인사담당자로서 직원이 스스로 나간다는 의사표시를 하지 않고 있는 상황에서 알아듣게 이야기하여 아무 탈 없이 사직을 관철한다는 것은 적지 않은 부담임이 틀림없다.

첫 번째 부담은 불편한 말을 알아듣도록 어떻게든 설득력 있게 해야 한다는 것이고, 두 번째 부담은 혹시나 나가지 않고 버티거나 노동법적인 문제를 제기할 가능성은 없을까? 하는 것이다.

❶ 반드시 상대방을 설득시켜야 한다는 부담감을 가질 필요는 없다. 명료하게 의사를 전달하면 된다.

극명하게 이해관계가 대립하는 상황에서 사람은 누구든 남의 말을 듣고 설득되어 자신의 이해관계를 포기하지는 않는다.

따라서 인사팀장은 권고사직 대상자를 어떻게든 설득시켜야 한다는 부담감을 가질 필요는 없다. 부담감은 자칫 상대방에게 멈칫거리는 모습으로 비칠 수 있고, 이는 대상자에게 자신이 좀 더 머무를 수 있다는 여지로 해석될 수 있기 때문이다. 설득해 보려는 부담을 갖지 말고 회사가 권고사직 대상자에게 느끼고 있고 말하고 싶은 내용들을 담담하면서도 명료하게 전달하면 된다.

직원은 회사가 원할 때, 그 회사에서 일할 수 있는 것이다. 회사가 자신을 원하지 않고 있다는 것을 명료하게 전달한 이상, 대부분 직원은 잔류에 대한 미련을 버리기 마련이기 때문이다.

❷ 권고사직을 합법적으로 진행하는 기본요령은 아래와 같다.

가. 가급적 회사 내(회의실이나 휴게실)에서 1:1로 권고사직 의사를 전달하고, 반드시 녹취해 둔다.

나. "그만둬라" 라는 표현을 명시적으로 언급하지 말라.

구체적인 언사를 어떻게 구사해야 하는가는 여러 가지 사항들을 더욱 세부적으로 고려해야 할 문제이겠지만, 최소한 "당신이 이리 이러한 문제들이 있어서 같이 일하기 불편하다." 는 요지가 명확히 전달된다면 대상자가 잔류 의사를 포기하는 쪽으로 반응하게 될 가능성이 크다. "그만두라" 라는 표현을 명시적으로 한다면 그것은 법률적으로 '해고'이다.

다. 한 번 이야기 했는데 그만두지 않고 버티고 있다고 해서, 매일 같이 아침저녁으로 계속해서 권고사직을 권유하는 것은 민법상 불법행위에 해당할 가능성이 크다. 적정한 간격으로 권고사직을 반복하면 되며, 그래도 일정기간 계속 버티면 전보나 대기발령을 정당한 한도 내에서 병행하게 되면 소정의 효과를 거둘 수 있다.

라. 위와 같은 방법들을 통해 사직이 결정되면 법률적으로 사직을 뒤엎을 수 없도록 요건과 절차들을 거쳐서 퇴직의 효과가 발생하게 해야 한다. 그중 하나가 바로 사직서를 받는 것이다.

7

퇴직금 제도와 퇴직금 계산

퇴직금이란 근로자가 퇴사할 때 받는 임금을 말한다. 하지만 퇴사하는 모든 근로자가 퇴직금을 받을 수 있는 것은 아니다.

퇴직금을 받기 위해서는 동일한 사업장에서 1년 이상 근무해야 하며, 1주간 소정근로시간이 15시간 이상이어야 한다. 만일 1주간 소정근로시간이 15시간 이상과 미만을 반복한다면 15시간 이상인 주만을 합친 기간이 1년 이상인 경우에만 퇴직금을 받을 수 있다.

퇴직금은 위 두 가지 요건이 충족되면 받을 수 있으며, 정규직, 계약직, 아르바이트 등의 고용 형태는 퇴직금에 영향을 주지 않는다.

근로자는 계속근로기간 1년에 대하여 30일분 이상의 평균임금을 퇴직금으로 받을 수 있으며, 구체적인 계산 방식은 아래와 같다.

$$\text{퇴직금} = \frac{\text{퇴사 직전 3개월간의 임금총액}}{\text{퇴사 직전 3개월간 총 일수}} \times \frac{\text{재직일수}}{365\text{일}} \times 30\text{일분}$$

3개월간 임금 총액 : 월급, 상여금, 연차 미사용수당 등 지급받은 일체의 금원
3개월간 총일수 : 실제 근무한 날이 아닌 달력상 일수(89일~92일)

퇴직금을 직접 계산하기 어렵다면 네이버 또는 다음에서 [퇴직금 계산기]를 검색한 후 입사일과 퇴사일, 임금 등을 입력하면 퇴직금이 얼마인지 확인할 수 있다.

01 / 퇴직금 계산을 위한 계속근로연수

사용자는 계속근로기간 1년당 30일분 이상의 평균임금을 퇴직금으로 지급하거나 퇴직연금제도를 설정해야 한다(근로자퇴직급여보장법 제2조, 제4조, 제8조).

이때 수습기간, 출산휴가기간, 육아휴직기간, 업무상 재해로 인한 요양기간을 비롯해 사업주의 승인을 받은 휴직기간 등이 모두 계속근로기간에 포함된다. 근로자의 개인적 사정에 따른 휴직이어도 승인받은 경우 근속기간에 포함된다. 이때, 매년 일정기간 계약기간이 단절된 경우라도 그 근로계약이 이루어지게 된 동기 및 경위, 기간을 정한 목적과 당사자의 진정한 의사, 계절적·임시적 고용 여부, 근무기간의 장단 및 갱신회수, 동일 사업(장)에서의 근무 여부 등에 비추어 계속근로기간을 판단하게 된다.

🏃 일용직 근로자의 계속근로기간

명목상 일용근로자라 하더라도 공사 현장 등에 기간의 정함이 없이 채용된 후 통상적인 근로관계가 상당 기간 지속되어 특별한 사정이 없으면 공사 만료 시까지의 계속근로가 예정된 경우는 공사 만료 시까지 고용관계가 계속되는 것으로 보게 된다.

따라서 일수가 적은 달이 있다고 하여 섣불리 근로기간이 단절되었다고 판단하면 안 된다. 판례는 반드시 월평균 25일 이상 근무해야만 하는 것은 아니고, 1달에 4~5일 또는 15일 정도씩이라도 계속해서 근무하였다면 전체 기간을 계속근로기간으로 보고 퇴직금을 산정해야 한다고 보고 있다. 다만 특별한 이유 없이 1개월~3개월까지 근로가 없었던 경우에는 근속기간이 단절되었다고 판단한다(대법원 1995. 7. 11. 선고 93다26168 판결).

또한, 일용직은 지속적으로 일해 온 업체의 공사가 없는 경우 다른 현장에서 일하는 경우가 있다. 이때 사업주의 허락 없이 일시적으로 다른 현장에서 근무했더라도 사업주가 근로계약의 해지통보 및 신규채용 등 별도의 해지 의사를 표시하지 않았다면 복수 근무한 사실만으로 근로관계의 단절이 있었다고 보아서는 안 된다(임금복지과-1121, 2010.5.27, 중앙행심 2013-8235, 2013.6.25).

🧑 계절적 단절이 있는 경우의 계속근로기간

학교의 경우 방학기간, 계절적인 비수기가 있는 분야의 경우 일부 공백기간이 있을 수 있지만, 이 역시 퇴직금 산정을 위한 계속근로기간에 단절이 있다고 단정을 지을 수 없다. 계절적 요인이나 방학 기간 등 업무의 성격에 기인하거나 대기기간·재충전을 위한 휴식 기간 등의 사정이 있어 그 기간 중 근로를 제공하지 않거나 임금을 지급하지 않을 타당한 이유가 있다고 인정되는 경우는 근로관계의 계속성이 인정될 수 있다(대법원 2006. 12. 7. 선고 2004다29736 판결).

이때 퇴직금을 계산하는 계속근로기간은 동절기를 포함하여 근로계약을 체결한 경우는 계속근로기간에 포함하지 않는다는 특약사항이 없는 한 근로가 단절된 그 동절기 기간도 포함하여 계속근로기간을 산정하고, 동절기를 제외하여 근로계약을 체결한 경우는 그 기간을 제외한 나머지 기간을 더하여 계속근로기간을 산정한다(근로복지과-19, 2014. 1. 3).

🙂 사업주나 소속 회사 변경 시의 계속근로기간

법인사업체의 경우 근로자에 대한 임금 및 퇴직금의 민사상 책임의 주체는 법인 그 자체이다. 따라서 법인 대표자가 변경되었다 하더라도 계속근로기간은 단절되지 않는다. 이 경우 퇴사 시점의 법인 대표자에게 퇴직금을 청구할 수 있고, 형사상 퇴직금 미지급의 책임을 물어 고용노동부에 신고할 수 있다.

개인사업체의 경우는 민형사상 책임의 주체가 개인 사업주이기 때문에 대표자가 변경되면 계속근로기간이 단절될 수도 있다. 이 경우 사업체의 근로관계까지 일괄적으로 이전되는 포괄적 영업양도라면 계속근로기간도 이어질 수 있지만, 일부 근로자만 이전되거나 퇴사 후 재입사 형태로 근속기간을 책임지지 않는 형태로 이루어진다면 대표자 변경 전 근속기간에 대해서는 이전 사업주에게 소멸시효가 지나기 전에 퇴직금을 청구해야 한다.

📝 퇴직금 계산 시 평균임금이 통상임금보다 작은 경우 계산 방법

> 퇴직금 계산 시 기준임금의 원칙은 평균임금이다. 그러나 예외적으로 1일 통상임금이 1일 평균임금보다 큰 경우 1일 통상임금을 기준으로 퇴직금을 계산한다. 참고로 보통 평균임금이 통상임금과 같거나 크다.

평균임금이란 이를 산정해야 할 사유가 발생한 날 이전 3개월 동안에 그 근로자에게 지급된 임금의 총액을 그 기간의 총일수로 나눈 금액을 말한다.

퇴직금 계산 시, 휴업수당 계산 시, 산재급여 계산 시에 활용된다.

또한, 이렇게 산출된 금액이 그 근로자의 통상임금보다 적으면 그 통상임금액을 평균임금으로 해서 퇴직금을 계산한다.

평균임금은 사후적 의미의 임금이라면, 통상임금은 사전에 지급하기로 이미 정한 임금이다. 매달 고정적, 정기적, 일률적으로 지급하기로 정한 임금으로서, 연장근로, 야간근로, 휴일근로수당의 계산 기초가 되며, 해고예고 수당도 통상임금 기준으로 계산한다.

> 근로자의 특별한 사정으로 1달간 쉰 후 퇴직을 한 경우(특별한 사유란 무단결근 등 퇴직금 계산 시 기간에서 제외하지 않는 경우를 가정)
>
> 급여는 매달 2,000,000원에 기본급으로만 구성되어 있다고 가정한다.

해설

1. 3개월간 임금 총액 = 2,000,000원 + 2,000,000원 + 0원
2. 그 기간의 총일수 = 92일
3. 1일 평균임금 = 4,000,000원 ÷ 92일 = 43,478.26원
4. 1일 통상임금 = 2,000,000원 ÷ 209시간(혹시 토요일 유급휴무일인 경우 243시간) × 8시간 = 76,555.02원

따라서 퇴직금은 큰 금액(3, 4) = 4를 기준으로 76,555.02원 × 30일 × 근속일수 ÷ 365로 계산한다.

02 / 5인 미만 사업장에서 퇴직금

5인 미만 사업장에는 퇴직금이 적용되지 않다가 2010년 12월 1일부터 퇴직금이 적용되었다. 그리고 적용률도 2012년 12월 31일까지는 50%만 적용되고, 2013년 1월 1일부터 100%가 적용되었기 때문에 5인 미만 사

업장에서 장기근속자가 퇴사한다면 퇴직금을 기간별로 따로 계산해서 합산해야 한다.

구 분	퇴직금
과거 ~ 2010년 11월 30일	퇴직금 지급 의무 면제
2010년 12월 1일 ~ 2012년 12월 31일	법정 퇴직금의 50%만 지급
2013년 1월 1일 ~	법정 퇴직금의 100% 지급

사례 1. 5인 미만 사업장의 퇴직금 계산

5인 미만 사업장에 2008년 1월 1일~2020년 12월 31일까지 근무하고 3월 1일~5월 31일까지 90일을 출산휴가로 사용 후 퇴사한 근로자의 평균임금과 퇴직금은?
10월 월급 : 2,000,000원, 11월 월급 : 2,300,000원, 12월 월급 : 2,100,000원

해설

평균임금
= (2,000,000원 + 2,300,000원 + 2,100,000원) ÷ (31일 + 30일 + 31일)
= 6,400,000원 ÷ 92일
= 69,565.22원

대상 기간	계산식	퇴직금
과거 ~ 2010년 11월 30일	퇴직금 지급 의무 면제	
2010년 12월 1일 ~ 2012년 12월 31일	69,565.22원 × 30일 × (762일 ÷ 365일) × 50%	2,178,440
2013년 1월 1일 ~	69,565.22원 × 30일 × (2,922일 ÷ 365일)	16,707,090

2023년 6월 1일~2025년 2월 28일까지 근무하고 3월 1일~5월 29일까지 90일을 출산휴가로 사용 후 퇴사한 근로자의 평균임금과 퇴직금은?
12월 월급 : 2,000,000원, 1월 월급 : 2,300,000원, 2월 월급 : 2,100,000원

해설

최종 3개월은 출산휴가 기간이었으므로 제외하고 2월, 1월, 전년도 12월의 임금으로 평균임금을 산정한다.

평균임금

= (2,000,000원 + 2,300,000원 + 2,100,000원) ÷ (31일 + 31일 + 29일)

= 6,400,000원 ÷ 91일

= 70,329.67원

출산휴가 기간은 평균임금 산정에는 제외되지만, 계속근로기간에는 산입된다.

퇴직금

= 6,400,000원 ÷ 91일 × 30일 × 728일 ÷ 365일

= 70,329.67원 × 30일 × 728일 ÷ 365일

= 4,208,220원

📝 휴직 후 바로(코로나19 휴직, 병가 등) 퇴직 시 퇴직금 계산

1. 휴직한 경우 퇴직금을 따지는 기준은?

우선 사업주의 승인을 받아 병가로 휴직한 기간은 당연히 퇴직금 산정 시의 재직일수에 포함된다. 만약 평균임금 산정 대상기간(퇴직일 이전 3개월) 중에 휴직기간이 있는 경우에는 휴직기간 중에 지급된 임금과 휴직일수는 평균임금 산정시 각각 제외된다. 즉, 평균임금 산정 대상기간(퇴직일 이전 3개월) 중 출산휴가, 육아휴직, 업무상 재해, 기타 회사의 승인을 받은 휴직기간이 있는 경우 등은 평균임금 산정시 그 기간과 그 기간동안 지급받은 임금은 제외토록 하고 있다.

예를 들어 휴직 기간인 8월과 9월은 무급이었고 10월 급여가 300만 원이라고 가정한다면 평균임금은 300만 원 ÷ 92일이 아니라 300만 원 ÷ 31일로 계산해야 한다는 것이다.

이같이 근로기준법시행령 제2조에서 평균임금의 계산에서 제외되는 기간과 임금을 명시하고 있는 취지는 근로자의 귀책 사유가 아닌 휴업의 경우 3개월의 기간과 임금으로 평균임금을 산정하였을 시 평균임금이 줄어들고 그 결과 퇴직금액도 적어지게 되므로 근로자에게 지나치게 불리한 결과가 초래되는 것을 방지하고자 하기 위함이다.

2. 휴업한 경우 퇴직금을 따지는 기준은?

퇴직금 산정기준은 평균임금이다. 하지만 회사의 승인을 받아 휴업한 기간은 평균임금 산정 대상에 포함하지 않는다. 해당 기간 급여를 아예 받지 못했거나, 평소의 70% 수준밖에 받지 못했기 때문이다. 매출 감소나 회사의 결정으로 휴업한 경우, 노사가 합의해 무급휴업을 한 경우 등이 이에 해당한다. 휴업 기간이 있는 경우에는 휴업 기간 중에 지급된 임금과 휴업 일수는 평균임금 산정 시 각각 제외된다. 따라서 3개월간의 총일수 중 무급휴업을 한 기간을 제외한 기간에 지급된 임금 총액을 그 기간으로 나눈 금액이 평균임금이 된다.

휴업한 기간이 3개월 이상일 때는 휴업 전 3개월 동안 받은 급여로 평균임금을 계산한다.

8 퇴직금과 퇴직연금제도의 비교

구분	퇴직금제도	퇴직연금제도	
		DB	DC
퇴직 시 수령 총액	퇴직 직전 3개월 평균임금 X 근속연수		매년 지급된 퇴직급여의 합(연 임금 총액의 1/12 이상) ± 운용 손익
적립 방법/ 수급권 보장	사내 적립/불안정	부분 사외 적립 / 부분 보장	전액 사외 적립 / 완전 보장
적립금 운용 주체	회사(운전자금 등 활용 가능)	회사(외부 금융회사 상품 운용)	근로자(외부 금융회사 상품 운용)
급여 수령 형태	일시금	일시금 또는 연금	
세제 혜택	사내 적립분 일부 손비 인정(퇴직급여 추계액의 0%)	퇴직급여추계액 한도 내 사외 적립 100% 손비 인정	회사 퇴직급여 부담금 전액 손비 인정
납입액	퇴직급여추계액 : 전 직원 일시 퇴직 가정 시 필요한 퇴직금 총액(퇴직금 계산과 동일)		퇴직급여추계액 : 임금 총액 ÷ 12

구분	퇴직금제도	퇴직연금제도	
		DB	DC
중도인출	제한조건* 충족 시 중간정산 가능 * 주택 구입, 전세금 · 보증금 부담, 6개월 이상 요양, 개인파산, 임금피크제 시행 등	불가 * 단, 제한조건(주택구입, 6개월 이상 요양, 개인파산 등) 충족 시 수급권 담보대출 가능	제한조건* 충족 시 중도인출 가능 * 주택구입, 6개월 이상 요양, 개인파산 등 ** 제한조건 충족 시 수급권 담보대출도 가능

📝 모든 기업이 반드시 퇴직연금제도를 도입해야 하나요?

퇴직연금제도 도입은 의무 사항이 아니며, 기업은 퇴직급여 제도(퇴직금제도, 퇴직연금제) 중 하나 이상의 제도를 설정하면 된다. 다만, 세제 혜택과 다양한 급여제도의 설정, 근로자의 수급권 보장 등 여러 측면에서 장점이 많으므로 퇴직연금제도를 설정하는 것이 유리하다.

📝 퇴직금제도에서 퇴직연금제도로 전환할 경우 기존의 퇴직금 적립분은 어떻게 처리되나요?

퇴직연금제도는 제도 도입 이후 근로를 제공한 기간에 적용하는 것이 원칙이나, 제도 도입 이전의 근무기간도 가입기간에 포함할 수 있다. 과거 근무기간을 포함하는 경우는 도입하는 제도 유형, 퇴직금 제도에서의 사외적립 여부 등에 따라 기업의 재무 부담이 달라진다. 과거 근무기간을 퇴직연금 가입 기간에 포함하지 않는 경우는 그 기간에 대해서 퇴직금 제도를 계속 유지해야 하며, 퇴직금 제도에서의 중간정산은 법정 사유(주택구입, 전세금 · 보증금 부담, 개인파산 등)에 한해서만 가능하다.

📝 DB와 DC 중 어느 방식이 더 유리한가요?

제도 유형 간 우열이 정해져 있는 것은 아니며, 직장의 급여체계, 본인의 투자성향 등 근로자가 처한 환경에 따라 달라진다.

DB형은 매년 임금이 인상된 결과인 마지막 근무 연도의 임금을 기준으로 퇴직급여가 지급되므로 임금인상률을 수익률로 볼 수 있다. 따라서 수익률 측면에서 볼 경우, 임금인상률과 본인이 운용하여 낼 수 있는 수익률을 비교하여 임금인상률이 높으면 DB, 낮으면 DC가 유리하다고 할 수 있다. 이 경우 장기근속, 꾸준한 임금 상승이 가능한 안정적인 기업의 근로자에게는 일반적으로 DB형이 유리한 반면, 재무구조가 취약하거나 임금상승률이 낮은 기업의 근로자, 연봉제/임금피크제 근로자에게는 DC형이 유리하다.

또한, 투자성향이 보수적이어서 원금 보전을 중시하는 근로자에게는 DC보다 퇴직급여 수준이 사전에 정해진 DB가 더 적합할 수 있는 등 근로자의 투자성향에 따라서도 유불리가 달라질 수 있다. 따라서 가입자는 직장의 급여체계 및 안정성과 근로자 자신의 노후 계획 및 투자성향 등을 고려해서 알맞은 유형의 퇴직연금을 선택하는 것이 바람직하다.

📝 한 근로자가 DB와 DC에 동시에 가입할 수 있나요?

근로자퇴직급여보장법(제6조)에서는 가입자 한 사람이 DB와 DC를 함께 설정할 수 있도록 혼합형 퇴직연금제도를 허용하고 있다. DB와 DC를 동시에 도입하면 적용 가능하며, 퇴직연금 규약상 DB와 DC의 설정 비율의 합(a + b)은 1 이상이 되어야 한다.

예를 들어, DB 80%, DC 20%로 제도가 설정되었다고 가정하면, 근로자는 매년 '연간 임금총액 × 1/12 × 20%'의 부담금을 DC 계좌로 받아서 운용하고, 퇴직할 때는 그동안 DC 계좌에서 운용한 적립금과 DB 퇴직금, 즉 '퇴직 시점의 평균임금 × 근속연수 × 80%'을 받게 된다.

배우자 아들, 딸 등 가족에게 퇴직금을 지급해도 되나?

퇴직금을 지급받기 위해서는 근로자퇴직급여 보장법상 자격요건을 갖추어야 한다.

1. 퇴직급여법 제2조 제1호에 따른 근로기준법상 근로자이어야 하며,

2. 퇴직급여법 제4조 제1항에 따라 계속근로기간이 1년 이상이어야 하며, 4주간을 평균하여 1주간의 소정근로시간이 15시간 이상 근로하는자이어야 한다.

3. 또한 퇴직급여법 제3조에 따라 근로자를 사용하는 모든 사업 또는 사업장에 적용하나, 동거하는 친족만을 사용하는 사업 및 가구 내 고용 활동에는 적용하지 아니한다.

4. 퇴직급여법 제8조 제1항에 따라 사용자는 계속근로기간 1년에 대하여 30일분 이상의 평균임금을 퇴직금으로 퇴직근로자에게 지급하여야 한다.

위 3에 의거 동거하는 친족만을 사용하는 사업 및 가구 내 고용 활동에는 퇴직금 규정이 적용되지 않지만, 해당 사업장에 동거하는 친족 외에도 다른 근로자가 종사하고 있는 경우 근로자퇴직급여 보장법의 적용을 받게 된다.

그러나 동거하는 친족의 경우 일반적으로 사용종속관계를 인정되지 않아 근로기준법상 근로자로 볼 수 없어 퇴직금을 청구할 수 없으나, 다른 직원들과 동일하게 출퇴근 시간이 정해져 있고, 사용자의 상당한 지휘/감독을 받는 등 사용종속관계 하에서 임금을 목적으로 해당 사업장에서 근로를 제공한 때에는 근로기준법상 근로자로 보아 1주간 소정근로시간이 15시간 이상이고 계속근로기간이 1년 이상이면 퇴직할 때 퇴직금을 청구할 수 있다.

결론은 배우자나 아들 또는 딸이 퇴직금을 받기 위해서는

1. 동거하는 친족만을 사용하는 사업 및 가구 내 고용 활동이 아닌 별도의 근로자가 회사에 근로를 제공해야 하고

2. 사용자의 상당한 지휘/감독을 받는 근로자성이 인정되어야 퇴직금을 지급할 수 있다.

근로시간 단축으로 인한 일방적 급여 삭감과 실업급여

근로계약의 내용을 불리하게 변경하기 위해서는 근로자의 동의가 필요하다. 즉 근로자의 동의 없이 사용자가 일방적으로 연봉을 삭감할 수 없다. 그러한 동의가 없이 회사가 일방적으로 임금을 삭감하는 것은 임금체불에 해당한다. 근로시간을 단축하였다면 부분 휴업에 해당하고, 휴업에 해당하는 시간에 대해서는 휴업수당(평균임금의 70%)을 지급해야 한다.

참고로 사용자의 경영상 이유로 인한 휴업으로 임금이 삭감되었다면 그 기간은 퇴직금 산정을 위한 평균임금 산정기간에서 그 기간을 제외하고 계산한다. 즉, 휴업기간(임금 삭감) 이전의 평균임금을 기초로 퇴직금을 산정한다. 다음의 경우는 자발적 이직으로 퇴사를 하더라도 실업급여의 대상이 될 수 있다.

❶ 근로자의 동의 없는 회사의 일방적 임금 삭감

❷ 임금 삭감 비율이 20% 이상 되어야 함

❸ 임금 삭감이 2개월 이상 발생할 것이 확정(예상되는 경우는 해당 안 됨)

2개월 이상 근로조건의 저하는 실제 2개월 이상 근로조건 저하가 발생(진행 포함)한 상태뿐만 아니라 단체협약이나 취업규칙 등으로 2개월 이상 발생할 것이 장래에 확정된 경우를 포함한다.

임금 삭감 시 임금을 비교하는 경우 정기적, 일률적, 고정적으로 지급되는 통상임금을 기준으로 하되 단체협약, 취업규칙, 근로계약 등으로 정한 상여금을 포함한다. 단 시간외근로수당을 제외하고 계산한다.

11 퇴직금중간정산 목적으로
퇴직 후 재입사 시 체크 사항

01 / 퇴직금과 연차수당

퇴직금 중간정산을 위해 퇴직 후 재입사를 하면, 이전에 근속연수는 초
기화된다고 봐야 한다.

근속연수가 문제 되는 것은 퇴직금과 연차휴가의 문제이다. 합법적인 퇴
직금 중간정산의 경우는 중간정산 이후 1년 미만의 근속연수에 대해서도
퇴직금의 지급의무가 있으나 퇴사 후 재입사의 경우 근속연수는 초기화
되어 1년 미만 근무 후 퇴직 시 퇴직금을 지급하지 않아도 된다. 반면 연
차휴가의 경우도 초기화되어 1개월 개근 시 1일의 월 단위 연차(총 11
일)와 1년간 80% 이상 근무를 하게 되면 15개의 연차가 발생하게 된다.
사업주 처지에서는 1년이 되는 시점에 많게는 11일의 연차를 더 지급해
야 하는 문제가 발생할 수 있는 반면 장기근속자의 경우 최초 3년 이후
매 2년마다 1개의 연차가 가산되는데 오래 근무할수록 연차의 개수가
늘어나 최대 25개까지 늘어나는 이익이 사라질 수 있다.

그리고 미사용 연차에 대해 사업주는 퇴사 시점에 정산해 줘야 하는 추
가 비용이 발생할 수 있다.

퇴직금 중간정산을 목적으로 2021.12.31.까지 퇴직금을 지급하면서 2022.1.1.로전 근로자에 대하여 재입사에 따른 근로계약을 체결하였다 하더라도, 계속근로기간이란 '근로계약을 체결하여 해지될 때까지의 기간'을 의미하므로 재입사 이전 근무내용 및 형태 등이 동일하면서 단지 퇴직금 중간정산을 위해서 형식적인 절차에 불과하다면 이는 계속 근로로 보아 근로자의 전체 근무기간이 1년 이상의 경우 비록 재입사 이후 근무한 기간이 1년이 되지 않는다고 하더라도 당해 기간에 대한 퇴직금이 지급되어야 할 것으로 판단됩니다(퇴직급여보장팀-196, 2007.6.20.).

퇴직급여보장법 시행령 제3조(퇴직금 중간정산 사유)에 해당하지 않는 사유로 회사의 필요에 의해 또는 근로자의 요청에 의해 퇴직금을 지급할 경우 그 퇴직금은 퇴직금으로서 효력이 없어 무효가 되며, 퇴직금은 최초 입사일을 기준으로 산정하여 지급해야 하는 문제가 발생하므로 형식적인 중도 퇴직처리 및 재입사 형식으로 퇴직금을 지급하거나 법에 의한 퇴직금 중간정산 사유에 해당하지 않는 사유로 퇴직금을 중간정산하여 지급하는 사례가 발생하지 않도록 주의해야 할 것이다.

02 / 4대 보험 처리

일단 퇴직을 하게 되면 국민연금, 건강보험, 고용보험, 산재보험 등 4대 보험에 대한 상실 신고를 해야 하며, 4대 보험 퇴직정산, 연차 정산 등의 정산 과정도 거쳐야 하고, 다시 재입사하게 될 경우 상실 신고한 4대 보험에 대한 취득 신고를 진행해야 하는 번거로움이 발생한다.

03 / 근로소득세 처리

중간에 퇴사하면 중도 퇴사자 연말정산을 실시한 후 근로소득세를 신고·납부 해야 하며, 연말정산 시에도 중간 퇴사자에 대한 연말정산을 진행해야 하므로 여러 가지로 번거로울 수밖에 없다.

04 / 분쟁의 씨앗이 된다.

물론 회사 측에서 근로자의 편의를 보아 퇴직금을 미리 정산해 준 것이나, 사용 관계가 종료되지 않고 지급된 금액은 퇴직금으로 볼 수 없어 혹시라도 근로자가 퇴직금을 받은 적이 없으니, 퇴직금을 지급해 달라고 할 경우 퇴직금 지급에 관한 분쟁이 발생할 여지가 있다.

따라서 퇴직금 중간정산을 위해 퇴직 후 재입사 처리를 하는 경우 회사 입장에서 피해를 줄이기 위해서는 근로자에게 사직서를 제출받고, 4대 보험 상실 신고를 통해 4대 보험 정산을 한 후 퇴직금을 지급하는 방법을 채택한다. 또한 근로자에게는 퇴직 처리 후 재입사하는 것이므로 재입사 이후 1년 안에 퇴사 시 퇴직금이 발생하지 않는다는 점도 알려주어야 한다.

퇴직금 중간 정산 이후 퇴직금과 퇴직소득세

01 / 퇴직금 중간 정산 이후의 퇴직금 지급

퇴직금 중간 정산 이후 퇴직금 산정을 위한 계속근로연수가 1년 미만인 근로자의 경우에도 전체 근로연수는 1년 이상이므로 중간 정산 이후의 1년 미만이 되는 기간에 대해서는 1년간의 퇴직금에 비례하여 퇴직금을 지급해야 한다.

퇴직금 중간 정산으로 인한 퇴직금 산정을 위한 계속근로연수는 정산 시점부터 새로이 기산되나, 근로연수와 관련 있는 여타 근로조건(승진, 승급, 호봉, 상여, 연차유급휴가 등)은 변동이 없어야 한다.

누진제를 적용하는 사업(장)의 경우 퇴직금 중간 정산 이후 퇴직금 산정 방법에 대해 노사 간 별도의 정함이 없는 경우 중간 정산 이후 퇴직금 산정을 위한 계속근로연수가 정산 시점부터 새로이 기산되는 것으로 하여 퇴직금을 산정한다.

가급적 사전에 중간 정산 이후의 퇴직금 산정 방법을 정하도록 한다.

02 / 퇴직소득세는 중간 정산 특례를 활용

퇴직소득세는 중간 정산 특례는 중간 정산을 한 근로자가 실제 퇴직하면서 중간 정산분 퇴직소득과 최종 퇴직소득을 합산해서 퇴직소득세를 산정하도록 신청한 경우, 중간 정산분과 실제 퇴직 시 받은 퇴직소득을 합산하여 계산한 퇴직소득세에서 중간 정산 시 납부한 퇴직소득세를 기납부세액으로 빼고 추가 납부할 수 있는 제도다.

퇴직자가 합산하여 세액 정산하는 것을 신청하지 않은 경우라면 최종 퇴직소득에 대해서만 퇴직소득세를 계산하지만, 퇴직소득세는 중간 정산 특례를 신청한 경우, 중간 정산 시 퇴직금과 이후의 퇴직금을 합산한 후 최초 입사일을 기준으로 퇴직소득세를 계산한 후 중간 정산 시 납부한 퇴직소득세를 차감한 차액에 대해서만 낸다. 즉, 중간 정산분 퇴직소득과 최종 퇴직소득을 합산해서 퇴직소득세를 계산하는 방법과 중간 정산 이후 최종 퇴직금에 대한 퇴직소득세만 계산해서 납부하는 방법 중 선택할 수 있다.

1. 퇴직소득세 중간 정산 특례를 신청한 경우
[(중간 정산 시 받은 퇴직금 + 중간 정산 이후 받은 퇴직금)을 기준으로 퇴직소득세 계산] – 중간 정산 시 납부한 퇴직소득세
2. 퇴직소득세 중간 정산 특례를 신청하지 않은 경우
중간 정산 시 받은 퇴직금 기준 퇴직소득세와 중간 정산 이후 받은 퇴직금 기준 퇴직소득세를 각각 납부

참고로 중간 정산 이후 기간에 대한 퇴직소득세를 계산해서 내는 것보다

중간 정산 특례를 활용하는 것이 퇴직소득세를 적게 낸다.

55세 이후 퇴직금을 IRP가 아닌 급여계좌로 받는 경우(55세 이후 IRP 의무지급 아님)에는 회사에서 특례를 적용하여 퇴직소득세를 다시 계산하여 원천징수를 하지만, 이 경우도 본인이 직접 이야기해서 챙겨야 한다. 중간 정산 특례는 퇴직자의 선택이고, 퇴직금을 지급하는 회사가 자발적으로 적용하지는 않기 때문이다.

그러나 IRP로 수령하는 경우는 퇴직금에서 퇴직소득세를 떼지 않고 원금 그대로 IRP 계좌로 입금을 해준다. 그렇기 때문에 추후 연금으로 개시하거나 인출할 때 퇴직금을 받은 해당 금융사에서 중간 정산 특례를 적용해서 다시 퇴직소득세를 산출한다.

그런데 해당 금융사에서 이 내용을 정확히 모르는 경우가 종종 있을 수 있다.

퇴직소득 원천징수영수증을 제출하여 해당 산출을 해달라고 해야 처리해주는 경우가 많으므로 IRP 계좌를 개설할 때는 이런 꼼꼼한 행정적인 사후 서비스를 이해하고, 처리 가능한 금융회사를 선택하는 것이 좋다. 또한 본인도 잊어먹지 말고 있다가 본인이 직접 이야기해야 한다.

퇴직연금의 실무 처리와
퇴직연금을 받는 방법

퇴직급여 수령과 연금계좌 이전 절차

퇴직급여를 연금으로 받으려면 IRP 혹은 연금저축을 활용해야 한다. 자금 운용 제한이나 퇴직급여 인출 방식에 차이가 있으므로 자세히 살펴보고, 본인의 성향이나 향후 자금계획에 좀 더 적합한 상품을 선택하면 된다. 또한, IRP와 연금저축은 연금 수령 요건을 갖춘 이후라면 불이익 없이 서로 계좌 이전이 가능하다.

퇴직급여는 퇴직연금 가입 여부와 퇴직금 종류에 따라 각기 다른 방법으로 수령할 수 있다.

우선 퇴직연금 가입자의 경우 퇴직 시 법정 퇴직금 전액이 IRP로 이전 되는 것이 원칙이다. 다만 55세 이상의 경우 본인의 선택에 따라서 현금 으로 받는 것도 가능하다. 현금으로 받으면 퇴직소득세를 원천징수하고 남은 금액을 수령하게 된다. 이렇게 퇴직급여를 현금으로 한 번에 받았 더라도 나중에 다시 연금으로 받고 싶어진다면 퇴직급여 수령 후 60일 이내에 개인형 퇴직연금(IRP)에 재입금할 수 있다. 이때 냈던 퇴직소득 세는 환급받는다. 이 과정에서 받은 퇴직급여 중 일부만 입금할 수도 있 는데, 그럴 경우 퇴직소득세도 해당 비율만큼만 돌려받는다.

퇴직연금에 가입하지 않은 근로자는 퇴직급여를 IRP · 연금저축으로 받 거나 혹은 퇴직소득세를 원천징수한 뒤 현금으로 수령하게 된다. 이때도 근로자가 연금으로 받고 싶다면 퇴직급여 수령 후 60일 이내에 해당 금 액을 다시 IRP나 연금저축에 납입하고 냈던 퇴직소득세를 환급받으면 된다. 명예퇴직금의 경우 퇴직연금 가입 여부나 나이와 상관없이 현금으 로 수령할 수 있다.

명예퇴직금 역시 법정 퇴직금과 마찬가지로 연금으로도 받을 수 있으며, 연금 계좌로의 이전 절차나 퇴직소득세 환급 방법 등은 법정 퇴직금과 동일하다.

01 / 퇴직연금제도에서 퇴직급여의 종류

퇴직급여는 근로자의 퇴직 시에 지급하는 것이 원칙이다.

퇴직 시 받는 퇴직급여의 형태는

❶ 그 간에 퇴직연금에 쌓인 적립금을 한 번에 목돈으로 받는 일시금과

❷ 쌓인 퇴직금을 5년, 10년, 15년, 평생 등 기간과 금액을 나누어 받는 연금 중 선택할 수 있다.

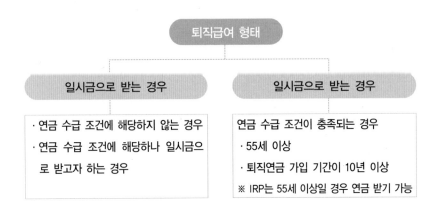

퇴직연금제도에서 연금을 받으려면 근로자가 퇴직금을 받을 때 연령이 55세 이상이면 퇴직금을 연금으로 받을 수 있다.

만일 이와 같은 요건이 충족되지 않은 경우라도 다음과 같이 연금을 받을 수 있다.

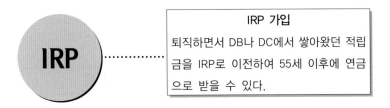

🧑 확정급여형(DB)

회사가 퇴직급여 재원을 외부 금융회사에 적립해서 운용하고, 근로자 퇴직 시 정해진 금액(퇴직 직전 3개월 평균 급여 × 근속연수)을 지급한다. DB

형의 퇴직급여 금액은 기존의 퇴직금과 같고, 운용 결과에 따라 회사의
적립 부담이 변동된다. ➜ 운용 손익이 회사에 귀속

김부장의 퇴직 직전 3개월 평균 급여가 500만 원, 근속연수가 20년인 경우
➜ (김부장) 1억 원(= 500만 원 X 20년)을 퇴직급여로 받고 연금 또는 일시금
으로 수령
➜ (회사) 퇴직급여 예상액을 미리 적립해 운용한 뒤 이 중에서 1억 원을 지급
하므로, 적립액과 운용 손익 합산액이 1억 원을 초과할 때는 그 초과분은 회사
가 갖고 미달하면 회사가 추가로 비용을 부담한다.

근무 마지막 연도의 임금을 기준으로 퇴직급여가 지급되므로 임금상승률
이 높고 장기근속이 가능한 기업의 근로자에게 유리하다.

🧑 확정기여형(DC)

회사는 매년 연간 임금 총액의 일정 비율(1/12 이상)을 적립하고, 근로자
가 적립금을 운용하며, 운용 성과가 퇴직급여에 직접 반영된다.
➜ 운용 손익이 근로자에 귀속

DC형에 가입한 김부장의 경우
➜ (김부장) 매년 본인의 퇴직연금 계좌에 입금되는 금액(예 : 한 달 치 월급)을
금융회사에 직접 지시해서 펀드, 예금 등으로 운용하고 그 누적 금액(회사 적립
분 + 운용 손익)을 퇴직 후 일시금 또는 연금으로 수령
➜ (회사) 매년 김부장의 퇴직연금 계좌에 일정액(예 : 한 달 치 월급)을 적립

회사가 근로자 퇴직급여 계좌에 매년 일정액을 납입하고 근로자가 직접 운용하므로 파산위험 및 임금체불 위험이 있는 회사에 근무하는 근로자나 임금 상승률이 낮거나 임금피크제에 진입한 근로자 등에게 유리하다.

👤 개인형 퇴직연금(IRP)

퇴직한 근로자가 퇴직 시 수령한 퇴직급여를 운용하거나 재직 중인 근로자가 DB/DC 이외에 자신의 비용 부담으로 추가로 적립해서 운용하다가 연금 또는 일시금으로 받을 수 있는 계좌이다.

퇴직연금제도에 가입한 근로자는 퇴직할 때 본인이 설정한 IRP 계좌로 급여를 수령해야 한다. 단, 55세 이후에 퇴직하여 급여를 받는 경우, 급여를 담보로 대출받은 금액을 상환하는 경우, 퇴직급여액이 150만 원 이하의 경우 등은 제외된다.

퇴직근로자		추가부담금 납부 희망자
• 퇴직연금제도(DC, DB) • 퇴직금제도 : 퇴직급여 또는 중간 정산금 수령자 (자율)	IRP	• 퇴직연금제도를 운영 중인 기업의 근로자 • 퇴직금제도에서 일시금을 수령해서 IRP에 납입한 가입자

주 기업형 IRP : 상시근로자 수 10인 미만인 기업이 개별근로자의 동의를 받거나 근로자의 요구에 따라 IRP를 설정하는 경우 해당 근로자에 대해 퇴직급여 제도를 설정한 것으로 간주한다.

퇴직연금제도 유형별 비교

구분		DB형	DC형	개인형 퇴직연금제도(IRP)	
				기업형 IRP	개인형 IRP
급여 수령 형태		연금 또는 일시금			
수급 요건	연금	55세 이상/퇴직 IRP 이전 후 수령			55세 이상
	일시금	연금 수급 요건 미충족 시 또는 일시금 수급을 원할 경우			
급여 수준		퇴직 직전 3개월 평균임금 X 근속연수	매년 지급된 퇴직급여의 합 (연 임금 총액의 1/12 이상) ± 운용 손익		퇴직급여 이전 금액 ± 운용 손익
적립금 운용 주체		기업	근로자	근로자	근로자
추가 입금 여부		불가능	가능	가능	가능

02 / 퇴직연금을 받는 절차

퇴직연금제도에서 55세 이상의 근로자가 퇴직할 때 근로자는 퇴직금을 회사가 아닌 퇴직연금 사업자로부터 지급받는다.

근로자가 회사에 퇴직 신청을 하면 회사는 퇴직연금 사업자에게 퇴직금을 지급할 것을 지시한다.

퇴직연금 사업자는 근로자의 DB 또는 DC 제도에서 운용 중인 투자상품을 매각하고, 그 금액을 퇴직급여로 지급한다.

❶ 퇴직 신청(퇴사 처리를 빨리해 줘야 퇴직금이 빨리 지급됨)

❷ IRP 계좌가 만들어져 있으면 거기로, 없으면 만들어야 한다.

단, 근로자의 사망으로 퇴직연금을 지급하는 경우 해당 근로자가 IRP 계좌가 없는 경우 보통 일반계좌로 입금할 수 있다.

❸ 퇴직금 지급 지시(근로자 퇴직급여 청구서 제출)

❹ 퇴직자의 DC 계좌 내 투자상품 매도

❺ 퇴직금 입금

DB형 : 해당 금융기관의 급여지급신청서

DC형 : 퇴직 전 급여 내역, 퇴직 사실 입증자료

IRP형 : IRP 통장, 신분증

📝 퇴직금 제도를 설정한 기업에 재직 중인 근로자가 개인형 IRP에 가입할 수 있나요?

근로자퇴직급여 보장법에 따라 개인형 IRP에 가입할 수 있는 대상은

❶ 사내 퇴직급여제도를 운영 중인 사업장

❷ 퇴직연금제도의 가입자로서 자기의 부담으로 IRP를 추가로 설정하고자 하는 사람

❸ 자영업자 등 안정적인 노후 소득 확보가 필요한 사람(2017년부터 적용)이 해당된다.

퇴직금제도의 적용을 받는 근로자는 퇴직금을 IRP 계좌로 지급하도록 하고 있으므로 재직 중에는 가입할 수 있다.

📝 퇴직연금을 자기 비용 부담으로 추가 납입하려면 IRP 계좌를 반드시 개설해야 하나요?

DB형은 퇴직연금 추가 불입이 불가능하므로 세액공제 등을 위해 퇴직연금을 추가 납입하려면 반드시 IRP 계좌를 개설해야 한다. DC 가입자는 본인의 DC 계좌에 회사가 불입하는 부담금 외에 개인적으로 부담금을 추가로 납입할 수 있다.

03 / 퇴직 이전에 퇴직연금을 찾는 경우

퇴직 이전에 퇴직연금을 찾는 경우는 DC형과 IRP만 가능하다.

퇴직연금제도에서 긴급자금을 확보해야 하는 경우 중도 인출이나 담보대출을 활용할 수 있다.

중도 인출, 담보대출은 법에서 대통령령으로 정한 아래와 같은 사유로만 가능하다.

❶ 무주택자인 가입자가 본인 명으로 주택을 구입하는 경우

❷ 무주택자인 가입자가 주거목적의 전세금 또는 임차보증금을 부담하는 경우

❸ 가입자, 가입자의 배우자, 가입자 또는 가입자의 배우자와 생계를 같이하는 부양가족이 질병 또는 부상으로 6개월 이상 요양을 하는 경우

❹ 담보를 제공하는 날, 중도 인출을 신청한 날로부터 역산하여 5년 이내에 근로자가 파산선고를 받거나 개인회생절차 개시 결정을 받은 경우

❺ 그밖에 천재지변 등으로 피해를 보는 등 고용노동부 장관이 정하여 고시하는 사유와 요건에 해당하는 경우

퇴직금의 중간 정산 사유에는 여기에 임금피크제실시 후 임금 감소 및 근로 시간 단축에 따른 퇴직금 감소가 추가된다.

🤵 중도인출

근로자가 퇴직하지 않았는데 미리 자신의 계좌에서 적립금을 인출하는 것을 중도인출이라고 부른다.

중도인출은 법에서 정한 사유에 의해서만 가능하다. DB(확정급여형) 제도에서는 중도인출이 불가능하다.

🙎 담보대출

담보대출의 사유도 중도인출과 동일하며, 적립금의 50%까지만 담보로 할 수 있다.

현재 담보대출은 법령 근거는 있으나 세부 규정이 마련되어 있지 않아 시행되지 않는다.

04 / 퇴직연금을 IRP로 이전하는 방법

🙎 근로자가 퇴직 전 금융회사를 선택해서 IRP에 가입한 경우

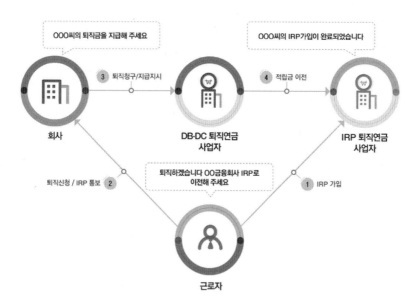

1. IRP 가입

근로자가 원하는 금융회사에 IRP 계좌를 신설한다.

(계약서 및 가입 서류 작성) IRP 퇴직연금 사업자는 가입자에게 가입확인서를 제공한다.

2. 퇴직 신청 / IRP 통보

근로자가 회사에 퇴직 신청을 한다. 퇴직신청서 작성 시 가입한 IRP(계약번호)를 기재한다.

3. 퇴직 청구 / 지급 지시

회사는 퇴직을 확인하고 근로자가 가입된 퇴직연금 사업자에 퇴직금 청구를 한다.

4. 적립금 이전

퇴직연금 사업자는 근로자가 개설한 IRP 계좌로 퇴직금을 이전한다.

(이때, DC 가입자의 경우 투자하던 상품 그대로 이전할 수도 있다. 단, DC 퇴직연금 사업자와 IRP 사업자가 동일한 경우에 한한다.)

🧑 퇴직 시까지 IRP에 가입하지 않은 경우

1. 퇴직 신청

근로자가 회사에 퇴직 신청을 한다.

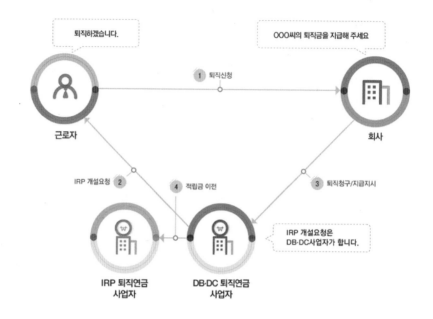

2. IRP 개설 요청

근로자가 퇴직 청구서에 IRP 계좌를 정하지 않았으면 규약에 미리 정한 해당 퇴직연금 사업자의 IRP 계좌로 이전되므로, 해당 사업자가 근로자에 IRP 개설을 요청한다.

3. 퇴직 청구 / 지급 지시

회사는 퇴직을 확인하고 퇴직금 청구를 한다.

4. 적립금 이전

퇴직연금 사업자가 근로자의 IRP 계좌로 퇴직금을 이전한다.
IRP 퇴직연금 사업자는 가입자에게 가입확인서를 제공한다.

계약이전은 퇴직연금 사업자 변경, 즉 A 금융기관에서 B 금융기관으로 바꾸는 것, 혹은 추가로 선정하는 것을 말한다.

회사의 모든 근로자를 대상으로 사업자를 변경할 수도 있고, 일부의 근로자만 다른 사업자로 옮기는 것도 가능하다.

계약이전은 제도의 중단이나 폐지와는 달리 금융기관은 바뀌지만, 원칙적으로 제도의 내용, 가입자의 정보 등이 그대로 A 금융기관에서 B 금융기관으로 이관되어 제도가 운영·유지된다는 점이 특징이다.

자세한 서류 등 방법을 이전하고자 하는 금융기관에 문의하면 된다.

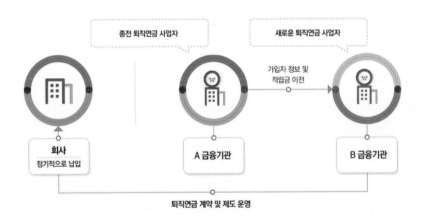

퇴직연금 거래를 은행, 증권, 보험사 또는 은행 간 등 금융기관을 변경해서 거래하고자 할 때는 주의를 기울여야 할 내용이 많다.

우선, 계좌를 옮길 때 원금손실 등 손해가 발생하지는 않는지 확인해야 한다. 향후 거래 시 적용하는 수수료, 비용, 수익률 등이 차이가 발생할 수 있으므로 확인이 필요하다. 단순 이관에 따른 손해는 발생하지 않는다.

다음은 서류 이관 절차가 직접 방문해서 처리해야 하므로 번거로울 수 있다. 연금저축은 새로 거래할 금융기관에만 나가면 되는데 퇴직연금은 양쪽 다 나가야 하는 번거로움이 있다.

마지막으로 기업과 금융기관과의 기존 거래가 많이 연결되어 있을 수 있으므로 관련 거래에 의한 기업이나 개인에게 불편 사항이 발생할 수 있으므로 면밀하게 확인한 후 거래 이관을 할 필요가 있다.

06 / 퇴직연금 유형을 DB형, DC형으로 상호전환

회사가 DB, DC 제도를 모두 도입하고 노사 간 합의가 된 경우라면, 원칙적으로 DB, DC 제도 간 전환이 가능하다.

DB형으로 운용하던 퇴직연금의 수익률이 매우 저조하여 불만족스럽거나 금융기관의 서비스에 불만이 있는 경우 등에 제도 유형을 바꾸거나 거래 금융기관을 바꿔 이용할 수 있다.

보통 중소기업에 근무하는 근로자나 업무 특성상 자주 직장을 옮기게 되는 근로자는 DB형보다 DC형에 가입하여 임금인상률보다 투자수익률을 높여 퇴직연금 수령액을 증가시킬 수 있는 DC형이 유리하다.

퇴직연금의 거래 유형만 바꾸는 절차는 비교적 단순하다. 그렇지만 근로자는 먼저 재직하는 회사의 급여 담당자나 관리자와 상의하여 DB형에서 DC형으로 변경해 달라고 요청해야 한다.

기업이 단체계약에 의해 금융기관과 퇴직연금 계좌를 개설했기 때문에 계약을 변경하는 절차가 필요하다.

이후 근로자 개인이 금융기관과 DC형 퇴직연금 납부 계약을 체결하고, 매월 회사가 납부한 퇴직연금을 자신의 책임하에 투자상품을 선정하고 투자비율 등을 지정하여 운용·관리한다.

DB 제도에서 DC 제도로의 전환이 보편적인데, 임금피크제나 정년이 가까워져 임금 상승률이 낮아지는 근로자들이 DC 전환을 많이 선택한다. 전환 시점의 DB 퇴직급여 총액을 산정하여 DC 계좌에 한꺼번에 넣어 운용하는 형태이다.

그러나 DC 제도에서 DB 제도로의 전환은 현실적으로 어렵다. DB는 근속연수 1년에 대해 지급해야 할 퇴직급여가 정해져 있지만, DC는 운용 성과에 따라 적립금 수준이 변동하기 때문에 DC 적립금을 DB로 이전하는 게 불가능하다. 이에 따라 DC에서 DB로 전환하기 위해서는 전환 전 기간에 대해서는 DC를 유지하고 전환 이후의 근무기간에 대해서만 DB를 적용하는 방식으로 운영하게 되는데, 이는 근로자, 회사 입장에서 실익이 없어 실제 운영되는 사례가 많지 않다.

14 | 퇴직연금(DB, DC)의 납입 금액

01 / 확정급여형(DB형) 퇴직연금의 납입

확정급여형 퇴직연금(DB형)의 납입액은 일반적인 퇴직금의 계산방식과 같다고 보면 된다. 즉, 30일분의 평균임금 × 계속근로연수의 금액을 납입한다고 보면 된다.

02 / 확정기여형(DC형) 퇴직연금의 납입

퇴직급여법에 따르면 DC형 퇴직연금제도를 설정한 회사는 근로자의 연간 임금 총액의 1/12 이상에 해당하는 부담금을 가입자의 DC형 퇴직연금 계정에 납입해야 하며, 이에 DC형 퇴직연금제도를 설정한 시설은 매년 1회 또는 매월 정기적으로 부담금을 납입하고 있다. 즉, 퇴직 시 평균임금으로 계산하여 퇴직급여를 산정하지 않는다.

여기서 임금은 근로기준법 제2조에서 정의된 '사용자가 근로의 대가로 근로자에게 임금, 봉급, 그 밖에 어떠한 명칭으로든지 지급하는 일체의 금품'을 말한다.

따라서 기본급과 장기근속 수당, 직책수당, 초과근무수당(연장근로, 야간 근로, 휴일근로), 연차수당(연차휴가 미사용 수당의 경우 전전년도 출근율에 따라 전년도에 발생한 연차휴가 미사용분을 올해 지급받은 것이라면 이를 임금총액에 포함)은 임금총액에 포함한다.

반면, 학자금과 의료비, 교통비의 경우 자녀의 입학금이나 등록금에 대해 실비 지원하거나, 의료 실비를 지원하고, 실제 업무에 드는 교통비를 정산하는 차원이라면 실비변상적 성격의 금품으로 임금총액에 포함되지 않으나 취업규칙이나 근로계약을 통해 지급요건과 지급률을 정해 고정적으로 일정 금액을 지급한다면 이는 임금 총액에 포함된다.

또한 사용자가 포괄임금제를 이유로 법정수당에 미달하는 금액을 기준으로 산정한 임금총액에 따라 DC형 부담금을 납입한 경우라면 법정수당을 포함한 임금 총액을 기준으로 부담금을 산정·납입해야 한다. 즉, 포괄임금 제도를 채택하는 회사가 포괄임금을 이유로 법정수당에 미달하는 임금을 지급했다고 하더라도 법정수당을 기준으로 산정·납입해야 한다.

$$총부담금 = \frac{(각 \ 연도별 \ 계약 \ 연봉 + 연차휴가수당 + 기타 \ 지급 \ 상여금, \ 수당 \ 등)}{12}$$

연차수당 : (전전년도 출근율에 따라 전년도에 발생한 연차휴가 미사용분을 올해 지급받은 것 + 1년 미만 연차휴가 미사용 수당) × 3 ÷ 12

DC형과 DB형 중 추가 납입이 가능한 것은 DC형이며, DB형은 DC형으로 전환하지 않는 이상 추가 납입이 불가능하다.

예를 들어 직원 중 한 명의 급여가 다음과 같은 경우

급여명세서	
구 분	**금액**
기본급	1,800,000원
연장근로	20,151원
휴일근로	161,204원
월 고정 상여	169,290원
제 수당	66,580원
고정 비과세 항목	300,000원
출장비	75,000원
총합계액	2,196,045원

근로자퇴직급여보장법 제20조 제1항에 따라 확정기여형 퇴직연금(DC형)

제도의 경우 사용자는 가입자의 연간 임금 총액의 12분의 1 이상에 해당하는 부담금을 현금으로 확정기여형 퇴직연금 제도 계정에 납입해야 한다.

임금 항목을 기준으로 기본급과 연장근로, 휴일근로, 월고정 상여, 제수당, 고정 비과세 항목을 더한 월 급여액을 기준으로 연간 총액을 산정하여 이를 12개월로 나누어 12분에 1에 해당하는 금액을 퇴직연금 부담금으로 해당 근로자의 퇴직연금 계좌에 불입해야 한다.

일반적으로 초과근로의 많고 적음에 따라 월급여액이 달라질 수 있는 만큼 12개월분을 개략적으로 정산하여 미리 납부하고 추후 해당 근로자의 초과 근로의 많고 적음에 따라 추가로 연간 임금 총액이 늘어날 경우 이를 추가로 내야 한다.

출장비의 경우 출장에 따른 경비를 실비변상한 것이라면 이는 임금액에서 제외된다고 봐야 하지만, 출장 여부와 무관하게 고정적으로 지급하는 수당이라면 이를 연간 임금 총액에 포함시킨다.

📝 퇴직연금을 적게 또는 많이 납부한 경우

확정급여형(DB형) 퇴직연금은 회사가 퇴직연금 계좌에 불입한 금액과 관계없이 근로자가 실제로 퇴직할 때 받게 되는 금액은 법정 퇴직금과 같은 금액이 되며, 퇴직연금 불입액의 잔액이 부족하면 차액을 회사에서 추가 지급하고, 퇴직연금 잔액이 법정 퇴직금을 초과할 경우 그 초과 금액은 다시 회사에 귀속된다.

이에 반해 확정기여형(DC형) 퇴직연금은, 근로자가 지급받는 연간 임금 총액의 1/12 이상을 회사는 매년 1회 이상의 기일을 정하여 퇴직연금 계좌로 납입하고, 이렇게 납입된 금액을 퇴직연금 상품을 운용하는 금융기관에서 운영하여, 수익이 날 때 그 수익금, 손실이 날 때 그 손실에 대한 부담 모두 근로자에게 귀속되고,

회사는 퇴직연금 계좌에 납입한 연간 임금 총액의 1/12 이상을 제때 납입하는 것으로 퇴직금 지급 의무는 다한다. 만일 가입되어 있던 퇴직연금 상품이 DB형이라면, 법정 퇴직금과의 차액을 회사에 추가로 청구하여 받을 수 있겠지만, DC형 퇴직연금 상품이라면 법정 퇴직금을 초과하든 미달하든, 회사에 추가로 퇴직금을 청구할 수는 없다.

다만, DC형이라 해도 회사가 납입해야 할 퇴직연금액보다 적게 납입한 경우, 납입되지 않은 차액에 대해서는 회사를 상대로 청구할 수 있으며, 회사는 납입기한이 지난 만큼, 퇴직연금 상품의 약관에서 정한 내용에 따라 가산금을 합산하여 납입해야 한다.

📝 출산휴가 및 육아휴직기간 중 DC형 퇴직연금 납입

법정 퇴직금은 계속 근속연수가 1년 이상인 근로자가 퇴직할 때 마지막 3개월 동안 지급받은 임금 총액으로 평균임금을 산정하여 전체 근무기간에 대해 퇴직금을 계산한다. 이때, 출산휴가기간과 육아휴직기간은 법에 의하여 퇴직금의 기준이 되는 평균임금 산정 기간(마지막 3개월)에서 제외되지만(출산휴가 기간이나 육아휴직 기간은 급여가 적거나 없으므로 이 시기를 기준으로 평균임금을 산정하지 않도록 함), 퇴직금 산정의 대상 기간인 계속 근속연수에는 포함된다.

법정 퇴직금제도를 대신하는 것으로서 퇴직연금제도가 있는데, 이 중 확정급여형(DB형)은 실제 퇴직 시 법정 퇴직금에 금액을 맞추게 되므로 퇴직연금 가입 기간 중 사용자가 퇴직연금을 제대로 불입하는지? 여부가 크게 문제 되지 않는다.

그러나, 근로자에게 지급되는 연간 임금 총액의 1/12 이상을 퇴직 분담금으로 불입해야 하는 확정기여형(DC형) 퇴직연금의 경우, 출산휴가 기간과 육아휴직 기간에 지급되는 급여가 평소보다 낮거나 없으므로 납입방식을 월납 방식으로 하면서도 출산휴가 기간 및 육아휴직 기간에 대해서는 종종 DC형 퇴직연금 계좌에 분담금을 납입하지 않는 경우가 있으며, 이는 실제 근로자가 퇴직할 때 법정 퇴직금과 큰 차이를 유발하게 되어 문제가 되곤 한다.

이와 관련하여 최근 질의가 있어 답변과 함께 아래에 소개한다.

현재 퇴직연금 가입자인데요. 총급여의 1/12이 매달 적립되고 있습니다.
출산휴가 90일 동안 60일까지는 기본급에서 210만 원을 제외한 금액만 사업장에서 받았고, 210만 원은 고용보험에서 받았습니다.
마지막 30일은 사업장에서는 받지 않고 고용보험에서만 160만 원을 받았는데요.
이럴 경우는 퇴직금 적립이 어떻게 되는 건지 궁금합니다.
실제로 제가 퇴직연금 가입된 은행에 알아보니 출산휴가 기간에는 퇴직금 적립이 안 됐더라고요.
육아휴직은 회사에서 받는 돈이 없으므로 적립이 안 되는 게 이해가 되지만, 출산휴가는 퇴직금을 적립해야 하는 거로 알고 있는데 답변 부탁드립니다.

해설

근로기준법상 출산휴가 기간 및 남녀고용평등 및 일·가정 양립지원에 관한 법률에 따라 실시되는 육아휴직 기간은 법정 퇴직금 산정에 있어 대상 기간인 계속근속연수에 포함되어야 합니다.

퇴직연금은 법정 퇴직금에 갈음하는 제도이며, 출산휴가 및 육아휴직 실시로 인해 근로자에게 불이익한 조처를 할 수 없고, 퇴직연금 중 DB형 퇴직연금의 경우에는 출산휴가 기간이나 육아휴직 기간과 관계없이 실제로 퇴직하는 시점에서 평균임금을 산정하여 법정 퇴직금 이상의 금액을 지급해야 하는데, 연간 지급하는 임금총액의 1/12 이상을 불입해야 하는 DC형 퇴직연금에 가입하였다 해서 법정 퇴직금이나 DB형 퇴직연금 가입자와 비교하면 출산휴가, 육아휴직 등으로 불이익을 받아서는 안 되므로, 출산휴가 기간 및 육아휴직 기간에 대해서도 퇴직연금은 불입되어야 합니다.

이때 불입하는 금액 기준을 어디에 둘 것인지와 관련하여, 법정 퇴직금의 기준이 되는 평균임금 산정 시, 출산휴가 기간 및 육아휴직 기간은 실제로 지급되는 임금이 평소와 달라지므로, 계속 근무연수에는 산입하되 평균임금 산정의 기준이 되는 마지막 3개월에서는 제외하도록 근로기준법 시행령에서 정하고 있으므로, 이러한 점에 비추어 볼 때, 연간 임금총액의 1/12 이상을 불입하는 DC형 퇴직연금의 경우, 1년 중 출산휴가 기간 및 육아휴직 기간을 제외한 나머지 기간동안 지급된 연간 임금총액을 같은 기간으로 나눈 금액을 퇴직연금 불입액으로 납입해야 합니다.

이와 관련하여 고용노동부에서도,

"근로자퇴직급여보장법 제13조 제1호에 따라 확정기여형 퇴직연금제도를 가입한 사용자는 연간 1회 이상 가입자의 연간 임금총액의 12분의 1을 부담금으로 납부하여야 함. 그러나 근로자가 당해 연도에 휴업을 실시하여 연간 임금총액이 낮아질 경우는 휴업의 사유에 따라 달리 적용되어야 하는바, 수습사용 기간, 업무상 부상, 질병으로 휴업한 기간, 출산휴가 기간, 육아휴직 기간, 사업주의 귀책 사유로 인한 휴업 기간, 적법한 쟁의행위 기간, 병역법 등의 의무이행 기간 및 업무외 부상, 질병 기타의 사유로 인하여 사용자의 승인을 얻어 휴업한 기간에 대해서는 해당 기간의 임금을 제외한 연간 임금총액을 해당기간을 제외한 기간으로 나눈 금액을 부담금으로 납부하여야 함"

이라는 행정해석을 내리고 있으며, 아래의 산식에 따라 불입금액을 계산하도록 하고 있다.

> 휴업기간 중 지급된 임금을 제외한 연간 임금총액 ÷ (12 − 휴업기간)

이때 휴업기간을 월수로 환산하는 방법은 30일인 달에서 15일을 휴업하였다면 0.5월로 함

"무단결근과 같이 근로자의 귀책 사유로 인한 휴업기간에는 그 기간이 유급인지 무급인지를 불문하고, 연간 지급된 임금총액의 12분의 1의 금액을 부담금으로 납부해야 할 것"이라고 함으로써, 근로자의 귀책 사유로 인한 휴업으로 임금이 줄어드는 경우라면 그에 대해서는 DC형 퇴직연금 불입 금액이 줄어들더라도 무방한 것으로 해석하고 있다 (퇴직급여보장팀 − 1090, 2007.03.15.).

📝 상여금(경영성과급)의 퇴직연금 불입방법

사전에 정해진 금액을 정기적으로 지급하는 상여금은 퇴직급여 산정의 기초가 되는 근로자 평균임금 및 임금총액에 포함되지만, 비정기적이고 금액이 정해지지 않은 경영성과급은 그렇지 않다. 또한, DC형 퇴직연금 가입자는 경영성과급을 퇴직연금 계좌에 넣을 수 있다.

정기적 급여 형태의 상여금은 퇴직금 제도나 DB형 퇴직연금제도에서 퇴직급여 산정의 기초가 되는 평균임금에 포함된다.

DC형 퇴직연금 가입 근로자라고 하더라도 정기적인 상여금은 퇴직금 산정에 영향을 미친다.

DC형 퇴직연금을 운영 중인 회사는 근로자의 퇴직연금 계좌에 연간 임금총액의 12분의 1 이상을 납입해야 하는데, 이때 정기적인 상여금은 연간 임금총액에 포함해 계산해야 한다.

정기적인 상여금과는 별도로 지급시기나 금액 등이 사전에 정해져 있지 않은 비정기적 성과급도 있다. 그해 경영 실적에 따라 대표이사의 재량으로 지급하는 경영성과급이 대표적이다. 이러한 비정기적인 성과급은 퇴직금 제도나 DB형 퇴직연금제도에서의 평균임금에 포함되지 않으며, DC형 퇴직연금 회사 납입 금액의 기초가 되는 연간 임금총액에도 포함되지 않는다.

경영성과급(상여금) 퇴직연금 납입률은 노사 합의 사항이다.

DC형 퇴직연금 가입자만 경영성과급을 퇴직연금에 적립할 수 있다. 퇴직연금에 가입하지 않았거나 DB형 퇴직연금에 가입한 근로자의 경우 자기 이름으로 된 퇴직연금계좌가 없으므로 경영성과급을 이체하고 싶어도 할 수가 없다.

경영성과급도 DC형 퇴직연금 도입 사업장 근로자의 경우 원한다면 퇴직연금 계좌에 납입할 수 있다. 이 경우 나중에 이 금액을 수령할 때 근로소득세 대신 퇴직소득세 또는 연금소득세가 부과된다. 또한, 사업장 퇴직연금 규약에 경영성과급 납입을 노사 간 합의로 명시해야 하고, DC형 퇴직연금 가입자 모두에게 회사 규약에 정해진 비율대로 경영성과급을 적립해야 한다.

다만 퇴직연금 계좌에 경영성과급 납입을 원치 않는 근로자는 이 제도의 최초 적용 시 혹은 경영성과급 납입 비율 변경 시에 제도 적용을 거절할 수 있다.

퇴직급여제도 가입 대상이 되는 근로자 전원을 적립 대상으로 지정해야 한다. 물론 모든 근로자가 무조건 경영성과급을 퇴직연금으로 적립해야 하는 것은 아니며, 경영성과급을 퇴직급여로 적립하지 않고 즉시 수령하고 싶은 근로자가 있다면 최초로 제도를 시행한 날이나 규칙을 변경한 날에 적립하지 않겠다고 선택하면 된다.

임금 상승률이 높은 회사에서 경영성과급을 퇴직연금에 적립하려면 근로자가 DB형과 DC형 퇴직연금에 동시에 가입할 수 있는 혼합형 제도를 설정해 근로자가 매년 발생하는 퇴직급여를 DB형과 DC형에 나눠서 적립하도록 한다.

단, 혼합형 제도에서 DB형과 DC형의 혼합비율은 모든 근로자에게 동일한 비율로 설정해야 하며, 한 회사에서 혼합형 비율은 하나의 비율만 존재한다. 근로자가 개별적으로 적립 비율을 선택할 수 없다.

회사는 향후 혼합비율을 변경할 수 있는데, 이때는 DC형 적립 비율을 증대하는 방향으로만 가능하다. 따라서 임금 상승률이 높은 회사는 혼합형 제도를 설정하면서 DB형 적립비율을 높게 설정하면 DB형이 갖는 장점은 살리면서 경영성과급 또한 DC형 퇴직연금 계좌에 적립할 수 있다.

📝 중도 입사자와 휴직자의 퇴직연금(DC형) 부담금 불입 방법

1. 중도 입사자의 경우

중도 입사자의 경우 임금 × 1/12을 부담금으로 불입하면 된다. 예를 들어 1월 1일 및 7월 1일이 퇴직연금 부담금 불입 일이고, 7월 28일 입사라면 1월 1일에 7월 28일~12월 31일까지의 임금을 12로 나누면 되는 것이다.

또한, 계속근로기간이 1년 미만인 근로자에 대한 퇴직연금 적립금은 사용자에게 귀속되는 것이 원칙이므로 입사자를 즉시 퇴직연금에 가입시키고 부담금을 불입해도 회사의 손해는 아니다.

반면, 1년 이상이 되어야 퇴직금이 발생하고 1년이 되기 전에 퇴사할 수도 있으므로 1년이 되지 않은 입사자에 대해서는 퇴직연금을 불입하지 않고, 1년 이상인 근로자에 대해서만 퇴직연금을 불입하는 회사도 있다.

2. 휴직자의 경우

휴직자에 대한 부담금은 사용자의 승인을 얻은 휴직기간인지? 여부에 따라 달라진다.

① 사용자의 승인을 얻은 유급, 무급휴직 : (연간 임금총액 − 휴직기간동안 지급된 임금) ÷ (12 − 휴직기간)

② 사용자의 승인 없는(근로자 귀책 사유로 인한) 휴직 : 연간 지급된 임금총액 ÷ 12

관련 행정해석 : 근로자퇴직급여보장팀-1090, 2007.03.15.

❶ 근로자퇴직급여 보장법 제13조 제1항에 따라 확정기여형 퇴직연금제도를 가입한 사용자는 연간 1회 이상 가입자의 연간 임금 총액의 12분의 1을 부담금으로 납부하여야 함.

❷ 수습사용기간, 업무상 부상·질병, 출산전휴가기간, 육아휴직기간, 사업주 귀책 사유로 인한 휴업, 적법한 쟁의행위기간, 병역법 등의 의무이행기간 및 업무 외 부상·질병 기타의 사유로 인하여 사용자의 승인을 얻어 휴업한 기간에 대해서는 해당 기간의 임금을 제외한 연간 임금 총액을 해당 기간을 제외한 기간으로 나눈 금액을 부담금으로 납부하여야 할 것이며

❸ 무단결근 등 근로자 귀책 사유로 인한 휴업인 경우는 유·무급을 불문하고 연간 지급된 임금 총액의 12분의 1의 금액을 부담금으로 납부해야 할 것임.

---

16 퇴직연금은 중도인출이 가능한가?

확정급여형(DB형) 퇴직연금을 제외한 퇴직금, 확정기여형(DC형) 퇴직연금, 개인형 퇴직연금(IRP)은 일정한 조건을 충족할 경우 중간정산 혹은 중도인출이 가능하다. 이 경우 퇴직소득세 혹은 기타소득세가 부과되지만, 부득이한 사유일 경우는 연금소득세가 과세된다.

퇴직연금이 아닌 기존 퇴직금 제도에 가입된 경우 주택 구입이나 요양과 같이 '근로자퇴직급여보장법 시행령'에 규정한 중간정산 사유에 해당하면 퇴직금 중간정산이 가능하다. 이때 중간 정산한 퇴직금에 대해서는 퇴직소득세가 부과된다.

하지만 확정급여형(DB형) 퇴직연금 가입자의 경우에는 중간정산 자체가 불가능하다. 다만 확정기여형(DC형) 퇴직연금 가입자만 근퇴법상 중도인출 사유에 해당할 때는 중도인출이 가능한데, 이때 이 금액에 대해서도 퇴직소득세를 납부해야 한다.

DB형 퇴직연금 가입자가 DC형으로 전환하면 중도인출이 가능하다. 근퇴법상의 중도인출 사유는 무주택자의 주택구입과 전세·임차보증금 부담, 근로자 또는 부양가족의 6개월 이상 요양, 가입자 파산선고 또는 개인회생절차 개시, 천재지변으로 발생한 피해 등이 있다. 퇴직금의 중간정산 사유에는 여기에 임금피크제실시 후 임금 감소 및 근로시간 단축에 따른 퇴직금 감소가 추가된다.

DC형 가입자뿐만 아니라 IRP 계좌에 이체한 퇴직금이나 적립금도 위의 사유에 해당하면 중도인출할 수 있다. 이때 근퇴법에 따라 중도인출하거나, 아니면 아예 IRP를 해지할 때 소득세법상 부득이한 사유에 해당하는지에 따라 세금이 달라진다. 소득세법에서는 부득이하게 IRP 적립금을 인출 또는 해지하는 경우는 연금소득으로 인정해 주는 혜택이 있다.

소득세법상의 부득이한 인출 사유는 사망, 해외 이주, 본인 또는 부양가족의 3개월 이상 요양, 가입자 파산선고 또는 개인회생절차 개시, 연금계좌 취급자의 영업 정지, 인허가 취소, 파산선고, 천재지변으로 발생한 피해 등이 해당한다.

17 금요일 근무 후 퇴직 시 급여, 주휴수당, 퇴직금, 연차수당

매월 마지막 주 금요일이 월말에 해당하면 퇴직일은 계속근로연수에 포함되지 않으므로 마지막 근무일을 언제로 보느냐에 따라 향후 급여정산, 연차유급휴가 일수 및 퇴직금(퇴직연금) 산정 시 퇴직 처리하는 1일로 인하여 연차휴가 발생일수 및 퇴직금(퇴직연금) 지급대상 여부가 달라질 수 있는바 세밀한 인사노무관리가 필요하다.

고용노동부 행정해석 : 2000.12.22, 근기 68201 - 3970

근로자의 퇴직은 근로계약의 종료를 의미하는 것으로서 퇴직일은 근로기준법 제34조에 규정한 계속근로연수에 포함되지 아니하는 것이 타당하다.

근로자가 당일 소정 근로를 제공한 후 사용자에게 퇴직의 의사표시를 행하여 사용자가 이를 즉시 수리하였더라도 "근로를 제공한 날은 고용종속 관계가 유지되는 기간"으로 보아야 하므로 별도의 특약이 없는 한 그다음 날을 퇴직일로 간주한다.

---

01 / 급여 정산

월 마지막 주 금요일에 퇴직하는 근로자 중 예를 들어 2024년 8월 30일

(금)까지 출근하고 퇴직하는 경우 실무적으로 2024년 8월 30일(금)의 경우 2024년 8월 31일(토)까지 근무한 건으로 간주하여 8월 급여를 전액 지급하고 있다.

실질적으로 출근한 마지막 날이 30일(금)이므로 8월 급여를 전액 지급하고 있는데, 이 경우 매월 마지막 주 근무일이 며칠인지? 어느 요일인지? 에 따라 실질적으로 근무하지 않더라도 1일의 급여를 지급하는 경우가 발생하는바 퇴직일의 원칙과 예외에 대해서 살펴보도록 하겠다.

🧑 원칙

월말 마지막 주 최종 근로 제공일인 금요일(2024년 8월 30일(금))까지는 근로를 제공하여 이날까지 근무한 것에 대한 월 급여는 일할 계산(30일분)하여 지급하는 것이 원칙이며, 익일인 토요일(2024년 8월 31일)의 경우 단지 퇴직일에 불과하고 고용관계가 유지되는 기간이 아니므로 임금 지급의무는 없다고 할 것이다.

🧑 예외

그러나 실무적인 처리에서는 관행적으로 퇴직자가 월말 마지막 주 금요일(2024년 8월 30일(금))까지 근무하고 퇴직하는 경우임에도 불구하고 회사에서는 2024년 8월 31일까지 근무한 것으로 간주하여, 퇴직 처리함에 따라 31일분의 월 급여를 지급하는 것은 유리 조건 우선의 원칙에 의거 법적 위반 사항에는 해당하지 않는다고 사료된다.

02 / 주휴수당의 지급

근로기준법 제55조에 의하면 주 소정근로일을 만근한 근로자에게 1일의 유급 주휴수당을 지급하도록 규정되어 있다.

일반사업장의 경우 주휴일이 일요일이므로, 주휴수당은 해당주의 소정근로일을 만근하였을 경우 일요일을 유급휴일로 하여 주휴수당이 발생하게 된다.

그러나 퇴사일이란 근로계약 관계가 종료된 날을 말한다. 따라서 금요일까지 실제 근로를 제공하였다면 퇴직일은 마지막 근로일의 다음 날인 토요일이다. 이런 경우 금요일까지 근로 제공에 대한 임금이 지급(월말 마지막 주 금요일의 경우 관행적으로 1달 전액 지급)되어야 하며, 퇴직금 계산을 위한 평균임금 역시 마지막 근로일(금요일)까지의 근로제공에 대한 대가로서의 임금까지 계산한다. 퇴직일인 토요일 이후에는 근로계약 관계가 성립되지 않으므로 임금(주휴수당)이 발생하지 않는다.

따라서, 금요일이 마지막 근로일의 경우 퇴사일은 토요일이 되므로 주휴수당은 발생하지 않는다. 다만, 퇴사일이 월요일이 될 경우 주휴수당이 발생한다.

03 / 금요일 퇴직 시 퇴직금과 연차수당

앞서 말한 바와 같이 퇴사일에 대한 처리방식을 취업규칙이나 근로계약에 별도로 정한 바가 없다면 해당 근로자가 마지막으로 출근하여 근로제공한 날의 다음 날이 퇴사일이 된다.

따라서 주 소정근로시간이 40시간이며, 주휴일이 일요일인 사업장에 해당 근로자가 금요일까지 출근해서 근로를 제공한 경우 토요일이 퇴사일이 된다. 또한, 주휴일을 부여하는 시점에서 근로계약 관계가 유지되고 있지 않은 만큼 별도의 정함이 없다면 해당 주에는 주휴일을 부여할 의무는 없다.

퇴직금 산정 시 계속근로기간 역시 동일하게 마지막으로 출근한 다음 날을 퇴사일로 하여 계속근로기간이 1년인지 여부를 확인하면 된다. 가령, 1월 1일 입사 근로자의 경우 12월 31일까지 근로를 제공했다면 해당 근로자의 퇴사일을 1월 1일이 되며 1월 1일~12월 31일까지 계속근로기간이 1년 이상이 되기 때문에 퇴직금을 지급받을 수 있게 된다.

반면 1월 2일 입사 근로자의 경우 12월 31일까지 근로를 제공했다면, 해당 근로자의 퇴사일을 1월 1일이 되며 1월 2일~12월 31일까지 계속근로기간이 1년에서 하루가 모자라 퇴직금을 지급받을 수 없다.

> 2023년 8월 31일 입사, 2024년 8월 30일(금요일)까지 근무 후 퇴사 시 퇴직금을 받을 수 있을까요? 30/31일이 주말인데 10월 100% 급여를 받나요? 그럼 퇴사일이 31일인가요?

해설

근로자퇴직급여보장법에 따른 법정 퇴직금은
① 근로기준법상 근로자로 근무해야 하며,
② 퇴직일을 기준으로 역산하여 4주 평균으로 1주 소정근로시간이 15시간 이상인 기간이
③ 근로 단절 없이 1년 이상이 되는 경우 해당 기간에 대해서 퇴직금이 발생하게 된다.
근로조건, 근로내역이 위 요건을 모두 충족한다면 퇴직금 지급대상에 해당한다.

퇴직 일자에 대해 별도의 합의(예 : 9월 1일자 퇴직 등)를 하지 않는다면, 마지막 근로일 다음 날이 퇴직일에 해당하므로, 8월 31일 자(딱 1년이 되어 법적 퇴직금 지급 대상, 연차수당(1년 + 1일)은 미지급 대상)로 퇴직하게 되며, 이 경우 사용자 가 8월 31일과 9월 1일의 임금을 지급하지 않더라도 법 위반은 아니다.

> **2024년 3월 1일 입사, 2025년 2월 29일까지 근무 후 퇴사 시 연차수당을 받을 수 있을까요?**

해설

퇴직 일자에 대해 별도의 합의(예 : 3월 1일 자 퇴직 등)를 하지 않는다면, 마지막 근로일 다음 날이 퇴직일에 해당하므로, 3월 1일 자로 퇴직하게 되며 이 경우 연차 휴가는 발생하지 않고 따라서 수당도 발생하지 않는다(임금근로시간정책팀-343, 2008.02.05.).

2024년 3월 1일부터 2025년 3월 1일까지 근무 시 1년 + 1일을 근무한 것으로, 출근 의무 일의 80% 이상 근무 시는 15일의 연차휴가가 발생한다.

그러나 2025년 2월 29일 근무 후 퇴사 시에는 3월 1일이 퇴사일로 1일 차이로 연차휴가가 발생하지 않는다. 물론 퇴직금은 발생한다(원칙).

그러나 회사에서 연차수당을 지급한다고 해서 법 위반에 해당하지는 않는다(예 외).

구 분	부여 기준
퇴 직 금	딱 1년 365일(입사일에서 마지막 근무일) 근무 시 부여
연차휴가	365일(1년) + 1일(입사일에서 마지막 근무일) 근무 시 부여

18 직원퇴직 후 보관해야 할 서류

01 / 계약서류 보존 의무

근로기준법 제42조에서 회사는 근로자명부와 근로계약에 관한 중요한 서류(근로계약서, 임금대장, 임금의 결정·지급 방법과 임금계산의 기초에 관한 서류, 고용·해고·퇴직에 관한 서류, 승급·감급에 관한 서류, 휴가에 관한 서류 등)를 3년간 보존하도록 하고 있다.

이는 근로기준법상 임금채권의 소멸시효가 3년이라는 점에서 임금과 관련한 분쟁이 발생한 경우 관련 서류에 대한 입증책임이 사용자(회사)에 있으므로 이를 법정 보존서류로 정하고 있다. 만일 이를 위반해 관련 서류를 보존하고 있지 않으면 500만 원 이하의 과태료 처분을 받는 것 이외에 관련 분쟁에 있어서 불리한 처지에 놓일 수 있으므로 반드시 근로계약과 관련한 중요한 서류를 보존해야 한다. 특히, 근로자명부와 근로계약서, 임금대장, 퇴직 관련 서류 등은 해당 근로자가 회사를 퇴직한 날부터 3년간 보존해야 한다.

고용노동부 근로감독이 실시되는 경우에도 마찬가지로 3년 전 서류까지 점검하게 된다는 점도 유의해야 한다.

▷ 근로계약서

▷ 임금대장

▷ 임금의 결정·지급 방법과 임금 계산의 기초에 관한 서류

▷ 고용·해고·퇴직에 관한 서류

▷ 승급·감급에 관한 서류

▷ 휴가에 관한 서류

▷ 승인·인가에 관한 서류

▷ 서면합의 서류

▷ 연소자의 증명에 관한 서류

02 / 사용증명서

근로기준법 제39조에서는 "사용자는 근로자가 퇴직한 후라도 사용 기간, 업무 종류, 지위와 임금, 그 밖에 필요한 사항에 관한 증명서를 청구하면 사실대로 적은 증명서를 즉시 내주어야 한다."라고 규정하고 있다. 퇴직 이유나 경영진의 판단과 관계없이 근로자가 일했던 경력을 인정받을 수 있다.

퇴직에는 임의 퇴직(사직)뿐만 아니라 해고, 계약기간의 만료 등 모든 근로관계의 종료가 포함된다. 그렇다고 사용증명서를 꼭 퇴직 이후에 신청할 수 있는 것은 아니다. 재직 중에도 이직을 위해 사용증명서 발급을 요청할 수 있다. 회사는 이에 응해야 한다.

사용증명서에는 근로자의 퇴사 이유가 들어갈 수 있다. 그런데 퇴사 이유가 이직하는 데 악영향을 끼칠 수 있는 내용이라면 어떨까? 근로자를 채용하려는 회사에서 판단할 문제지만, 사내 직원과의 불화로 인한 권고

사직 같은 내용이라면 근로자에게 불리하게 작용할 수 있다. 이때 근로자는 이런 부분을 빼고 사용증명서를 발급해달라고 요청할 수 있다. 근로기준법은 사용증명서에 '근로자가 요구한 사항만 적어야 한다.'라고 규정하기 때문이다.

회사가 사용증명서를 내어주지 않는다면 500만 원 이하의 과태료를 부과받을 수 있다. 또한 근로자가 요구한 사항만 기록하지 않고 다른 내용까지 넣는다면 과태료 대상이다.

사용증명서를 청구할 수 있는 근로자는 해당 회사에서 30일 이상 근무한 근로자에 한정되므로 1개월 미만 근무한 근로자가 사용증명서를 청구하더라도 회사는 반드시 발급할 의무가 있는 것은 아니다. 또한, 퇴직근로자가 회사에 사용증명서를 청구할 수 있는 기한은 퇴직 후 3년 이내로 한정되는데, 이는 근로기준법상 사업주가 퇴직근로자에 대한 서류를 보존하는 기간이 3년으로 정해져 있기 때문이다.

그러나 실무적으로는 대부분 회사가 그 이전의 경력에 대해서도 사용증명서를 발급하는 것이 일반적이다.

03 / 근로기준법상 서류의 보존 기한

사용자는 근로자명부(근로자가 해고되거나 퇴직 또는 사망한 날부터 날짜 계산) 등 다음의 서류를 3년간 보존해야 한다(근로기준법 제22조, 근로기준법 제42조).

❶ 근로계약서 : 근로관계가 종료된 날부터 날짜 계산

❷ 임금대장 : 마지막 기입한 날부터 날짜 계산

❸ 임금의 결정·지급 방법 및 임금 계산의 기초에 관한 서류 : 그 완결한 날부터 날짜 계산

❹ 고용·해고·퇴직에 관한 서류 : 근로자가 해고되거나 퇴직한 날부터 날짜 계산

❺ 승급·감급에 관한 서류 : 그 완결한 날부터 날짜 계산

❻ 휴가에 관한 서류 : 그 완결한 날부터 날짜 계산

❼ 연장근로, 감시 또는 단속적으로 근로에 종사하는 자로서 사용자가 고용노동부 장관의 승인을 얻은 자(근로시간과 휴일, 휴게 규정 예외) 및 18세 미만자, 산후 1년이 경과되지 아니한 여성·임신 중의 여성이 명시적으로 청구(야업 및 휴일근로의 제한) 규정에 의한 승인·인가에 관한 서류 : 승인 또는 인가를 받은 날부터 날짜 계산

❽ 탄력적 근로시간, 선택적 근로시간, 출장 및 업무의 특성상 특수한 경우 및 운수업, 물품 판매 및 보관업, 금융보험업, 영화제작 및 흥행업, 통신업, 교육연구 및 조사사업, 광고업, 의료 및 위생사업, 접객업, 소각 및 청소업, 이용업, 기타 공중의 편의 또는 업무의 특성상 필요한 경우로서 근로시간 및 휴게시간의 특례 규정에 의해서 서면합의를 한 경우 서면합의 서류 : 서면합의를 한 날부터 날짜 계산

❾ 사용자는 18세 미만인 자에 대해서는 그 연령을 증명하는 호적증명서와 친권자 또는 후견인의 동의서를 사업장에 비치해야 한다. : 서면합의를 한 날부터 날짜 계산

📝 사업장 지도·점검 관련 준비서류

1. 사업자등록증 및 법인 등기사항전부증명서
2. 조직도(부서별 남녀 인원, 정규직, 계약직, 단시간 등 구분)
3. 부서별 위임전결 규정·업무분장표 및 직종별 주요 업무 내용

4. 최근 1년간 근로계약서 및 근로자명부(최근 1년간 입사, 퇴사자 명단 및 기간제 · 단시간 근로자 명단 및 배치 현황 포함)

5. 출 · 퇴근기록부, 연장근로 내역부, 근태 기록부 등 임금 산정 기초자료

6. 최근 1년간 임금대장 및 임금 내역

7. 연차유급휴가 사용 현황 및 관리대장(최근 2년)

8. 최근 1년간 퇴직 및 퇴직금 관련 서류(최근 1년간 퇴직자 명단, 퇴직금 지급내역 등)

9. 직장 내 성희롱 예방 교육 자료(최근 3년), 복리후생제도 관련 서류

10. 감단 등 인허가 관련 일체 서류

11. 노사협의회 관련 일체 서류(30인 이상 사업장인 경우만)

12. 최근 1년간 임신근로자, 육아휴직 근로자현황 및 관리대장

13. 일용근로자, 아르바이트 명부(최근 1년) 및 급여 지급 현황(최근 1년)

14. 기타 서류 현지 요구

〈고용노동부 홈페이지(moel.go.kr) ⇒ 퇴직금 계산기〉

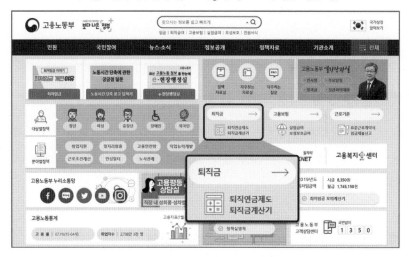

19 퇴직금 등 지연이자

근로기준법 제37조 제1항은 근로기준법 제36조에 따른 금품을 14일 이내에 청산하지 아니한 경우 그다음 날부터 지급하는 날까지 대통령령으로 정하는 이율에 따른 지연이자를 지급하라고 되어 있다.

다만, 동조 제2항은 천재 사변, 그 밖에 대통령령으로 정하는 사유 발생 시 지연이자 규정을 적용하지 않는다고 되어 있다.

01 / 지연이자률

👤 민법 5% 적용되는 금품

임금 외에 금품에 대해서는 14일이 지나더라도 민법에 규정된 5%의 지연이자가 발생하게 된다. 예를 들어 교통비, 실비변상 성격의 식대가 이에 해당한다.

👤 근로기준법 20% 적용되는 금품

임금의 경우는 14일이 지나면 20%의 지연이자가 발생하게 된다. 퇴직금은 사후적 임금에 해당하므로 당연히 20%의 가산이자가 발생하게 된다.

어떠한 금품이 임금에 해당하는지? 여부는

① 근로의 대상으로

② 계속적, 정기적으로 지급되고

③ 그 지급에 관하여 사용자에게 지급의무가 지워져 있다면 그 명칭 여하를 불문하고 임금에 해당하게 된다.

02 / 지연이자 계산 방법

지연이자 계산식 = 지연된 임금 × 20% × 지연일/365

예를 들면 퇴직금이 500만원인 근로자가 5일간 퇴직금이 지연이 되었다면 지연이자는?

계산식 = 500만 원 × 20% × 5/365 = 13,698원, 즉 사용자에게 퇴직금 500만 원과 별도로 지연이자 13,698원을 청구할 수 있다.

당사자 간 합의로 지급기일을 연장했더라도 지연이자 지급의무를 면할 수 있는 것은 아니다.

한 권으로 끝장내자 급여수당 인사노무 경영지원 실무설명서

지은이 : 손원준

펴낸이 : 김희경

펴낸곳 : 지식만들기

인쇄 : 해외정판 (02)2267~0363

신고번호 : 제251002003000015호

제1판 1쇄 인쇄 2024년 7월 29일

제1판 1쇄 발행 2024년 8월 07일

제2판 1쇄 발행 2025년 1월 20일

값 : 25,000원

ISBN 979-11-90819-40-4 13320

Korea Good Books

본도서 구입 독자분들께는 비즈니스 포털

경리쉼터(https://cafe.naver.com/aclove)

이지경리(https://cafe.naver.com/kyunglistudy)

에 가입 후 구입인증을 받으시기 바랍니다.

K.G.B
지식만들기

이론과 실무가 만나 새로운 지식을 창조하는 곳

서울 성동구 금호동 3가 839 Tel : 02)2234~0760 (대표) Fax : 02)2234~0805